A CIÊNCIA DA FÁBRICA PARA GESTORES

P876c Pound, Edward S.
      A ciência da fábrica para gestores : como líderes melhoram o desempenho em um mundo pós-Lean Seis Sigma / Edwards S. Pound, Jeffrey H. Bell, Mark L. Spearman ; tradução: Ronald Saraiva de Menezes ; revisão técnica: Altair Flamarion Klippel. – Porto Alegre : Bookman, 2015.
      xxii, 362 p. : il. ; 23 cm.

      ISBN 978-85-8260-328-4

      1. Administração - Operações. 2. Operações gerenciais. I. Bell, Jeffrey H. II. Spearman, Mark L. III. Título.

CDU 658.012.2

Catalogação na publicação: Poliana Sanchez de Araujo – CRB 10/2094

Edward S. Pound
Jeffrey H. Bell
Mark L. Spearman, PhD

A CIÊNCIA DA FÁBRICA PARA GESTORES

Como os líderes melhoram
o desempenho em um mundo
pós-Lean Seis Sigma

Tradução
Ronald Saraiva de Menezes

Revisão técnica
Altair Flamarion Klippel
Doutor em Engenharia pelo PPGEM/UFRGS
Sócio-Consultor da Produttare Consultores Associados

2015

Obra originalmente publicada sob o título
Factory Physics for Managers – How Leaders Improve Performance in a Post-Lean Six Sigma World
ISBN 978-0-07-182250-3

Edição original ©2014, Edward S. Pound, Jeffrey H. Bell e Mark L. Spearman. Tradução para língua portuguesa © 2015, Bookman Companhia Editora Ltda., uma empresa do Grupo A Educação S.A. Todos os direitos reservados.

Gerente editorial: *Arysinha Jacques Affonso*

Colaboraram nesta edição:

Editora: *Mariana Belloli*

Capa: *Maurício Pamplona*

Preparação de originais: *Miriam Cristina Machado*

Editoração: *Techbooks*

Reservados todos os direitos de publicação, em língua portuguesa, à
BOOKMAN EDITORA LTDA., uma empresa do GRUPO A EDUCAÇÃO S.A.
Av. Jerônimo de Ornelas, 670 – Santana
90040-340 – Porto Alegre – RS
Fone: (51) 3027-7000   Fax: (51) 3027-7070

É proibida a duplicação ou reprodução deste volume, no todo ou em parte, sob quaisquer formas ou por quaisquer meios (eletrônico, mecânico, gravação, fotocópia, distribuição na Web e outros), sem permissão expressa da Editora.

Unidade São Paulo
Av. Embaixador Macedo Soares, 10.735 – Pavilhão 5 – Cond. Espace Center
Vila Anastácio – 05095-035 – São Paulo – SP
Fone: (11) 3665-1100   Fax: (11) 3667-1333

SAC 0800 703-3444 – www.grupoa.com.br

IMPRESSO NO BRASIL
PRINTED IN BRAZIL

Os autores

Edward S. Pound é diretor operacional da Factory Physics Inc.

Jeffrey H. Bell é sócio administrativo da Arc Precision, uma fornecedora de componentes com engenharia de precisão para a indústria de equipamentos médicos. Atua também no conselho consultivo da Factory Physics Inc.

Mark L. Spearman, Ph.D., é o fundador, presidente e CEO da Factory Physics Inc. e coautor do livro-texto já publicado *A Ciência da Fábrica*.

Dedicatória

Para Meg, minha única e exclusiva, Zachary, Madeline e Audrey – epifanias para mim. Cada respiração é uma benção. Que a Paz de Cristo que foge a toda compreensão mantenha seus corações e mentes no conhecimento e no amor de Deus.
— Edward S. Pound

Para minha esposa, Julia; meus pais; e a equipe da Arc Precision.
— Jeffrey H. Bell

Para minha esposa, Blair, que há 30 anos me ergue quando estou para baixo, mantém-me humilde quando fico arrogante e nunca deixa de me amar. E para os meus filhos, que me abençoaram e me ensinaram mais do que eu ensinei a eles: Jacob, William e Rebekah; e para os meus netos, Alana e Jake, uma benção maravilhosa. E para o único Deus sábio, seja glorificado para todo o sempre por meio de Jesus Cristo! Amém.
— Mark L. Spearman

Agradecimentos

Gostaríamos de agradecer e prestar reconhecimento a Wally Hopp por sua influência sobre todos nós. Agradecemos a alguns dos principais líderes citados, talvez não por nome, no livro. Eles incluem Jim Blumenschein, Larry Doerr, Bill Fierle, Kennedy Frierson, Jeffrey Korman, Matt Levatich, Jim Lind, Andrew Lux, Giulio Noccioli, Gus Pagonis, Zane Rakes, Vance Scott, Chandra Sekhar, Mike Severson, Eric Stebbins, Clayton Steffensen, Joan Tafoya, Bill Vansant. Somos gratos também pelas contribuições de todos os indivíduos e empresas que adotam a perspectiva da Ciência da Fábrica. Agradecemos ainda a Jeffrey Krames por seu papel como guia ao longo do processo de publicação.

Apresentação à Edição Brasileira

No amplo contexto de aplicação dos sistemas, métodos, princípios e técnicas que constituem o bojo da disciplina da Engenharia de Produção, alguns debates centrais se fazem necessários na ótica das firmas/empresas brasileiras.

Inicialmente, é preciso constatar que várias abordagens conceituais e metodológicas são adotadas pelas empresas. De outra parte, existe uma tendência, por parte de um conjunto de profissionais, para que cada uma das teorias/abordagens adotadas seja pensada por seus respectivos defensores como "a única e melhor forma" de tratar o tema da produtividade e da qualidade. Fundamentalmente, esse tipo de argumentação encontra-se, sob uma "ótica da modernidade", sob o "guarda-chuva" do velho bordão Taylorista "da única e melhor forma de realizar uma dada atividade". Nesse sentido, metaforicamente, parece possível afirmar que existe um conjunto variado e plural de "igrejas" associadas à Engenharia de Produção, todas elas muito úteis, é verdade, e que defendem, entre outas abordagens: i) O Sistema Toyota de Produção/Produção Enxuta, *Lean Manufacturing*; ii) a Teoria das Restrições; iii) o Modelo Six Sigma; iv) a Gestão da Qualidade Total (TQC) e seus diversos desdobramentos; v) a Manutenção Produtiva Total (TPM); vi) o Sistema Hyundai de Produção/Sistema de Produção Modular; e vii) Reengenharia de Processos e Negócios, entre outras.

O ponto central, à luz das empresas que se propõem a adotar essas "novas abordagens para a produção – *New Approach to Operation*", parece estar em escolher, segundo critérios técnicos e de gestão a serem definidos, qual deve ser o caminho a ser construído. Daí, algumas questões de imediato podem e devem ser lançadas:

Seria essa a "melhor forma de pensar" o problema, como diria Shingeo Shingo (1996)?

Uma opção exclusiva por uma determinada abordagem seria a única e melhor saída no sentido da "Engenharia de Produção Lucrativa (Moreku)", como propõe Taiichi Ohno (1997)?

A utilização de uma ótica exclusiva atenderia aos postulados econômico-financeiros sugeridos por Goldratt (1995): ganhar dinheiro hoje e no futuro, através da adoção dos indicadores globais – Lucro Líquido, Retorno Sobre o Investimento e Caixa – e dos indicadores operacionais – Ganho, Inventário e Despesas Operacionais?

Existiriam soluções universais, provenientes de uma única Teoria/Sistema que seja capaz de apontar o caminho da produtividade e da competitividade para toda e qualquer empresa/firma industrial?

Respostas objetivas, claras e simples para esses questionamentos são essenciais para o projeto e a operacionalização de sistemas de gestão da produção nas empresas brasileiras.

Porém, de fato, a gestão de uma organização é fruto de uma combinação de fatores contextuais, conjunturais ou incertos sobre os quais os gestores, tomadores de decisão, necessitam estabelecer estratégias e táticas objetivas. Esses processos de decisão podem ser baseados em uma miríade de filosofias, métodos e técnicas, oriundos de experiências bem-sucedidas de organizações ao redor do mundo e de estudos acadêmicos que buscam extrair os condicionantes de sucesso desses casos de modo que possam ser utilizados em outros contextos ou organizações.

Nesse contexto, a proposição deste livro é diferenciada e criativa, na medida em que apresenta uma provocação construtiva para gestores e tomadores de decisão: de que há, sim, uma estrutura de método científico associada à gestão organizacional e que permite projetar sistemas de gestão de produção e de cadeia de suprimentos diferenciados e apropriados ao seu próprio negócio, no sentido de encaminhar soluções que possuam desempenho previsível e significativamente superior às demais empresas que competem em dada indústria.

O livro navega pela noção de conflito, inerente ao processo de gestão e às diferentes perspectivas (macro, meso, micro) requeridas do tomador de decisão, e sobre como o papel do líder requer compreensão e domínio de conhecimentos do método científico.

É necessário que os gestores compreendam melhor o comportamento das operações sob uma perspectiva científica, pois isso trará, como vantagem, vencer duas limitações relevantes, a saber: i) tratar o tema a partir de formulações matemáticas complexas e de pouca aplicabilidade prática e ii) adotar métodos e práticas demasiadamente simplificados, a partir de uma perspectiva precária, levando em conta a complexidade real dos sistemas produtivos. Isso significa, no entanto, a necessidade de considerar modelos envolvendo conceitos como relações de custo/benefício, demanda-estoque-produção, *buffers*, variabilidade e limites de eficiência.

Particularmente relevante é a compreensão da relação entre os modelos, métodos e técnicas adotados e seus impactos sobre os indicadores financeiros e contábeis da organização. Nesse sentido, o livro busca apresentar integrada e sistemicamente, a partir de uma visão científica e com desdobramentos evidentes, o tema da gestão, teorias e princípios, tais como *Lean*, Seis Sigma e Teoria das Restrições, entre outras abordagens.

Outro aspecto relevante tratado na obra está associado ao papel do líder no contexto cultural da organização, como um agente de compartilhamento da visão estratégico-tática e de compreensão dos controles e do próprio ciclo de gestão associado a esses controles.

Visando a ilustrar as proposições e conceitos abordados ao longo dos capítulos, são apresentados cinco casos de aplicação, que trazem evidências práticas do potencial da visão proposta pelos autores. Na trilha do livro *A Ciência da Fábrica*, de Hopp e Spearman (Bookman, 2013), este livro é fundamental em sua contribuição principal, que consiste em apresentar de forma clara e objetiva um processo de construção de uma abordagem científica para a gestão de operações. Enfim, as melhores aplicações práticas de construção de sistemas produtivos competitivos estão diretamente embasadas em boas e consistentes teorias.

Desejamos a você uma boa leitura e muito sucesso!

Guilherme Luís Roehe Vaccaro, Dr.
Doutor em Ciência da Computação e
Mestre em Engenharia de Produção pela UFRGS
Professor do Mestrado e do Doutorado em Engenharia de Produção e Sistemas
Professor do Mestrado em Gestão e Negócios
UNISINOS – Universidade do Vale do Rio dos Sinos

José Antonio Valle Antunes Júnior (Junico Antunes)
Doutor em Administração de Empresas pelo PPGA/UFRGS,
Mestre em Engenharia de Produção pela UFSC
Professor do Mestrado e do Doutorado em Administração e
Engenharia de Produção
UNISINOS – Universidade do Vale do Rio dos Sinos
Sócio-Diretor da PRODUTTARE Consultores Associados

Altair Flamarion Klippel
Doutor em Engenharia pelo PPGEM/UFRGS
Mestre em Engenharia de Produção pela UFRGS
Sócio-consultor da PRODUTTARE Consultores Associados

Prefácio

O livro em resumo

De que forma executivos e gestores de empresas de manufatura e cadeia de suprimentos podem alcançar alto fluxo de caixa, custo baixo e excelente atendimento ao cliente? Este livro descreve como os gestores que pensam além lançam mão da Ciência da Fábrica para se acharem em meio à profusão e à confusão das opções concorrentes. Os esforços gerenciais costumam carecer de ciência prática e abrangente, e são quase sempre tiros no escuro. É comum os gestores migrarem de determinada iniciativa em um ano, como "reduzir estoque!", para outra no ano seguinte, como "melhorar o atendimento ao cliente!", porque não têm uma compreensão prática do comportamento natural subjacente às operações que tentam gerenciar. Enquanto isso, as empresas de software propagam permanentemente a próxima grande iniciativa tecnológica – como planejamento de necessidades de materiais (MRP – *materials requirements planning*), sistema de planejamento dos recursos da empresa (ERP – *enterprise resources planning*), planejamento e otimização avançados (APO – *advanced planning and otimization*), computação em nuvem e *big data*, apenas para citar alguns –, como se tecnologias mais avançadas fossem a solução para todos os males empresariais. Adotando *A Ciência da Fábrica para gestores*, os líderes vão impulsionar a prática e o desempenho gerenciais, pois a Ciência da Fábrica descreve objetivamente o que vai funcionar para eles e o que não vai. A abordagem prática da Ciência da Fábrica ajuda os gestores a decidir se e quando devem utilizar as excelentes ferramentas operacionais de Produção Enxuta, Seis Sigma e Teoria das Restrições, de modo a orientar a implementação da estratégia de negócios de suas empresas enquanto cumprem com suas metas de maneira previsível e reiterada. Os gestores aplicam a Ciência da Fábrica de modo inovador para garantir um desempenho superior usando ERP existente ou tecnologia da informação (TI) legada – sem a necessidade de grandes investimentos em TI.

Com *A Ciência da Fábrica para gestores*, Ed Pound e Jeff Bell, executivos com mais de 20 anos de experiência na área de operações, e o dr. Mark Spearman, com mais de 30 anos de experiência em pesquisa e consultoria e coautor com Wallace Hopp do livro mundialmente reconhecido e premiado *A Ciência da Fábrica* (Bookman, 2013), descrevem o ápice da gestão de manufatura e cadeia de suprimentos: uma abordagem abrangente, prática e científica da gestão de operações de manufatura e cadeia de suprimentos. Essa abordagem lida diretamente com a variabilidade e o risco inerentes aos negócios. Em geral, os executivos colocam em prática alguma mescla de iniciativas populares, matemática e software – os resultados são imprevisíveis e muitas vezes decepcionantes. Este livro oferece uma ciência fundamental por meio de uma perspectiva bastante prática que acabará melhorando de imediato a intuição de executivos e gestores, alterando o modo como veem o mundo e permitindo que liderem suas organizações de maneira muito mais eficiente.

Por que este livro é necessário?

Há uma confusão generalizada sobre o que funciona e o que não funciona nas operações de manufatura e cadeia de suprimentos. Como resultado, é comum as estratégias e os planos operacionais não cumprirem o que prometem. As empresas de software vendem aplicativos que apenas perpetuam as práticas dos clientes – pouco importando se o software faz o que o cliente realmente precisa. Os proponentes da Produção Enxuta promovem o Sistema Toyota de Produção e seus preceitos como se fosse uma teologia operacional. Os proponentes do Seis Sigma insistem na rigorosa análise estatística necessária para identificar e extrair a variabilidade pela raiz. Os defensores da Teoria das Restrições continuam a se concentrar exclusivamente em gargalos. Em resposta ao sucesso irregular de tais esforços, os proponentes da Produção Enxuta e do Seis Sigma simplesmente concatenam essas duas iniciativas (*Lean* Seis Sigma) em uma busca contínua por soluções abrangentes para obter resultados nos negócios. Contudo, a comunidade acadêmica, e a Engenharia Industrial* em especial, perderam o rumo. Muitos currículos ensinam as abordagens de Produção Enxuta e Seis Sigma, mas seguem a indústria em vez de liderá-la. Tudo isso cria uma enorme confusão. O que resta aos executivos ou gestores de empresas de manufatura, serviços ou cadeia de suprimentos que desejam determinar a melhor maneira de liderar seus empreendimentos na busca de suas metas financeiras e comerciais?

Wally Hopp e Mark Spearman, ambos formados em Física, tinham uma boa base do método científico quando começaram a dar aula no curso de Engenharia Industrial na Northwestern University, nos anos 1980. Eles investigaram

---

* N. de R. T.: No Brasil, também é denominada Engenharia de Produção

o estado desse campo de estudo e se perguntaram sobre uma ciência básica aplicada e uma estrutura matemática para descrever as operações. Esse campo, em sua maior parte, era profundo e técnico demais – pesquisa operacional – ou pouco estruturado e marcado por folclore – fanatismo da melhoria contínua – para servir a executivos de manufatura, serviços e cadeia de suprimentos de forma adequada e sustentável. Eles decidiram descrever uma ciência operacional que fosse fundamental, prática e útil aos executivos que lideravam operações em apoio a metas financeiras e comerciais de uma empresa. Como observou um executivo que compareceu a uma das primeiras sessões de treinamento: "Isso é como ciência da fábrica", e o nome Ciência da Fábrica pegou.

Bell e Pound eram alunos de Spearman e Hopp no programa MMM da Northwestern, no início dos anos 1990, quando o livro *A Ciência da Fábrica* foi escrito. Em 2001, o Spearman abandonou a academia e passou a dedicar seu tempo exclusivamente à indústria e ao aperfeiçoamento da ciência na prática. Os autores aplicaram incansavelmente os princípios em empresas grandes e pequenas e fizeram a ciência avançar até elegantes práticas de liderança – ao mesmo tempo simples e eficientes. O resultado é a estrutura da Ciência da Fábrica.

Essa estrutura mostra que estratégias vagas como "eliminem o desperdício" e "reduzam a variabilidade" são tão genéricas que se tornam praticamente inúteis – exceto para empresas que até então pouco ou nada fizeram para melhorar as suas operações. No caso de empresas que acabaram de começar sua jornada para melhorar sistematicamente o desempenho, costuma haver tanto desperdício e variabilidade que basta que elas concentrem sua atenção nessas questões para gerar bons resultados. Afora os esforços iniciais, uma compreensão prática limitada da ciência operacional da fábrica costuma produzir grandes desperdícios de esforços e resultados irregulares. Metodologias de Produção Enxuta e Seis Sigma sensatas, muitas vezes, são aplicadas de forma equivocada. Além disso, a maioria das operações de manufatura e cadeia de suprimentos apresenta alta complexidade como resultado do *mix* de produtos, dos meandros processuais e da variabilidade da demanda. Essa complexidade não pode ser abordada efetivamente com simples técnicas de Produção Enxuta, como o mapeamento do fluxo de valor ou 5S. Empregar técnicas simples para lidar com a complexidade é como pagar um consultor financeiro para lhe dizer "compre na baixa e venda na alta". E mais, como a cópia das melhores práticas de uma outra empresa poderia proporcionar uma vantagem competitiva *exclusiva*? Embora o Sistema Toyota de Produção funcione muito bem para a Toyota e para operações similares, há abordagens melhores para administrar uma planta química ou pequenos sistemas de fabricação customizada.

A estrutura da Ciência da Fábrica permite que os gestores calculem o risco e tomem medidas decisivas. Assim, eles tomam decisões operacionais que estão em sintonia e servem de base para a estratégia de negócios de sua empresa, garantindo o sucesso na liderança operacional. A abordagem da Ciência da Fábrica tem como ponto forte o embasamento estritamente científico. Não se trata de "iniciativa por imitação" ou algo que um gestor decide tentar porque um amigo ou um colega, ou até um analista do ramo, disseram que funcionou em outro lugar. Executivos e gestores que vierem a ler este livro vão ficar vacinados contra o chamariz de *slogans* banais, pois vão aumentar seu conhecimento sobre o comportamento das operações a partir da ciência prática aprendida. O livro explora essa ciência de modo claro e descomplicado, bem como analisa parte da matemática por trás da ciência em um nível básico (aqueles que se interessarem podem consultar *A Ciência da Fábrica* para uma discussão mais matemática). *A Ciência da Fábrica para gestores* toma os conceitos e os aplica na tarefa de desenvolver e executar o controle operacional, afim de alcançar as metas de negócios de uma empresa. A abordagem de controle em circuito fechado descrita para estratégia e execução operacionais é fundamentalmente diferente da maior parte das abordagens contemporâneas, senão de todas. Ela vai transformar de fato as práticas de tecnologia da informação de uma empresa, fazendo-a migrar de um "ERP financeiro" de rastreamento de transações para um sistema de controle integrado capaz de vincular a estratégia executiva à execução cotidiana. Além disso, o livro aborda os desafios de mudança gerencial enfrentados por todos os gestores. Depois de ler este livro, executivos e gestores estarão muito mais bem preparados para liderar. Suas intuições vão estar mais aguçadas, e eles vão se mostrar aptos a aplicar ciência prática para traduzir estratégias empresariais em táticas e controles operacionais – táticas e controles que possam ser executados com confiança para cumprir com as metas financeiras e de marketing de uma empresa.

Sumário

Capítulo 1   Ciência – use-a ou perca   1
Sobre teorias e palavrórios   2
Toyota e a ciência   5
    Como a Toyota conseguiu   6
    Produção em lotes e filas   10
    Uma abordagem equilibrada   11
Histórico de desempenho: Produção Enxuta e Seis Sigma   11
Um cenário confuso   12
    Linha de montagem móvel da Boeing   15
Olhando para frente   18

CAPÍTULO 2   A natureza dos negócios – um segredo escondido debaixo do nariz   20
Liderando a melhoria do desempenho de maneira mais produtiva   22
Exemplos de relações de custo/benefício   26
Liderança e análises de custo/benefício   28
A abordagem da Ciência da Fábrica   29

CAPÍTULO 3   Ciência prática para líderes   32
Conhecimento e ciência   32
    Ciência, matemática, software e intuição   35
Teoria prática   40
    O fluxo de valor: demanda, estoque e produção   41
    Buffer (pulmão de tempo)   45
    Tipos de *buffer*   46
    Ilustrações conceituais: alguém ou alguma coisa está sempre esperando   48
    O mundo de um gestor: ambiente, táticas e parâmetros   56
Colocando a ciência prática na prática   60
    Definições   61
    Ciência da Fábrica: o mais simples possível, mas não tão simples assim   64
    Fazendo a ciência prática da gestão avançar   65
    A equação VUT   67

Gráfico do *cycle time versus* utilização   69
Produção e estoques   75
Lei de Little   77
Gráfico de fluxo de produção   79
Equação da variância de demanda por tempo de reabastecimento   87
Plotagem de custo/benefício: gráfico de estoque *versus* taxa de atendimento   94
Limites eficientes   95
Conclusões tiradas da plotagem de custo/benefício   100
Gestão visual do desempenho da área de estocagem   102
Estoques e fluxos, o gráfico do tamanho do lote   104

CAPÍTULO 4   Matemática prática para gestores   108

Definindo os termos   109
Modelando estoques   110
    Mundo perfeito   110
    Tempos de reabastecimento   111
    Demanda   113
    Erro de previsão e *lead time*   115
    Parâmetros de desempenho de estoque   118
    Avaliando políticas de estoque   128
    Estoque em um sistema de montagem   130
Modelando fluxos   132
    Lei de Little   132
    Análise de capacidade   133
    Eficiência global dos equipamentos   138
    Desempenho na melhor das hipóteses   141
Efeito da variabilidade   142
    Parâmetros de variabilidade   145
    Efeitos de formação de fila   146
Cycle time total   149
    Tempo bruto de processamento   150
    Tempo de movimentação   151
    Tempo de turnos diferente   151
    Tempo de lote   152
    Sistemas puxados   156
Combinando estoques e fluxos   158
    Otimização do fluxo de caixa   160
    Exemplos de otimização do fluxo de caixa   161
Conclusões   163

CAPÍTULO 5   Lucro, fluxo de caixa e a Ciência da Fábrica   164

A fantasia do valor agregado   167
Demonstrativos financeiros e a ciência das operações   171
Desempenho financeiro orientado pela ciência das operações   174
    Margem de contribuição no gargalo   174

Quando a produção enxuta aumenta os custos   180
Otimização de estoque   183
Administrando o portfólio de *buffers*   185
Estratégias de marketing e de operações impulsionam resultados financeiros   190

CAPÍTULO 6   Estratégia e planejamento de operações   192

Estratégia operacional   192
    Estratégia   193
    Táticas   194
    Controles   194
    Parâmetros   194
    Execução   195
Controle da tecnologia da informação e limites de controle   195
Planejamento de operações e vendas com a Ciência da Fábrica   197
    Sequência de eventos e de participantes do POV   198
    Práticas de reunião de POV   203
    POV+   206
    Processo de POV+   207

CAPÍTULO 7   Implementando táticas, controles e parâmetros para otimizar os resultados   214

Táticas e controles para a demanda   216
    Descrevendo e prevendo a demanda   216
    Demanda flutuante   217
Táticas de estoque   219
    Considerações sobre estratégia de estoque   219
    Considerações sobre capacidade   220
    Desempenho atual *versus* desempenho previsto   221
    Opções estratégicas   222
    Táticas para gestão de estoque   227
    Controle de estoque   229
Táticas de capacidade   234
    Utilização   235
    Controle de WIP e CONWIP   240
    Filas virtuais e estipulação de prazo de entrega   243
    Retrabalho e geração de sucata   246
Estratagemas de tempo de resposta   249
Controle preditivo utilizando sistemas MRP/ERP   252
    Práticas comuns   252
    MRP para controle de estoque   257
    MRP para controle de produção   260
Sequenciamento dinâmico baseado em risco   261
    Sequenciamento dinâmico baseado em risco em ambientes de montagem sob encomenda   267
Alinhamento de mensurações e noção de desempenho   273

CAPÍTULO 8   Liderança, mensurações e mudança de cultura   279
Uma abordagem para liderança sustentável   281
Um plano de âmbito geral para que as estratégias possam ser compartilhadas e compreendidas   284
    Visão e missão   284
    Estratégias críticas   285
Planos mensais ou trimestrais para estabelecer iniciativas prioritárias   287
    Otimização de estoque   288
    Metas de utilização   289
Reuniões semanais de programação para planejar o trabalho   291
    Limites de WIP   292
    Estipulação de prazos de entrega   293
Reuniões operacionais semanais para monitorar o progresso   294
Mecanismos diários para *feedback*   297
Planos pessoais para que os indivíduos compreendam seus papéis   299

CAPÍTULO 9   Exemplos da indústria   302
Aprendendo a enxergar – mais longe   302
Além do ABC – políticas de otimização de estoque   311
Reduzindo os *cycle times* em uma planta farmacêutica tradicional   316
Restaurando o serviço ao cliente em uma planta de fabricação e montagem   321
Aumentando a produtividade em uma instalação biofarmacêutica   326
Sequenciamento dinâmico baseado em risco na indústria têxtil   327

CAPÍTULO 10   Comentário final sobre a Ciência da Fábrica (por ora)   334
Vitórias rápidas   337
    Alinhamento da estratégia operacional com a estratégia empresarial   337
    Benchmarking absoluto   338
    Alto nível de avaliação da utilização   339
    Análise do gargalo   339
    Potencial de implantação de um limite de trabalho em processamento (WIP)   340
    Alto nível de análise de *lead times*   341
    Mecânica de ERP/MRP   342
Implementações mais complexas   342
Implementação em uma grande empresa   344
Histórias alternativas   346
    O futuro   347

NOTAS   349

ÍNDICE   351

Capítulo 1

Ciência – use-a ou perca

Não há nada mais prático do que uma boa teoria.

— Kurt Lewin

"Ah, isso é apenas uma teoria!". Quando uma pessoa diz isso, geralmente significa que ela acredita que a teoria a que se refere não é verdadeira nem útil. De fato, a palavra *teórico* passou a significar uma ideia que não é prática. No entanto, a definição de *teoria* da Academia de Ciências dos Estados Unidos contempla essa questão:

> *A definição científica formal de teoria difere bastante do significado cotidiano da palavra. Ela corresponde a uma explicação abrangente e embasada por um vasto conjunto de evidências a respeito de algum aspecto da natureza. Diversas teorias científicas estão tão bem estabelecidas que é bastante improvável que qualquer nova evidência venha a alterá-las de maneira significativa. Nenhuma nova evidência vai demonstrar, por exemplo, que a Terra não gira ao redor do Sol (teoria heliocêntrica)... Uma das características mais úteis das teorias científicas é que elas podem ser usadas para fazer previsões acerca de eventos naturais ou fenômenos que ainda não foram observados.*[1]

Curiosamente, quase tudo que as pessoas fazem se baseia em algum tipo de teoria – cujos aspectos são, em sua maioria, intuitivos. As pessoas acreditam intuitivamente que o chão vai permanecer sólido enquanto caminham sobre ele – isso é uma teoria. Motoristas acreditam intuitivamente que o carro vai desacelerar quando pisarem no freio – outra teoria. Se o freio estiver estragado, a teoria estará errada, e as consequências podem ser graves. Como a Academia de Ciências dos Estados Unidos afirma: "A característica mais útil de uma teoria é *a capacidade de fazer previsões sobre eventos naturais ... que ainda não foram observados*" [grifo do autor].

Contudo nem todas as teorias são verdadeiras. Algumas são simplesmente falsas. Por exemplo, a teoria de que o sol gira em torno da Terra não é verdadeira; na realidade, é o contrário.

Outras teorias podem ser verdadeiras, mas nada nos dizem. Elas são chamadas de *tautologias*. Por exemplo: "Em uma fábrica, todo tempo ou é tempo com valor agregado, ou é tempo sem valor agregado". Isso é tão válido quanto a afirmação: "Em uma fábrica, todo tempo ou é gasto no refeitório, ou fora do refeitório". Como a verdade da afirmação está contida na própria afirmação, ela nada nos diz sobre o mundo real.

Sobre teorias e palavrórios

Existem diversas teorias sobre gestão de produção. No entanto, os gestores não costumam discutir as teorias em si, porque não querem parecer teóricos demais; em vez disso, eles debatem muito sobre o *palavrório*. O dicionário Merriam-Webster online define *palavrório* (*buzzword*) como "uma palavra ou expressão geralmente técnica, que parece importante, mas, na verdade, carrega pouco significado e é utilizada acima de tudo para impressionar os leigos".

Entretanto, algumas inovações notáveis surgiram no início do século XX, antes que o palavrório se tornasse comum. A *produção em massa* foi desenvolvida por Henry Ford. A *gestão científica* foi capitaneada por Frederick Taylor e Frank e Lillian Gilbreth. E, na década de 1930, o *controle de qualidade* tornou-se fundamental a partir do gráfico de controle, de Walter Shewhart. É interessante notar que muitas dessas inovações se transformaram em *palavrório* assim que o uso dos computadores começou a decolar nos anos 1960. A primeira foi o *planejamento das necessidades de materiais* (MRP – material requirements planning), seguida pelas mais abrangentes, como o *planejamento dos recursos de produção* (MRP II – manufacturing resources planning II), o *planejamento dos recursos para negócios* (BRP – business resource planning), entre outras. A década de 1980 introduziu o *just-in-time* (JIT), a *gestão da qualidade total* (TQM –total quality management), a *reengenharia de processos de negócios* (BPR –business process reengineering), o *sistema flexível de manufatura* (FMS – flexible manufacturing system) e uma série de outras siglas de três letras (ver Tabela 1-1). Na década de 1990, surgiu uma nova sigla de três letras: o superabrangente *planejamento dos recursos da empresa* (ERP – enterprise resources planning). Essa década também introduziu dois termos técnicos que não eram siglas de três letras – a *Produção Enxuta* (*Lean*) e o *Seis Sigma* – e, considerando que eles ainda seguem no cenário atual, têm mostrado grande persistência. Na realidade, tendo em vista o sucesso tanto da Produção Enxuta quanto do Seis Sigma, pode-se dizer que eles têm mais a ver com as iniciativas históricas do início do século XX do que com o palavrório dos anos 1980 e 1990. Mas o que os torna diferentes?

Tabela 1-1 Exemplos de siglas de três letras

Sigla	Termo completo	Descrição
MRP	Planejamento das Necessidades de Materiais	*Software* para o planejamento e o controle da produção
MRP II	Planejamento dos Recursos de Produção	Evolução do MRP
BRP	Planejamento dos Recursos para Negócios	Outra versão estendida do MRP
FMS	Sistema Flexível de Manufatura	Sistema de produção altamente automatizado capaz de alterar rapidamente a linha de produção para fabricar outro produto
BPR	Reengenharia de Processos de Negócios	Abordagem para redesenhar processos laborais
JIT	Just-in-time	Abordagem de gestão de produção visando à entrega rápida
TQM	Gestão da Qualidade Total	Abordagem gerencial que visa a aumentar a qualidade de produtos e processos

A Produção Enxuta apropriou-se do que havia de melhor no JIT e combinou com métodos práticos, como o mapeamento do fluxo de valor (VSM – *value stream mapping*) e o 5S. Diversos "manuais de Produção Enxuta" elevaram a ideia acima do mero palavrório; ela se tornou um fenômeno. Hoje, a Produção Enxuta vem sendo aplicada em tudo, desde fábricas e escritórios até mesmo hospitais; as organizações participantes realizam a cada ano dezenas, senão centenas, de eventos *kaizen* (projetos de melhoria).

A outra metodologia que persiste é a do Seis Sigma. Um ditado popular antes do Seis Sigma era: "KISS – *keep it simple, stupid!*" (não complique, idiota!). Mas o Seis Sigma dispensou esse axioma, reconhecendo que sistemas de produção não são simples, e às vezes requerem uma abordagem mais sofisticada. O simples fato de o Seis Sigma aplicar sem medo métodos estatísticos extremamente sofisticados mostra o quanto a gestão se distanciou do KISS. Assim como a Produção Enxuta, o Seis Sigma se tornou quase universal, com a maioria das empresas treinando diversos *faixas pretas* (um título mais atraente do que "especialista em estatística") e executando centenas de projetos Seis Sigma a cada ano. O emprego da Produção Enxuta e do Seis Sigma, por parte do Departamento de Defesa dos Estados Unidos e de outras agências governamentais, indica o quanto se tornaram onipresentes.

Se você está procurando o próximo modismo em termos de palavrório, este livro não é para você. Se você está buscando um livro que vai lhe dizer quando e por que a Produção Enxuta e o Seis Sigma funcionam bem, e quando não funcionam, siga lendo. Se você está buscando um livro que lhe permita compreender os princípios básicos da produção e da cadeia de suprimentos para que possa desenvolver um sistema de gestão similar ou não ao da Toyota ou da Apple, mas que seja bastante adequado ao *seu* ambiente de negócios, siga lendo.

Embora apreciemos e apoiemos o uso apropriado das técnicas de Produção Enxuta e Seis Sigma, independentemente do rótulo, descobrimos que as abordagens da Produção Enxuta e do Seis Sigma não oferecem uma teoria *global* que os administradores possam usar para traçar uma linha de desempenho empresarial. Além disso, existem alguns princípios da teoria da Produção Enxuta e do Seis Sigma que não levam em consideração a realidade do ambiente empresarial nem mesmo o comportamento natural dos sistemas de produção/estoque. Frequentemente, praticantes da Produção Enxuta consideram o fluxo contínuo, ou fluxo unitário de peças (*one-piece flow*), do sistema Toyota de produção como o *fim*, em vez de um *meio*, para atingir o objetivo final, que é a lucratividade no longo prazo. Da mesma forma, o Seis Sigma vai afirmar que toda a variabilidade é "má" e que deve ser sempre a menor possível. A história nos mostra que essa nem sempre é uma boa abordagem.

Compare as estratégias de Henry Ford com as de Alfred P. Sloan. Ford produziu um único modelo de automóvel (o Modelo T, de 1908 a 1927) oferecido ao consumidor em "qualquer cor que ele queira, desde que seja preto".[2] Ford era fanático por remover a variabilidade da produção. Em 1921, a GM era uma distante segunda colocada em relação a Ford, com 12,3% do mercado, comparada aos 55,7% da Ford. Sloan tornou-se CEO da GM, em 1923, e estabeleceu a meta de oferecer "um carro para cada bolso e finalidade", aumentando substancialmente a variabilidade da cadeia de suprimentos da GM. A estratégia funcionou e, em 1929, a GM ultrapassou a Ford no mercado, tornando-se mais tarde uma das maiores corporações do mundo.[3]

Infelizmente, os métodos que permitiram que Sloan criasse uma das maiores corporações do mundo também plantaram as sementes de sua própria destruição. A administração centralizada da GM e seu foco nas finanças a fez parecer lucrativa, quando, na realidade, ela não era. Além disso, a exigência rígida de um retorno sobre investimento (ROI) positivo impediu que os gestores da GM observassem a necessidade de implementar mudanças que seriam necessárias em um mercado que oferecia carros melhores que custavam menos. Neste caso, o retorno sobre investimento era necessário para a sobrevivência. Mas, depois de anos de aumento da lucratividade e da fatia de mercado, a arrogância se instaurou, e a questão da sobrevivência nunca foi levantada.

Além do mais, o fracasso da GM não se deu por uma recusa em acolher a Produção Enxuta. Na verdade, a GM não apenas adotou a Produção Enxuta, mas também, como ironia do destino, foi listada como um exemplo em "Produção Enxuta e Meio Ambiente" na categoria "Estudos de Caso e Melhores Práticas", no site da Agência de Proteção Ambiental dos Estados Unidos.[4] Entretanto, no dia 1º de junho de 2009, depois de quase 101 anos, a GM de Alfred P. Sloan deixou de existir. A GM declarou falência, e todos os acionistas foram essencialmente eliminados. A nova GM passou a pertencer aos credores, sendo o maior deles o governo dos Estados Unidos. Hoje, a "nova" GM está de volta depois que o Tesouro norte-americano vendeu suas últimas ações em dezembro de 2013. Se ela vai sucumbir ou florescer, dependerá do nível de compreensão de seus administradores em relação aos princípios subjacentes da produção e do marketing automotivos.

Um problema enfrentado pela nova GM e pela maioria dos administradores de grandes corporações é a constante necessidade de ação. Essa necessidade alimenta novas "iniciativas", sejam elas apropriadas ou não, e leva a uma avalanche de atividades. Cada nova atividade, em geral, desvia a atenção dos problemas fundamentais que cercam o núcleo financeiro da empresa. A abordagem da Ciência da Fábrica evita tais atividades ao se concentrar apenas naquelas que estão diretamente relacionadas ao fluxo de caixa, ao atendimento do consumidor e à lucratividade no longo prazo, e ao examinar as relações de custo/benefício entre elas.

Programas de melhoria contínua podem ser muito poderosos, mas não basta estampar o rótulo de "melhoria contínua" em certas atividades para que uma empresa seja bem-sucedida. Nas próximas páginas, examinaremos um dos mais bem-sucedidos (e longos) programas de melhoria contínua da história: o Sistema Toyota de Produção. Uma análise científica do Sistema Toyota de Produção oferece uma espiada por trás do folclore armado sobre os segredos do sucesso da Toyota.

Toyota e a ciência

A Toyota é o arquétipo da Produção Enxuta. Nas décadas de 1960 e 1970, a Toyota era uma companhia automotiva que competia na produção de carros baratos. A qualidade, no entanto, não era um de seus pontos fortes. Em um artigo de 2007 da *Automotive News*, Max Jamiesson, executivo da Toyota nos anos 1970 e 1980, ofereceu a seguinte avaliação:

> *"Naquela época, o carro era uma porcaria". Quando ele deixou a Ford Motor Co. para trabalhar na Toyota, seus colegas de Detroit fizeram piadas sobre a Toyota ser pouco mais do que latas de cerveja recicladas. Eles não estavam longe da verdade, admite Jamiesson.*

> *Ele lembra que, na época, os motores da Toyota "explodiam" quando chegavam a 80 mil quilômetros e o pedal de freio "ficava grudado no assoalho". Em grandes altitudes, os carburadores da Toyota precisavam ser abertos com palitos de picolé para que o motor não morresse devido à falta de fornecimento da mistura ar-combustível. Mas o design e o acabamento exterior era [sic] bom.*
> *"O exterior do carro era como o de um carro de exposição", afirma Jamiesson. "Todas as linhas e tolerâncias eram perfeitas, para que, quando o vendedor mostrasse o carro, ele fosse belíssimo. E os interiores eram incríveis também. Então dissemos ao Japão: 'isto é incrível; prova de que podemos fazer um carro de qualidade. Agora façam o resto do carro deste mesmo jeito'. As outras coisas precisam funcionar."* [5]

Partindo desse início pouco auspicioso, a Toyota se transformou em uma das empresas mais bem-sucedidas do mundo, e vem oferecendo há quase três décadas um dos carros mais vendidos nos Estados Unidos, o Camry. Quem tem idade o suficiente ainda se lembra do ditado daquela época: "coisa barata... fabricada no Japão". A Toyota teve um papel fundamental na mudança dessa percepção.

Como a Toyota conseguiu

Então, de que forma a Toyota conseguiu? Uma das primeiras coisas foi assumir uma abordagem científica e reconhecer que o ambiente fabril não era uma variável estática, e que poderia ser *modificado*. Como Einstein, que rejeitou a noção de espaço-tempo fixo, Taiichi Ohno e Shigeo Shingo rejeitaram a noção de que as práticas de produção em massa da sua época eram as melhores práticas possíveis. Em vez de buscarem otimizar o tamanho do lote para um determinado tempo de preparação, eles procuraram reduzir os tempos de preparação até que o tamanho otimizado fosse de *uma unidade*! Como consequência, o "fluxo contínuo", ou "fluxo unitário de peças", acabou virando uma marca registrada do Sistema Toyota de Produção (STP). A ideia de se concentrar nos detalhes do ambiente foi aplicada de tal forma que o processo 5S da Toyota, para se tornar uma operação limpa e organizada, passou a ser parte importante na implementação do STP. A Toyota reconheceu que controlar o trabalho em processamento (WIP – *work in process*) com supermercados (isto é, *kanbans*) e com a medição da produção final (ou seja, *takt time*) funcionava melhor do que tentar controlar a produção final com um cronograma e com a medição do trabalho em processamento. A Toyota também reconheceu que a qualidade precede a produção. Um operador podia interromper a linha de produção se peças não conformes estivessem sendo feitas. "Se você não tem tempo para fazer direito da primeira vez, quando encontrará tempo para fazer novamente?" é um aforismo que está no cerne desse conceito (e também do conceito básico do Seis Sigma). Por fim, a Toyota delegava poder para que seus funcionários projetassem novamente seus locais de trabalho até encontrarem o leiaute mais eficiente para cada tarefa.

Embora essas etapas pareçam simples, e até mesmo óbvias se observadas em retrospectiva, é importante perceber que enquanto a Toyota estava aperfeiçoando seu sistema de produção, medidas igualmente "óbvias" e *opostas* estavam sendo implementadas nos Estados Unidos. Ohno começou a desenvolver o sistema Toyota no final dos anos 1940 e continuou a aperfeiçoá-lo até a década de 1970. Assim, embora a Toyota considerasse a *superprodução* um desperdício fundamental, Detroit estava perseguindo a produção em massa como a chave para a redução de custos. Grandes volumes de milhões de automóveis eram produzidos pelas montadoras norte-americanas na crença de que, se o estoque não fosse todo vendido quando produzido, acabaria sendo quando oferecido com desconto no fim do ano do modelo.

Considerando os resultados, parece claro que, embora Ohno e Shingo nunca tivessem descrito o STP em termos *científicos*, eles compreendiam o comportamento dos sistemas de produção em um nível bastante básico. Shingo descreveu as práticas de forma muito poética e rebuscada: "O Sistema Toyota de Produção torce a água de toalhas que já estão secas".[6] Essa descrição é instigante, mas difícil de implementar.

Muitos gestores leem sobre os resultados quase milagrosos obtidos pela Toyota e ficam ansiosos para implementar um sistema similar e colher os frutos. Muitas vezes, chegam a se decepcionar quando não conseguem atingir os mesmos resultados em alguns meses. O que eles não percebem, no entanto, é que a Toyota aperfeiçoou seu sistema durante um período de mais de 25 anos. É evidente que, com a profusão de textos disponíveis sobre a Produção Enxuta, pode-se esperar resultados mais rápidos do que isso. Mas, mesmo assim, é provável que a jornada exija uma passagem pelo deserto antes da chegada à Terra Prometida. Se, por exemplo, o ambiente de produção fabrica produtos de baixa qualidade, a linha será frequentemente interrompida quando o gerente começar a implementar a prática do STP de parar a linha sempre que houver um defeito. Isso significa que um defeito que cause um problema em uma única estação de uma linha de montagem com 10 estações vai interromper a *linha inteira* por determinado período. O que pode gerar muita inatividade.

Por certo, qualquer tempo perdido para resolver problemas de qualidade deve ser recuperado. Uma das formas usadas pela Toyota era programar 10 horas de produção em um período de 12 horas. Dessa forma, 2 horas extras ficavam disponíveis, caso necessárias, para interromper a linha, mas a linha quase sempre conseguia atingir sua meta diária para suprir a demanda. A interrupção de uma linha gerava custo. A Toyota arcava com o seu foco em qualidade pagando por mais capacidade de trabalho do que ela de fato usava. Na linguagem moderna, isso é chamado de "subcapacidade programada".[7]

Embora pareça uma grande quantidade de tempo extra, um período de recuperação de 2 horas para uma linha de 10 estações absorve relativamente poucas paradas. Se cada estação tivesse apenas um problema por hora e esse problema pudesse ser resolvido em 1 minuto, em média, o tempo perdido nessa linha de 10 estações seria de 2 horas para cada 12 horas de produção. Esse é exatamente o período de recuperação que foi descrito no *best-seller* de 1986 *World Class Manufacturing*, de Schonberger (New York: Free Press, 1986). Produzir 10 horas a cada 12 horas corresponde a uma utilização de 83% da capacidade. Se uma linha não puder atender a demanda trabalhando 83% do tempo, será necessária outra linha ou horas extras (com todos os custos inerentes). Mas a Toyota reconheceu que, ao permitir interrupções na linha por problemas de qualidade, a tensão criada motivaria as pessoas a eliminar a causa das paradas na linha, sendo necessários, portanto, menos interrupções e períodos mais curtos de recuperação. No caso de uma empresa que esteja iniciando sua jornada na Produção Enxuta, a expectativa é de que haja mais problemas por hora, e que eles exijam mais do que 1 minuto para serem resolvidos. Portanto, a perda de apenas 2 de cada 12 horas representa um desempenho de Classe Mundial, motivo pelo qual Schonberger citou-a em seu livro.

A outra marca registrada do Sistema Toyota de Produção, o fluxo contínuo, também acarreta certo custo. Se por um lado o fluxo contínuo resulta em um WIP e em um tempo de ciclo mínimos para uma determinado ritmo de produção estabelecido pelo tempo *takt*, por outro lado, ele exigirá um período de recuperação maior. (Empregaremos o termo *cycle time* (tempo de ciclo)* para indicar o tempo necessário para produzir uma peça desde a matéria-prima até a sua finalização. Outros autores usam *cycle time* para indicar o tempo de processamento em uma máquina. Preferimos chamar isso de *process time* (tempo de processamento) e reconhecer que outros autores podem usar termos como *production time* (tempo de produção), *throughout time* (período de produtividade), *flow time* (tempo de fluxo) e até mesmo *sojourn time* (tempo de permanência) para se referirem ao que estamos chamando de *cycle time*.)

De fato, quando observamos uma linha de montagem automotiva operar durante um tempo, costumamos ver trabalhadores completarem suas tarefas e terem tempo para esperar pelo próximo veículo. Ao contrário das duas horas

---

* N. de R.T.: Neste trecho, os autores chamam a atenção para o fato de que há uma diferença entre o emprego do termo *cycle time* (*tempo de ciclo*) feito por eles e o emprego feito por outros autores. Normalmente, entende-se *tempo de ciclo* como o tempo de processamento de uma peça em um posto de trabalho. Já os autores consideram *cycle time* como a soma dos tempos das atividades realizadas no posto de trabalho. Diferença semelhante é encontrada no emprego do termo *lead time* – consulte a página 52 para uma definição. Respeitando a escolha dos autores quanto ao emprego desses termos e, ao mesmo tempo, buscando evitar confusões com o emprego feito por outros autores da área, optamos por manter os termos em inglês.

extras de tempo de recuperação usadas para compensar as interrupções na linha devido aos problemas de qualidade, esses poucos segundos de recuperação são usados para compensar a variação no tempo de execução das tarefas.

Digamos, por exemplo, que a demanda pelo Camry seja de 600 mil unidades por ano de 250 dias. Isso representa 2.400 unidades por dia, ou 1.200 unidades para cada turno de 12 horas. Para um administrador que programa a linha de montagem para trabalhar 10 horas a cada turno, o tempo *takt* será de 30 segundos ([10 h × 3.600 s/h]/1.200 = 30 s). O que significa que o tempo disponível em cada estação de trabalho é de 30 segundos. Entretanto, se o gerente da linha acrescentar funcionários suficientes para que o tempo *médio* de execução da tarefa seja de 30 segundos, ele terá problemas. Se o tempo médio de execução da tarefa for igual ao tempo *takt*, um trabalhador da estação será capaz de completar a tarefa dentro do *takt* apenas 50% das vezes. Isso significa que, à medida que a linha continuar avançando, o trabalhador terá que continuar trabalhando para a próxima estação de trabalho, prejudicando assim o seu trabalho.

Existem duas formas de evitar tais problemas: (1) interromper a linha sempre que um trabalhador realizar uma tarefa que leve mais tempo do que a média, ou (2) estabelecer um tempo *takt* mais longo do que o tempo médio de execução da tarefa. Assim, no primeiro caso, a linha avançará no ritmo do trabalhador mais lento e será interrompida de tempos em tempos. No entanto, se o gestor utilizar a segunda opção e atribuir um tempo *takt* mais longo do que a média, cada estação terá à sua disposição um pequeno tempo extra, promovendo, portanto, uma produção bastante regular para a linha toda.

Agora considere o histograma de tempos de execução na Figura 1-1, que mostra a distribuição de intervalos de tempo para a execução das tarefas em

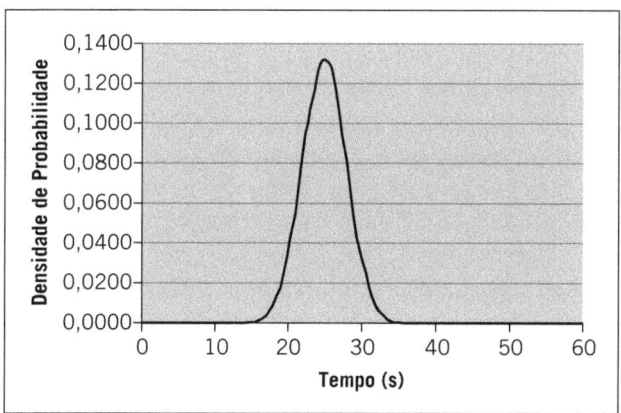

Figura 1-1 Histograma de tempos de execução de tarefas.

uma linha de montagem. Aproximadamente 5% das tarefas requerem menos do que 20 segundos, 45% requerem algo entre 20 e 25 segundos, outros 45% requerem entre 25 e 30 segundos, e os últimos 5% requerem mais do que 30 segundos. A média é 25 segundos, e o desvio padrão é 3 segundos. Logo, se o tempo *takt* da linha for estabelecido em 30 segundos, 95% das tarefas serão concluídas dentro do tempo alocado. Assim, os trabalhadores darão conta dos 5% de ocorrências que tomam mais do que 30 segundos desde que elas não ocorram todas ao mesmo tempo.

Embora 5 segundos não pareçam muito, o tempo extra se acumula. Assim, a realização de uma tarefa de 25 segundos em um tempo *takt* de 30 segundos equivale a dispor de 2 horas extras a cada 10 horas de produção, porque 25/30 = 10/12 = 83,3%.

Já que os gestores costumam empregar o primeiro método para longas interrupções e o segundo para variações nos tempos de execução das tarefas, isso resulta em um tempo de produção útil inferior a 70% do tempo de produção programado (0,833 × 0,833 = 0,694). O que significa que a cada turno de 12 horas, um gestor obtém em torno de 8 horas e 20 minutos de tempo produtivo, não incluindo refeições, paradas, nem trocas de turno. Neste caso, se o gestor designasse trabalhadores para cobrirem os períodos de almoço e outras paradas, o resultado seria cerca de 1.200 peças produzidas por turno, a quantidade necessária para cobrir a demanda.

Produção em lotes e filas

Por outro lado, se um gestor utilizar uma abordagem diferente de controle da linha, desacoplando a linha e permitindo que o WIP flua livremente e se acumule entre os processos, o sistema funcionará no ritmo do processo mais lento, ou seja, uma peça a cada 25 segundos (além de 1 minuto extra a cada hora). Neste caso, porém, quando ocorrer um problema em uma estação, as outras estações poderiam continuar operando enquanto ainda houvesse WIP. Mas e quanto àquelas interrupções? Lembre-se de que a linha de montagem com 10 estações possuía, em média, uma única interrupção de 1 minuto por hora. Em um período de 12 horas, resultaria em 2 horas de interrupções (2h = 10 estações × 12 interrupções cada × 1h/60 min), e isso era exatamente o planejado. Entretanto, se as estações estiverem desacopladas, cada estação só "enxerga" suas próprias interrupções. O período de produção seria então de 11 horas e 48 minutos (perdendo apenas 1 minuto a cada hora por estação), e a taxa de produção seria de aproximadamente 1.700 peças a cada 12 horas. Isso significa que a linha desacoplada produz 41% a mais do que a linha com fluxo contínuo.

Mas, novamente, existe um custo! A produção extra foi obtida permitindo-se uma grande quantidade de WIP acima do que seria necessário no fluxo contínuo. O WIP extra acarreta um *cycle time* maior ao longo da linha. A linha de fluxo contínuo leva 5 minutos para produzir uma peça (10 estações com 30 segundos por estação). Se a linha desacoplada tiver 5 unidades de WIP em cada estação, o *cycle time* sobe de 5 para 25 minutos. Se o WIP necessário fosse de 15 unidades, o *cycle time* seria de 75 minutos. O problema de todo esse WIP é que ele esconde problemas. A linha pode perfeitamente operar *com* os problemas, e não há necessidade (muito menos urgência) de eliminá-los. Além disso, se peças defeituosas começarem a ser produzidas na primeira estação e não forem detectadas até a última estação, então a linha acabará produzindo 150 unidades de *sucata* ou *retrabalho*. Uma linha com tamanha taxa de sucata (ou retrabalho) pode acabar facilmente com níveis de produtividade inferiores aos das linhas que utilizam o fluxo contínuo, apesar de todo o seu período de recuperação.

Uma abordagem equilibrada

Felizmente, o fluxo contínuo e o WIP ilimitado não são as únicas alternativas. Existe um caminho intermediário. Se um gestor limitar o WIP de cada estação, a produtividade da linha desacoplada será apenas *levemente* reduzida, mantendo a capacidade de detectar problemas rapidamente quando ocorrerem. Qual deveria ser o limite de WIP? Como sempre, "depende"!

Depende de quanta *variabilidade* há no sistema. Variabilidade será um conceito importante neste livro, e será discutida em detalhes mais adiante. Qualquer variabilidade em tempo de produção ou qualidade das peças terá um impacto negativo na produtividade. Isso não significa que toda a variabilidade é ruim (falaremos sobre isso depois). Contudo, uma pequena quantidade extra de WIP pode prevenir bastante a variabilidade, aumentando, assim, a produtividade sem aumentar demais o *cycle time* nem dificultar a detecção de defeitos. A chave é compreender como a produtividade está relacionada com o WIP e com a variabilidade: e isso é um dos grandes *insights* da Ciência da Fábrica.

Histórico de desempenho: Produção Enxuta e Seis Sigma

Embora a Produção Enxuta e o Seis Sigma tenham obtido um grande sucesso ao reduzir desperdícios e aumentar lucros em diversas empresas, o sucesso nem sempre é garantido. Um artigo recente do *Wall Street Journal* apontou que 60% dos projetos Seis Sigma não rendem os benefícios esperados.[8] O desempenho da Produção Enxuta é inferior, com apenas 2% dos projetos atingindo os resultados previstos.[9] O baixo índice de sucesso dos projetos enxutos provavelmente se deve, em parte, ao grande número de eventos *kaizen* (projetos de melhoria) que são empreendidos por várias empresas. Outra razão é que a Produção Enxuta promove melhorias por *benchmark*. "Foi assim que a Toyota fez, então é assim que você também deve fazer!". Os gestores não entendem como o STP funciona, apenas sabem que ele funcionou para a Toyota. Então, eles o aplicam a um negócio muito diferente daquele da Toyota, e o sistema nem sempre é implementado.

Um cenário confuso

Embora várias pessoas compreendam os fundamentos da contabilidade e das finanças, são poucas as que compreendem os fundamentos presentes na produção e na cadeia de suprimentos. Todos entendem que se a receita aumentar sem que os custos aumentem, a lucratividade será maior. Quando pedimos aos participantes dos nossos seminários que descrevam a relação básica entre o tempo que leva para uma peça avançar pela fábrica e a quantidade de peças presentes na fábrica, menos de 1% deles consegue fazer isso corretamente. Observamos um percentual igualmente baixo entre os pesquisadores universitários, os analistas (como Gartner, Forrester, Solomon, entre outros) e a grande maioria dos consultores. Por que isso ocorre? Certamente não é porque essas pessoas são burras. É porque essas relações raramente são ensinadas nas universidades (que não adotaram a Ciência da Fábrica) ou em cursos de menor duração. *A Ciência da Fábrica para gestores* busca suprir tal deficiência.

A falta da compreensão básica gera muita confusão. Nós a chamamos de *Terceira Lei de Newton dos especialistas*: para cada especialista, existe um especialista igual ou oposto. Para cada consultor de Produção Enxuta defendendo as vantagens da produção nivelada, existe um vendedor de tecnologia da informação (TI) oferecendo um sistema de planejamento e sequenciamento avançado de produção (APS – *advanced planning and scheduling*). Mesmo entre os especialistas em Produção Enxuta, não existe consenso a respeito de como a ciência do STP funciona. Em uma sala cheia de mestres em Produção Enxuta, peça para que descrevam o que torna um sistema puxado um sistema puxado, e você terá inúmeras respostas diferentes. Mesmo as definições dadas pelo Lean Enterprise Institute (LEI) e a American Production and Inventory Control Society (APICS) não combinam; elas nem mesmo fazem sentido. A definição clássica é dada pelo fundador do LEI, James Womack, e estabelecida em seu livro, em parceria com Dan Jones, *Lean Thinking* (New York: Free Press, 1996):

> Sistema Puxado, *em uma linguagem simplificada, significa que ninguém a montante deve produzir um bem ou serviço até que o consumidor a jusante peça por ele.*

Mas essa definição é bastante diferente daquela oferecida pelo dicionário produzido pela APICS:

Puxado: (1) Em produção, a produção de itens apenas quando demandados para uso ou para substituir aqueles utilizados. (2) Em controle de materiais, a retirada do estoque conforme demandado pelas operações. O material não é baixado do estoque até que seja solicitado pelo usuário.[10]

A definição de Womack sugere que sistemas puxados são essencialmente sistemas "produção por encomenda". A definição da APICS (de produção) é vaga. A primeira parte, "produção de itens apenas quando demandados", é similar à definição de Womack (ou seja, produção por encomenda), ao passo que "substituir aqueles utilizados" sugere um sistema de supermercado ou de "produção para estoque (*make to stock*)". Enquanto isso, a definição material da APICS é um tanto tautológica, porque "material baixado" no estoque e "retirada do estoque" são basicamente a mesma coisa. É bastante perturbador, por si só, que as definições das duas organizações especializadas sejam tão diferentes. Mais perturbador ainda é o fato de que, se precisarem escolher entre uma ou outra, os gestores estarão diante da seguinte pergunta: "Qual é a grande novidade?". Produção por encomenda e produção para estoque têm estado em voga há mais de 60 anos.

Em nossa opinião, a novidade maior é que ambas as organizações parecem confusas quanto à ciência por trás daquilo que elas rotulam como sistema puxado. Caso contrário, elas não o descreveriam utilizando os mesmos termos empregados para descrever sistemas de "produção por encomenda" e "produção para estoque", que já estão presentes há tantos anos, uma vez que o conceito de sistema puxado é *essencialmente diferente* tanto de produção por encomenda quanto de produção para estoque.

No Capítulo 3, mostraremos que o controle do WIP oferece uma maneira de atingir um *cycle time* mínimo com produtividade máxima, independentemente de como for rotulado. Nenhuma das duas definições anteriores discute o controle do WIP como forma de controlar o desempenho. Ambas as definições declaram que produzir ou utilizar apenas aquilo que é demandado é a característica definidora de um sistema puxado. Se um milhão de consumidores demandarem uma determinada peça ao mesmo tempo, essas definições exigirão uma tentativa de produzir 1 milhão de peças de uma só vez. A implementação clássica do sistema puxado, conhecida como *kanban*, limita a quantidade de WIP de cada peça ao número de cartões de produção (tanto cartões físicos quanto eletrônicos). As vantagens são os *cycle times* mais curtos, menos WIP e um fluxo estabilizado. Embora o *kanban* seja o melhor método conhecido, a limitação do WIP pode ser feita de diversas maneiras. Depois que descrevermos a dinâmica dos sistemas de produção, ficará claro que o *kanban* clássico (o sistema puxado original) é restritivo demais, e descreveremos uma maneira que é muito mais simples e mais aplicável a ambientes complexos, como aqueles com pouco volume e grande variedade. Finalmente, o uso de um sistema puxado muitas vezes se torna um fim em si mesmo em diversas implementações da Produção Enxuta. Isso ignora o fato de que o objetivo de um negócio é sustentar alta lucratividade durante um longo período, e não implementar um sistema puxado.

A confusão se estende a muitos outros tópicos além da definição e da finalidade do sistema puxado. Várias pessoas acreditam, por exemplo, que aumentar a capacidade nos gargalos vai resultar em maior produção da fábrica (o que nem sempre é verdadeiro). Outras acreditam que a redução do *cycle time* acaba aumentando a produção (não é verdadeiro). O balanceamento da linha é a ideia de disponibilizar todas as estações em uma linha para que elas tenham os mesmos níveis de capacidade, e muitos acreditam que o balanceamento da linha vai minimizar os custos (em geral, também é falso). Não é de surpreender que tais crenças sejam mantidas: a produção *parece* relativamente simples, e essas afirmativas *parecem* intuitivamente verdadeiras.

O problema é que a intuição da maioria das pessoas sobre manufatura, serviços e cadeia de suprimentos é baseada naquilo que acontece *em média*. As pessoas compreendem os efeitos medianos. Mas, quando a variabilidade se torna um problema, a intuição delas é muito pior. Por que isso ocorre? *Porque nunca existiu uma ciência de operações adequada* ou, em outras palavras, uma *teoria* de operações para que os gestores possam usar para prever os resultados de ações de maneira confiável, antes que elas sejam realizadas. A Ciência da Fábrica oferece a solução para esse problema, ao proporcionar um conjunto prático de teorias que foram testadas e validadas por meio de incessantes análises e prática.

Acreditamos que o conhecimento básico sobre como a produção e os sistemas de estoque se comportam deveria ser um pré-requisito para qualquer um que busca desenvolver, controlar ou gerenciar tais sistemas. Isso não significa que o gestor ou o vice-presidente precisa ter um PhD em engenharia industrial ou logística, apenas uma intuição aguçada sobre o comportamento desses sistemas já é o suficiente. Os gestores devem conhecer a relação entre WIP, *cycle time*, produtividade (*throughput*), variabilidade e capacidade de maneira intuitiva. Eles devem reconhecer a importância de usar um computador para modelar o processo, porque é melhor experimentar com um modelo. Utilizando um modelo válido, diversas opções podem ser testadas rapidamente para ver quais funcionam melhor. Em contrapartida, quando a experimentação ocorre com a produção real de operações de serviço ou cadeias de suprimentos, erros geralmente custam carreiras. A finalidade deste livro é ensinar aos gestores e aos executivos essas relações básicas para que possam tomar decisões mais adequadas. Se você ainda não se convenceu, considere o que acontece quando uma grande empresa tenta inovar por imitação – *benchmark* – implantando um enorme projeto em movimento porque foi assim que a Toyota fez.

Linha de montagem móvel da Boeing

A criação, pela Boeing, de uma linha de montagem móvel diretamente acoplada para produzir o seu 777 foi um grave erro. Uma opinião que pode ser um tanto polêmica. A Boeing fez apresentações Estados Unidos afora exaltando sua realização nessa impressionante façanha *tecnológica*. Nossa divergência é que, embora seja tecnicamente impressionante, não fazia sentido do ponto de vista comercial, pois os resultados obtidos estavam disponíveis com métodos menos espalhafatosos e *bem menos* dispendiosos. Além disso, por copiar cegamente a Toyota, a Boeing não apenas gastou uma vasta quantia, como também ficou paralisada por longos períodos de tempo durante um pico de demanda. Mesmo admirando a Boeing como uma das companhias aeroespaciais de liderança mundial, essa decisão específica não foi sensata. Executivos de grandes empresas como a Boeing tomam decisões que têm consequências abrangentes e caras. A história da linha de montagem móvel do 777 oferece um exemplo de por que é vital ter uma compreensão fundamental e sólida da ciência por trás das operações – principalmente por parte dos executivos.

Começamos em março de 2007, quando dois dos autores deste livro participaram de uma conferência na qual o palestrante principal era da Boeing. Sua apresentação "Transformação de uma Fábrica – A Linha Móvel do 777" havia criado grandes expectativas. Como tal linha funcionava? Aviões não eram carros. Um carro pode sair da linha de montagem a cada 30 ou 45 segundos, mas o tempo *takt* para um avião é de três dias.

Colocar um 777 em uma linha de montagem móvel, sem dúvida, não foi fácil, mas os consultores japoneses contratados pela Boeing nunca disseram que seria. Eles apenas disseram "deve ser feito!", porque, para eles, uma empresa não podia ser enxuta sem uma linha de montagem móvel. Não apenas a direção da Boeing tornaria sua empresa enxuta, como a própria Boeing se tornaria líder em Produção Enxuta. A Boeing já estava até mesmo ensinando seus fornecedores a se tornarem enxutos. Ohno havia definido sete formas de desperdício (ou *muda*, em japonês), e Womack e Jones tinham acrescentado uma a mais, totalizando oito. Até 2001, a Boeing já havia definido dez. A busca para eliminar os desperdícios acabou virando um estilo de vida, e diversos desperdícios haviam sido descobertos e eliminados, levando a um grande aumento na produtividade.

O custo de implementação da linha de montagem móvel para o 777 acabou ficando em torno de $250 milhões (de 2006 até 2007), somando-se a isso a perda de receita devido ao fechamento da fábrica por algumas semanas em diversas ocasiões. E não foi fácil. A primeira tentativa foi em 2006, mas houve problemas. Um suporte móvel precisou ser criado para se ter acesso. Alturas padronizadas tiveram que ser estabelecidas e implementadas. Depois de diversas modificações na fábrica, a linha começou a se mover em 2007, bem a tempo para a conferência. Em seu site, a Boeing ofereceu a seguinte explicação de por que uma linha de montagem móvel para aviões era uma boa ideia:

> *Linhas de montagem móveis, e as técnicas de Produção Enxuta que as acompanham, permitem um fluxo de produção sincronizado e contínuo, aumentando a qualidade e a eficiência dos processos de produção. A linha é interrompida quando uma condição anormal ocorre. Interromper a linha é a consequência visível de que uma condição anormal existe e precisamos lidar com ela rapidamente. Além de reduzir o tempo de atravessamento e os custos de produção, a linha de montagem móvel também cria um ambiente que facilita o trabalho para os funcionários. Todas as ferramentas, peças, planos e instruções de trabalho são entregues a eles para que disponham de tudo o que precisam, onde e quando precisarem.*

O único problema com essa explicação é que a linha se move em uma média de 4,6 centímetros por minuto. Na prática, não era um movimento contínuo, uma vez que a linha era periodicamente puxada para a frente. Isso significa que levaria um tempo até alguém perceber que a linha tinha parado. Portanto, uma das principais vantagens de uma linha de montagem móvel se perdera já no início.

Um dos principais resultados apresentados na conferência foi uma redução de 72% na metragem quadrada. Mas então veio uma pergunta do público: qual foi a redução do *cycle time* para a montagem do 777? "Levava-se 50 dias para completar um 777 – reduzimos isso para 48 dias". Ficou claro que divulgar uma mísera redução de 2 dias no *cycle time* foi um momento embaraçoso para o palestrante. Em um dos intervalos, ao conversarmos com o palestrante, pedimos mais informações na tentativa de compreender melhor as relações custo/benefício do empreendimento. Dissemos: "No nosso entendimento, a maior parte da variabilidade no tempo de processamento para a montagem de um avião se deve ao tipo de assento que é instalado. Um avião para uma empresa aérea econômica que possui assentos básicos exigirá muito menos tempo para instalá-los do que um avião com primeira classe, classe executiva e classe econômica. O que vocês utilizam como tempo *takt*?". O palestrante respondeu: "Bem, tentamos utilizar o tempo médio, mas, como vocês devem imaginar, isso não funcionou muito bem. Então acabamos usando o tempo *takt* mais longo".

Logo, uma avaliação da eficiência da implementação deve incluir:

- Custo de $250 milhões para modificar a fábrica

- Receita perdida enquanto a fábrica esteve desativada
- Produtividade reduzida para impor o tempo *takt* mais longo necessário para os modelos mais complexos do 777

Esse exemplo é o que um gozador chama de "Erro tipo III – resolvendo o problema errado". A questão não era reduzir o *cycle time*. A questão era aumentar a produção – fazer mais aviões. Tendo instalado uma linha de montagem móvel que precisava acomodar tanto aviões complexos quanto os mais simples, a Boeing reduziu sua produção na fabricação do 777. Embora seja impossível fazer uma correlação direta, em 2007, o valor total das encomendas feitas à companhia subiu de $250 bilhões para $327 bilhões, o maior aumento desde que a empresa começou a divulgar essa estatística.[11] Coincidência ou não, a implantação da linha de montagem móvel aconteceu em um momento em que a demanda estava elevadíssima para a Boeing.

Isso foi em 2007. Em 2009, a Boeing divulgava resultados melhores:[12]

- Redução no tempo de atravessamento: 24%
- Redução nas horas/unidade: 34%
- Taxa do giro de estoque: 71%
- Taxa de dias perdidos: 37%

Não sabemos ao certo como eles foram de uma redução de 4% no *cycle time* para uma redução de 24%, mas, novamente, o *cycle time* não é a questão, e a descrição de 2009 não deu qualquer indicativo de um aumento na produção. O tempo *takt* permaneceu sendo de um avião a cada três dias.

Recentemente, a Boeing fez melhorias na linha e reduziu de maneira significativa o tempo *takt* para 2,5 dias e, portanto, aumentou a produção em 20%. Como a Boeing fez isso? Uma postagem no site *Aviation Week*, em 2012, descreveu as seguintes mudanças:

1. Fez melhorias no processo, como "sistemas de trilhos flexíveis" automatizados que se acoplam na aeronave e realizam a operação de perfuração de maneira mais rápida e precisa do que um trabalhador humano faria.em uma operação manual
2. Pré-agrupou e pré-instalou cabos em um suporte que vai diretamente no *cockpit*, em vez de instalar cabos individuais na linha de montagem
3. Alterou o design para permitir que os subconjuntos de cabos fossem produzidos de forma offline e depois inseridos em uma fração do tempo previsto anteriormente[13]

Talvez tenha sido necessário ter um avião se movendo na linha de montagem para destacar a necessidade dessas melhorias, mas acreditamos que não. Preparar subconjuntos offline basicamente remove tarefas do fluxo principal, realizando-as em uma operação paralela. Outra vantagem publicada pela Boeing em uma conferência, em 2013, na qual dois dos autores deste livro estiveram presentes, foi que a instalação de uma linha de montagem móvel impôs a disciplina de produção necessária para aumentar a produtividade. Novamente, a imposição de boas práticas gerenciais não requer uma linha de montagem móvel. Curiosamente, a Boeing já havia sido muitíssimo bem-sucedida utilizando linhas de montagem dissociadas e subconjuntos offline para aumentar a taxa de produção do B17 durante a Segunda Guerra Mundial.[14]

O fato de ter levado seis anos para implementar a linha de montagem móvel para o 777, sem mencionar seu enorme custo de implementação, mostra o quanto é importante realizar melhorias baseadas em uma teoria capaz de "fazer previsões sobre fenômenos que ainda não foram observados", e não porque "é desse jeito que a Toyota faz".

Surpreendentemente, a Boeing não está utilizando uma linha de montagem móvel para fabricar o novo 787 Dreamliner.

Olhando para frente

A função deste livro é aumentar o seu conhecimento e, acima de tudo, a sua intuição. Portanto, a Ciência da Fábrica não deve ser um mero palavrório, embora ela não impeça que alguns tentem transformá-la nisso. Na realidade, trata-se de um perigo para o qual frequentemente tentamos alertar nossos clientes. Recomendamos que não façam uso da clássica implementação da "iniciativa" de Ciência da Fábrica na empresa como um todo. Nem todos na companhia precisam dominar a parte técnica por trás da Ciência da Fábrica. Claro que os conceitos devem ser ensinados em um nível apropriado, ao se implementar mudanças de design nos processos de produção e controle de estoque. As pessoas envolvidas em mudanças vinculadas à aplicação da ciência devem ter pelo menos uma compreensão superficial do motivo pelo qual as mudanças estão acontecendo, além de ter oportunidade de dar sua opinião. O melhor aspecto dessa abordagem é sua grande objetividade. Combinada com um apelo genuíno à inteligência do trabalhador médio, a abordagem da Ciência da Fábrica funciona bem porque as pessoas gostam de realizar coisas que fazem sentido. Se alguém conseguir mostrar objetivamente que um dos conceitos não faz sentido, algo foi aprendido, e a ciência avança. A Ciência da Fábrica não é a "próxima grande tendência". Ela representa os princípios subjacentes a qualquer "grande tendência" que você esteja seguindo no momento, e é o conhecimento da próxima tendência que você criará para o seu negócio.

Este livro ainda descreve a Ciência da Fábrica como uma ciência abrangente e prática de operações para gestores. Usando essa ciência, os gestores estarão aptos a traçar, implementar e controlar o sistema de produção ou serviço de maneira apropriada para o seu negócio – enquanto evitam as armadilhas do *benchmark*, do palavrório e de teorias mal definidas ou ruins. Para isso, começamos com o objetivo mais básico dos negócios: ganhar dinheiro agora e no futuro. Tal objetivo deve ser alcançado por meios morais e para fins nobres, mas se uma empresa não ganhar dinheiro agora nem no futuro, ela põe a perder qualquer objetivo nobre que seus donos ou funcionários possam ter.

Assim, descrevemos os conflitos inerentes entre vendas e operações que surgem na maioria das empresas em busca do objetivo básico. Buscamos resolver esses conflitos, não os fazendo desaparecer (porque eles não vão desaparecer), mas oferecendo os meios para que se estabeleça uma *estratégia* integrada. Por *estratégia*, queremos dizer planejar um espaço restrito de operação em termos de custo, estoque e serviço ao consumidor que traga mais lucros. Vamos desenvolver essa definição de estratégia à medida que introduzimos novos conceitos. Em seguida, ensinamos a traduzir essa estratégia em *táticas* reais que alcancem a estratégia. E, por fim, descrevemos uma abordagem inovadora de execução que estabelece *controles* e *medidas* para mostrar quando um negócio está sob controle e quando está fora de controle. Somente quando ele estiver fora de controle é que os gestores devem fazer ajustes. O resultado disso é um sistema de operações muito mais estabilizado, que alcança seus objetivos face à variabilidade da demanda, à complexidade da produção, à complexidade do produto e que é mais facilmente administrável do que a maioria das abordagens contemporâneas.

Nos últimos capítulos, examinamos questões ligadas à liderança e às mudanças administrativas. Ao longo do livro, damos exemplos de diferentes ramos, tanto de grandes quanto de pequenas empresas. No final, oferecemos uma abordagem recomendada que os leitores podem usar ao implementar a estrutura da Ciência da Fábrica em suas próprias empresas, assim como exemplos de companhias que já implementaram a perspectiva da Ciência da Fábrica. Ao empregar a abordagem recomendada e ao estudar os exemplos, qualquer gestor estará apto a (1) projetar um sistema de gestão de produção e de cadeia de suprimentos adequado ao seu próprio negócio, bem como (2) orientar um desempenho previsível e significativamente superior.

# Capítulo 2

A natureza dos negócios – um segredo escondido debaixo do nariz

A melhor maneira de manter um segredo é fingir que ele não existe.

– Margaret Atwood

Para sustentar o sucesso na liderança de operações, é preciso compreender o comportamento natural dos negócios. Esse comportamento natural é um segredo escondido debaixo do nariz. Falaremos bastante sobre o comportamento natural de operações e negócios em geral, já que percebemos que os executivos muitas vezes não compreendem claramente esse comportamento natural que tentam gerenciar. Se o compreendessem, não empregariam abordagens de força bruta como:

- Instalar uma linha de montagem móvel diretamente acoplada para a produção de aeronaves.
- Fazer uma empresa que utiliza amplamente planilhas planejar e programar a produção, bem como gerenciar estoques, quando ela já investiu grandes somas de dinheiro na "última" tecnologia da informação (TI), como o sistema integrado de gestão empresarial (ERP), *ou* investir grandes somas em *add-ons* como o sistema avançado de planejamento e sequenciamento da produção (APS), para "corrigir" seu planejamento e sequenciamento.
- Promover a "eliminação de desperdício" ou o "fluxo unitário de peças" como um objetivo final, ou mesmo como um objetivo ideal.
- Tolerar o uso disfuncional de padrões de desempenho, como "horas trabalhadas", para a avaliação e motivação de funcionários.
- Gerenciar falando coisas como: "É melhor que nossos fornecedores entreguem suas peças no prazo, senão pode avisá-los de que eu mesmo irei até a porta deles com um caminhão para buscá-las." (Citação real de um vice-

-presidente de operações de uma companhia multibilionária, dita aos funcionários durante uma reunião da empresa.)

Para compreender o comportamento natural das operações, é necessário, em primeiro lugar, ter uma clara compreensão do ambiente no qual cada gestor precisa navegar. Conhecer os produtos, consumidores, pessoas e concorrentes de uma empresa proporciona as informações necessárias, mas não suficientes, para criar e implementar com sucesso estratégias que ofereçam resultados previsíveis.

Fluxo de caixa positivo e lucratividade no longo prazo são os objetivos primários dos negócios. Sem dúvida, esses objetivos podem ser alcançados de várias formas distintas, incluindo práticas criminosas, então não recomendamos buscar o lucro a qualquer custo. Justiça, moderação, prudência e coragem devem ser aplicadas quando determinamos qual a melhor forma de atingir os objetivos respeitando os próprios valores do líder. A lucratividade é alcançada quando as vendas aumentam e os custos são reduzidos. É necessário um produto de qualidade. No entanto, muitas vezes vemos companhias cujo foco é ser a mais *enxuta* – escolha suas próprias definições – ou atingir a menor variabilidade – se é que isso é desejável –, ou ser orientada pela demanda. E qual não é?

Infelizmente, conflito constante é a natureza do negócio. Atingir baixos custos geralmente requer pouco estoque, alta utilização e alta produtividade, uma combinação que exige baixa variabilidade. A busca por grandes vendas acaba exigindo reações rápidas. Reações rápidas exigem baixa utilização. Pense no caso da utilização de um caminhão de bombeiro ou de uma ambulância. Serviços de ambulância que buscam aumentar sua utilização com poucos veículos enquanto prometem um tempo de resposta fixo de cinco dias, ou menos, não chegarão muito longe nos negócios. O impulso de aumentar as vendas também resulta, em geral, em mais produtos e variedade de produtos existentes, o que significa maiores estoques e maior variabilidade. Portanto, como ilustrado na Figura 2-1, existem conflitos entre muito e pouco estoque, alta e baixa utilização, e mais ou menos variabilidade. *Cycle times* menores contribuem tanto para grandes vendas (vencer a concorrência em *lead time*) quanto para baixos custos (encontrar defeitos antes que eles gerem custos de sucateamento e retrabalho), mas a busca por *cycle times* menores pode levar a extremos altamente improdutivos, como veremos mais tarde.

Esses conflitos naturais existem em praticamente qualquer negócio, e eles *não* serão eliminados. Essa é a natureza dos negócios. Os conflitos naturais precisam ser *gerenciados*. Na maioria das empresas, isso é um segredo escondido debaixo do nariz, obscurecido por batalhas políticas ou pelo caos causado por um controle empresarial fraco e disfuncional. Quando os conflitos naturais não são gerenciados, uma organização torna-se bipolar.

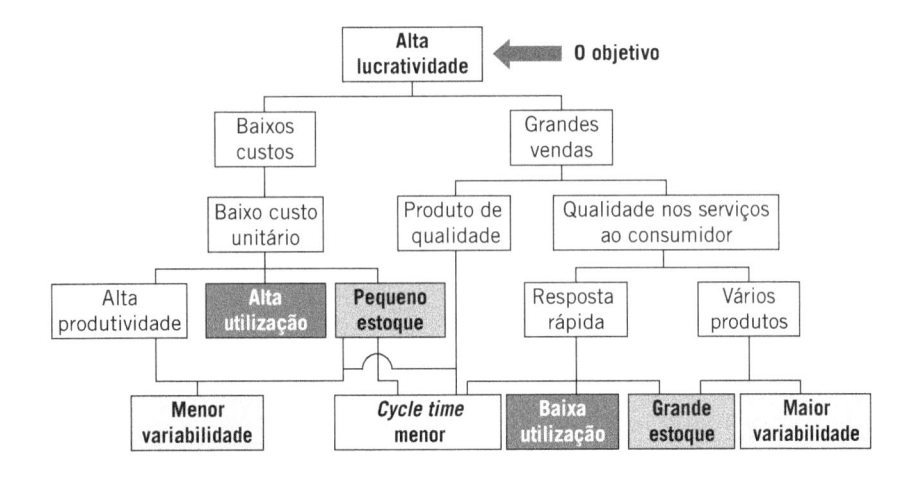

```
                    ┌─────────────┐
                    │    Alta     │ ◄━━ O objetivo
                    │lucratividade│
                    └──────┬──────┘
              ┌────────────┴────────────┐
         ┌────┴────┐               ┌────┴────┐
         │ Baixos  │               │ Grandes │
         │ custos  │               │ vendas  │
         └────┬────┘               └────┬────┘
      ┌──────┴──────┐          ┌────────┼──────────────┐
      │ Baixo custo │          │Produto de│  │Qualidade nos serviços│
      │   unitário  │          │ qualidade│  │    ao consumidor     │
      └──────┬──────┘          └────┬────┘  └──────┬──────┬────────┘
    ┌────────┼────────┬─────────────┤             │      │
  ┌─┴──┐ ┌───┴───┐ ┌──┴────┐                  ┌───┴──┐ ┌─┴────┐
  │Alta│ │ Alta  │ │Pequeno│                  │Resposta││Vários│
  │prod.│ │utiliz.│ │estoque│                  │rápida ││produtos│
  └─┬──┘ └───┬───┘ └──┬────┘                  └───┬──┘ └──┬───┘
    │        │        │                            │      │
  ┌─┴────┐ ┌─┴──────┐ ┌┴──────┐            ┌──────┐ ┌────┐ ┌─────┐
  │Menor │ │Cycle t.│ │Baixa  │            │Grande│ │Maior│
  │variab│ │ menor  │ │utiliz.│            │estoque│ │variab│
  └──────┘ └────────┘ └───────┘            └──────┘ └─────┘
```

Figura 2-1 As relações de custo/benefício no ambiente de qualquer empresa.

1. Os executivos direcionam a organização para trabalhar em uma iniciativa; por exemplo, reduzir estoques.
2. Os estoques ficam realmente baixos, e o serviço ao consumidor começa a ser prejudicado.
3. Os executivos se concentram então no serviço ao consumidor. Os estoques aumentam, assim como os custos.
4. Os executivos agora se concentram nos custos, e assim por diante.

Chamamos isso de *administração do cobertor curto*; alguns executivos o chamam de *melhoria contínua*. Gestores experientes em produção ou com posições de liderança na cadeia de suprimentos provavelmente já passaram por isso.

Liderando a melhoria do desempenho de maneira mais produtiva

Não entenda mal; há muitos trabalhos excelentes sendo feitos pelo pessoal de melhoria contínua, como os faixas pretas em Seis Sigma e os mestres em Produção Enxuta. O problema é que seus esforços não deveriam ser voltados para o problema do momento (embora seja apropriado, sem dúvida, montar equipes de rápida resposta em situações de emergência) ou para metas ambiciosas, número de projetos por ano ou quantidade de eventos *kaizen* por ano, ou para o total de economias projetadas em cada projeto.

Vejamos o exemplo da Jabil, uma bem-sucedida fabricante terceirizada de $17 bilhões. No site da empresa, encontramos o seguinte:

- + de 13.000 eventos *kaizen* até hoje (em julho) em 2013
- + de 32.000 eventos *kaizen* realizados em 2012
- + de 15.000 eventos *kaizen* realizados em 2011
- + de 9.500 praticantes Bronze em Produção Enxuta
- + de 200 faixas pretas em Seis Sigma

Mike Matthes, vice-presidente sênior de operações mundiais da Jabil, afirmou: "Não estamos promovendo um programa de Produção Enxuta e Seis Sigma. Estamos transformando a empresa ao incutir uma mentalidade e cultura de melhoria contínua que fique evidente em tudo o que fazemos".[1] Acreditamos que essa é uma boa meta – ela apenas não está conectada com a meta corporativa de lucratividade no longo prazo e fluxo de caixa positivo. A Jabil tem se mostrado uma empresa de fabricação terceirizada bem-sucedida e, obviamente, beneficiou-se dessa abordagem de melhoria contínua. Entretanto, a quantidade de eventos *kaizen* e pessoas treinadas não são parâmetros diretamente ligados às metas de lucratividade no longo prazo e fluxo de caixa. Esses parâmetros incentivam mais cursos de capacitação e eventos *kaizen*, necessários ou não. Concordamos que treinar seus funcionários na resolução de problemas e em técnicas de trabalho em equipe seja de vital importância. O problema é que o treinamento pelo treinamento e a condução de mais projetos, apenas para que haja mais projetos, levam à frustração e aos esforços desperdiçados – uma exaustão de melhorias contínuas. Esse é o principal problema da implementação da Produção Enxuta e do Seis Sigma.

Em um artigo publicado em 14 de junho de 2012 no *Wall Street Journal* e intitulado "Por que os Projetos de Melhoria de Processos não dão certo?", o dr. Satya S. Chakravorty apresentou os resultados de um estudo de programas de melhoria de processos em grandes empresas durante um período de cinco anos. Sua conclusão: "Eles [programas de melhoria de processos] geralmente começam bem, gerando entusiasmo e grandes avanços, mas, na maioria das vezes, são incapazes de ter um impacto duradouro, à medida que os participantes gradualmente perdem motivação e retornam aos velhos hábitos". Depois da arrancada e da empolgação do típico sucesso inicial dos programas sob estudo, os projetos eram conduzidos mais genericamente, sem a orientação de especialistas. Então "... a implementação começa a oscilar e as equipes podem acabar tendo dificuldades para manter os ganhos que atingiram inicialmente". A mentalidade de projetos contínuos sugere uma perspectiva de melhoria contínua, mas não necessariamente leva a melhores resultados. "O diretor de melhorias, cujo salário e bônus dependem do sucesso das iniciativas

Seis Sigma da empresa, destacava os projetos que estavam mostrando grandes avanços e ignorava aqueles que não estavam." Este é um caso típico de parâmetros não alinhados; há um descompasso entre as metas da corporação e as metas dos programas de melhoria contínua. Em vez de analisar as relações de custo/benefício inerentes ao negócio e determinar o melhor conjunto de projetos visando atingir os objetivos da empresa, as diretrizes da administração são realizar diversos projetos e mensurar os resultados conforme a quantidade de projetos e as economias derivadas desses projetos. Por que ocorre esse descompasso?

O *alinhamento de parâmetros* diz respeito ao processo de garantir que os parâmetros utilizados para avaliar as pessoas estejam alinhados com os objetivos gerais da organização. Os parâmetros costumam ser definidos pela cúpula das organizações, exigindo, portanto, lideranças fortes e informadas para garantir um bom alinhamento entre os parâmetros individuais de desempenho e os objetivos gerais da organização. Em nossa experiência, o principal fator que contribui para um desalinhamento de parâmetros e para resultados irregulares nos programas de melhoria contínua é que os líderes carecem de um bom método para quantificar e compreender as relações de custo/benefício, a fim de que possam priorizar esforços e alinhar parâmetros corretamente.

Tim Main, presidente do conselho da Jabil, afirma: "Até onde eu sei, somos a única empresa do mundo no nosso ramo a exigir que nossa gerência seja certificada em Produção Enxuta e Seis Sigma. Acredito que isso vai aumentar de modo significativo a quantidade de eventos *kaizen* e o nosso foco, o que nos levará a extraordinários níveis de qualidade. O objetivo real aqui não é apenas ser Faixa Preta Certificado em Seis Sigma, mas demonstrar uma clara diferença entre o desempenho e a capacidade de operações da Jabil e os da nossa concorrência".[2] É isso que os líderes fazem: eles determinam um curso produtivo de ação para a empresa e a fazem avançar ao longo desse curso. No entanto, se as medidas empreendidas por uma empresa não estão diretamente conectadas com os resultados desejados para o negócio, elas têm bem menos probabilidade de produzirem os resultados esperados.

Os comentários do Sr. Main ilustram nosso argumento. A Jabil está promovendo treinamento na empresa como um todo – o que é bom. Basta consultar o artigo de Victor Lipman na *Forbes* de 29 de janeiro de 2013, intitulado "Por que o desenvolvimento de funcionários é importante, negligenciado e pode lhe custar talento", para ampliar a discussão sobre o valor do treinamento e do desenvolvimento de funcionários. Entretanto, assumir que mais eventos *kaizen* vão gerar níveis extraordinários de qualidade também não é plausível. Finalmente, quanta vantagem competitiva é obtida por meio de um treinamento que está disponível a todas as empresas e que é praticado pela maioria dos concorrentes? Tanto a Flextronics como a Sanmina, duas das maiores concorrentes da Jabil, praticam a Produção Enxuta e o Seis Sigma.

É razoável afirmar que instituir um programa de melhoria contínua não é uma condição necessária nem suficiente para atingir as metas de uma companhia. (Para aqueles encarregados pelo suporte de algum programa de melhoria contínua, aguentem firme. Não vamos recomendar a eliminação desse tipo de programa.) O princípio fundamental do nosso argumento é que para atingir um objetivo são necessárias ações que apoiem diretamente esse objetivo. As empresas podem atingir metas financeiras e de marketing sem um programa de melhoria contínua. Uma abordagem melhor, e o conceito-chave deste livro, é antes de mais nada compreender a ciência que descreve o comportamento natural das operações e qual sua relação com o desempenho financeiro e com os serviços ao consumidor. A partir daí, um gestor pode *projetar desempenho* para atingir os resultados desejados. No Capítulo 5, discutiremos as conexões entre os pontos de vista científico e financeiro, mas, por ora, é suficiente dizer que uma abordagem científica para o projeto de desempenho é a maneira mais direta de conciliar ações para atingir metas com sucesso. Concordamos que o treinamento padronizado é uma ferramenta poderosa no desenvolvimento, na manutenção e no direcionamento de funcionários qualificados. Também acreditamos que o treinamento pode de fato contribuir amplamente para bons resultados corporativos, mas, ao mesmo tempo, o treinamento em programas de melhoria contínua não é suficiente para alcançar resultados previsíveis por longos períodos.

Os líderes devem enviar mensagens sobre melhoria contínua como no exemplo hipotético que segue:

> *Acreditamos piamente no poder que nossos funcionários têm de atingir excelência em nossos processos. Oferecemos treinamento para todos os funcionários nas ferramentas e técnicas de melhoria contínua e trabalho em equipe. Além disso, aplicamos uma abordagem de gerenciamento de operações prática e científica. Isso permite a melhor adaptação possível aos conflitos inerentes entre demanda dos clientes, custo e serviços. Essa abordagem de melhoria contínua avançada oferece um direcionamento eficiente e relativamente simples aos esforços. Priorizamos a aplicação de ferramentas e técnicas de melhoria contínua para obter o melhor custo/benefício. Simultaneamente, a ciência garante que proporcionemos aos nossos clientes aquilo que eles desejam quando eles desejam, ao conectarmos as estratégias empresariais diretamente com nossas atividades cotidianas. Por fim, usamos a ciência prática para planejar um desempenho sob medida para os pontos fortes da empresa. Isso permite que atendamos nossos consumidores mais depressa e melhor do que a concorrência.*

Exemplos de relações de custo/benefício

Nos Capítulos 3 e 4, vamos examinar detalhadamente aquilo que chamamos de ciência prática. Aqui, oferecemos alguns exemplos de como avaliar relações de custo/benefício.

Considere um problema simples envolvendo uma equipe de caixas de banco. O gerente de um banco deseja ter caixas suficientes para atender os clientes em períodos relativamente curtos, a fim de conquistar sua fidelidade. As opções são as seguintes:

1. Capacidade mínima do caixa
2. Capacidade máxima do caixa
3. Capacidade flexível

Temos aqui a descrição de uma progressão rumo à uma solução:

1. Mantenha o número de caixas no mínimo. Isso mantém cada caixa mais ocupado em média, e, portanto, mantém baixo o custo de trabalho por cliente atendido. Em vez de contratar quatro caixas, o gerente contrata dois.
2. Depois de um tempo, os clientes começam a reclamar do tamanho das filas na hora do almoço, e o chefe do gerente chega a receber algumas ligações de clientes irritados com a situação. Neste caso, o gerente tomou a decisão de manter a capacidade baixa para manter os custos baixos. A contrapartida é que os clientes do banco precisam esperar muito mais e não estão satisfeitos com isso.
3. O gerente então decide que a opção de baixo custo não está funcionando muito bem. Mais dois caixas são contratados, resultando em uma drástica diminuição nas queixas dos clientes sobre o tempo de espera. A contrapartida, é claro, é que o custo de trabalho dos caixas agora foi duplicado.
4. Depois de receber alguns questionamentos da cúpula preocupada com os custos de trabalho dos caixas, o gerente elabora uma abordagem diferente. Um dos quatro caixas pede demissão e retorna aos estudos, e o gerente assume seu lugar, quando necessário, para ajudar a reduzir o tempo de espera assim que uma longa fila comece a se formar. Em vez de contratar um quarto caixa como substituto, o gerente decide operar com *capacidade flexível*. Embora isso tome algum tempo do dia do gerente, essa abordagem oferece a melhor relação custo/benefício entre capacidade (custo) e serviço.

Agora imagine que você é um gerente de produção e seu chefe exige que as operações produzam em uma semana 3 mil unidades de produto, sem hora extra. Qual é a resposta correta? Para gerentes de operação, mesmo aqueles com experiência limitada, a resposta é a seguinte: "Claro. Podemos fazer isso", porque uma resposta como "Não sei" ou "Não acho que isso seja possível" fará o chefe procurar outra pessoa que consiga realizar o trabalho. Talvez isso seja um pouco cômico, mas, em operações, não é incomum ficar preso a metas que são extremamente otimistas.

Essa é a *abordagem das metas otimistas*. A citação do treinador de futebol americano Vince Lombardi ilustra a ideia: "A perfeição não é atingível. Mas se perseguirmos a perfeição, podemos chegar à excelência". Embora concordemos que é melhor definir expectativas elevadas em vez das baixas, a abordagem das metas otimistas costuma ser aplicada de forma genérica e arbitrária. O uso excessivo ou a má aplicação das metas otimistas leva ao esgotamento e acaba sendo, em última instância, nada produtivo. A utilização repetitiva de metas otimistas também põe em dúvida o conhecimento e a credibilidade do líder. Descobrimos que, como será explicado posteriormente, pedir que as pessoas atinjam o melhor desempenho possível é uma abordagem mais produtiva. Isso é especialmente efetivo quando acompanhado por um modelo plausível que descreva o melhor desempenho possível.

E se o gráfico da Figura 2-2 estivesse disponível, quando você recebeu do seu chefe hipotético a incumbência de desempenho? Agora, mesmo que a resposta original ao chefe tivesse sido "Dá para fazer", existe a opção de voltar atrás e questionar a sua exigência. Como a curva de cima mostra, o *cycle time* para a produção de 3 mil unidades/semana e nenhuma hora extra é bem superior a duas semanas. No entanto, com apenas quatro horas extras por semana, a

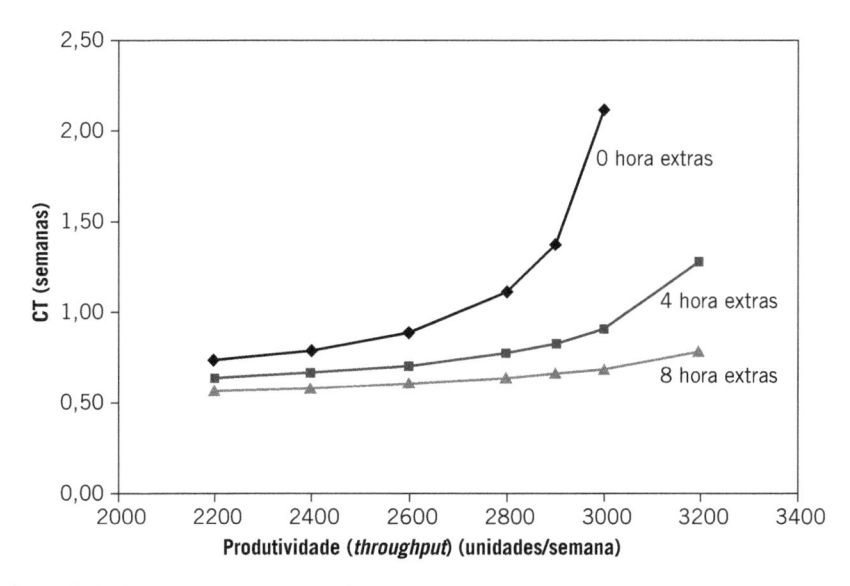

Figura 2-2 Curvas comparativas de produção.

meta original de um *cycle time* de uma semana pode ser atingida. Além disso, suponha que o modelo usado para gerar as curvas ofereça *insights* que indiquem áreas nas quais esforços de melhoria contínua devam ser aplicados para aumentar a produtividade. Depois que o processo estiver em andamento, esforços de melhoria contínua levarão ao estágio final desejado, no qual nenhuma hora extra é necessária.

Outro aspecto interessante da Figura 2-2 é que ela exibe visualmente os comportamentos comparativos que são encontrados em qualquer ambiente de operações.

1. À medida que a taxa de utilização de uma operação aumenta cada vez mais, o *cycle time* aumenta rapidamente e de maneira não linear.
2. Um ínfimo aumento inicial de recursos (capacidade na Figura 2-2) resulta em significativo aumento de desempenho. Acrescentar a mesma quantidade de recursos uma segunda vez resulta em melhorias bem inferiores. Ir de 0 hora extra para 4 horas extras diminui o *cycle time* de 2 semanas para algo em torno de 0,8 semana. Acrescentar mais 4 horas extras por semana apenas reduz o *cycle time* de 0,8 para 0,6 semana.

É fundamental que os gestores compreendam essas e outras relações de custo/benefício inerentes ao seu ambiente para ampliarem suas habilidades de gestão e de liderança de organizações. Quantificar essas relações também é importante; no entanto, ainda mais importante é a capacidade do gestor de internalizar essas relações para que melhores decisões possam ser tomadas rapidamente por meio de uma intuição mais aguçada.

Liderança e análises de custo/benefício

Para obter lucratividade mediante o comportamento empresarial natural e o estabelecimento de vantagem competitiva, é preciso que os executivos compreendam objetiva e quantitativamente os conflitos naturais presentes em seus negócios e que dominem as relações de custo/benefício necessárias para resolver tais conflitos. Só então as estratégias podem ser traçadas corretamente e as táticas, projetos e controles executados de modo previsível para atingir metas financeiras e de marketing.

Os líderes podem optar por:

1. Gerenciar o caos capitulando o conflito, estabelecendo metas otimistas aleatórias, contando com força bruta e aceleração, e torcendo por bons resultados, ou

2. Implementar uma iniciativa copiada que possui boas ideias e que pode ou não ser adequada para a empresa, ou
3. Instituir controle preditivo de uma estratégia de negócios desejável ao oferecer uma compreensão estratégica, abrangente e quantitativa das alternativas concorrentes. (Isso permite que se tome decisões bem embasadas e objetivas para estimular um forte desempenho em lucratividade e fluxo de caixa.)

Todos os caminhos envolvem desafios. Nas opções 1 e 2, um gestor poderia ser uma estrela em ascensão – geralmente alguém que é promovido tão rapidamente que os desastres deixados em seu rastro não são atribuídos a ele. Inúmeras vezes, porém, o resultado final é uma mudança de cargo ou a busca de outros interesses profissionais. A opção 3 costuma encontrar uma resistência cultural a mudanças, e será necessária habilidade em criar consenso e liderar, para que a mudança seja conduzida com sucesso. O principal aspecto positivo da opção 3 é que ela oferece excelente controle sobre os resultados e compreensão preditiva para se tomar decisões que ofereçam maior chance de sucesso a longo prazo.

A abordagem da Ciência da Fábrica

A abordagem da Ciência da Fábrica é compreender os conflitos naturais nos negócios por meio de uma ciência de operações prática e abrangente. Com as relações de custo/benefício entendidas e quantificadas, os líderes podem escolher a estratégia, desenvolver táticas e controles apropriados, e executá-los para atingir as metas empresariais pretendidas com alta taxa de sucesso.

Uma *estratégia* é um plano de ação desenvolvido para atingir um fim específico. Estratégia executiva geralmente envolve decisões de longo prazo e de grande investimento como: "Quais são os nossos mercados?", "Qual é a nossa tecnologia?" e "Quanta capacidade instalada é necessária?". *Táticas* são políticas ou ações implementadas para cumprir uma tarefa ou objetivo. Táticas administrativas tipicamente envolvem decisões de médio prazo como: "O que precisamos produzir ou comprar?", "Quando precisamos produzir ou comprar?" e "Precisamos de capacidade alternativa?". As táticas são geralmente implementadas com regras de planejamento a que a organização obedece e muitas vezes insere em seus sistemas ERP. *Controles,* no mundo das operações, são métodos ou sistemas utilizados para implementar táticas que visam atingir o desempenho desejado. Os controles conferem coisas como: "A demanda está dentro dos limites planejados?" e "O trabalho em processamento (WIP) está abaixo de seu limite máximo?". A Figura 2-3 oferece um excelente panorama da abordagem

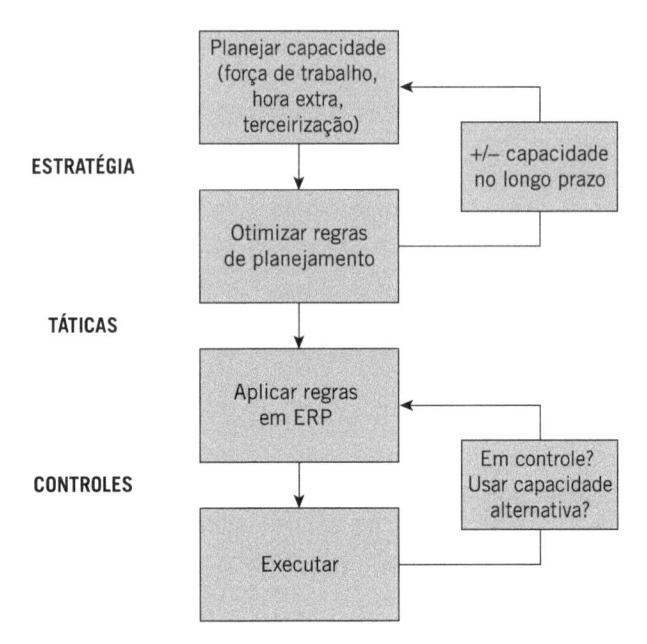

```
                    ┌──────────────────┐
                    │ Planejar capacidade │
                    │ (força de trabalho, │◄─────┐
                    │    hora extra,      │      │
                    │    terceirização)   │      │
ESTRATÉGIA          └──────────┬──────────┘   ┌──┴───────────┐
                               │              │ +/- capacidade│
                               ▼              │ no longo prazo│
                    ┌──────────────────┐      └──────────────┘
                    │  Otimizar regras │
                    │  de planejamento │
                    └──────────┬───────┘
TÁTICAS                        │
                               ▼
                    ┌──────────────────┐
                    │   Aplicar regras │◄─────┐
                    │       em ERP     │      │
                    └──────────┬───────┘   ┌──┴───────────┐
                               │           │  Em controle?│
CONTROLES                      │           │ Usar capacidade│
                               ▼           │  alternativa? │
                    ┌──────────────────┐   └──────────────┘
                    │     Executar     │──────┘
                    └──────────────────┘
```

Figura 2-3 A abordagem da Ciência da Fábrica.

da Ciência da Fábrica. Neste livro, ainda vamos analisar a ciência por trás das relações de custo/benefício e mostrar como implantar a abordagem da Ciência da Fábrica.

Em geral, há bons motivos para os diversos conflitos presentes nos negócios. Pode-se muito bem defender grandes estoques e pequenos estoques, mais variabilidade e menos variabilidade, alta utilização e baixa utilização, ou resposta rápida e resposta mais lenta. Mas, para os gestores, *o segredo para formular e implementar planos operacionais bem-sucedidos é compreender e quantificar os conflitos naturais do negócio e adotar as relações de custo/benefício apropriadas para atingir metas financeiras e de marketing.* Na verdade, trata-se de um problema de design empresarial. Para se ter um bom design empresarial e uma boa liderança, é preciso que os gestores compreendam a ciência que governa o seu negócio. Isso suscita a questão de como compreender e quantificar esses conflitos e relações de custo/benefício – o que, no fim das contas, foi a gênese da abordagem da Ciência da Fábrica.

A natureza dos negócios

1. Foco em lucro, fluxo de caixa, qualidade e serviço ao consumidor. A redução do desperdício é algo genérico demais para ser uma estratégia. No entanto, não descarte conceitos e ferramentas para melhoria de processos. Caso não disponha deles, busque adquiri-los. Eles serão necessários.
2. Simultaneamente, administre as relações de custo/benefício entre estoque, capacidade, tempo de resposta e variabilidade. A administração se torna um cobertor curto se gestores ficarem focados apenas em um ou dois desses elementos de cada vez.
3. A abordagem da Ciência da Fábrica oferece aos gestores uma perspectiva prática e científica para compreender seu ambiente de negócios, a fim de que possam definir uma estratégia, desenvolver táticas e executá-las com controles preditivos.

Capítulo 3

Ciência prática para líderes

Toda ciência ou é impossível, ou é muito simples. É impossível até você compreendê-la e, a partir daí, torna-se muito simples.

— Ernest Rutherford

Quando se desenvolve um plano de operações, o foco geralmente recai em coisas como lucratividade, fluxo de caixa, crescimento da receita e atendimento ao cliente. Vemos muitos executivos que avançam no planejamento das operações estabelecendo metas ambiciosas, como "dobrar o giro de estoque" ou "cortar o *cycle time* em 50%".

É importante tanto para o desempenho da empresa quanto para o desempenho pessoal de um gestor saber ao certo se tais metas podem ser alcançadas lucrativamente antes de se comprometer com elas. Conforme já analisado, os gestores naturalmente encontram conflitos e alternativas com diferentes custos e benefícios ao liderar uma organização. Este capítulo apresenta uma perspectiva estrutural que funcionará tanto de modo estratégico quanto tático para descrever essas relações de custo/benefício. Nossa estrutura permite que os gestores determinem em termos quantitativos e preditivos o grau de ambição que deve ser assumido por suas próprias metas e pelas metas da sua organização – simplesmente aquilo que uma boa teoria deve fazer.

Conhecimento e ciência

A gestão seria uma atividade muito mais fácil se os gestores precisassem apenas decorar fatos, obedecer a procedimentos definidos ou inserir dados em programas de computador, a fim de obter os resultados desejados. Gestores experientes sabem que não é assim que as coisas funcionam; muitas vezes, a gestão é uma busca bastante caótica que exige uma intuição precisa para interpretar informações e aplicar procedimentos de maneira lucrativa. Os gestores encaram uma infinidade de teorias, procedimentos e programas de computador promovidos como capazes de gerar os resultados desejados. Há uma diferença considerável entre ter a habilidade de aplicar métodos científicos, seguir procedimentos ou utilizar programas de computador e ter o conhecimento preciso do comportamento das operações.

Sobram equívocos sobre o que funciona e o que não funciona nas operações de manufatura e de cadeia de suprimento. Como resultado, estratégias e planos operacionais muitas vezes não conseguem cumprir com o que prometem. O Capítulo 1 examinou a confusão em termos de linguagem. Aqui, descrevemos os diversos constituintes no cenário do conhecimento pelos quais os gestores precisam navegar ao determinar quais as melhores teorias preditivas a ser aplicadas:

- Empresas de software são motivadas a vender mais aplicativos de software. Esses aplicativos frequentemente só fazem perpetuar as práticas corriqueiras dos clientes – quer o software faça aquilo que o cliente precisa, quer não. Vários tipos de software e implementações de software são vendidos como soluções para lidar com toda a complexidade dos negócios. Muitas vezes, esses programas meramente habilitam o usuário a enxergar toda a complexidade mais depressa e da maneira mais completa possível, sem jamais ajudá-lo a gerir melhor tal complexidade. O resultado é que usuários de sistemas de planejamento das necessidades de materiais (MRP – *materials manufacturing requirements planning*), sistemas de planejamento de recursos da empresa (ERP – *enterprise resources planning*) ou sistemas avançados de planejamento e sequenciamento (APS – *advanced planning and scheduling*) costumam ficar sobrecarregados por complexidade em tempo real.
- Programas de melhoria contínua promovem uma infinidade de filosofias. Produção Enxuta e Seis Sigma já foram detidamente analisados em capítulos anteriores. Já os programas de Teoria das Restrições (TOC – *Theory of Constraints*) têm como foco a gestão dos gargalos – uma preocupação primordial para um bom controle. No entanto, há muitas outras preocupações para uma teoria abrangente das operações.
- Grandes firmas de consultoria contratam inúmeros estudantes recém-formados brilhantes, mas relativamente inexperientes, e os enviam a empresas para analisarem e recomendarem soluções. Isso se torna bastante problemático quando os recém-formados não são acompanhados por veteranos tarimbados ou quando esses veteranos não se envolvem o suficiente. As

firmas de consultoria, grandes e pequenas, costumam basear seu modelo de negócio em horas faturáveis, outro desalinhamento de parâmetros. Elas ganham mais dinheiro cobrando por mais horas. O cliente é mais bem atendido ao receber uma solução o mais rápido possível. Assim, os consultores costumam criar planilhas e bases de dados extensivas para análise – com todas as oportunidades de erro vinculadas em análises complicadas. O processo é repetido sempre da mesma forma em cada cliente, ocorrendo uma boa parcela de "reinvenção da roda".

- Empresas analíticas como Gartner, Aberdeen, Forrester Research e Solomon geram infindáveis levantamentos e relatórios analíticos sobre aquilo que chamam de desempenho "melhor do ramo", com níveis incrivelmente variáveis de rigor estatístico. Empresas analíticas são empreendimentos com fins lucrativos. As empresas clientes que mais gastam dinheiro com levantamentos analíticos parecem ser as mais comentadas pelos analistas na imprensa. Os analistas trabalham com quotas de vendas que são alcançadas gerando e vendendo relatórios de pesquisa patrocinados por propaganda. É de se questionar a objetividade dos analistas quando seu negócio é sustentado por empresas que eles deveriam estar avaliando objetivamente, e seu modelo de negócios é motivado pela venda de mais pesquisas, quer sejam necessárias, quer não.
- Enquanto isso, a comunidade acadêmica, e sobretudo a engenharia de produção, parece ter se desviado do caminho. Muitos currículos ensinam abordagens de Produção Enxuta e Seis Sigma, com uma pitada de teoria das filas para garantir um bom rigor acadêmico, mas eles estão seguindo a indústria, em vez de as estarem orientando. Não há qualquer ciência bem definida de engenharia industrial ou currículo básico padrão para dominar essa ciência e sua aplicação na indústria.
- A pesquisa operacional (PO) continua sendo a área para as pesquisas rigorosas sobre problemas industriais, mas, em geral, é preciso ter um diploma avançado para fazer análise de PO, uma vez que os métodos exigem matemática complexa. Isso significa que um líder empresarial típico não costuma ler publicações de PO. Os líderes empresariais que empregam especialistas em PO geralmente precisam aceitar os resultados analíticos como um ato de fé, já que eles nem têm tempo nem inclinação para compreender a matemática utilizada.
- Em geral, as pesquisas acadêmicas são motivadas pela necessidade de se publicar em tópicos que sejam novos ou ainda por descobrir. Considerando a razão entre os artigos acadêmicos práticos e os artigos acadêmicos publicados, esses tipos de tópicos raramente correspondem aos tópicos úteis para os líderes empresariais. O que não significa que os artigos são inúteis.

Pelo contrário, a pesquisa e a publicação acadêmicas são, em grande parte, o modo como a ciência avança. O que queremos dizer é que a produção de pesquisa acadêmica é bastante voltada para tópicos que não se aplicam a questões práticas de gestão de negócios. Para dar uma ideia do denominador dessa razão, Jinha[1] estimou que cerca de 1,5 milhão de artigos de pesquisa foram publicados em 2009, com um crescimento anual de cerca de 3% ao ano. Fica a cabo do leitor determinar o numerador a partir de sua experiência pessoal.

O que um executivo ou gerente de empresa de manufatura ou de cadeia de suprimentos precisa fazer para determinar a melhor maneira de liderar seu empreendimento no cumprimento de metas financeiras ou de marketing? Uma coisa é certa: reescrever o panorama das comunidades de melhoria contínua, das de analistas ou das acadêmicas não é uma opção – pelo menos não em curto prazo. A bem da verdade, uma ciência básica sobre as operações existe *sim*, e ela será apresentada neste capítulo. Além disso, acreditamos que uma compreensão dessa ciência deixará os gestores mais aptos a tomar decisões optando entre diferentes alternativas de custo/benefício. Isso, por sua vez, aumenta as chances de um gestor conquistar o sucesso sustentado no longo prazo. Por fim, gestores com melhor capacidade de decisão tornam-se mais aptos a liderar.

Ciência, matemática, software e intuição

Quando o assunto é ciência das operações, devemos distinguir entre ciência e matemática. *Ciência*, na acepção que usamos aqui, é o processo de fazer uma observação sobre o comportamento da natureza e, em seguida, testar exaustivamente essa observação para conferir se ela se sustenta como uma lei preditiva. Se, após testes extensivos, ela se sustentar, será aceita como uma lei científica de modo condicional – obedecendo à condição de que algum teste futuro possa refutar a observação como regra universal. Karl Popper, em seu livro, *Conjecturas e refutações: o desenvolvimento do conhecimento científico* (New York: Routledge, 1963), descreve a busca pelo conhecimento como uma série de conjecturas (hipóteses sobre causas ou soluções) e refutações (testes para refutar a conjectura). Conjectura e refutação têm aplicações bastante práticas para os gestores.[2]

Uma das técnicas populares de resolução de problemas utilizada nas práticas gerenciais contemporâneas é o *brainstorming*. Os funcionários praticam um fluxo de consciência para gerar ideias atrás de soluções. O *brainstorming* pode ser uma maneira bastante útil de gerar ideias e soluções em potencial, mas, a partir daí, ele costuma se degenerar em um exercício de implementação de soluções, porque as pessoas ficam emocionalmente apegadas às suas próprias ideias. O adágio "Todas as ideias são boas ideias" é um salvo-conduto para proteger ideias ruins. *Nem todas* as ideias são boas ideias. E como poderiam ser? Isso é como dizer: "Todas as crianças são acima da média". Os gestores podem liderar os colaboradores na geração produtiva de boas soluções, fazendo-os aplicarem conjecturas e refutações a ideias e soluções propostas. O objetivo não é apenas apresentar conjecturas, *mas também* sólidas refutações. Cada refutação bem-sucedida gera aprendizado, fazendo o conhecimento avançar. Do ponto de vista psicológico, encaminhar colaboradores na geração de refutações sólidas e de conjecturas aprimoradas passa uma ideia bem diferente do que fazer os colaboradores defenderem suas próprias ideias – boas ou ruins. Mediante conjectura e refutação, boas ideias emergem naturalmente por meio da sobrevivência das mais aptas. Em seguida, temos um exemplo de um empreendimento não automotivo cogitando a aplicação de técnicas automotivas em seu negócio:

Conjectura: A meta é o Sistema Toyota de Produção (STP).
Refutação: A meta não é ser como a Toyota; a meta é ter o maior fluxo de caixa e a maior lucratividade nos nossos negócios enquanto oferecemos o serviço almejado ao cliente.

Conjectura: A meta é alcançar nossas metas empresariais usando o STP.
Refutação: O STP é apenas um design de logística operacional, e é voltado para ser bem-sucedido, em especial, na montagem automotiva. Nosso empreendimento tem poucas características em comum com a montagem automotiva.

Conjectura: Bem, o STP conta com diversas práticas úteis e produtivas que podemos utilizar. Devemos usar aquelas práticas do STP que melhor nos ajudem a alcançar nossas metas empresariais.
Conclusão inicial: Concordamos que devemos usar as práticas mais úteis e produtivas que nos ajudem a alcançar nossas metas empresariais. No entanto, a Toyota não é a única empresa que conta com práticas úteis e produtivas. Precisamos de uma forma de determinar as práticas mais úteis e produtivas para o nosso negócio. O STP oferece diversas boas ideias a ser cogitadas.

Isso leva a conjecturas envolvendo maneiras de determinar as práticas mais úteis e produtivas a ser adotadas por um empreendimento na busca por suas metas empresariais. Em breve, apresentaremos esta conjectura como uma ciência das operações.

Outro exemplo:

Conjectura: "A variabilidade é nociva."[3]
Refutação: Para esclarecer, estamos usando *nocivo* em sentido econômico como prejudicial aos lucros, ao fluxo de caixa ou ao serviço. *Variabilidade* inclui clientes desejando mais do que um tipo de serviço ou desejando fazer uma encomenda de um determinado produto sempre que quiserem. Essas não são variabilidades intrinsicamente nocivas.

Conjectura: "Produção Enxuta significa velocidade",[4] então qualquer variabilidade que resulte em diminuição na velocidade de entrega de um produto ou serviço para um cliente é nociva.
Refutação: Se o custo de reduzir a variabilidade, e, portanto, de aumentar a velocidade de entrega, for maior do que a receita gerada pelo aumento da velocidade, então *reduzir a variabilidade é nocivo*.
Conclusão inicial: A variabilidade só é nociva se ela reduzir a combinação de lucro, fluxo de caixa e serviço almejada por um gestor.

Utilizamos a matemática para quantificar conjecturas e refutações, mas ciência e matemática não são a mesma coisa. É comum haver mal-entedido sobre o que é científico e o que é matemático. Um dos maiores cientistas que já existiram, Sir Isaac Newton, formulou sua primeira lei do movimento como "Todo objeto permanece em seu estado de repouso ou de movimento uniforme em uma linha reta, a menos que seja levado a mudar de estado por uma força aplicada sobre ele".[5] Em outras palavras, um objeto continuará em repouso ou continuará se movimentando em uma linha reta, a menos que receba uma força externa. A primeira lei do movimento de Newton é um princípio científico fundamental, e, ainda assim, não usa absolutamente qualquer matemática.

Chega de filosofia! O importante aqui é que estamos mais preocupados com o fato de os gestores compreenderem o comportamento das operações em uma perspectiva prática e científica do que compreenderem formulações matemáticas complexas. A implementação do último programa de software tampouco serve de substituto à compreensão do comportamento das operações. Certamente, a matemática já levou a muitas descobertas no comportamento natural das operações. Os programas de software aumentaram muito a capacidade de fazer análises complexas, mas a utilidade de ambos os recursos na gestão de operações é bastante reduzida sem uma boa compreensão da ciência das operações. A bem da verdade, é comum vermos gestores usando uma combinação de software complexo, ciência deturpada e modelos matemáticos imprecisos para planejar e controlar operações. Essa abordagem compromete em muito o desempenho. Vamos passar em breve para uma ciência das operações e abordar algumas relações matemáticas básicas ao final deste capítulo. Outros detalhes matemáticos são apresentados no Capítulo 4, mas assim como no livro original *A Ciência da Fábrica*, queremos que os gestores desenvolvam, acima de tudo, uma intuição mais apurada quanto ao mundo que administram.

O dicionário Merriam-Webster define *intuição* como "percepção rápida e imediata" e como "o poder ou a faculdade de atinar conhecimento direto ou cognição sem pensamento racional ou inferência evidente".[6] A boa intuição leva a melhores decisões porque ela tem poder preditivo. Conforme examinado no Capítulo 1, na definição de teoria, todo mundo tem algum grau de intuição. A intuição dos gestores sobre o desempenho das operações toma por base sua experiência e treinamento. Queremos aprimorar a intuição dos gestores mediante melhor compreensão da ciência que governa as operações. Uma intuição mais apurada permite que os gestores tomem melhores decisões de imediato e liderem de modo mais efetivo. Também permite que eles administrem melhor os sistemas de software e interpretem suas recomendações. Uma intuição mais apurada habilita melhor os gestores a interpretar as recomendações dos outros na busca das metas financeiras e de marketing da sua empresa. Uma intuição mais apurada permite que os gestores interpretem e apliquem as práticas, as recomendações e as ideias tanto das comunidades de melhoria contínua quanto das acadêmicas e das de analistas com maior eficiência. Uma intuição mais apurada aumenta a confiança dos gestores na tomada de decisões.

Lembre-se do exemplo mencionado no Capítulo 1 sobre a produção de aviões de passageiros em uma linha de montagem móvel. Quase todos os gestores perguntariam: "Por que devemos fazer isso?". Se recebesse como resposta, "É assim que eles fazem na Toyota", um gestor seguro continuaria a pressionar para entender por que fazer alguma coisa como eles fazem na Toyota é recomendável em um ambiente de produção totalmente diferente como o da Boeing. Uma intuição mais aguçada é necessária para o exemplo menos óbvio, apresentado no Capítulo 1, da produção em fluxo contínuo com tempo de processamento médio de 25 segundos e tempo *takt* de 30 segundos. Em um primeiro momento, esse arranjo pode parecer adequado ou até mesmo desejável, mas o gestor seguro questionará se 83% de utilização da capacidade disponível é aceitável. A resposta até pode ser sim, mas a pergunta precisa ser feita.

Quando treinamos gestores nos princípios da Ciência da Fábrica, muitas vezes pedimos que eles desenhem uma simples curva ilustrando a relação

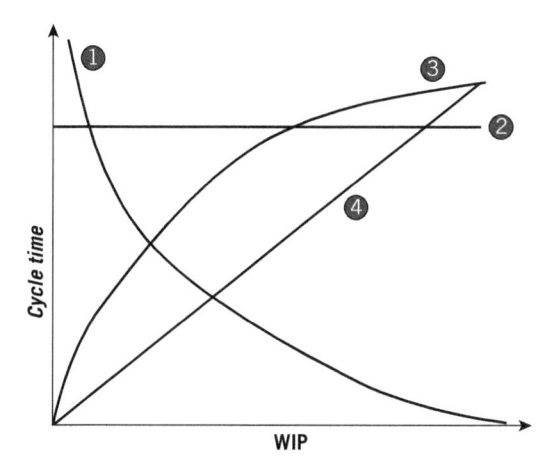

Figura 3-1 Hipóteses comuns envolvendo a relação entre o WIP e o *cycle time*.

entre o trabalho em processamento (WIP) e o *cycle time* (o tempo que leva para atravessar a linha). Apresentamos o exemplo mais simples de um fluxo de produção como quatro centros idênticos de processamento em série, com capacidade idêntica entre si, e zero de variabilidade. Até mesmo neste mais simples dos exemplos, recebemos uma variedade de conjecturas para a curva que melhor descreve a relação entre o WIP e o *cycle time*. Muitas suposições incorretas são apresentadas (ver Figura 3-1 como ilustração):

1. O *cycle time* diminui de forma não linear conforme o WIP aumenta.
2. O *cycle time* não se altera conforme o WIP aumenta. Essa é a suposição inerente de *todos* os sistemas MRP/ERP.
3. O *cycle time* aumenta de forma não linear conforme o WIP aumenta.
4. O *cycle time* aumenta linearmente a partir do zero conforme o WIP aumenta.

Apenas duas ou três pessoas entre as mais de mil questionadas deram a resposta correta. Vamos descrever a relação correta em breve.

Como isso pode acontecer? Como gestores experientes em operações de manufatura, serviço e cadeia de suprimentos podem desconhecer uma relação tão fundamental? A resposta, lamentavelmente, é que essa relação não é amplamente ensinada. Ela deveria ser intuitiva, mas não é até ser ensinada. Depois que é explicada, ela faz todo o sentido, e, a partir daí, a intuição vai além de um mero caso simplificado (abordaremos isso em maior detalhe mais adiante).

> **Conhecimento e ciência**
>
> 1. Ciência não é a mesma coisa que matemática ou que tecnologia da informação (TI).
> 2. A ciência descreve o comportamento natural do ambiente empresarial para líderes empresariais.
> 3. Uma compreensão intuitiva básica das relações fundamentais é muito mais importante para um líder do que a matemática complexa ou as últimas inovações em TI.

Teoria prática

Para formular uma ciência das operações, precisamos de um quadro estrutural para testar nossas teorias. Lembre-se de que estamos atrás de teorias conforme definidas pela Academia de Ciências dos Estados Unidos. Uma teoria é "uma explicação abrangente de algum aspecto da natureza que é embasada por um vasto corpo de evidências". Na abordagem da Ciência da Fábrica, o quadro estrutural que usamos é a perspectiva da demanda-estoque-produção (DEP) (ver Figura 3-2). Quando descrevemos a abordagem da Ciência da Fábrica, estamos formulando principalmente conjecturas que passaram por extensivos testes de refutação nos últimos 20 anos. Começamos por algumas formulações fundamentais a respeito da estrutura dos negócios.

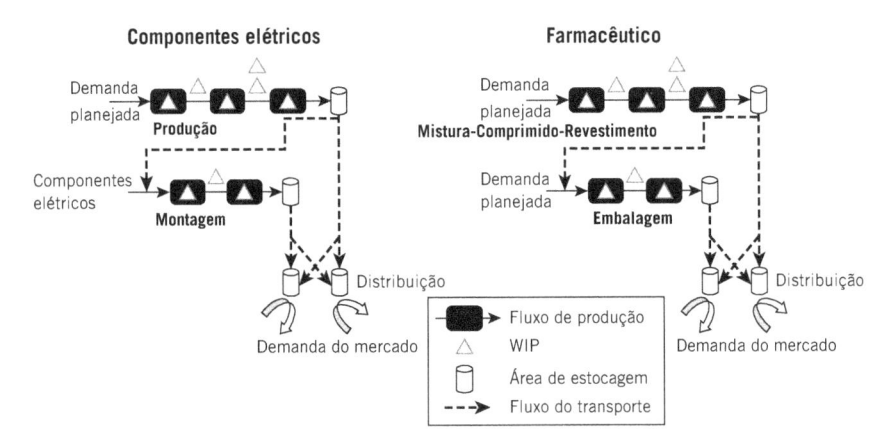

Figura 3-2 Exemplos de diagramas de demanda-estoque-produção.

O fluxo de valor: demanda, estoque e produção

Cada fluxo de valor é composto por duas partes essenciais: *demanda* e *transformação*. A essência de qualquer produção ou serviço é transformar material ou outros recursos em bens e serviços para atender à demanda.

Sem demanda não pode haver receita, por mais eficientes que sejam as operações. Nesta acepção de demanda, estamos falando de demanda externa junto a uma empresa – demanda por parte de clientes. Existe ainda a "demanda" interna, mas esta também é pela forma de abordagem da demanda e da transformação, conforme discutido em seguida.

A propósito, uma prática contraproducente são as funções dentro de uma empresa insistirem que outras funções sejam tratadas como "clientes". Um serviço ao cliente, por exemplo, insiste que a "demanda" do serviço ao cliente tenha precedência sobre as necessidades de produção porque o serviço ao cliente é o "cliente". Isso muitas vezes desvirtua a busca da meta de lucratividade e fluxo de caixa por parte da empresa. O serviço ao cliente, de maneira compreensível, com frequência está focado em satisfazer a demanda externa a todo custo, o que nem sempre é uma boa decisão para a lucratividade e fluxo de caixa da empresa. O serviço ao cliente e a produção são companheiros de equipe ou associados, ou qualquer outra definição cooperativa adequada, trabalhando rumo a uma meta em comum.

É claro que, sem receita, não pode haver lucro. A transformação proporciona a capacidade de atender à demanda. A essa altura, você pode estar se perguntando: "E quanto à oferta? Afinal de contas, os fluxos de valor não envolvem oferta?". Acontece que a oferta de uma pessoa é usada para satisfazer a demanda de outra, então a oferta é simplesmente a transformação por parte do fornecedor, com a demanda advindo das necessidades de produção do consumidor. Dentro de uma empresa, uma linha de submontagem supre a demanda interna da linha de montagem final. A linha de submontagem é a transformação, e as solicitações da linha de montagem são as demandas. A transformação é composta de *produção* e *estoques*, conforme ilustrado na Figura 3-2.

A *produção* representa os materiais, recursos ou informações que avançam em uma sequência de operações realizadas por máquinas, pessoas, processos e processo naturais (como a água movimentando uma turbina) ou alguma combinação dos três. Nós fazemos uma distinção entre produção de serviços e produção de produtos. A *produção de serviço* é uma sequência de ações para atender à demanda. A demanda só é satisfeita quando a sequência completa de ações é concluída. A *produção de produto* é a sequência de ações que transforma os produtos físicos ou virtuais intermediários no produto final demandado. A Ciência da Fábrica é abrangente e se aplica à produção de serviços ou à produção de produtos físicos ou virtuais. O material que avança pela produção de produtos pode ser um produto físico, como uma peça de fundição, ou um produto virtual, como o design de uma peça ou uma encomenda de trabalho planejado. Um exemplo de produção de serviço é a sequência de ações para reconhecer uma queda de energia, responder à queda de energia e reestabelecer o fornecimento de energia.

Um *fluxo* é um conjunto de roteiros de produção ou um conjunto de fluxos de demanda. Tanto a produção quanto a demanda são representadas por uma taxa de fluxo e, portanto, são consideradas como exemplos de fluxo. Por outro lado, um *estoque* representa materiais, recursos ou informações aguardando por um processo de produção ou serviço. Os estoques são aquilo que separa os fluxos. A demanda geralmente é um fluxo a partir de um estoque para satisfazer uma encomenda (quer por um produto, quer por um serviço). A produção geralmente é um fluxo rumo a um estoque, embora possa ser um fluxo *através* de um estoque sem parar, como no caso de um serviço. Se o fluxo líquido rumo a um estoque é positivo, o estoque crescerá; se for negativo, o estoque vai diminuir.

Os estoques ocorrem sempre que dois ou mais fluxos se encontram. Caso duas ou mais peças precisem ser montadas juntas, por exemplo, haverá um estoque destas peças para que sejam montadas. Matérias-primas e bens acabados também são exemplos de estoques. Cabe ressaltar que os serviços não podem ser estocados, já que a demanda por serviços só pode ser satisfeita quando se fornece o serviço. A demanda por apagar um incêndio, por exemplo, não pode ser satisfeita (pelo menos até a publicação deste livro) fazendo com que um caminhão de bombeiros apareça exatamente quando o incêndio está iniciando. Para alguns serviços, podemos considerar que sua demanda está sempre em atraso. Em outras palavras, a demanda precisa ocorrer em um tempo antes de poder ser satisfeita – um incêndio inicia, alguém reconhece isso e telefona para os bombeiros. Neste caso, o período de atraso vai desde o instante em que o incêndio começa (quer alguém o perceba, quer não) até o instante em que ele é apagado. O estoque, nesse caso, é inexistente, mas ainda assim ele tem um status contendo informação sobre o processo de produção do serviço (quantidade e duração das encomendas em atraso). Somente sistemas de produção de produtos podem satisfazer a demanda quase de imediato, ao puxarem material (uma peça completa) ou informação (um desenho completo auxiliado por computador) a partir do estoque. *Estoques* é o termo genérico para os *buffers** de inventário. Áreas de estocagem são concepções lógicas usadas para criar classificações, a fim de planejar e controlar itens físicos (como peças em função do

---

* N. de R.T.: *Buffer* equivale a um estoque de tamanho reduzido, estrategicamente considerado no fluxo da produção para a não interrupção do mesmo. É denominado também de "pulmão de tempo" ou, simplesmente, "pulmão".

fornecedor, do *lead time* ou do volume de demanda); esse assunto será aprofundado mais adiante neste capítulo.

Se a demanda for por um produto, então certas matérias-primas precisam ser transformadas no produto acabado, dispendendo recursos da empresa no processo. Tais recursos não se tornam parte do produto final e podem incluir suprimentos (consumidos, mas, ainda assim, não representando parte do produto final), máquinas, mão de obra, serviços públicos como água, luz e eletricidade, serviços de engenharia e administração. Se a demanda for por um serviço, então os recursos da empresa precisam ser aplicados para proporcionar a atividade solicitada, mas nenhuma matéria-prima precisa ser usada. Portanto, a transformação sempre envolve o uso de algum tipo de recurso da empresa e pode ou não envolver matérias-primas. Este exemplo bastante simples de demanda e transformação (composto por estoques e produção) pode ser usado para representar qualquer fluxo de valor para fabricação ou serviço.

Na Figura 3-2, as únicas coisas que se alteram entre os dois diagramas são os rótulos. Isso ilustra uma vantagem da perspectiva da Ciência da Fábrica – ela proporciona uma abordagem que pode ser ampliada para abranger praticamente qualquer sistema de produção/serviço. Uma rede mais complexa é mostrada na Figura 3-3.

A estrutura de *demanda-estoque-produção* (DEP) é um conceito fundamental, porque oferece uma maneira de imaginar e modelar negócios, a fim de criar o melhor plano para liderar uma empresa no cumprimento de suas metas financeiras e de marketing. Qualquer pessoa que conheça o mapeamento do fluxo de valor (VSM – *value-stream mapping*) ou o mapeamento de processos em geral reconhecerá o DEP como uma variação dos mesmos temas. Na verdade, empresas com bons mapas de fluxo de valor já estão a meio caminho de empregar a Ciência na Fábrica para acelerar seus esforços de aprimoramento. Os motivos pelos quais a abordagem DEP é tão poderosa incluem os seguintes:

1. Os limites de desempenho (do melhor ao pior caso) para fluxos de produção e estoques podem ser descritos usando ciência prática e matemática aplicada.
2. O desempenho atual de uma operação, considerando suas restrições de custo e de variabilidade, pode ser determinado com relação àqueles limites de desempenho.

Além disso, os limites de desempenho e um conjunto de opções estratégicas podem ser ilustrados graficamente com fronteiras limites eficientes e gráficos de desempenho. Praticantes com experiência em Produção Enxuta já conhecem bem o poder da gestão visual na melhoria e na manutenção do alto desempenho. A demanda também pode ser descrita em termos quantitativos

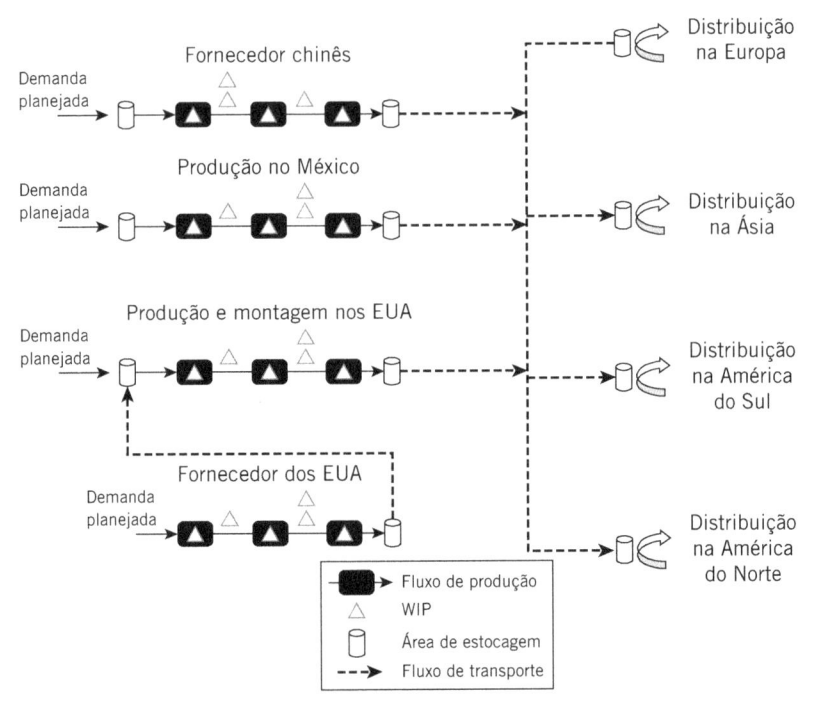

Figura 3-3 Uma rede de fluxos de produção e estoques.

com estatísticas objetivas, ou seja, média e variância. Com isso, a abordagem de demanda, estoques e produção proporciona um quadro estrutural que gera poderosas análises preditivas e intuição para líderes.

O fluxo de valor: demanda, estoque e produção

1. Todos os fluxos de valor ou cadeias de processos ou suprimentos podem ser divididos em duas partes: demanda e transformação.
2. A transformação pode ser subdividida como uma combinação de produções e estoques.
3. A demanda e a produção representam fluxos. A produção flui em direção a um ponto de estocagem, e a demanda flui a partir de um ponto de estocagem.
4. O comportamento da demanda, dos fluxos de produção e dos estoques pode ser descrito em termos práticos e quantitativos para gerar uma análise mais poderosa e mais intuição para os líderes.

Buffer (pulmão de tempo)

Em um fluxo de valor perfeito, um produto singular e de excelente qualidade que nunca foi feito acaba sendo produzido, e, nesse instante, um cliente aparece e diz: "Isto é exatamente o que eu estou procurando. Como vocês sabiam?". Em seguida, o cliente paga o produto e vai embora. Trata-se de uma situação perfeita: o cliente não precisa esperar, e mesmo assim não há estoque. Se a operação pudesse funcionar de modo que a capacidade ficasse à disposição somente quando necessário, tanto a mão de obra quanto as máquinas operariam com 100% de eficiência. Nesse mundo perfeito, o atendimento ao cliente é de 100%, nenhum estoque é necessário (zero bens acabados e zero matéria-prima, já que eles aparecem no exato momento em que são necessários), e jamais há encomendas em atraso. Isso é um exemplo tanto de clientes perfeitos (demanda) quanto de transformação perfeita. Nesse mundo perfeito, o lucro é o mais alto possível, uma vez que os custos estão no seu mínimo e toda a demanda está sendo atendida.

Infelizmente, tal mundo não existe. Os clientes não aparecem no exato momento em que uma peça é concluída; muitas vezes, eles deixam de aparecer mesmo tendo prometido. Às vezes, os clientes não nos passam informação de quando vão aparecer. Eles simplesmente aparecem – e esperam que o produto esteja lá!

Mas os clientes não representam a única fonte de imperfeição. A planta ou um fornecedor pode fazer a entrega de uma peça dentro do prazo ou não. Técnicos em serviço podem ou não estar disponíveis, quando necessário. A quantidade de uma peça ou de um serviço pode ser adequada ou inaceitável. Coisas acontecem! Gestores não administram em um mundo perfeito; eles administram no mundo real, e uma característica importante do mundo real é a *variabilidade*. Variabilidade é qualquer coisa que foge do comportamento regular e previsível. A variabilidade gera tanto problemas quanto oportunidades, quando se está tentando sincronizar demanda e transformação.

Fica claro, então, que a demanda e a transformação não podem ser sincronizadas perfeitamente na presença de variabilidade. Quando se tenta sincronizar a demanda e a transformação na presença de variabilidade, é preciso ter *buffers*. Do livro *A Ciência da Fábrica*:

> Um buffer é um recurso extra que corrige as diferenças de alinhamento entre a demanda e a transformação.

Além disso, *há apenas três tipos de buffer: estoque* (quando o produto está acabado antes da demanda), *tempo* (quando a demanda espera pelas peças) e *capacidade* extra de produção (que reduz a necessidade de outros dois *buffers* de segurança).

Buffers são como amortecedores em carros. Assim como os amortecedores reduzem a trepidação em uma estrada para um carro, os *buffers* reduzem ou amortecem o efeito da variabilidade quando se está tentando sincronizar demanda e transformação. Se, por exemplo, um gestor decidir manter um estoque de 200 unidades de bens acabados (um tipo de *buffer*) mesmo que a demanda seja de apenas 10 unidades por mês, será muito fácil atender a um pico altamente variável de demanda, digamos, uma encomenda de 100 unidades. Mas faz sentido manter 200 unidades em estoque, mesmo que a demanda seja de 10 unidades por mês? Esta é uma decisão de design que a gestão precisa fazer.

O nível de conhecimento de um gestor sobre as relações entre os *buffers* e sobre seus efeitos no desempenho empresarial acaba sendo um forte determinante de seu sucesso como líder. O interessante é que os gestores vão usar alguma combinação de *buffer* para sincronizar a demanda e a transformação, gostando ou não disso. Apesar de toda a propaganda, rezas e promessas mágicas para conseguir sistemas de estoque zero, produção atrelada à demanda, *just-in-time*, customização em massa e alcançar o desejo de ser enxuto, mais enxuto, enxutíssimo, os gestores *precisam* de *buffers*. Os *buffers* não são uma nova tendência da moda que acabará nas páginas da *Harvard Business Review*. Os *buffers* são um fato da vida.

A mentalidade da Ciência da Fábrica

Certa vez, um líder de excelência operacional nos disse: "Considero que os *buffers* são um mal necessário; precisamos conviver com eles, mas quanto menos é melhor". Isso é o mesmo que dizer: "Gordura é ruim". Em nossa opinião, os gestores devem empregar a combinação certa de *buffers* e uma quantidade ideal de cada *buffer* para ajudar no cumprimento das metas financeiras e de marketing de suas empresas. Quando consideram os *buffers* prejudiciais, eles restringem as opções de sucesso na busca por suas metas. Se a sua meta for viver de maneira saudável, um foco exclusivo em reduzir a gordura corporal limitará suas opções para alcançar sua meta – mas você pode até acabar magrinho.

Tipos de *buffer*

A gestão dos *buffers* tem importantes implicações para gestores que estão tentando alcançar metas empresariais. O fato de ter *apenas três formas de buffers* para sincronizar a transformação e a demanda é uma boa e uma má notícia. *Buffers* não são o mesmo que desperdício. Consequentemente, não existem sete tipos de *buffers*, nem oito, nem dez. Essa é a boa notícia. Há apenas três *buffers* de segurança, que são os seguintes:

1. **Estoque**. Material extra no processo de transformação ou entre ele e o processo de demanda.
2. **Tempo**. Qualquer atraso entre uma demanda e a sua satisfação pelo processo de transformação.
3. **Capacidade**. Potencial extra de transformação necessário para satisfazer taxas irregulares ou imprevisíveis de demanda.

Como as operações de serviço em sentido puro, como diagnósticos ou curas de lesões em salas de emergência de hospitais, não fornecem itens que possam ser fisicamente estocados, as operações de serviço têm apenas dois tipos de *buffers*: *tempo* e *capacidade*. A bem da verdade, existem itens físicos de estoque, como bandagens e medicamentos, mas o produto final é a lesão curada, e não se trata de um item que possa ser estocado.

A má notícia é que há apenas três formas de *buffers*, e os gestores que não gostam das opções que têm estão sem sorte. Estamos descrevendo a Ciência da Fábrica para operações, e não a "mágica da fábrica". Não existem soluções mágicas para fazer coisas instantaneamente nem feitiços para solucionar conflitos e situações de "cobertor curto". Harry Potter nunca chegou a trabalhar em operações de manufatura, serviço ou cadeia de suprimentos. Infelizmente, é comum encontrar gestores, sobretudo gerentes executivos, que ignoram a ciência do comportamento dos *buffers* ao tentarem alcançar suas metas.

Exemplos de uso de *buffers* incluem estoques "só para prevenir", no caso de as máquinas pararem de funcionar, o uso de horas extras ou de terceirização, para satisfazer um salto na demanda, e a inclusão de uma "almofada" de *lead time* para garantir que uma peça ficará pronta a tempo. Muitas vezes, os *buffers* podem ser intercambiados. Podemos, por exemplo, quase eliminar o *buffer* de *lead time* quando fabricamos para estocar e usamos os bens acabados como um *buffer* de estoque. O segredo é conhecer a combinação mais *econômica* de *buffers* para cada situação.

Programas comuns de melhoria contínua têm formas diferentes de lidar com esses *buffers* e, em geral, com uma por vez. O controle *drum-buffer-rope* (tambor-pulmão-corda) da TOC é um entre os diversos métodos para controlar *buffers*. As sete formas de desperdício da Toyota podem ser classificadas como um dos *buffers* – mais de 50% de redução em termos de classificação. Muitos defensores da Produção Enxuta inadvertidamente acabam piorando o desempenho e a lucratividade ao se concentrarem como fanáticos na redução do *cycle time* – como veremos mais adiante, tal equívoco pode ser facilmente diagnosticado e evitado. A metodologia Seis Sigma de definir, medir, analisar, melhorar e controlar (DMAIC)* geralmente se concentra nas causas de variabilidade que elevam as exigências de *buffers* mas nada sugere sobre qual deve ser a melhor combinação de *buffers*.

Projetar, implementar e controlar a melhor combinação de *buffers* e variabilidade constitui-se em tarefa primordial de uma gestão bem-sucedida. Será preciso haver um *buffer* ou mais para sincronizar a demanda e a transformação em virtude da variabilidade. Se nada for feito a respeito da variabilidade, o ato de minimizar, restringir ou ignorar o uso de um *buffer* será garantia de aumentar as quantidades de uma ou dois outros *buffers*. É assim que a Natureza funciona. Geralmente, os executivos não desejam investir num *buffer* de maior capacidade, porque a capacidade (ou seja, mais máquinas, mais pessoal, horas extras ou terceirização) tende a sair caro. Ao mesmo tempo, sempre parece haver um impulso para reduzir o estoque, e o estoque acaba sendo reduzido, muitas vezes sem que se pare para pensar nos efeitos disso. O resultado? O tempo passa a ser o *buffer* por definição. Em outras palavras, as encomendas são encaminhadas com atraso, e os clientes são obrigados a esperar. Isso provavelmente não é o melhor uso que uma empresa pode fazer dos *buffers*. No mundo real, alguém ou alguma coisa vai estar sempre esperando.

Buffers

1. *Buffers* são necessários para sincronizar demanda e transformação na presença de variabilidade.
2. Há apenas três *buffers*: estoque, tempo e capacidade.
3. *Buffers* de tamanho apropriado e bem posicionados não são desperdício.
4. Um desafio primordial para a liderança é determinar a melhor combinação de *buffers* e variabilidade a ser empregada para cumprir com as metas financeiras e de marketing de uma empresa.

Ilustrações conceituais: alguém ou alguma coisa está sempre esperando

Uma maneira de imaginar como as várias interações de *buffers* funcionam é considerar que na presença de variabilidade, alguém ou algo está sempre esperando. Agradecemos ao dr. Antonio Arreola-Risa, da Escola de Administração Mays da Texas A&M University, pela ideia de descrever o design da carteira de *buffers*

---

* N. de R. T. Em inglês, *Define, Measure, Analyse, Improve* e *Control* como uma questão de quem ou o que está esperando. Uma das decisões estratégicas que os gestores precisam tomar inclui determinar qual quantidade de recursos deve estar disponível, sabendo que alguns desses recursos ficarão ociosos mais cedo ou mais tarde. Assim que os recursos ficam disponíveis, os gestores tomam decisões táticas sobre como minimizar o tempo de espera enquanto os produtos ou serviços são sincronizados o máximo possível com a demanda:

- Quando há variabilidade, ou as máquinas esperam pelas peças ou as peças esperam pelas máquinas, ou ambos.
  - Quando peças esperam por máquinas, o *cycle time* aumenta – o *buffer* de tempo.
  - Quando máquinas esperam por peças, a utilização diminui – o *buffer* de capacidade.
- Quando há variabilidade, ou os clientes esperam pelas peças ou as peças esperam pelos clientes, ou ambos.
  - Clientes esperando por peças representa *buffer* de tempo.
  - Peças esperando por clientes representa *buffer* de estoque.

Os gestores quase sempre veem uma combinação de *buffers*. Mesmo quando as peças costumam esperar pelas máquinas, há ocasiões em que as máquinas ficam ociosas. É assim que os sistemas aleatórios funcionam. De modo similar, mesmo quando o estoque está quase sempre disponível, haverá ocasiões em que ele não vai estar, e os clientes precisarão esperar.

Um grave equívoco que os gestores costumam cometer é tentar forçar a utilização da capacidade para que as máquinas e o pessoal estejam sempre atarefados. Em sua maioria, os gestores ficam ansiosos quando os colaboradores não estão trabalhando ou quando as máquinas estão paradas. Contudo, se colaboradores ou máquinas não estiverem esperando, então as peças e/ou os clientes estarão. Isso é especialmente grave em ambientes *"job shop"** com alta variedade e baixo volume, mas ainda assim pode ser resolvido de forma racional e lucrativa.

Conforme descrito no Capítulo 1, a Toyota usava *buffers* de capacidade de forma literal. Ainda assim, de algum modo, os gerentes de operações e cadeias de suprimentos costumavam ver qualquer índice abaixo dos 100% de utilização como um fracasso de esforço. Como analisaremos no Capítulo 5, um grande motivador disso é o uso do modelo de custeio padrão para tomar decisões sobre operações e cadeia de suprimentos, embora esse modelo não reflita o comportamento natural do negócio. Contudo, há esperança. Ultimamente, temos encontrado gestores que nos dizem, por exemplo: "Quero conhecer a quantidade

---

* N. de R.T. Ambiente *job shop* é definido como um ambiente no qual cada tarefa tem um fluxo ou roteiro de produção próprio através das seções e máquinas do ambiente da fábrica.

certa de estoque que devo ter à disposição, e não apenas aprender a reduzi-lo". O que se entende que pode fazer sentido inclusive aumentar o estoque, se isso proporcionar um serviço melhor e, portanto, levar a uma receita adicional. O mesmo é válido para as preocupações com a utilização. A pergunta é: "Qual o nível de utilização que rende mais dinheiro a uma empresa?".

Ainda nesta seção, abordaremos uma análise conceitual da Ciência da Fábrica no contexto de por que toda essa espera acaba ocorrendo. A Figura 3-4 mostra um modelo básico dos desafios que um gestor de negócios enfrenta seja no ramo de produção, seja no ramo de serviços. O desafio é fornecer a quantia certa de produtos ou serviços (*demanda*) dentro do prazo de entrega prometido. O *prazo de entrega* é a data estipulada para a conclusão de uma quantidade de produto ou serviço. Em um mundo perfeito, o prazo de entrega seria o mesmo dia em que a demanda aparece. Como já vimos, não vivemos nem gerenciamos tal mundo; por isso, o prazo de entrega nesta discussão corresponde ao momento em que os gestores planejam que o produto ou serviço virá a ser entregue, tomando por base a avaliação gerencial de demanda ou a demanda real. A capacidade é o limite superior do potencial empresarial de fornecer um produto ou um serviço. O desempenho almejado é bem simples: é o ponto em que a quantia demandada é atendida dentro do prazo de entrega. No caso de serviços, trata-se de quando o serviço requisitado é entregue dentro do prazo de entrega.

Parece tão simples. A aparente simplicidade do desempenho almejado é o que acaba colocando muitas empresas e líderes em apuros. Periodicamente, somos lembrados que gerentes executivos não apreciam a complexidade inerente

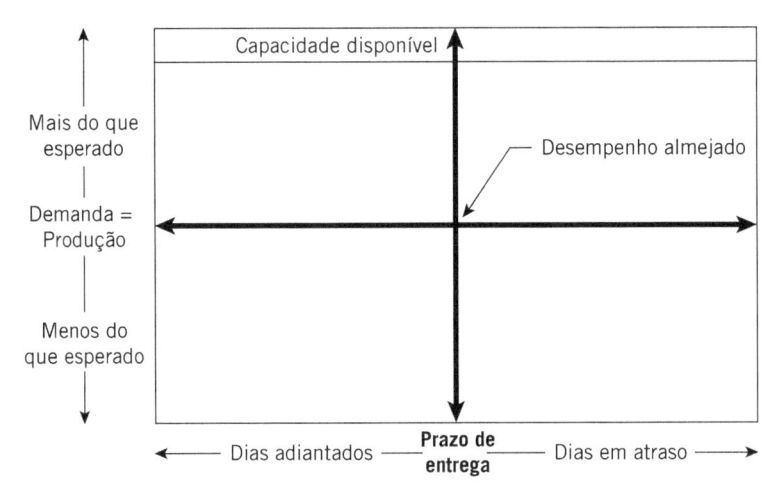

Figura 3-4 O que espera e quando – um modelo básico de negócios.

em alcançar um resultado tão simples. Empresas visando ao desenvolvimento de carreiras escolhem, por exemplo, um colaborador de marketing em franca ascensão para ser responsável pela produção, para que ele ganhe experiência. Mesmo no setor de operações, uma pessoa que tem se mostrado um colaborador de linha confiável e inteligente é promovido à gestão sem treinamento algum na ciência das operações. Isso seria como promover um bom inspetor de qualidade a cirurgião cardíaco porque ele é inteligente e "acabará pegando o jeito". Firmamos posição de que *nenhum* gestor deve ter permissão de gerenciar operações ou funções de cadeia de suprimentos sem uma noção básica da ciência das operações abordada neste livro. Isso não impede que possam ocorrer as promoções de desenvolvimento de carreiras recém-descritas. Significa apenas que treinamento e educação apropriados em ciência operacional são necessários antes que alguém seja colocado como responsável de um ambiente de operações ou cadeia de suprimento. O mundo tem conseguido avançar sem essa exigência já faz alguns anos, mas é possível reduzir drasticamente as gestões caóticas e problemáticas pela aplicação dos conceitos contidos neste livro.

A Tabela 3-1 apresenta uma lista incompleta de por que não é assim tão simples alcançar o desempenho almejado.

Tabela 3-1 Causas para um desempenho produtivo abaixo do almejado

Adiantado em relação ao prazo final	Atrasado em relação ao prazo final	Falta de produção	Excesso de produção
• A demanda é desconhecida, mas exige resposta rápida • A demanda é conhecida, mas "desaparece" depois que a produção ou o serviço é iniciado • Deseja manter as máquinas funcionando, então produz mais do que a demanda	• Entrega prometida ao cliente antes da data de *lead time* • Problemas com disponibilidade de capacidade causam atrasos • Sucata ou retrabalho • Cliente altera encomendas durante a produção ou o serviço	• A capacidade da restrição não consegue atender a toda a demanda • Sucata ou retrabalho • Decisões ruins de políticas empresariais – tamanhos incorretos de lotes • Fluxo contínuo, controle deficiente de WIP	• Deseja manter as máquinas ou os funcionários atarefados, então produz mais do que a demanda • Decisões ruins de políticas empresariais – tamanhos incorretos de lotes • Limites mínimos no tamanho dos lotes • Controle deficiente – preparações "acavaladas"

Os motivos para um desempenho abaixo do almejado nunca chegam a desaparecer. No entanto, descobrimos que as causas das decisões ruins de políticas empresariais e controle deficiente podem ser prontamente corrigidas, levando a um desempenho muito superior. A Figura 3-5 mostra os efeitos da aleatoriedade e da variabilidade usando uma "nuvem" para indicar a faixa de desempenho possível.

Na figura, a "nuvem" representa os resultados possíveis de uma encomenda específica de um produto ou serviço – cada ponto na nuvem é representado pelas coordenadas de tempo e quantidade, além de uma terceira: a probabilidade de cada tempo e quantidade em questão.

A distribuição do *cycle time* mostrada ilustra que, com sobra de capacidade, a gama de *cycle times* é relativamente pequena. Conhecendo essa distribuição, podemos agendar uma data de início para a produção ou prometer uma data de conclusão para um serviço, e sempre cumprir com o prazo de entrega. Fazemos uma distinção entre *cycle time* e *lead time*. *Cycle time* é o tempo necessário para atravessar o processo (uma variável aleatória). *Lead time* é uma decisão de política gerencial quanto à quantidade de tempo a ser utilizada na determinação de uma data prometida para um produto ou serviço concluído. Para que o desempenho de atendimento de clientes seja de 100%, o *lead time* precisa ser *sempre* maior ou igual ao *cycle time*.

Observe agora o que acontece quando restringimos a capacidade desse mesmo processo. A Figura 3-6 mostra a nuvem sendo comprimida no eixo de produção e, consequentemente, expandindo-se na horizontal. O *cycle time* médio necessário para a conclusão agora ficou mais longo, e a variabilidade do

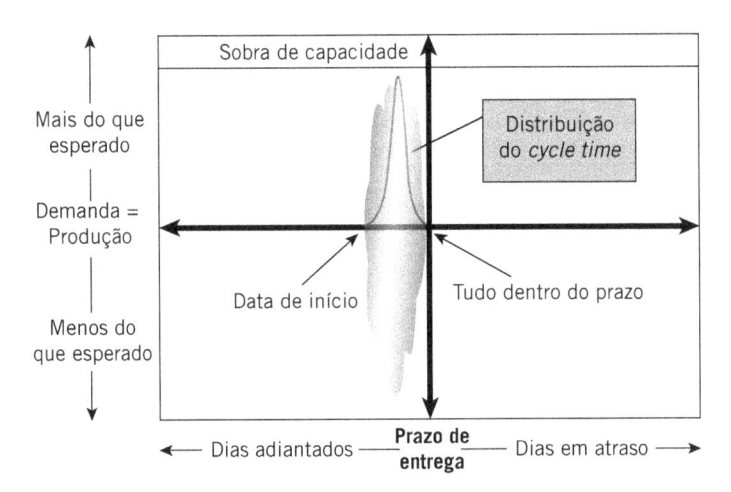

Figura 3-5 Resultados de produção no mundo real.

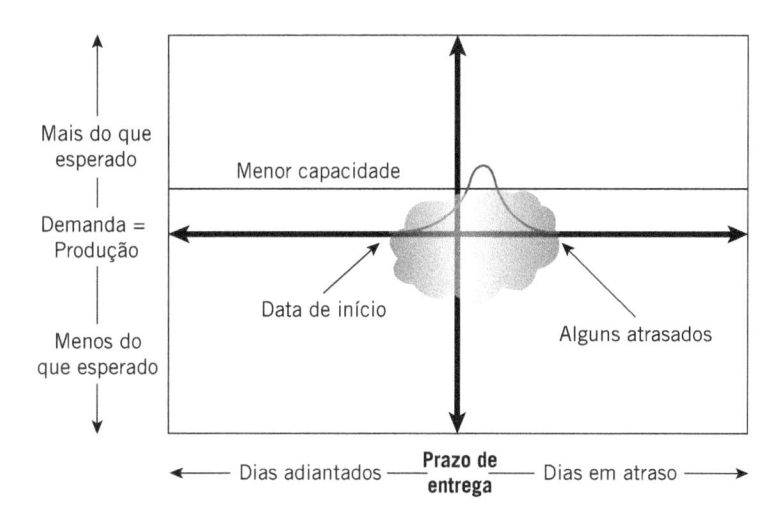

Figura 3-6 Efeitos da redução de capacidade.

cycle time também aumentou (a distribuição do *cycle time* se espalhou). Como resultado, estamos muito mais propensos a entregar produtos e serviços com atraso usando o *lead time* original.

O conceito de nuvem de variabilidade oferece uma ilustração de por que alguém ou algo está sempre esperando. Seremos mais quantitativos (ainda que permanecendo bastante práticos) em breve. Os resultados possíveis desse efeito de variabilidade estão resumidos nas próximas figuras.

A Figura 3-7 apresenta a matriz de resultados possíveis para um empreendimento de serviço ou fabricação sob encomenda (*make to order*). As alternativas são o prazo de entrega, encomendas em atraso e consumo desnecessário de recursos.

Uma encomenda em atraso significa que o serviço prestado ou o produto está atrasado. Consumo extra de recursos é um resultado interessante. Se uma empresa, por exemplo, envia dois técnicos para uma chamada de serviço e apenas um foi de fato necessário, o técnico extra representa um consumo desnecessário de recursos. Isso acarreta em custo extra? Não exatamente. Se o técnico extra acompanha o chamado porque não há qualquer outro chamado de serviço a ser atendido, não chega a causar custo extra. Se o técnico extra faz parte da configuração da capacidade básica da prestadora de serviço, isso representa um *buffer* que a empresa estrategicamente decidiu manter para lidar com a variabilidade na demanda. O fato de o técnico extra acompanhar a chamada de serviço, mesmo não sendo necessário, é simplesmente um resultado da variação aleatória. Já se um segundo técnico

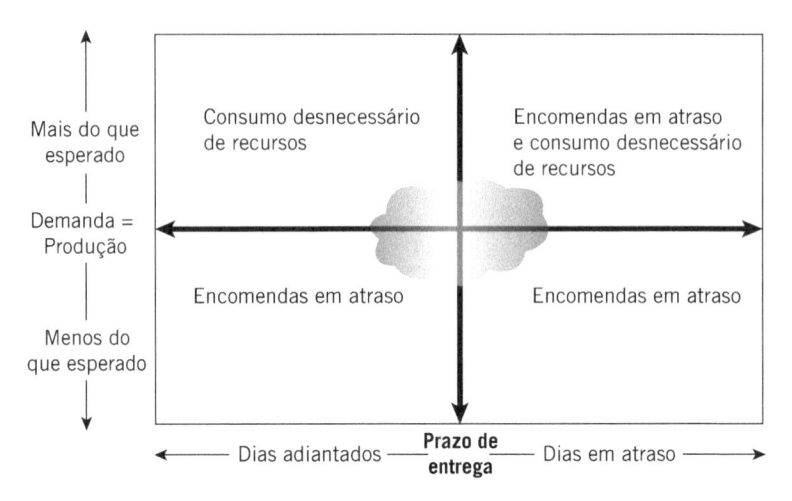

```
                              ↑
                              |
                    Consumo desnecessário    Encomendas em atraso
      Mais do que    de recursos             e consumo desnecessário
      esperado                                de recursos
                              |
      Demanda =               |
      Produção   ←─────────────────────────────────────────→
                              |
                    Encomendas em atraso     Encomendas em atraso
      Menos do                |
      que esperado            |
                              ↓
            ←── Dias adiantados ── Prazo de ── Dias em atraso ──→
                                   entrega
```

Figura 3-7 Resultados possíveis para empreendimentos de serviços ou fabricação sob encomenda.

pode acompanhar praticamente todos os chamados sem afetar a prestação do serviço para outros clientes, ainda que ele não seja realmente necessário para completar a chamada de serviço, talvez o *buffer* de capacidade esteja grande demais.

A Figura 3-8 mostra os resultados possíveis para empreendimentos ou processo de fabricação para estoque. As alternativas dependem de prazo, estoques e encomendas em atraso. Um excesso de estoque representa um custo extra significativo? Talvez. Depende do período de tempo em que o estoque extra fica parado esperando até ser vendido. As encomendas em atraso no estoque representam um custo extra? Talvez. Se resultarem em vendas perdidas, com certeza. Se a encomenda estiver apenas com um dia de atraso, aproximadamente, e se o estoque de reabastecimento chegar a tempo para entregar o produto dentro das expectativas do cliente, o custo é ínfimo. A bem da verdade, a ocorrência regular de encomendas em atraso é um resultado comum do planejamento de operações. Isso se reflete nos níveis de serviço que as empresas estabelecem como política empresarial. *Taxa de atendimento* (*fill rate*) é a probabilidade de que não haverá entregas em atraso. Se uma empresa estabelecer uma taxa de atendimento de 99% e uma a cada 100 encomendas não for atendida pelo estoque disponível, a encomenda estará atrasada. Mas isso não chega a ser um problema, porque uma encomenda atrasada a cada 100 representa uma taxa de atendimento de 99%. A "nuvem de variabilidade" geralmente é

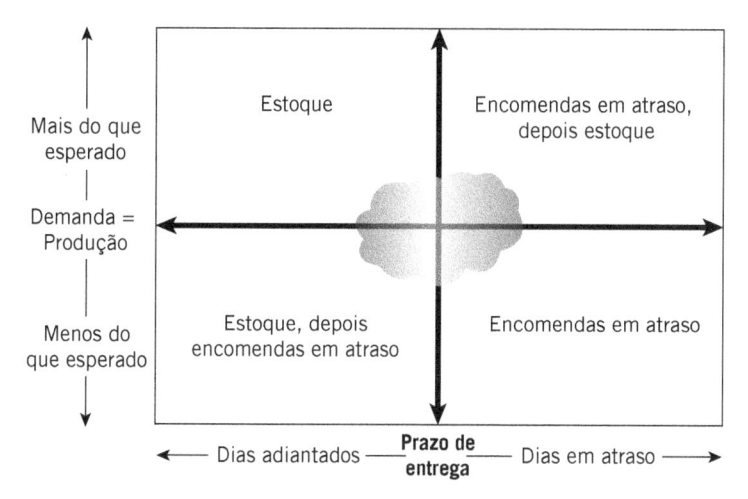

Figura 3-8 Resultados possíveis para empreendimentos de fabricação para estoque.

mais densa no miolo, indicando que a probabilidade de se cumprir com uma entrega dentro do prazo é mais provável perto da data final estipulada.

Gestores que lidam com variabilidade, projetando de forma proativa sua carteira de *buffers* estarão mais aptos a liderar organizações no cumprimento de suas metas empresariais. Sendo assim, qual é a melhor maneira de otimizar a carteira de *buffers* de segurança e a variabilidade na busca do desempenho almejado? Começamos por uma análise em âmbito geral do desempenho e como ele é influenciado.

Alguém ou alguma coisa está sempre esperando

1. Uma ilustração conceitual dos comportamentos dos *buffers* e da variabilidade é que alguém ou algo está sempre esperando.
2. *Buffer* de tempo: o cliente espera.
3. *Buffer* de estoque: as peças esperam.
4. *Buffer* de capacidade: as máquinas ou os trabalhadores esperam.
5. A variabilidade cria uma "nuvem" de resultados possíveis na interação de demanda e entrega.
6. O tamanho, o formato e a posição da nuvem dependem do nível de variabilidade e dos tipos e quantidades de *buffers* escolhidos.

O mundo de um gestor: ambiente, táticas e parâmetros

A maioria dos gestores visa a um desempenho que seja caracterizado por lucro elevado, alto fluxo de caixa e serviço excelente. A variabilidade e a aleatoriedade dificultam tal tarefa. Para desenvolver uma perspectiva mais quantitativa para avaliar as diferentes relações de custo/benefício na busca pelo melhor desempenho possível, descrevemos o desempenho em termos de quatro componentes. O desempenho é uma função de:

- **Ambiente**. A quantidade e a variabilidade de recursos de transformação e o nível e a variabilidade da demanda.
- **Táticas**. As políticas empresariais ou as medidas implementadas para cumprir com uma tarefa ou com um objetivo.
- **Controles**. No mundo das operações, controles são métodos ou sistemas utilizados para implementar táticas, a fim de alcançar o desempenho almejado; por exemplo, um sistema MRP ou limites máximo e mínimo na posição de estoque. Os controles mais eficientes proporcionam uma espécie de mecanismo de *feedback* para indicar o *status* do desempenho sendo controlado.
- **Parâmetros**. Para um plano de operações, parâmetros são quantidades usadas para divulgar os indicadores de desempenho de um processo; por exemplo, entregas dentro do prazo, utilização da capacidade ou o número de peças dentro de uma política de conformidade.

Estratégias são planos que um gestor faz para controlar o ambiente de uma empresa e alcançar suas metas de negócios. Como as táticas incluem a implementação de controles e parâmetros, reservaremos o exame de controles e parâmetros para mais adiante quando estivermos prontos para uma análise mais aprofundada. Por ora, uma discussão do ambiente e das táticas oferece uma boa ilustração de âmbito geral para algumas opções gerenciais básicas disponíveis para controlar o desempenho.

A importância da descrição do mundo de um gestor como sendo composto de ambiente e de táticas é que a empresas costumam melhorar seu desempenho rapidamente apenas alterando suas táticas em uso corrente. Um exemplo inclui as políticas empresariais arraigadas à maioria dos sistemas ERP que sinalizam *quando* e *quanto* pedir. Outro exemplo produtivo de uma tática é a manutenção de níveis extremamente baixos de WIP em uma tentativa de alcançar ou simular o fluxo unitário de peças. Níveis baixos demais de WIP resultam em queda de produtividade, porque o processo ou a cadeia de suprimento restritivo fica esperando por trabalho. Para empreendimentos de serviço, um exemplo de política empresarial seria a promessa de prazos de entrega com uma precisão de horas. Se não fizer uma diferença considerável para os clientes, a promessa de prazos de entrega com uma precisão de dias ou turnos deve resultar em menos atrasos nas entregas e em menor uso (custo) de recursos por entrega.

A alteração das táticas é geralmente uma medida de baixo custo, ainda que os gestores não devam subestimar o esforço de mudança gerencial envolvido. É comum descobrir que as empresas não estão adotando políticas de estoque em seu sistema de planejamento, embora essas políticas possam ser bastante proveitosas. Também é comum descobrir gestões que treinaram suas organizações a ignorar as políticas em seu sistema de planejamento. Por exemplo:

1. Um executivo determina uma redução de 30% no estoque sem compreender as implicações para o cliente-serviço.
2. Políticas empresariais (como níveis de estoque de segurança) são carregadas no sistema, que reduz grosseiramente o estoque na quantidade exigida.
3. O estoque é reduzido, e o atendimento ao cliente é prejudicado.
4. Programadores e compradores preferem se prejudicar uma vez no final do mês ou no final do ano por ter um excesso de estoque do que todos os dias por atrasar as entregas.
5. Um estoque maior do que o exigido pelo sistema de política empresarial acaba sendo formado.
6. As políticas empresariais se tornam pontos de referência e perdem qualquer utilidade como regras para cumprir com a estratégia.

Não é nada fácil conseguir mudar o comportamento dos colaboradores de modo que usem o sistema ERP como um verdadeiro sistema de planejamento e controle quando, na verdade, os colaboradores foram treinados para usá-lo principalmente para armazenamento de dados e acompanhamento de encomendas.

No Capítulo 2, afirmamos: "Para compreender o comportamento natural das operações, é necessário, em primeiro lugar, ter uma clara compreensão do ambiente no qual cada gestor precisa navegar. Conhecer os produtos, consumidores, pessoas e concorrentes de uma empresa proporciona as informações necessárias, mas não suficientes, para criar e implementar com sucesso estratégias que ofereçam resultados previsíveis." Aqui especificamos um pouco mais as informações adicionais referidas como sendo obrigatórias para uma compreensão suficiente do ambiente e um controle gerencial preditivo.

Para caracterizar o ambiente, geralmente consideramos uma média e uma variância dos parâmetros ambientais-chave:

1. Demanda
2. Tempo de reabastecimento

O custo é definitivamente algo a ser considerado, mas não é um elemento básico dos mecanismos de desempenho. Se, por exemplo, um gestor quiser uma taxa de atendimento de 99% para um determinado item de bens acabados, a quantidade de estoque necessária dependerá exclusivamente da demanda pelo item e do seu tempo de reabastecimento. Pode ser que o item seja bastante caro e que o estoque necessário seja maior do que aquele que o gestor deseja estocar. No entanto, a quantidade necessária de estoque para cumprir com a taxa de atendimento independe do custo do item. Certamente, o custo de um item terá influência sobre a demanda por tal item. O custo dos recursos necessários para reabastecer um item terá influência sobre o tempo de reabastecimento. O custo é uma importante consideração, mas conforme veremos mais adiante, os gestores podem usar o custo de modo inapropriado ao tentarem alcançar o controle mais rentável do seu ambiente. Isso é análogo a um cientista que avalia o comportamento de elétrons de ouro de maneira diferente do comportamento de elétrons de carbono só porque o ouro é mais valioso. Isso acontece o tempo todo na gestão de operações.

Afetar o ambiente costuma ser uma proposição bem mais difícil do que alterar as táticas. A mudança do ambiente implica fazer coisas como:

- Adicionar capacidade (máquinas ou pessoal)
- Aumentar a produtividade
- Reduzir a variabilidade na demanda ou no tempo de reabastecimento
- Elevar a demanda média
- Reduzir o tempo de reabastecimento médio
- Reduzir os tempos de preparação
- Aumentar o tempo de produção

Quando se está considerando o controle do desempenho e o aprimoramento de um ambiente de produção, serviço ou cadeia de suprimentos, deve-se levar em conta a seguinte sequência de passos:

1. Determinar como o processo em questão está se saindo em relação ao seu potencial, ou seja, em comparação com o melhor desempenho possível no atual ambiente. Chamamos isso de *benchmarking absoluto*. A realização de *benchmark* junto a concorrentes ou empresas com melhores práticas pode proporcionar ideias interessantes e bons *insights*, mas um gestor nunca sabe ao certo como essas empresas estão se saindo em comparação ao seu potencial máximo de desempenho. Com o *benchmarking* absoluto, um gestor pode determinar se seu melhor possível é suficiente para alcançar as metas empresariais. Caso seja, a questão é saber como chegar ao melhor desempenho. Caso contrário, medidas devem ser tomadas para melhorar o ambiente.

2. Mudar as táticas no ambiente atual para alcançar o melhor desempenho possível.
3. Se o melhor possível no ambiente atual não for bom o suficiente, ou se uma melhoria maior ainda for desejada, o ambiente precisa ser alterado.

Com isso, descrevemos uma teoria científica das operações. Especificamente:

1. Todo e qualquer negócio é uma estrutura de demanda e transformação.
2. A transformação é composta por estoques e fluxos de produção.
3. *Buffers* são necessários para sincronizar a demanda e a transformação na presença de variabilidade.

Para que uma teoria seja útil, ela precisa oferecer uma "explicação abrangente de algum aspecto da natureza que seja embasada por um vasto corpo de evidências". Até aqui, a discussão visou descrever de forma abrangente o comportamento das operações. A partir de agora vamos nos concentrar nos conceitos matemáticos que representam um vasto corpo de evidências embasando a Ciência da Fábrica.

Teoria prática

1. O cenário de conhecimento é altamente fragmentado por gestores que tentam usá-lo para liderar organizações na busca por suas metas empresariais.
2. Há uma ciência prática que descreve o desempenho das operações e das cadeias de suprimentos. A compreensão dessa ciência gera uma intuição mais apurada para os gestores. Uma intuição mais apurada torna os gestores líderes melhores.
3. A compreensão da ciência prática permite que os líderes naveguem pelo cenário de conhecimento e desenvolvam a combinação de ferramentas e controles que melhor funciona em suas condições empresariais específicas.
4. A ciência começa com uma descrição de todos os negócios como uma combinação de demanda e transformação.
5. Transformação é a combinação de fluxos de produção e estoques. Sendo assim, todos os empreendimentos podem ser descritos por diagramas de demanda-estoque-produção. O comportamento dos fluxos de produção, do estoque e da demanda pode ser descrito e avaliado de forma quantitativa.
6. O nível máximo de lucratividade e o fluxo de caixa é alcançado atendendo-se à maior demanda possível com o menor custo possível, cumprindo, ao mesmo tempo, com o serviço almejado aos clientes.

7. É impossível sincronizar com precisão a demanda e a transformação na presença de variabilidade. Quando se tenta sincronizar a demanda e a transformação na presença de variabilidade, *buffers* acabam aparecendo.
8. Há apenas três tipos de *buffers*: estoque, capacidade e tempo.
9. O aumento da variabilidade aumenta a quantidade de *buffers* necessários para sincronizar a demanda e a transformação.
10. A tarefa de um gestor é determinar a melhor combinação de *buffers* e variabilidade para alcançar as metas empresariais, e então liderar a sua organização na implementação desse projeto e no cumprimento das metas.
11. Outra maneira de pensar sobre o estabelecimento ideal de *buffers* é perguntando a si mesmo quem ou o que acaba esperando?
12. O desempenho é uma função das táticas e do ambiente. Em geral, é bem mais fácil mudar as táticas do que o ambiente. *Benchmarking* absoluto é a comparação entre o desempenho atual e o melhor desempenho possível no ambiente atual.

Colocando a ciência prática na prática

Como já mencionamos, "para alcançar uma intuição mais apurada, é preciso que os gestores alinhem aquilo que sabem sobre o seu ambiente com uma compreensão científica precisa do comportamento natural desse ambiente". Estamos cientes de que o cenário de demanda, estoques, fluxos de produção e *buffer* pode ser novo e ainda meio nebuloso para os leitores. Nesta seção, vamos nos aprofundar na ciência do comportamento natural das operações de cadeias de suprimentos, bem como introduzir algumas equações matemáticas fundamentais que descrevem esse comportamento e proporcionam descrições visuais e quantitativas dele, utilizando gráficos de desempenho. A matemática discutida aqui e os gráficos de desempenho:

1. Fornecem a base para que os gestores se certifiquem de que sua intuição coincide com o comportamento natural do seu ambiente.
2. Preparam o terreno para estabelecer avaliações quantitativas das relações de custo/benefício.

Para alguns gestores, isso já pode ser o suficiente. Caso não seja, o Capítulo 4 oferece um exame muito mais minucioso da matemática, a fim de passar informações mais técnicas, tanto para a comprovação dos conceitos quanto para uma aplicação mais detalhada na prática. Porém, no cômputo geral, este livro discutirá a ciência das operações no âmbito abordado aqui no Capítulo 3. Em outras palavras, não vamos sobrecarregá-lo com jargões técnicos ou matemáticos. No entanto, precisamos oferecer algumas definições para fins de consistência.

Definições

De modo algum defendemos que estas são as únicas definições possíveis dos termos definidos. Estamos apenas tentando usá-las para garantir nossa consistência no emprego de termos para definir e usar a ciência aqui descrita:

- *Tarefa de produção* diz respeito a um conjunto de materiais físicos que atravessa um roteiro junto com as informações lógicas associadas (como desenhos, encomendas de trabalho, procedimentos de inspeção). Embora cada tarefa seja desencadeada pela encomenda de um cliente ou pela antecipação de encomenda de um cliente (a demanda prevista, por exemplo), na produção, frequentemente, não há uma correspondência de um para um entre tarefas e encomendas. Isso ocorre porque (1) as tarefas são mensuradas em termos de peças específicas (identificadas pelo número exclusivo de cada peça), não pelo conjunto de peças que compõe o total necessário para satisfazer uma encomenda, e (2) o número de peças em uma tarefa pode depender de considerações de eficiência de fabricação (considerações

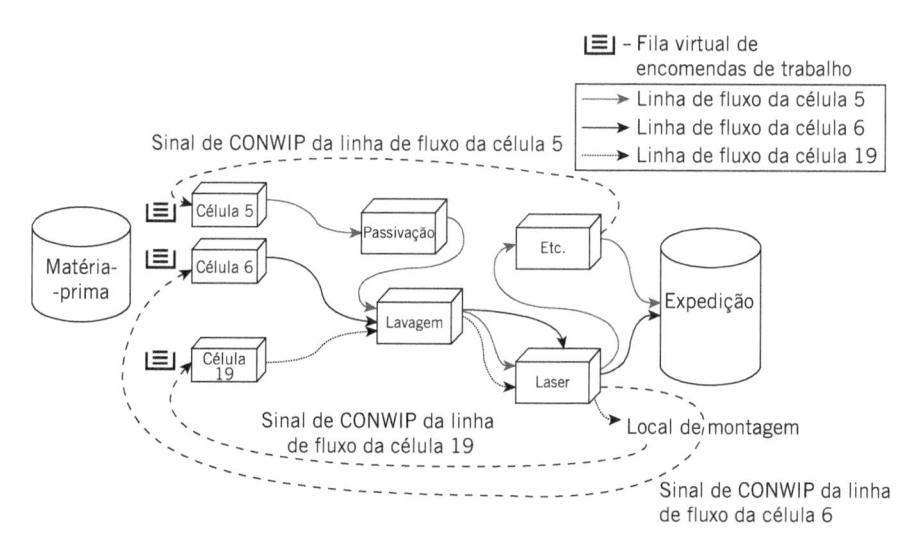

Figura 3-9 Roteiros de produção (linhas de fluxo).

de tamanhos de lotes, por exemplo) e, portanto, pode não corresponder às quantidades encomendadas pelos clientes.
- Uma *tarefa de serviço* é o serviço que é prestado (apagar um incêndio ou diagnosticar e tratar um braço quebrado, por exemplo) e inclui as informações lógicas associadas (como formulários de plano de saúde, resultados de exame de pressão sanguínea, raios X para diagnóstico e tratamento do braço quebrado de um paciente).
- *Roteiros de produção* descrevem as sequências de estações de trabalho ou centros de processamento que uma peça precisa atravessar para a produção. Os roteiros começam e acabam em áreas de estocagem. Na Figura 3-9, por exemplo, o roteiro da Célula 19 é Célula 19 —>Lavagem —> Laser —> Expedição. Não é mostrada uma área de estocagem na Expedição, embora os materiais sejam estocados antes de serem expedidos, nem que seja para embalar o produto para expedição.
- *Itinerário de serviço* é a lista de etapas que precisam ser concluídas para prestar um serviço. A Figura 3-10 exibe roteiros para um fluxo de serviço de admissão de entrada de um paciente em uma sala de emergência de um hospital. O roteiro é simplesmente de e para as respectivas etapas (como recepção, triagem, etc.) até uma área física de espera. Neste caso, a área de espera é tratada como uma área de estocagem. Há um "Centro de Atendi-

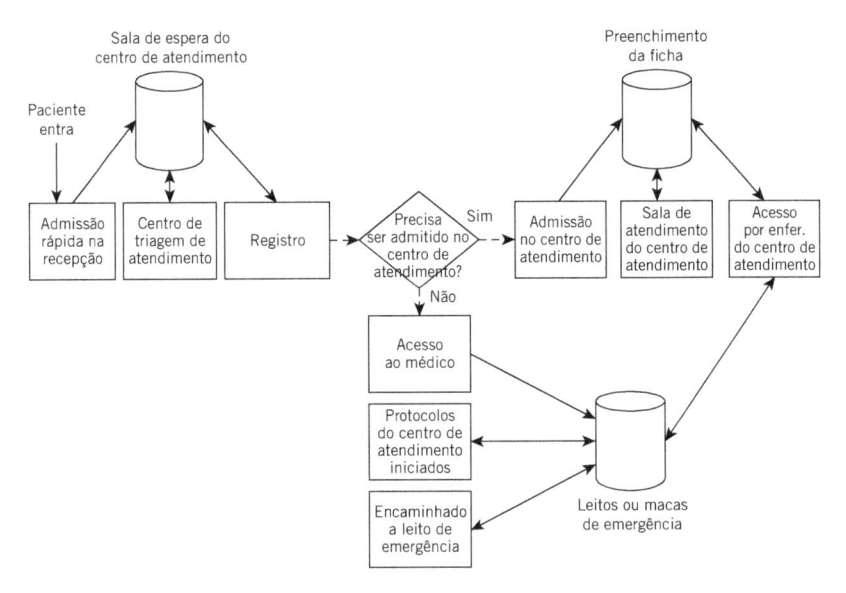

Figura 3-10 Roteiros de serviço para admissão de entrada de um paciente em uma ala de emergência.

mento" preparado para lidar com pacientes que não necessitam dos dispendiosos leitos de emergência (pacientes que precisam remover uma farpa de difícil remoção, por exemplo).

- *Cycle time* é o tempo médio que leva desde a liberação de uma tarefa no início de um roteiro até chegar a uma área de estocagem no final do roteiro (ou seja, o tempo que as peças passam na condição de WIP ou o tempo que um paciente demora na triagem).
- O *lead time* de um determinado roteiro é o tempo alocado para a produção de uma peça nesse roteiro ou linha, ou para a conclusão de um serviço. Como tal, trata-se de uma constante gerencial, diferentemente dos *cycle times*, que, em geral, são aleatórios. Os métodos pelos quais os gestores estabelecem e mantêm *lead times* em sistemas MRP são vitais para manter bom controle sobre um processo. Segundo nossa experiência, os *lead times* são estabelecidos na prática quando um sistema de TI é instalado ou atualizado e, esporadicamente, depois disso. O que gera problemas fundamentais de desempenho, os quais analisaremos mais adiante.
- *Tempo de reabastecimento* é usado na descrição de sistemas de estocagem e é o período entre o momento em que a posição de estoque (disponível + encomendas – atrasado) alcança o ponto de reposição e desencadeia uma nova encomenda até o momento em que essa quantidade desta encomenda chega ao estoque e fica disponível para uso.
- *Produtividade (throughput)* é a taxa média de fabricação de um produto ou prestação de um serviço no tempo (peças por hora, litros por hora, por exemplo).
- *Capacidade* é o limite máximo na produtividade.
- *Utilização* de uma estação de trabalho é a fração de tempo em que ela não fica ociosa por falta de peças. O que inclui a fração de tempo durante a qual a estação de trabalho está trabalhando em peças ou tem peças esperando, e não consegue trabalhar nelas devido a uma falha de maquinário, preparação ou outro contratempo. É bastante revelador que tantos dos líderes que treinamos em cursos rápidos de Ciência da Fábrica apresentem uma compreensão tão imprecisa de como computar a capacidade e sua utilização. Isso é um grave problema no estabelecimento de um controle preditivo de qualquer fluxo e, por extensão, um grave problema para liderar com sucesso um empreendimento.
- *Tempo de processamento* é o tempo necessário para completar uma tarefa em um centro de processamento.
- *Tempo nominal de processamento* é o tempo necessário para completar uma tarefa em um centro de processamento sem queda de atividade.

- *Tempo efetivo de processamento* é o tempo necessário para completar uma tarefa incluindo queda de atividade em um centro de processamento.
- *Tempo interchegadas* é o tempo médio entre chegadas de uma tarefa em uma estação de trabalho.
- *Coeficiente de variação* é uma maneira de normalizar os níveis de variabilidade e é igual ao desvio padrão de uma variável aleatória dividido pela média. Sendo assim, se o coeficiente de variação do diâmetro de um orifício em uma placa de circuito impressa for de 1,5 e o coeficiente de variação do comprimento de um avião a jato for de 1,5, sabemos que a variabilidade relativa dessas duas dimensões é a mesma, embora elas estejam em escalas vastamente diferentes.
- *Taxa de atendimento* (*fill rate*) é a probabilidade de que uma peça não será entregue com atraso. Em outras palavras, trata-se da probabilidade de que a peça esteja disponível em estoque quando a demanda pela peça ocorrer. Cabe ressaltar que o atendimento ao cliente pode ser de 100%, mesmo se a taxa de atendimento estiver abaixo de 100%. Digamos, por exemplo, que um produto está em falta no estoque quando uma encomenda é recebida, mas o *lead time* do pedido da encomenda é de cinco dias. Se o produto chegar ao estoque e for entregue ao cliente dentro do *lead time* de cinco dias, o atendimento ao cliente será de 100% para tal encomenda.

Ciência da Fábrica: o mais simples possível, mas não tão simples assim

Ao trabalharmos com a Ciência da Fábrica na prática, por mais de duas décadas (remontando à formulação do livro *A Ciência da Fábrica*), descobrimos que executivos e gestores tendem a propor soluções simples, e não complexas. Uma solução ou um plano simples é muito mais fácil de ser comunicado e executado de modo que envolva toda a organização, por maior que ela seja. Os executivos, em especial, costumam ser acusados de propor chavões sem sentido em um esforço de conclamar uma organização a melhorar seu desempenho. A discussão anterior, sobre as ilustrações conceituais, ofereceu uma explicação introdutória da Ciência da Fábrica (isto é, alguém ou algo está sempre esperando), mas esse nível de discussão não fornece muita orientação na condução de um empreendimento. Além disso, nem considerações insensatas nem ilustrações conceituais oferecem informações que possam servir para conectar diretamente a estratégia executiva com a execução diária. A próxima discussão oferece uma explicação mais detalhada da Ciência da Fábrica e demonstra os modelos que utilizamos na prática, pelas últimas duas décadas, mais ou menos, a fim de conseguir compreender, gerenciar e aprimorar empreendimentos. Daqui em diante, vamos trabalhar com esse nível de detalhe (exceto por um detalhamento ainda mais aprofundado no Capítulo 4), de modo a demonstrar os conceitos da Ciência na Fábrica para gerenciar e liderar negócios com sucesso.

Ao darmos a explicação mais simples da Ciência da Fábrica, quando lecionamos, abordamos três equações e quatro gráficos de desempenho, além dos conceitos de *buffers* e DEP. Percebemos, porém, que isso não é tão simples quanto dizer "Reduza o desperdício". Por outro lado, jamais dissemos que seria tão simples quanto ter a faca e o queijo na mão. Mix de produtos, complexidade de processos e variação de demanda e reabastecimento não podem ser descritos e modelados com previsibilidade por um mapa extremamente simples de fluxo de valor. Como Albert Einstein disse certa vez: "Uma teoria deve ser o mais simples possível, mas nem tão simples assim". As três equações e os quatro gráficos de desempenho oferecem aos gestores uma base científica prática para uma abordagem de como lidar com a complexidade e a variação de modo previsível e bem-sucedido. Igualmente importante é que, quando você tiver acabado o capítulo, a sua intuição terá se aprimorado ou se afirmado em relação aos conflitos que compõem o comportamento natural dos negócios.

Fazendo a ciência prática da gestão avançar

Conforme você vai descobrir, as equações que está prestes a encontrar não são novas. Ao mesmo tempo, as pesquisas realizadas pela Factory Physics, Inc., estão ampliando os limites da ciência da fabricação e a dinâmica da cadeia de suprimentos. Veja o artigo "Toward a Standard Model of Supply Chain Dynamics", de Mark Spearman, apresentado em reunião anual do Institute for Operations Research and the Management Sciences (INFORMS), em outubro de 2013. Ao que parece, a aplicação do "princípio do menor esforço" da física fundamental na cadeia de suprimentos resulta naturalmente em um modelo de movimento browniano que explica as relações de custo/benefício da Ciência da Fábrica em termos de *buffers* de variabilidade de estoque, capacidade e tempo. Esse nível de física com equações diferenciais parciais estocásticas e seu modelo de movimento hamiltoniano-browniano está bem além do escopo deste livro. Mas os gestores podem ficar tranquilos pelo fato de que há uma ciência básica e abrangente subjacente a seus esforços de reduzir o desperdício e aumentar a lucratividade, o fluxo de caixa e o serviço.

O cenário básico de uma estrutura de demanda-estoque-produção (DEP) para projetar *buffers* de capacidade, estoque e tempo é uma ciência experimentada e testada de gestão. Também, trata-se de um modo relativamente singular de entender a ciência da gestão operacional. Spearman e Hopp foram os primeiros a propor tal abordagem no livro *A Ciência da Fá-*

brica. E ainda propuseram mais uma nova ideia científica, que foi a ideia de limites de desempenho na melhor das hipóteses, na pior das hipóteses práticas e na pior das hipóteses. Consulte o Capítulo 7 de *A Ciência da Fábrica* para ver os detalhes, mas esse conceito de limites de desempenho tem implicações de longo alcance para gestores que estão tentando liderar suas organizações com sucesso. Considerando (1) a estrutura DEP para projetar a carteira de *buffers* para a gestão mais rentável da variabilidade, (2) os limites de desempenho para a determinação preditiva do desempenho ideal de estoque, capacidade e tempo (serviço), (3) a capacidade dos gestores de selecionar estrategicamente uma posição dentro ou sobre os limites de desempenho, (4) a tradução da posição selecionada na otimização das políticas empresariais para o desempenho almejado, (5) táticas e controles para garantir que a organização, até o âmbito individual, esteja desempenhando dentro das faixas especificadas pelas escolhas estratégicas do gestor e (6) a padronização do controle no sistema de TI da organização (qualquer que seja o fornecedor de TI), os gestores têm agora uma ciência das operações à sua disposição para liderarem organizações com maior eficiência e efetividade do que nunca.

Até agora, só falamos do primeiro item com algum nível de detalhe. Ao passarmos à análise das três equações e dos quatro gráficos de desempenho, entraremos na discussão sobre os itens dois e quatro. Conforme mencionado, as equações não são novas; porém, cada equação leva a um gráfico (exceto pelo último gráfico, tamanho dos lotes *versus cycle time*) que mostra uma ilustração visual do desempenho. As equações e os gráficos ajudam a desenvolver a intuição dos gestores quanto às interações de *buffers* e aos limites de desempenho. As equações e os gráficos de desempenho ilustram o comportamento natural da estrutura científica fundamental de DEP, *buffers* e variabilidade, para que o executivo possa desenvolver um projeto operacional de modo a alcançar o máximo em lucratividade, fluxo de caixa e serviço. Como a cereja do bolo, esta abordagem só vem a reforçar os esforços existentes de melhoria de desempenho que os gestores já praticam, como Produção Enxuta, Seis Sigma, TOC ou qualquer programa empresarial que possam estar aplicando. Vamos avançar a ciência prática da gestão para ajudar os gestores a trabalhar melhor com os recursos existentes.

Para as três equações e os quatro gráficos de desempenho, vamos apresentar cada equação, examinar seus componentes e seus antecedentes e então observar o gráfico relacionado à equação como um exercício visual na compreensão da gestão do desempenho. As equações representam uma faca de dois gumes. Por um lado, por si só, cada equação é simples demais para modelar processos complexos de manufatura e cadeia de suprimentos. Por outro, cada equação oferece *insights* bastante poderosos que podem aprimorar a intuição de um gestor e sua capacidade de liderança. Mais adiante neste livro, descreveremos uma abordagem prática para colocar estes conceitos na prática, tendo em vista toda a complexidade e confusão encontradas na gestão diária – uma abordagem baseada na experiência que temos trabalhando com nossas próprias empresas e com outras pelas últimas duas décadas.

A equação VUT

A *equação VUT* (também conhecida como *equação de Kingman*) descreve uma relação entre o tempo de espera (*cycle time* na fila), a variabilidade V, a utilização U e o tempo de processamento T para uma única central de processamento. A equação VUT é um modelo de uma rede aberta de formação de fila. Em outras palavras, as tarefas liberadas em um fluxo podem crescer sem limites, dependendo da demanda e do desempenho do fluxo. Sistemas de controle de WIP (sistemas de puxar) mitigam o crescimento ilimitado de WIP e *cycle time*, mas o comportamento subjacente nunca deixa de existir.

O *cycle time* em um único posto de trabalho é igual ao tempo na estação t_e (tempo de processamento efetivo) mais o tempo de espera CTq, que é:

$$CT = t_e + CTq$$

Esta descrição de *cycle time* é bem objetiva e quantitativa, conforme veremos. Estamos discutindo o comportamento natural de processos em âmbito geral. A equação VUT, que modela CTq, por ora fornece o nível certo de detalhes. O Capítulo 4 oferece mais informações sobre os componentes fundamentais do *cycle time*. Observe que isso é muito diferente de descrever o *cycle time* como CT = tempo de valor agregado + tempo sem valor agregado, uma definição altamente subjetiva e pouco informativa. Chamamos essa análise do *cycle time* de *fantasia do valor agregado* e a discutimos de modo mais aprofundado no Capítulo 5.

Como os mapas de fluxo de valor costumam mostrar, uma parcela importante de tempo, em praticamente qualquer fluxo, diz respeito a tempo de espera (CTq). Em sua forma mais geral, a equação VUT é escrita como:

$$CTq = VUT$$

Esta forma da equação mostra que CTq tem três elementos: (1) um componente de variabilidade V, (2) um componente de utilização U e (3) um componente de tempo T.

Nem é preciso avançar mais para perceber uma característica fundamental do *cycle time*: os componentes se multiplicam, não se adicionam. Uma implicação prática disso é que empreendimentos com alta variabilidade devem considerar cuidadosamente os efeitos de tentar motivar níveis elevados de utilização. Em contrapartida, empreendimentos que desejam ter alta utilização de recursos devem estar bem cientes do efeito de elevar a variabilidade ao tomarem medidas como aumentar o número ou a variedade de produtos oferecidos.

Para uma explicação mais aprofundada, nos detemos na versão de engenharia de produção da equação *VUT*:

$$CTq = \left(\frac{c_a^2 + c_e^2}{2}\right)\left(\frac{u}{1-u}\right)t_e$$

Vemos aqui que os componentes da equação *VUT* podem ser subdescritos como:

$$V = \left(\frac{c_a^2 + c_e^2}{2}\right)$$

onde c_a^2 = quadrado do coeficiente de variação dos tempos interchegadas, um indicador de variabilidade de demanda ou de fluxo; c_e^2 = quadrado do coeficiente de variação dos tempos de processamento efetivo, um indicador da variabilidade processual; u = utilização, conforme definido anteriormente (também calculado como o tempo usado dividido pelo tempo disponível); e t_e = tempo de processamento efetivo, conforme já foi definido.

Agora, retomando à implicação prática de elevar a utilização em empreendimentos que também apresentam alta variabilidade inerente, vemos que as implicações do *cycle time* são cruciais. Se um gestor de qualquer empreendimento com baixo volume e alto mix de produtos quiser elevar a utilização de 70 para 95%, ostensivamente, para alcançar um maior retorno sobre os ativos, a elevação representa um aumento de 36% na utilização. Isso significa que as máquinas estão mais atarefadas; porém, perceba o que acontece com o *cycle time* prestando atenção no fator U da equação *VUT*:

A 70%, $U = 0{,}7/(1 - 0{,}7) = 2{,}3$.
A 95%, $U = 095/(1 - 0{,}95) = 19$!

Portanto, o gestor trocou um aumento de 36% na utilização por um aumento de 714% no *cycle time*. Será que é uma boa troca? Só o gestor pode saber ao certo. Mencionamos empreendimentos com baixo volume e alto mix de produtos, em especial, porque eles costumam já apresentar um elevado fator V (alta variabilidade), o que leva a *cycle times* ainda mais elevados. Dispor de um grande *buffer* – ou seja, baixa utilização – pode resultar em máquinas esperando em ociosidade, mas isso proporciona um *buffer* bastante necessário contra a variabilidade, caso os *lead times* curtos sejam importantes. Isso está em acentuado contraste com a visão tradicional da utilização, o que abordaremos em breve.

Outra coisa que se pode perceber a partir deste comportamento é que capacidade barata é bastante valiosa para acelerar os tempos de resposta. Em outras palavras, se você tem por aí uma máquina de 20 anos de idade que ainda mantém os padrões de qualidade, não a jogue fora só porque é lenta. Aliás, isso poderia despertar em um gestor a vontade de ir ao mercado de máquinas usadas e comprar mais iguais a ela. Gente ligada principalmente à produção adora ter o último grito em tecnologia, o que quase sempre se traduz em maquinário caro. A vantagem que se espera obter com um gasto adicional é geralmente o aumento da eficiência. O uso de capacidade desatualizada e barata pode gerar uma aceleração dos tempos de resposta (ou seja, *cycle times* menores) ao possibilitar a produção final almejada a níveis relativamente baixos de utilização. Além disso, a aceleração dos tempos de resposta pode ser muito mais valiosa na retenção de clientes e no aumento da demanda do que a mera compra de capacidade cara e mais eficiente.

Gráfico do *cycle time versus* utilização

A Figura 3-11 é uma ilustração visual da equação VUT. Ela exibe com clareza e simplicidade o comportamento natural de um empreendimento conforme a utilização vai subindo até os 100%. O *cycle time* vai às alturas.

Quando pensamos em limites de desempenho, a estrela brilhante na Figura 3-12 representa o "mundo perfeito" do desempenho na melhor das hipóteses. Isso seria o cenário de variabilidade zero discutido no primeiro parágrafo da seção sobre *buffer*. O desempenho na melhor das hipóteses é de 100% de utilização, onde o *cycle time* para o centro de processamento é um tempo de processamento t de variabilidade nominal zero. Em um processo mais complexo com múltiplos centros de processamento, o *cycle time* na melhor das hipóteses seria a soma dos tempos de processamento na melhor das hipóteses, em cada centro de processamento – ou seja, o tempo de valor agregado, no jargão da Produção Enxuta.

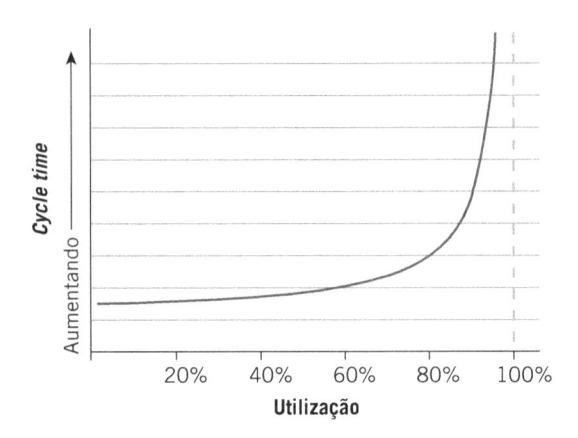

Figura 3-11 *Cycle time versus* utilização.

Com variabilidade, o desempenho real jamais chegará ao desempenho na melhor das hipóteses; portanto, não faz sentido se planejar para o desempenho na melhor das hipóteses ou tentar alcançá-lo. *O primeiro passo de um gestor no planejamento é identificar qual curva descreve o ambiente atual e selecionar o nível de utilização que atende às metas empresariais de cycle time – uma decisão de política empresarial.* É claro que, se o processo estiver na curva de alta variabilidade mostrada na Figura 3-12, poderá haver problemas para encontrar um nível de utilização financeiramente apropriado; estabelecer a política certa de utilização não vai funcionar. Neste caso, o ambiente precisa ser alterado. Ou a variabilidade deve ser reduzida, ou o *buffer* deve ser aumentado para fazer a utilização cair enquanto ainda se consegue alcançar a produtividade almejada para atender à demanda. Em um caso como este, é imperativo que os gestores que lideram organizações compreendam os efeitos dessas interações entre variabilidade, utilização e tempo.

Na busca pelo desempenho perfeito, já vimos líderes levarem organizações ao caos administrativo. Em um exemplo desse tipo, o vice-presidente executivo (um especialista em Produção Enxuta) responsável pela produção em um empreendimento aeroespacial multibilionário abarrotou o sistema de planejamento multimilionário com exigências que estavam 30% acima de qualquer produtividade jamais demonstrada por tal empreendimento. Para gestores que compreendem o comportamento do *cycle time versus* a utilização no mundo real, trata-se de uma ideia perturbadora. Conforme o esperado, as exigências no sistema de planejamento não puderam ser atendidas, e os indicadores do sistema de planejamento foram amplamente ignorados. Reuniões na sala de crise ocorreram sistematicamente o ano inteiro. O vice-presi-

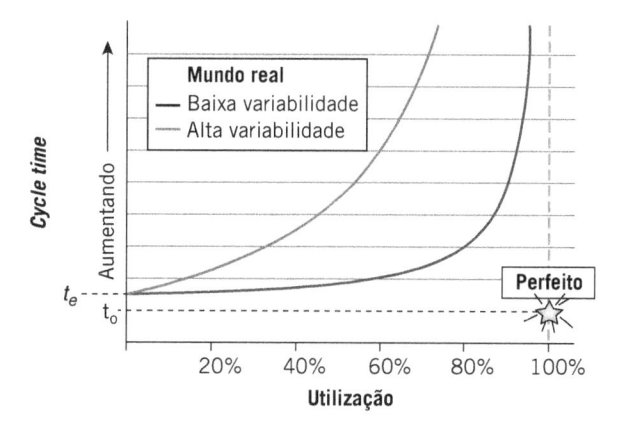

Figura 3-12 A influência deturpada da variabilidade.

dente chegou a contratar um programador a fim de desenvolver uma base de dados para planilhas de prioridades do Microsoft Access, para a publicação semanal de peças prioritárias, porque o sistema de planejamento MRP "não estava funcionando". Em uma reunião geral trimestral, o vice-presidente louvou a organização fabril por seus trabalhos em esforços de Produção Enxuta. O WIP e o *cycle time* foram reduzidos às custas de trabalho duro e muitos *kaizens*. Infelizmente, o estoque estava grande demais na área de estocagem da montagem (depois da produção e antes da montagem); as entregas no prazo não estavam tão boas quanto o necessário, e o vice-presidente disse: "Precisamos dar um jeito nisso". Isso é um caso clássico de ignorar o comportamento natural das operações.

Havia diversas peças sendo feitas – e feitas dentro de um *cycle time* bastante curto – mas elas não eram as peças certas. Por isso, o *cycle time* de produção foi reduzido, mas o *cycle time* total, incluindo o tempo ocioso no estoque, era muito maior. Conforme mostram os gráficos nas figuras anteriores, é impossível manter 130% de utilização. Como o sistema de planejamento tinha um plano inviável, o sistema de planilhas de prioridades foi usado para determinar as necessidades de produção. Os gerentes de produção examinavam tanto o plano MRP de produção quanto a planilha de prioridades e tentavam encaixar as necessidades da planilha de prioridades dentro da sobrecarga geral de necessidades. A carga do sistema de planejamento de 130% de utilização deveria ter resultado em uma completa perda de controle e em *cycle times* extremamente altos, mas isso não aconteceu. Os resultados foram alcançados mediante um enorme esforço. Além das contínuas reuniões na sala de crise, havia pessoas cujo trabalho era não fazer outra coisa a não ser despachar peças. Além disso, os gerentes de produção liberaram as horas extras e a terceirização da capacidade (a um custo extra) em um sistema de produção caseira, com pequenas oficinas de maquinário na região da planta principal de produção. Os resultados comerciais ficaram abaixo do esperado e nem chegaram perto da lucratividade potencial, mas, no fim, houve bastante atividade de Produção Enxuta a ser destacada.

O efeito de toda essa atividade extra foi duplo:

1. Os esforços de horas extras e terceirização propiciaram maior capacidade, o que deixou claro que a utilização em geral foi mais baixa.
2. O uso do sistema de planilhas de prioridades ajudou a filtrar a demanda desnecessária, o que também reduziu a utilização.

Aos olhos do vice-presidente, uma parte valiosa dessa abordagem foi a de que sempre houve um alto nível de atividade. As pessoas estavam atarefadas o tempo todo. Isso faz lembrar um dos entraves psicológicos para gerenciar a utilização de maneira apropriada – os gestores odeiam quando pessoas ou máquinas ficam ociosas. É difícil reconciliar capacidade ociosa com boas práticas empresariais. Conforme descrito no Capítulo 1, gestores procuram por práticas, como linhas de montagem móveis, como o ápice dos sistemas de produção. A impressão é de que a capacidade de utilização é de quase 100% nesses sistemas, quando, na verdade, não é assim que as coisas funcionam. Os gestores precisam entender as relações de custo/benefício entre capacidade, estoque e tempo de resposta, a fim de que possam desenvolver e manter uma base de capacidade que proporcione o melhor retorno financeiro para seus empreendimentos. Lamentavelmente, o modelo que costuma embasar as decisões gerenciais é a visão clássica da utilização. A Figura 3-13 ilustra esse raciocínio.

Segundo essa ideia, uma empresa se planeja para um determinado *cycle time* e, contanto que não se exceda os 100% de utilização, esse *cycle time* será adequado para fins de planejamento. Isso é reforçado por outras duas convenções comuns:

1. **O modelo de custo padrão.** Esse modelo afirma que o custo total é uma função do custo fixo mais um custo variável. Os custos unitários são determinados alocando-se o custo fixo ao número de unidades produzidas. Mais unidades produzidas leva a um menor custo unitário, quer todas as unidades sejam vendidas, quer não. A conclusão frequentemente tirada desse modelo é de levar a produção a 100% de utilização, a fim de alcançar o menor custo unitário possível.

2. **Necessidades de entrada de dados por MRP contemporâneo, ERP e sistemas avançados de planejamento e sequenciamento (APS –** *advanced planning and scheduling*)**.** Quando um gestor se propõe a estabelecer *lead*

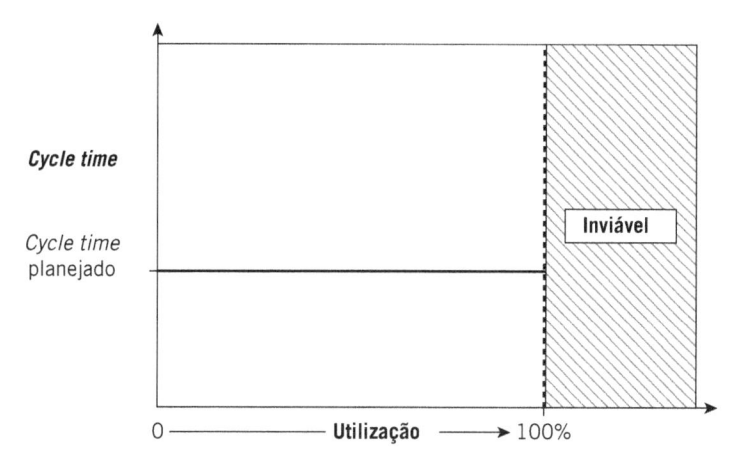

Figura 3-13 Visão clássica do *cycle time*.

times para uma peça para fins de planejamento, essa informação costuma ser inserida como um valor fixo no sistema de planejamento, na planilha de itens principais ou em uma planilha similar. Não é uma prática comum entrar e ajustar regularmente *lead times* de peças. O uso de *lead times* fixos baseia-se essencialmente em uma pressuposição sistemática de que a capacidade é ilimitada. Tentativas de enfrentar essa falha em sistemas MRP ou ERP resultaram no desenvolvimento de módulos de planejamento de capacidade e em sistemas APS. No entanto, os sistemas APS empregam heurística de otimização, ou seja, aproximações, para chegar a um sequenciamento "ideal" e então possibilitar reavaliações constantes e alteração desse sequenciamento. Com isso, o que resta é uma tarefa de Sísifo para programadores e gestores. É impossível determinar um sequenciamento ideal para qualquer coisa que não seja o mais simples dos processos (veja a seção "Por que a programação é difícil", no Capítulo 15 de *A Ciência da Fábrica* para uma análise mais detalhada). Em geral, os sistemas APS tentam compensar isso permitindo que os gestores ajustem o sequenciamento diariamente, ou com mais frequência, como compensação. Se nem os computadores poderosos de hoje têm o poder de determinar sequenciamentos ideais detalhados, será que faz sentido imaginar que um programador ou gestor conseguirá fazer compensações ao manipular todas as tarefas, *status* de tarefas, encomendas de compra e *status* de centros de processamento manualmente? Na nossa opinião, isso com certeza não faz sentido. Ainda assim, empresas continuam comprando sistemas APS e ficam se perguntando por que não solucionam seus problemas de estoque e atendimento ao cliente.

A equação *VUT* é apenas um dos modelos que ilustra a ciência prática que descreve o comportamento do mundo real de fluxos de produção, estoques e *buffers*. Como já foi mencionado, a equação *VUT* é um modelo de rede aberta de formação de filas. Em outras palavras, o WIP e o *cycle time* podem crescer sem limites. No caso dos fluxos, defensores da Produção Enxuta sabem bem que há grandes vantagens em controlar o WIP: impedir explosões de *cycle times*. Este tipo de controle é o que se conhece por *rede fechada de formação de filas*. Vamos examinar o controle de WIP na próxima seção, sobre a lei de Little. Também veremos como o *cycle time* para fluxos (tanto em redes abertas quanto fechadas de formação de filas) contribui para as necessidades de estoque em áreas de estocagem, quando abordarmos a equação da variância de demanda por tempo de reabastecimento. Desse modo, a equação *VUT* oferece uma riqueza de percepções sobre as dinâmicas de fluxos e estoques e sobre as relações de custo/benefício entre os *buffers*, percepções que os gestores devem dominar para que possam liderar e ter sucesso no longo prazo.

Uma observação final tirada da equação *VUT*: se um gestor tentar reduzir demais um dos *buffers* (operando, por exemplo, a 100% de utilização sem um *buffer*), os outros buffers aumentarão muito. Se o *buffer* for reduzido a zero, ou as remessas ficarão atrasadas ou haverá grandes quantidades de estoque, ou ambas. Não somos nós quem fazemos as regras; simplesmente as explicamos. Os gestores não devem seguir a visão clássica de que o *cycle time* permanece fixo até que uma utilização de 100% seja alcançada. Isso levará os esforços de um gestor em oferecer ótimo atendimento ao cliente ao fracasso constante, bem como compromete o caixa.

"O realismo é a essência da execução, mas muitas organizações estão abarrotadas de pessoas que ficam tentando evitar ou encobrir a realidade... Às vezes, os líderes simplesmente caem em negação. Quando pedimos aos líderes que descrevam os pontos fortes e fracos de suas organizações, eles em geral enumeram muito bem os pontos fortes, mas não se saem tão bem identificando os pontos fracos".[7] Conforme nossa experiência, muitos gestores não estão cientes do comportamento natural dos *buffers* e da variabilidade. Como resultado, eles tentam fazer uma administração baseada em modelos financeiros ou de software que não fazem previsões realistas de desempenho. A intuição de um gestor deve ter por base o modelo *VUT* de desempenho, a fim de espelhar a realidade. Se isso for feito, os gestores serão líderes mais eficazes, já que estarão muito mais propensos a executar suas medidas com sucesso.

O que aconteceu então com o vice-presidente de produção? No fim das contas, a abordagem por força bruta funcionou bem, durante um tempo para a obtenção de resultados financeiros, garantindo-lhe um período de sucesso. Ironicamente, ele se perdeu ao tentar estabelecer classificações de níveis de habilidade para trabalhadores em produção, como parte do aperfeiçoamento dos esforços de implementação da Produção Enxuta. Isso redundou em um movimento da organização sindical que acabou levando o vice-presidente a buscar outras oportunidades profissionais na carreira. Será que cedo ou tarde a abordagem por força bruta não viria cobrar dele o seu preço? Jamais saberemos. O que sabemos é que o vice-presidente da produção que o substituiu freou a implementação da Produção Enxuta e proferiu a citação mencionada no Capítulo 2: "É melhor que nossos fornecedores entreguem suas peças no prazo, senão pode avisá-los de que eu mesmo irei até a porta deles com um caminhão para buscá-las". Ele não ficou muito tempo no cargo. Acreditamos piamente que as organizações devam ter algum processo padronizado de melhoria contínua. No entanto, também acreditamos que esses esforços costumam ser bem menos produtivos do que deveriam. Sem uma boa compreensão da ciência prática, os gestores acabam usando iniciativas e ações combinadas com folclore e exortação para tentar conquistar bons resultados. Conforme descrito nos Capítulos 1 e 2, os resultados têm se mostrado variáveis, para dizer o mínimo.

A equação *VUT* e o gráfico do *cycle time versus* a utilização oferecem uma ilustração bastante didática do comportamento dos *buffers* e da variabilidade. Uma conclusão importantíssima da equação *VUT* é que os gestores devem entender rigorosamente como calcular e gerenciar a utilização. A capacidade é um efeito de primeira ordem. Se os gestores não souberem calcular e gerenciar a utilização da capacidade de maneira adequada, todos os seus esforços de melhorar o desempenho vão ser prejudicados. Concentrar-se na redução da variabilidade, ao tentar alcançar um sequenciamento de produção inviável (utilização > 100%), é um empreendimento quixotesco. Como vimos no caso dos vice-presidentes de produção, os problemas gerados muitas vezes nem são reconhecidos como tais. Nenhum deles reconheceu que a prática de introduzir um sequenciamento inviável no sistema de controle e planejamento acarretava um grande desperdício de esforços. Acabamos descobrindo que a utilização é surpreendentemente mal compreendida em muitas organizações, e abordaremos isso de forma mais detalhada no Capítulo 4.

Produção e estoques

Prometemos apresentar uma ciência preditiva vinculada diretamente à execução. Para isso, precisamos incluir uma análise útil da produção e dos estoques, já que eles são os principais componentes de todos os processos. Os gráficos de desempenho na Figura 3-14 ajudam bastante na análise da produção e dos estoques. Para a produção, a lei de Little (*Cycle Time* = *WIP/Produtividade*) oferece um modelo matemático básico. Para os estoques, a equação básica que examinamos é a variância da demanda por tempo de reabastecimento. Abordaremos esse tópico mais adiante com mais detalhes, mas, como introdução, a equação da variância da demanda por tempo de reabastecimento indica que a variância da demanda por tempo de reabastecimento é uma função dos seguintes fatores:

- Tempo médio de reabastecimento (ℓ)
- Variância da demanda (σ_d^2)
- Demanda média (d)
- Variância do tempo de reabastecimento (σ_ℓ^2)

Isso não significa que essas são as únicas equações necessárias. No Capítulo 4, há outras, mas essas duas levam a uma ilustração inestimável do comportamento básico da produção e dos estoques.

Esse modelamento da produção e dos estoques permite que os executivos avaliem de modo previsível diferentes opções estratégicas e identifiquem áreas de aprimoramento. A determinação do nível corrente de desempenho de um fluxo de produção ou de um estoque frente aos seus respectivos limites de desempenho é o processo de *benchmarking* absoluto. No caso da produção,

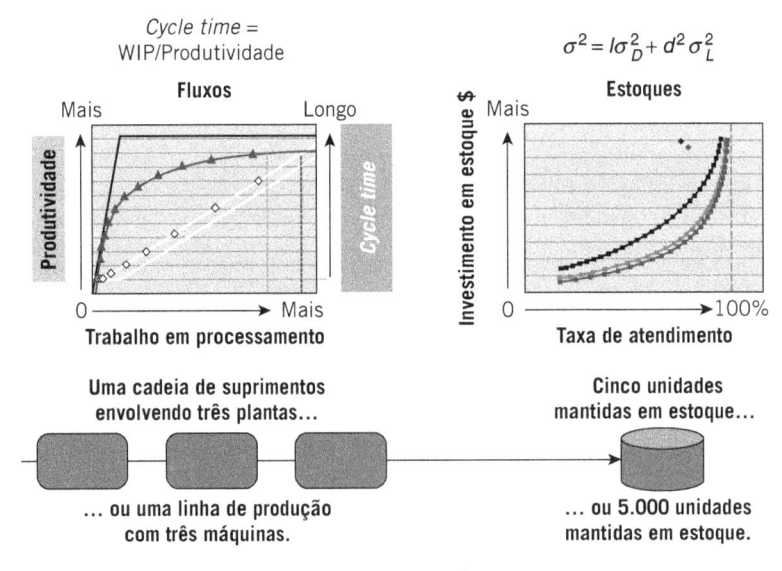

Figura 3-14 Gráficos de desempenho para produção e estoques.

é fácil afirmar que o "fluxo contínuo" ou o sistema de "puxar um a um" seja a meta. É mais produtivo afirmar: "Manterei um nível mínimo de WIP de x unidades a fim de atender à demanda em um *cycle time* de y". No caso dos estoques, é fácil afirmar: "Cortem o estoque em 50%". Outra coisa bem diferente é dizer: "Posso economizar $3 milhões em estoque e manter uma taxa de atendimento de 90% com um tempo médio de atraso de encomendas de cinco dias, ao empregar estoques de segurança e quantidades de reposição mais otimizados". Tanto para a produção quanto para os estoques, a abordagem fácil é a gestão por diretiva e esperança – a velha técnica das metas exageradas. Já a outra abordagem diz respeito a uma análise embasada em ciência que leva a resultados previsíveis. A abordagem da Ciência da Fábrica oferece novos modelos matemáticos que refletem a ciência dos fluxos de produção. Ela também oferece novas aplicações para modelos matemáticos já existentes, a fim de ajudar os gestores a visualizar e aplicar a ciência dos estoques. O resultado é uma ciência bastante poderosa, abrangente e prática que permite que os gestores desenvolvam produção e estoques para alcançar o desempenho empresarial almejado. Começaremos pelo modelo básico da ciência dos fluxos de produção: a lei de Little.

Lei de Little

Em 1961, John D. C. Little publicou um artigo intitulado "A Proof for the Queueing Formula: $L = \lambda W$"[8], que descrevia a relação fundamental entre WIP, *cycle time* e produtividade para fluxos de produção. A relação é tipicamente descrita como:

$$WIP = Cycle\ Time \times Produtividade$$

Como qualquer um que já tenha feito um exercício de mapeamento de fluxo de valor bem sabe, ela fornece uma ótima estimativa para os *cycle times* do fluxo de valor. Quando a equação é escrita na forma $y = f(x)$, a relação é escrita como:

$$Tempo\ de\ atravessamento = WIP/Produtividade$$

Em outras palavras, o *cycle time* é uma função do WIP e da produtividade. De um ponto de vista prático, isso significa que o WIP é um indicador fundamental do *cycle time*. Como Mark Spearman gosta de dizer: "WIP é o *cycle time* visível". A lei de Little oferece um modo extremamente eficiente para um gestor determinar os *cycle times* dos processos. Isso acontece porque ela lança mão de duas quantidades facilmente determinadas:

1. **Produtividade.** É igual à demanda por um produto no longo prazo. Ela é sempre uma quantidade definida em uma empresa. Não é uma quantidade

exigida a cada instante do tempo, e sim a média definida para fins de planejamento, então é fácil de se obter. Trata-se de uma taxa, sendo, portanto, divulgada como unidades/tempo.
2. **WIP (*work in process*, ou trabalho em processamento).** Essa é bem simples. Basta ir até o fluxo de produção e contar o WIP, caso se trate de um processo físico de produção. No caso de um empreendimento de serviços ou de um processo virtual de produção (desenhos de design, por exemplo), o gestor não vai contar a entidade palpável. Mesmo assim, tarefas em processamento ou desenhos em processamento podem ser contados.

Há algumas questões práticas envolvidas no uso da lei de Little para calcular o *cycle time*. Para tarefas de produção sob encomenda, pode haver diversas tarefas com muitas taxas diferentes no sistema a cada determinado momento. O uso de uma única taxa e de um único número para o WIP pode destorcer o cálculo do *cycle time*. Isso pode ser resolvido convertendo tarefas em unidades de tempo na restrição do processo – o que normaliza o nível de WIP. Quando a restrição varia substancialmente com o *mix* de produtos, é necessário o modelamento por software.

Outra questão prática é que o cálculo da lei de Little para processos de fluxo contínuo (como refinarias de óleo ou operações de envase) quase sempre não é muito informativo. Como esses tipos de operações restringem a quantidade de WIP devido à sua estrutura física altamente acoplada, o *cycle time* não varia muito. Como o WIP é limitado pelo número de torres ou tanques em uma refinaria ou pelo tamanho da linha de envase, é comum não haver muitas opções para usar o WIP a fim de controlar o *cycle time*. No entanto, a relação da lei de Little *pode* ser usada quando se está projetando uma linha com a finalidade de assegurar que haja locais suficientes de WIP ao longo da linha para projetar um *buffer* contra a variabilidade da restrição, bem como uma produtividade adequada.

Seja como for, a lei de Little é um modelo bastante poderoso da ciência que governa os fluxos. Como Wally Hopp costuma dizer: "Pode ser pouco [*little*], mas é a lei". Porém, como costuma acontecer com o mapeamento do fluxo de valor, os gestores generalizam o modelo da lei de Little chegando a conclusões inapropriadas que contrariam o comportamento natural dos processos empresariais. A lei de Little, por exemplo, poderia ser interpretada da seguinte forma: com produtividade constante, menos WIP significa menos *cycle time*. Sendo assim, alguns gestores partem rapidamente para determinar qual poderia ser o menor nível de WIP em uma linha. Sem conhecimento algum das relações entre variabilidade e os *buffers*, uma conclusão comum quando se olha para a lei de Little é que um fluxo contínuo deveria ser implementado para se obter o menor *cycle time*.

No livro *A Ciência da Fábrica*, Spearman e Hopp mostraram que a tentativa de implantar um fluxo contínuo é uma busca arriscada. Uma das inovações de *A Ciência da Fábrica* foi a compreensão dos limites de desempenho para produção e estoques. O desempenho na melhor das hipóteses, em um "mundo perfeito", não é possível. Não estamos, contudo, recomendando o estabelecimento de metas pouco ousadas. Metas de desempenho devem ser duras de alcançar, e devem motivar as pessoas a melhorarem. Isso exige uma compreensão preditiva do que é possível. Conforme é descrito no Capítulo 7 de *A Ciência da Fábrica*, de Spearman e Hopp, e também detalhado no Capítulo 4 deste livro, há limites até mesmo para o desempenho perfeito em fluxos de produção. Quando a presença inevitável de variabilidade é acrescida tanto na demanda quanto na transformação, *o melhor desempenho possível se degenera para longe dos limites de desempenho na melhor das hipóteses*. Assim, as perguntas a se fazer, ao se estabelecer metas, acabam sendo: "Qual é o melhor desempenho possível?" e "O melhor possível é suficiente?". Para uma ilustração ainda mais detalhada dos limites de desempenho para fluxos de produção e para *insights* exclusivos propiciados pela Ciência da Fábrica, vamos falar de outra inovação da Ciência da Fábrica: o gráfico de fluxo de produção.

Gráfico de fluxo de produção

O gráfico de fluxo de produção proporciona uma representação visual da lei de Little. O gráfico de fluxo é, na verdade, uma combinação de dois gráficos, conforme ilustrado na Figura 3-15.

1. Produtividade *versus* WIP
2. *Cycle time versus* WIP

Para se lembrar da aparência possível de um fluxo de produção, consulte as Figuras 3-9 e 3-10. Os gráficos na Figura 3-15 são da renomada simulação da Penny Fab, conforme detalhado no Capítulo 7 de *A Ciência da Fábrica*. O fluxo de produção da Penny Fab é ilustrado na Figura 3-16.

O leitor pode questionar a simplicidade de tal exemplo em oferecer evidências para um modelo abrangente de desempenho no mundo real. Como mostraremos mais adiante, utilizamos os conceitos derivados desse exemplo em processos massivamente complexos de produção e cadeia de suprimentos do mundo real. No entanto, ao ensinarmos isso para muitos e muitos gestores, regularmente deparamos com mal-entendidos de intuição, confor-

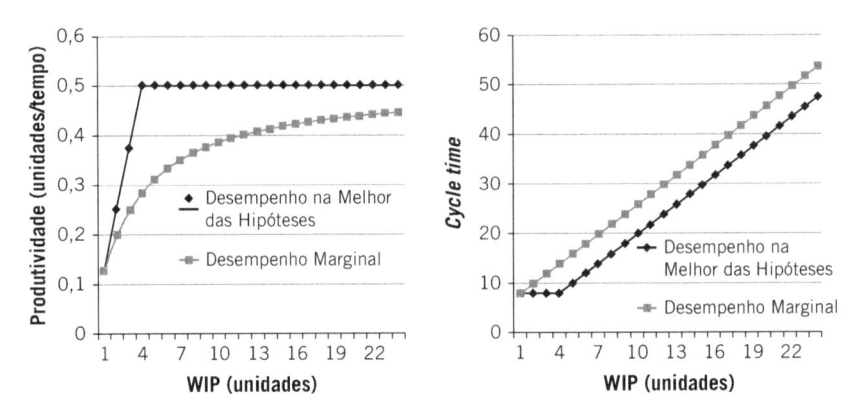

Figura 3-15 Os componentes da lei de Little.

me ilustrado na Figura 3-1. Por isso, invertemos a questão e perguntamos: "Se a intuição de um gestor é deficiente em prever o comportamento de um sistema tão simples, como esse gestor se sairá lidando com a complexidade do mundo real?".

Na Penny Fab, a quantidade de WIP na linha a qualquer instante é controlada, mas é permitido que o WIP se movimente livremente dentro da linha. Isso é conhecido como *controle de WIP constante (CONWIP)*. As características do CONWIP foram descritas pela primeira vez como parte de um desenvolvimento prévio da abordagem da Ciência da Fábrica, em 1990, por Spearman, Woodruff e Hopp.[9] A melhor das hipóteses para a produtividade, conforme mostrado pela estrela na Figura 3-17, é o nível de WIP em que o fluxo alcança a produtividade máxima, a taxa de gargalo (TG), com a quantidade mínima de WIP, o WIP crítico (WC), quando não há variabilidade alguma – o mundo perfeito.

O efeito da variabilidade no mundo real é que ela causa menor produtividade para uma determinada quantidade de WIP do que se a variabilidade fosse zero. Na Figura 3-17, isso é mostrado pela curva do desempenho marginal. O desempenho marginal exibe o efeito da introdução de variabilidade (tempos de

Figura 3-16 Centros de processamento da Penny Fab.

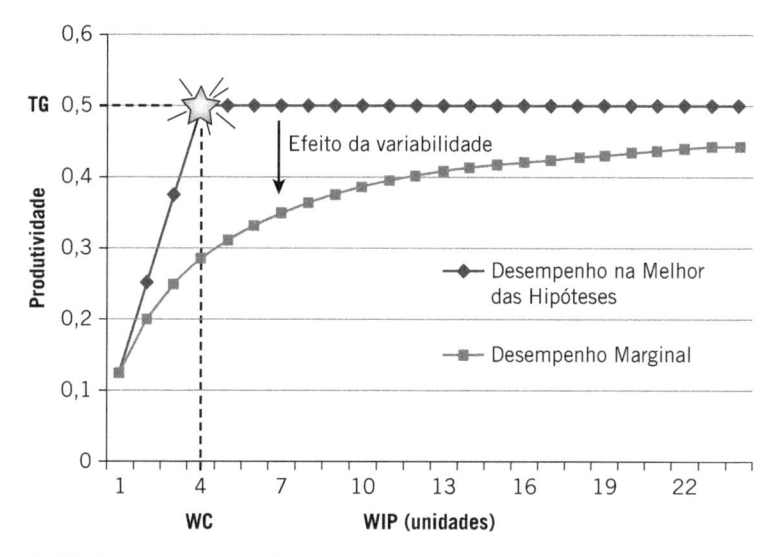

Figura 3-17 Comportamento da produtividade.

processamento exponenciais) para a Penny Fab. Entre outros fatores a ser considerados na presença da variabilidade, estão os seguintes:

1. Abaixo do WIP crítico, a produtividade despenca acentuadamente conforme o WIP é removido do sistema.
2. Acima do WIP crítico, a produtividade fica nivelada, ou seja, há apenas pequenos aumentos de produtividade a ser ganhos adicionando-se cada vez mais WIP no fluxo. A taxa de gargalo nunca é alcançada como uma produtividade média no longo prazo. A inclusão de quantidades massivas de WIP no fluxo leva a produtividade média mais para perto da taxa de gargalo, mas, em compensação, conforme ilustrado mais adiante, há um grande aumento no *cycle time*.

Quando observamos o gráfico do *cycle time* na Figura 3-18, para o fluxo da Penny Fab, vemos que há um *cycle time* mínimo para determinado fluxo, o tempo de processamento bruto (RPT – *raw process time*), que o fluxo vai gerar por menor que seja o WIP no fluxo. O tempo de processamento bruto não é o mesmo que tempo de valor agregado. O tempo de processamento bruto inclui efeitos de variabilidade, como períodos de preparação e de ociosidade. Para o fluxo da Penny Fab, há quatro centros de processamento em sequência, com um tempo de processamento de duas horas em cada estação.

Caso haja uma única unidade de WIP no sistema, ela levará oito horas no mínimo, em média, mesmo que haja variabilidade. A razão é que os parâmetros fundamentais de desempenho para um fluxo de produção são o seu tempo de processamento bruto e sua taxa de gargalo. Portanto, se o tempo de processamento bruto de um fluxo for de oito horas, por definição, uma unidade de WIP no sistema terá um *cycle time* médio de oito horas. Quando os níveis de WIP aumentam para mais do que uma unidade no sistema, surgem interferências de fluxo entre as duas unidades (por exemplo, uma unidade está levando mais do que o tempo médio em uma estação, e a segunda unidade apresenta algum tempo de espera até que a primeira seja concluída). Consequentemente, conforme mostrado na Figura 3-18, os *cycle times* na melhor das hipóteses e na hipótese marginal são os mesmos de quando há uma única unidade de WIP no sistema, e, depois disso, as curvas divergem.

O tempo de processamento bruto e a taxa de gargalo são os dois parâmetros fundamentais de desempenho de um fluxo de produção, e o cálculo da lei de Little nos dá a seguinte equação:

WIP Crítico = tempo de processamento bruto × taxa do gargalo

Outra aplicação da lei de Little dá um fim a uma antiga meta, embora ainda possa ser encontrada, de se alcançar o estoque zero (ou WIP zero). Se o WIP for zero, a produtividade será zero. Essa abordagem representa, sem dúvida, uma

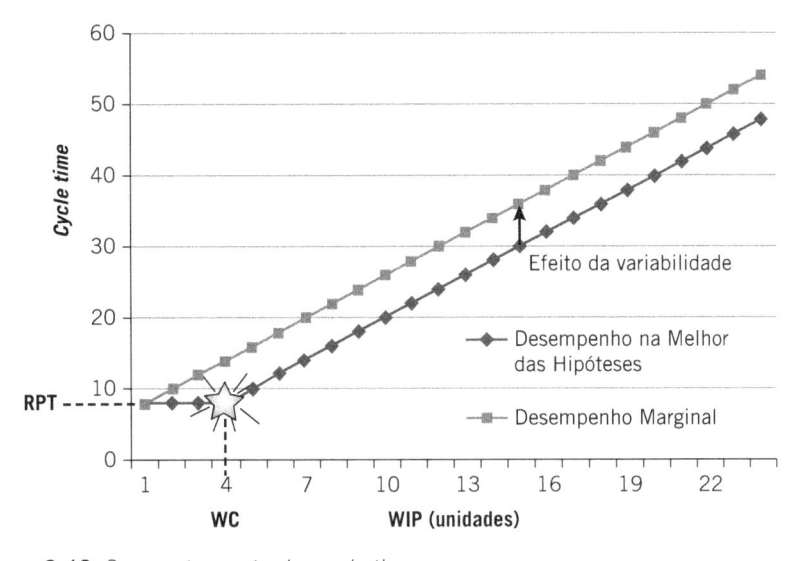

Figura 3-18 Comportamento do *cycle time*.

boa maneira de conservar capital de giro, mas não é muito eficiente em atender à demanda.

Agora vamos combinar os gráficos de *cycle time* e de produtividade para obter o gráfico de fluxo de produção, conforme mostrado na Figura 3-19, e observar as implicações integrais da lei de Little para fluxos de produção no mundo real.

Alguns detalhes adicionais são incluídos na Figura 3-19 porque o gráfico é tirado de um modelo de software CSUITE utilizado para modelar processos do mundo real:

- Os dois gráficos precedentes foram combinados, com o eixo da esquerda correspondendo aos valores para produtividade (as linhas em preto mais acima). O eixo da direita é para o *cycle time* (as linhas em cinza mais abaixo).
- A linha preta tracejada de produtividade assinala o desempenho *real* da produtividade com a variabilidade atual do fluxo. Não se trata mais de desempenho marginal. O mesmo é válido para as linhas pontilhadas de *cycle time*. Elas dizem respeito ao desempenho real e podem ser criadas para fluxos de produção de grande complexidade, como o da Figura 3-9.
- A linha horizontal contínua em 9,6 unidades por dia, no eixo da produtividade, é a demanda.

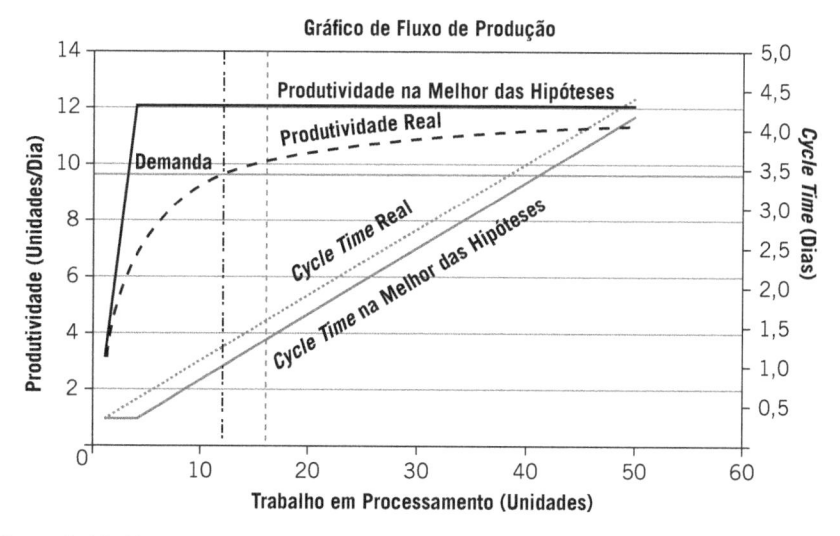

Figura 3-19 Uma representação visual do comportamento do fluxo de produção.

- A linha vertical preta à esquerda corresponde à quantidade mínima de WIP que seria necessária para atender à demanda em um fluxo de circuito fechado (um sistema de puxar de CONWIP que controla o WIP).
- A linha vertical clara mais à direita é a quantidade de WIP que resultaria caso tivéssemos um fluxo de circuito aberto que liberasse trabalho na mesma taxa da demanda, sem controle da quantidade de WIP no fluxo.

Agora que temos esse gráfico combinado como uma excelente representação visual do comportamento natural dos fluxos de produção, podemos bloquear importantes pontos de intuição para a gestão do desempenho:

1. Considerando o nível de capacidade e variabilidade para um fluxo de produção, o *cycle time* e a produtividade podem variar diretamente com a quantidade de WIP no sistema. Na terminologia Seis Sigma, o WIP é a variável independente. O *cycle time* e a produtividade são variáveis dependentes. *O WIP é um parâmetro de controle para determinar a quantidade de produtividade e o cycle time que um fluxo produzirá*. Conforme explicado no livro *A Ciência da Fábrica*, a "mágica" dos sistemas de produção puxada é que eles controlam o WIP. Na verdade, pouco importa se o controle de WIP é chamado de *puxar, empurrar, chutar, pular* ou *gritar*. A questão é que o nível de WIP é um parâmetro de projeto para determinar o desempenho de um fluxo de produção. Compreendemos, até certo ponto, o apelo intuitivo do termo *puxar* conforme utilizado para descrever sistemas de controle de WIP, mas, na prática, todas as definições que já encontramos para sistemas puxados não são muito precisas. Você pode utilizar o termo que quiser para isso, mas o que você precisa é compreender o comportamento do controle de WIP ao projetar ou controlar a produção. O WIP é um *buffer* de estoque que pode ser muito bem aproveitado se for usado de maneira adequada.
2. A utilização da restrição pode ser vista a partir da razão entre a taxa de demanda e a taxa de gargalo (TG). Na Figura 3-19, a utilização da restrição é de 9,6/12, ou seja, de 80%.
3. Há uma zona ideal de WIP para um fluxo de produção que proporciona produção máxima com *cycle time* mínimo. Isso é mostrado na Figura 3-20. Trata-se da região onde a curva de desempenho real de produtividade começa a ficar na horizontal. Ainda não há uma definição quantitativa da zona ideal de WIP. A ideia é manter o nível de WIP longe da região da curva onde a produtividade despenca acentuadamente.

    O fluxo de produção mostrado não está operando na zona ideal de WIP porque a produtividade alcança a demanda com apenas 12 unidades de WIP no fluxo, em média, ao passo que a zona ideal de WIP começa em

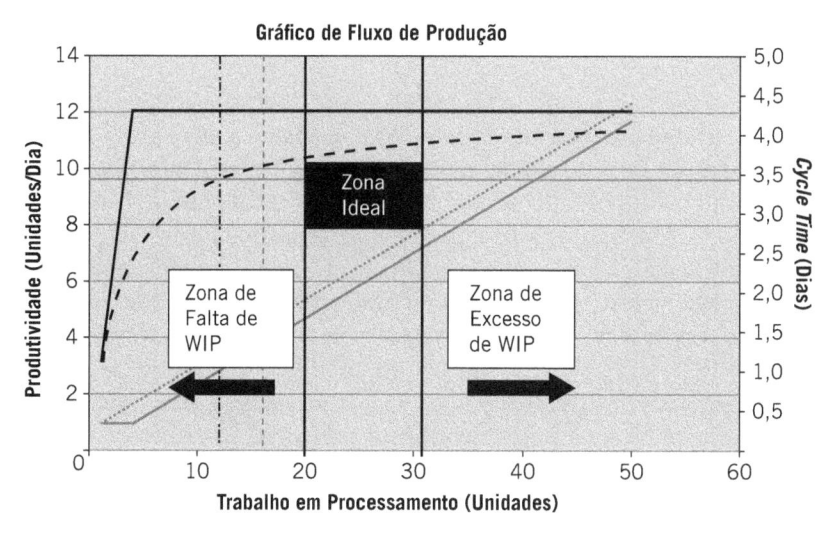

Figura 3-20 A zona ideal de WIP.

torno de 20 unidades. Isso chega a ser um problema? Pode ser e pode não ser. A meta é aumentar ao máximo a lucratividade e o fluxo de caixa. O investimento de capacidade, na Figura 3-20, pode ser a quantia certa porque a demanda está aumentando ou porque a demanda mostrada é referente a um período de baixa sazonal.

4. Efeitos específicos sobre o desempenho ocorrem como resultado das alterações no ambiente, e elas são previsíveis. O que acontece, por exemplo, quando a variabilidade é diminuída, a demanda é aumentada ou a capacidade é reduzida?

   a. A diminuição da variabilidade leva para cima e para a esquerda a curva do desempenho real da produtividade (linha preta tracejada). Pense nisso como se a redução da variabilidade levasse a curva do desempenho real cada vez mais para perto da curva de desempenho na melhor das hipóteses do "mundo perfeito". A curva de *cycle time* real se aproxima cada vez mais do desempenho na melhor das hipóteses, quando a variabilidade é reduzida. Observe que, se o fluxo de produção na Figura 3-19 fosse capaz de desempenho na melhor das hipóteses, apenas quatro unidades de WIP seriam necessárias para se alcançar a produtividade necessária para atender à demanda. É interessante notar que mesmo uma variabilidade nula não alteraria o nível de utilização da restrição; isso simplesmente exigiria menos capital de giro (WIP) para alcançar a demanda necessária e com *cycle times* bem menores.

b. Para fazer a produtividade atender a uma demanda maior no sistema atual, seria preciso haver mais WIP no sistema. Na Figura 3-19, por exemplo, se a demanda aumentasse para 11 unidades/dia, cerca de 30 unidades de WIP seriam necessárias para atender à demanda. De modo similar, o *cycle time* iria de aproximadamente um dia para cerca de três dias. Não é muito comum encontrarmos gestores que compreendam bem tal dinâmica. Com os esforços contemporâneos de melhoria contínua, tipicamente vemos um foco na maior redução possível de WIP, a fim de diminuir o *cycle time*, o que acaba levando a uma frustração dos clientes pela piora dos serviços de atendimento, mesmo com os *cycle times* menores. A partir daí, os esforços costumam se concentrar em coisas como o aumento da precisão das previsões ou a disponibilização de estoque de bens acabados. O que significa uma gestão problemática dos *buffers*.

c. O efeito da redução da capacidade é mostrado na Figura 3-21. Os círculos mostram os pontos sobre a curva de desempenho real onde a produtividade encontra a demanda. Neste caso, a capacidade foi reduzida de 12 para 10 unidades/dia. A demanda é de 9,6 unidades/dia. A capacidade reduzida significa que a zona ideal de WIP fica na casa de 12 a 17 unidades, mas agora isso não representa WIP suficiente, porque a produção só começa a atender à demanda quando cerca de 30 unidades de WIP estão na linha. Com mais WIP, o *cycle time* passou

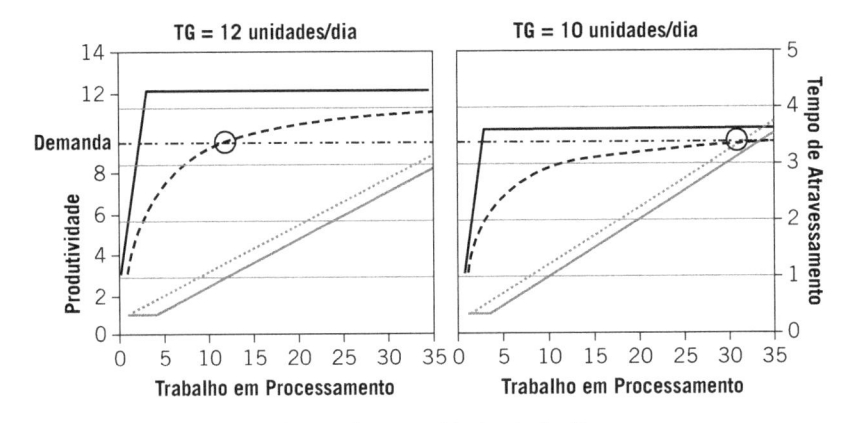

Figura 3-21 O efeito da redução da capacidade do *buffer*.

de cerca de 1,3 dia para aproximadamente 3,5 dias. Será que isso é uma boa troca? Apenas o gestor pode dizer.
5. Por diversas vezes já mencionamos os perigos de perseguir o fluxo contínuo. O gráfico de fluxo de produção deve deixar isso claro. Quando os níveis de WIP são reduzidos até a zona de inanição (ver Figura 3-20), o *cycle time* continua a cair linearmente, o que é uma coisa boa. Contudo, a produtividade também despenca de maneira acentuada. Como a produtividade se equipara à receita, em geral isso não é bom. Essa estratégia muitas vezes acaba fazendo o gargalo morrer à míngua. Como a utilização do gargalo fica baixa, as peças passam por ele rapidamente. Outro modo de observar isso é que um gestor que persegue tal estratégia está de maneira efetiva inserindo variabilidade de demanda diretamente no fluxo de produção. Como a variabilidade de demanda costuma ser muito mais alta do que a variabilidade de produção, isso pode ter efeitos nocivos sobre o serviço ao cliente. Uma analogia da teoria de controles é que o gestor implementou um sistema de controle em que o mecanismo de *feedback* (demanda) é bem mais veloz do que o tempo de resposta do sistema (produção). Engenheiros que projetam sistemas de controle considerariam isso uma péssima prática. Um gestor pode pensar que a sua empresa se sairá melhor porque o fluxo pode responder rapidamente com pequenos *cycle times*. A bem da verdade, a resposta rápida não compensa a carência de volume. É como tentar utilizar uma mangueira de jardim bem longa para apagar um incêndio florestal. A mangueira consegue chegar a qualquer área do incêndio (um fluxo pode produzir qualquer tipo de peça ou serviço necessário). A mangueira também pode ser levada bem depressa de uma área do incêndio para outra (o tempo de resposta do fluxo é rápido devido aos *cycle times* bem reduzidos). No entanto, a mangueira de jardim não conseguirá apagar um incêndio de mil acres a tempo. Pense na demanda total de clientes como sendo mil casas, cada uma com um acre separado dos mil acres queimando. Como você acha que um bombeiro será recebido quando aparecer com uma única mangueira de jardim? "Mas podemos ir de um incêndio a outro bem depressa", o bombeiro assegura. A Boeing, por exemplo, acabou se metendo em uma situação como essa, quando tentou buscar por uma redução no *cycle time* com a produção do 777 em uma linha de montagem móvel acoplada.

Equação da variância de demanda por tempo de reabastecimento

Este modelo matemático que descreve o comportamento da demanda por tempo de reabastecimento (DTR) oferece informações bastante úteis para guiar a intuição dos gestores em como gerenciar estoques. Empregamos a lei de Little para ilustrar o comportamento da produção. Agora, vamos empregar a variância da demanda por tempo de reabastecimento para oferecer uma introdução ao comportamento dos estoques e das áreas de estocagem. Como já mencionamos anteriormente, *estoques* é o termo geral para *buffers* de inventário. Áreas de estocagem são concepções lógicas para criar classificações para planejamento e controle de itens físicos. As classificações podem ser de peças por fornecedor ou por *lead time* ou volume de demanda. Na literatura, o uso comum é do termo *demanda de lead time* para aquilo que estamos chamando de *demanda por tempo de reabastecimento*. No entanto, há um método nessa loucura, como você vai perceber por meio de nossas definições descritas mais adiante para *cycle time*, tempo de reabastecimento e *lead time*.

A Figura 3-22 apresenta o diagrama de demanda-produção-estoque de um modelo básico de estoque. A demanda e o tempo de reabastecimento orientam o desempenho de uma área de estocagem.

Para revisar:

Cycle time é o tempo médio que leva desde a liberação de uma tarefa no início de um roteiro em um fluxo de produção até chegar a uma área de estocagem no final do roteiro. É uma variável aleatória.

Tempo de reabastecimento vai desde o momento em que o "sistema" (em sua concepção mais abrangente) reconhece a necessidade de estoque adicional até o momento em que esse estoque fica disponível para uso. Quando dizemos *sistema*, neste caso, não estamos nos referindo ao sistema de TI. O *sistema de estoque* diz respeito a um grupo de itens ou

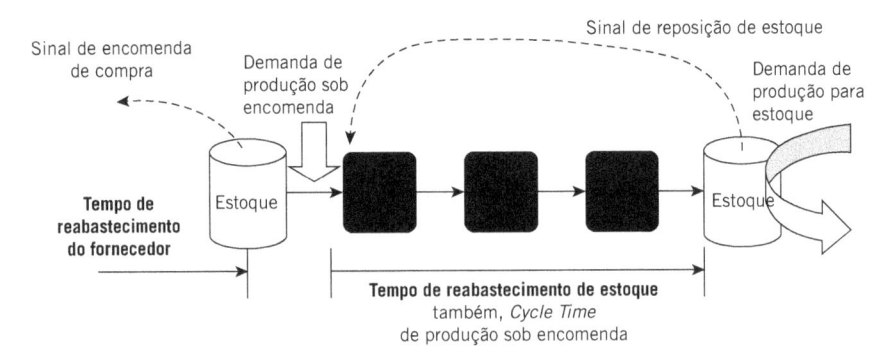

Figura 3-22 Modelo básico de estoque para tempo de reabastecimento.

Capítulo 3 Ciência prática para líderes   **89**

ações que interagem de modo regular ou interdependente, formando um todo unificado para gerenciar o estoque. Isso inclui *status* de encomendas de compra, tempo de revisão de comprador em recomendações ERP de processamento, tempo de produção de fornecedores para matérias-primas, *cycle time* de produção para bens acabados, tempo de transporte e tempo de recebimento. O tempo de reabastecimento também é uma variável aleatória.

Lead time é uma política gerencial que é carregada no sistema MRP ou ERP para fins de planejamento. Os *lead times* são determinísticos.

Com base nessas definições, vamos analisar a variância da demanda por tempo de reabastecimento, pois estamos interessados no comportamento das áreas de estocagem à luz do mundo real e de toda a sua variabilidade inerente. Antes de chegarmos à equação da variância da demanda por tempo de reabastecimento, apresentaremos alguns exemplos de áreas de estocagem para alicerçar suas imagens mentais. A Figura 3-23 exibe um simples diagrama de DEP com áreas de estocagem e fluxos de produção. Perceba que as matérias-primas para montagem também são bens acabados vindos de fornecedores e da produção. Perceba também que o processo de tempo de reabastecimento está evidente para cada estoque. O tempo de reabastecimento de produção é utilizado para a área de estocagem de bens com produção concluída; o tempo de reabastecimento de fornecedor é utilizado para as áreas de estocagem de matérias-primas

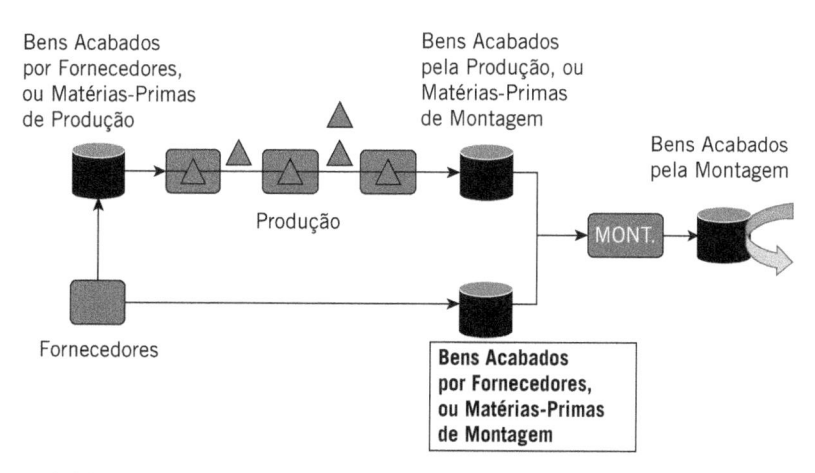

Figura 3-23 Um mapa simples de cadeia de suprimentos.

antes da produção e da montagem; e o tempo de reabastecimento de montagem é utilizado para bens com montagem concluída.

Agora, se examinarmos a área de estocagem de bens acabados por fornecedores/matérias-primas de montagem destacado na Figura 3-21, percebemos que é possível classificar de diversas formas as peças nessa área de estocagem para análise e controle. A Tabela 3-2 mostra uma abordagem de classificação das 716 peças na área de estocagem de bens acabados por fornecedores/montagem; as peças são agrupadas por fornecedor.

Outra abordagem é mostrada na Tabela 3-3. As peças estão agrupadas por categorias de demanda e *lead time*. Por que esse tipo de classificação é interessante ficará claro em breve. A questão é que há muitas maneiras diferentes de agrupar peças numa área de estocagem. Nós *não* recomendamos usar a classificação ABC – trata-se de uma abordagem obsoleta e não ideal. Mais adiante, vamos retornar ao assunto.

Essa configuração de grupos lógicos para estoque é parte do processo de design para organizar um sistema otimizado de controle de estoque, mas estamos nos adiantando no assunto. Tomara que essas breves ilustrações tenham dado uma ideia de como os conceitos de estoques e áreas de estocagem se aplicam à sua empresa. Caso tenham, isso, por sua vez, deve ajudá-lo a imaginar como a variância da demanda por tempo de reabastecimento pode embasar a intuição de gestores que estão trabalhando para melhorar o desempenho.

Tabela 3-2 Classificação de peças por fornecedores em área de estocagem de bens acabados por fornecedores/matérias-primas de montagem

ID da área de estocagem	Descrição	Itens na área de estocagem	Demanda	Taxa de atendimento real (%)	Valor real em estoque
Fornecedor 1	Peças do fornecedor 1	151	94.028,89	95	$9.576.990,29
Fornecedor 2	Peças do fornecedor 2	462	192.177,78	85	$7.670.690,60
Fornecedor 3	Peças do fornecedor 3	78	2.153,33	85	$6.722.185,32
Fornecedor 4	Peças do fornecedor 4	13	2.046,67	85	$837.733,72
Fornecedor 5	Peças do fornecedor 5	12	8.922,22	85	$969.006,84
		716			

Fonte: Cortesia da Factory Physics Inc.

Tabela 3-3 Peças classificadas por indicadores fundamentais de estoque: demanda e tempo de reabastecimento

ID da área de estocagem	Descrição	Itens na área de estocagem	Demanda	Taxa de atendimento real (%)	Valor real em estoque
ADTAL	Alta Demanda Lead Time Longo	159	196.648,89	95	$11.475.357,47
ADTAC	Alta Demanda Lead Time Curto	112	90.704,44	85	$3.885.519,43
BDTAL	Baixa Demanda Lead Time Longo	197	5.875,56	85	$2.731.177,43
BDTAC	Baixa Demanda Lead Time Curto	248	6.100,00	85	$7.684.152,52
		716			

Fonte: Cortesia da Factory Physics Inc.

O que é demanda por tempo de reabastecimento? É simplesmente *a demanda que ocorre durante o tempo de reabastecimento de um produto*. Um exemplo simples é o seguinte: imagine um produto que leva três meses para ser adquirido. Se a demanda for de 10 por mês, um cálculo da lei de Little nos dá:

Demanda por tempo de reabastecimento = 3 meses × 10 peças/mês = 30 peças

Se não houver qualquer variabilidade, um gestor providenciaria para que a cada três meses fosse feita uma encomenda de 30 peças. A encomenda de 30 peças seria entregue a cada três meses, assim que a última peça disponível tivesse sido utilizada, e o nível de serviço para a peça seria de 100%.

No mundo real, tanto o tempo de reabastecimento quanto a demanda variam. A demanda por tempo de reabastecimento (DTR) é uma variável aleatória com uma média e uma variância. A variância da demanda por tempo de reabastecimento $V(DTR)$ é um parâmetro importante na determinação da gestão ideal de estoque. Isso ocorre porque é preciso manter estoque suficiente para dar conta da variabilidade na demanda e no reabastecimento. Se, por exemplo, um fornecedor se atrasar, é preciso ter estoque adicional para cobrir o tempo adicional de espera até a chegada da peça. Se houver um pico de demanda, um estoque adicional será necessário para dar conta da demanda adicional.

Variância da demanda por tempo de reabastecimento $= \ell \sigma_d^2 + d^2 \sigma_\ell^2$

onde ℓ = tempo de reabastecimento médio, σ_ℓ^2 = variância do tempo de reabastecimento, d = demanda média e σ_d^2 = variância da demanda. Se a variância da demanda por tempo de reabastecimento aumentar, coisas ruins acontecem:

1. As exigências de estoque aumentam.
2. Os níveis de serviço diminuem.

Os gestores costumam ter uma intuição sobre a média de demanda, embora, conforme veremos na discussão sobre erro de previsão, no Capítulo 4, há problemas com a intuição comum que os gestores têm tanto em relação à variabilidade da demanda quanto à precisão das previsões. Muito raramente, porém, vemos gestores apresentando uma boa, ou qualquer, intuição sobre os efeitos da variabilidade do tempo de reabastecimento sobre as exigências de estoque e os níveis de serviço.

Portanto, assim como para a equação VUT, simplesmente apresentamos a equação, e ela fornece alguns *insights* profundos sobre o comportamento natural dos estoques:

1. Para otimizar o controle de estoque, um gestor deve levar em conta *todos* os componentes da variância da demanda por tempo de reabastecimento. A maioria dos gestores se concentra na demanda média, mas isso é apenas um dos indicadores, mesmo que seja dos mais importantes. Os tempos médios de reabastecimento também são razoavelmente bem entendidos, embora costumem ser "inscritos em pedra" em sistemas ERP e não sejam ajustados com muita frequência. Como mencionado no Capítulo 1, a maioria dos gestores não têm uma boa intuição a respeito dos efeitos da variabilidade. Esse é um problema que tentaremos remediar, pois conforme mostrado na equação para a variância da demanda por tempo de reabastecimento, a variância de tempo de reabastecimento e a variância da demanda são indicadores dos níveis de estoque e do desempenho do atendimento ao cliente em relação a estoques.
2. *O custo não é um orientador direto do desempenho do sistema de estoque*, embora ele possa afetar tanto a demanda quanto o tempo de reabastecimento. Não há componente de custo na variância da demanda por tempo de reabastecimento. Considerando a média e a variância da demanda e do tempo de reabastecimento, os gestores dispõem de todas as informações que precisam para otimizar o controle de estoque. Isso explica uma das razões pelas quais o uso comum das classificações do tipo ABC na busca por uma gestão otimizada de estoque é equivocado. Será apresentado um estudo de caso mais detalhado no Capítulo 9, mas a abordagem ABC comum é aquela em que se estabelece uma política de estoque em categorias de peças

determinadas por um valor custo × demanda. Por exemplo: as peças A+ são as peças que dão conta de 50% do valor custo × demanda de todas as peças gerenciadas. Para gerir o caixa, essas peças são alvo de um tratamento especial, como manter apenas duas semanas de estoque de segurança. A próxima categoria é a das peças A, e elas dão conta de 30% do valor custo × demanda e recebem três semanas de estoque de segurança, e assim por diante. Esse tipo de classificação ABC é fácil de entender, e muitos gestores o aceitam intuitivamente como uma abordagem otimizada. No entanto, essa classificação não é otimizada, e, como resultado, muitos gestores acabam investindo de forma incorreta em estoque e gerando um caos dispendioso, à medida que a organização tenta resolver as exigências de atendimento ao cliente com práticas contraproducentes de gestão de estoque. Como exemplo, uma peça de $ 1.000 que apresenta uma demanda média de 1 por período receberá a mesma política de tratamento que uma peça de $ 1 que apresenta uma demanda média de 1.000 por período. Ambas as peças têm o mesmo valor (custo) × (demanda) de $ 1.000, mas, de forma alguma, elas deveriam ser tratadas pela mesma política de estocagem. Manter muitos períodos de fornecimento de uma peça e com alta demanda costuma ser uma boa prática, ao passo que peças caras e com baixa demanda seriam mais bem tratadas como uma peça de produção sob encomenda, e jamais serem estocadas. Redução de custos geralmente leva a um aumento nos lucros, mas custos de peças individuais não orientam políticas otimizadas de estoque.

Os Capítulos 7 e 9 falam dos paradigmas de classificação de estoque que são mais eficientes do que o ABC no mundo de hoje, rico em dados.

Como comentário adicional, muitos dos principais fornecedores de software de ERP oferecem algum tipo de abordagem ABC para gestão de estoque. Isso indica algumas possibilidades envolvendo os fornecedores de software:

a. As empresas de software só estão interessadas em vender seus programas, e elas vão vender o que quer que o cliente esteja disposto a comprar.
b. As empresas de software não compreendem muito bem os fundamentos da gestão de estoque; por isso, elas também acham que uma estratégia ABC para otimização de estoque é bom.
c. As empresas de software compreendem os empecilhos da gestão de estoque ao estilo ABC e podem ou não explicar isso aos seus clientes. No entanto, clientes com intuição não muito boa são teimosos e acabam comprando aquilo que desejam, pouco importando se o fornecedor de software faz alguma recomendação contra o produto.

Deixamos a cargo dos gestores a avaliação de seus próprios fornecedores de software. Mas é melhor prevenir do que remediar.

Conforme ilustrado na Tabela 3-3, uma abordagem mais prática seria estabelecer políticas empresariais com base nas categorias de demanda e tempo de reabastecimento. Isso é mais prático porque as classificações correspondem ao comportamento natural dos estoques. Dessa forma, os esforços de melhoria e gestão de estoque vão afetar diretamente o comportamento natural do sistema de estoque – é mais fácil remar a jusante do que a montante.

Plotagem de custo/benefício: gráfico de estoque *versus* taxa de atendimento

A representação visual do comportamento de uma área de estocagem é o que chamamos de *plotagem de custo/benefício*. A relação custo/benefício é entre o investimento em estoque e a taxa de atendimento. Isso é claro, é mais uma decisão de configuração de *buffer*. Será que um gestor deve investir mais em estoque ou deve deixar os clientes esperando? Quanto deve ser investido em estoque? A plotagem de custo/benefício é orientada pela dinâmica da variância da demanda por tempo de reabastecimento. Ela oferece uma visão do comportamento dos estoques e uma maneira de responder a essas perguntas.

A plotagem de custo/benefício também é um tipo bastante especial de gráfico de desempenho da Ciência da Fábrica – um conjunto de limites eficientes. *Limites eficientes* é um conceito desenvolvido na área das finanças para avaliar o risco de uma carteira de investimentos. O desenvolvimento da *Ciência da Fábrica* resultou na adaptação de limites eficientes para melhorar em muito a capacidade dos gestores de estabelecer políticas de estoque de forma rápida e otimizada para as peças em uma área de estocagem. Em breve, vamos nos ater mais no conceito de limites eficientes, mas primeiro introduziremos a plotagem de custo/benefício entre taxa de atendimento e estoque para ver o que ela nos diz sobre o comportamento natural dos estoques.

A Figura 3-24 apresenta uma plotagem de custo/benefício para as 159 peças na área de estocagem de alta demanda e o *lead time* longo, na Tabela 3-3.

Primeiro, uma descrição geral da plotagem de custo/benefício:

- **O eixo *y* é o investimento médio em estoque disponível.** Trata-se da quantidade média que estará disponível, para fins financeiros e de planejamento de vendas durante o período de planejamento para o qual a plotagem foi gerada.
- *** O eixo *x* é a taxa de atendimento média ponderada pela demanda.** Diz respeito ao conjunto inteiro das 159 peças.

Capítulo 3 Ciência prática para líderes   95

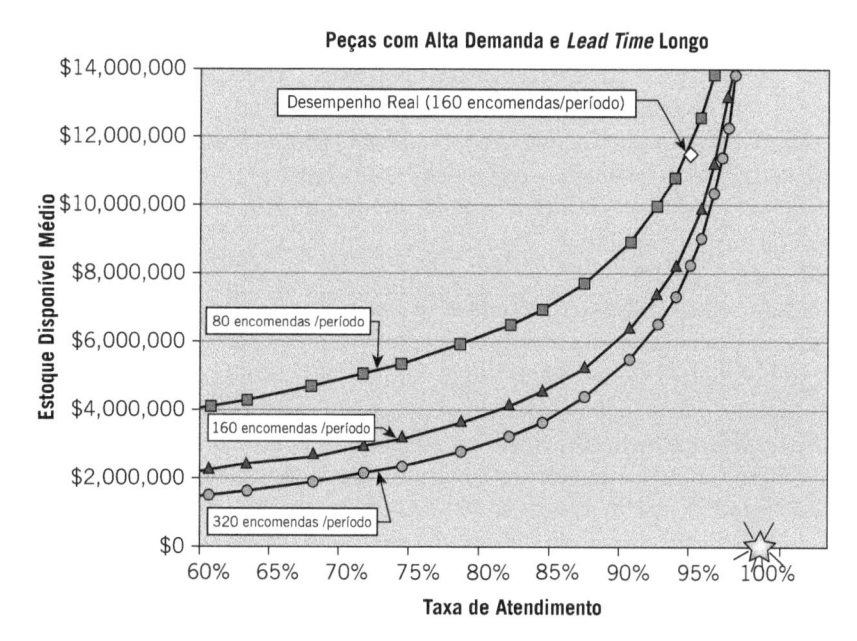

Figura 3-24 Plotagem de custo/benefício entre estoque e taxa de atendimento.

- **As três curvas são limites eficientes representando diferentes perfis de capacidade para reabastecimento das peças.** O perfil de encomendas para cada curva é mostrado na figura. Oitenta encomendas por período significa que cada uma das 159 peças são encomendadas, em média, uma vez a cada dois períodos. O período pode ser de uma semana, de um mês, de um ano ou o que melhor se adequar ao processo de planejamento do gestor.
- **O desempenho real é aquele divulgado pela empresa.** O losango branco indica o desempenho atual como uma taxa de atendimento de 95%, com cerca de $1,5 milhão em estoque e encomendadas, em média, para cada peça a cada período. Isso é bom? Não chega a ser terrível, mas poderia ser melhor. Veremos por que em breve, mas, antes disso, vamos apresentar uma descrição do conceito de limites eficientes.

Limites eficientes

Vejamos um exemplo simples de um único item em estoque. O desempenho ideal seria dispor de 100% de estoque quando fosse necessário, mas com estoque zero disponível. Isso parece impossível, mas é exatamente o que o sistema MRP faria se (1) a demanda fosse conhecida com exatidão; (2) os tempos de reabastecimento fossem sempre exatamente iguais aos *lead times* do sistema; e (3) fossemos empregar uma regra de *lote por lote* para as encomendas (fornecendo simplesmente aquilo que é necessário e nada mais). Tal sistema encomendaria as peças para que elas chegassem bem a tempo de ser usadas. Como elas seriam consumidas no instante em que chegassem, não haveria estoque algum, e, ainda assim, a taxa de atendimento seria de 100%. A Figura 3-25 mostra o resultado. Isso também corresponde à estrela que assinala a melhor das hipóteses na plotagem de custo/benefício, na Figura 3-24, a um estoque de $0 e uma taxa de atendimento de 100%.

Vejamos agora o que aconteceria se tivéssemos aleatoriedade na demanda e/ou nos tempos de reabastecimento. Por vezes, a encomenda de reabastecimento chegaria cedo demais, criando estoque. Em outras ocasiões, ela poderia chegar atrasada, levando a encomendas em atraso. Com aleatoriedade, a questão não é mais ter estoque ou encomendas em atraso; o sistema de estoque terá ambos.

A Figura 3-26 ilustra o efeito da aleatoriedade. A variabilidade cria um limite de resultados possíveis que se distancia do ponto ideal de quantidade exata necessária e de sincronia perfeita de chegada. A variabilidade produz estoque (mais do que o necessário) e tempo de atraso nas entregas (dias de atraso). Essa variabilidade é caracterizada pelo parâmetro σ^2_{DTR} indicando a *variância da demanda por tempo de reabastecimento*, como já foi examinado na seção "Equação da variância de demanda por tempo de reabastecimento".

Se essa variância crescer, o estoque acabará aumentando e o serviço piorando. Isso é ilustrado na Figura 3-27.

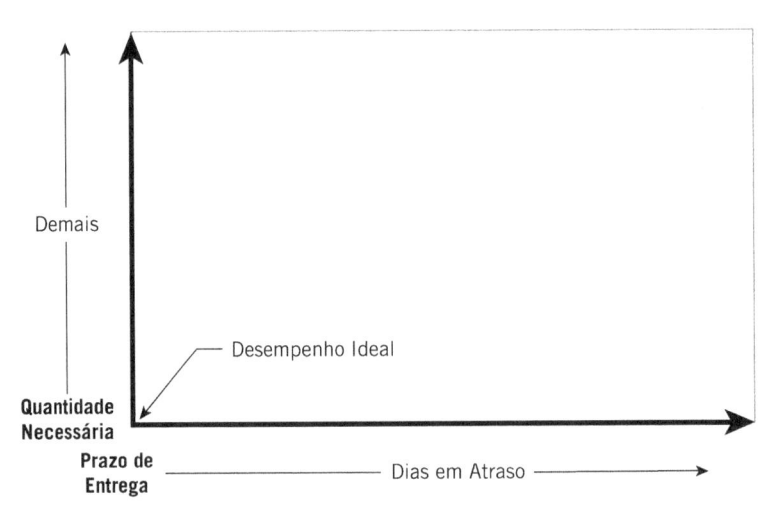

Figura 3-25 Um sistema de estoque ideal.

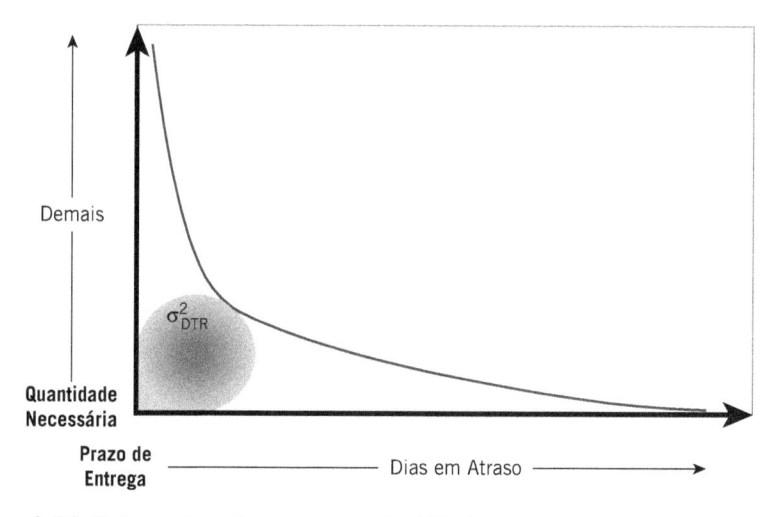

Figura 3-26 Sistema de estoque com variabilidade.

Em qualquer ponto, tanto a média disponível (eixo *y*) quanto a média de atraso (eixo *x*) são mais elevadas do que eram na figura anterior. Além de aumentarmos a variância de DTR (demanda por tempo de reabastecimento), fizemos ainda outra mudança. Em vez de usarmos a regra de lote por lote, estamos agora encomendando uma quantidade fixa para lidar com a necessidade de controle do

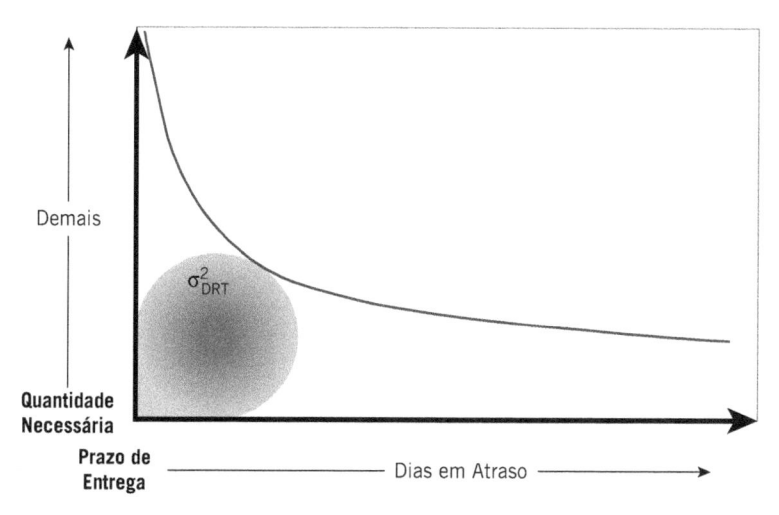

Figura 3-27 Sistema de estoque com variabilidade aumentada.

número de encomendas de reabastecimento e para minimizar o estoque. Como o tamanho das encomendas geralmente é maior do que a demanda imediata, temos mais estoque, sobretudo na área com serviço deficiente (mais dias de atraso).

Com o uso de uma quantidade fixa de encomendas, a curva agora apresenta a relação entre estoque médio disponível e média de dias em atraso para cada tamanho de encomenda. Obviamente, o ponto *onde* operamos nesta curva é o parâmetro da *política* empresarial, que, neste caso, é a quantidade de estoque de segurança. Isso também representa uma decisão administrativa. Trata-se de uma decisão estratégica relativa a que combinação de estoque extra (*buffer* de estoque) e dias de atraso (*buffer* de tempo) funciona melhor para a situação de um gestor. Conforme o estoque de segurança aumenta, avançamos para a esquerda na curva, acumulando mais estoque, em média, mas apresentando menor tempo médio de atraso.

Para um item, só o que precisamos é de uma curva. Mas, quando temos inúmeros itens, não podemos criar uma simples plotagem bidimensional. Na verdade, precisaríamos plotar os resultados de diferentes políticas de itens. Se tivéssemos, por exemplo, 100 itens diferentes, cada um com uma quantidade e um estoque de segurança distintos, precisaríamos especificar 200 parâmetros para descrever a política de itens. A Figura 3-28 mostra uma plotagem com diversas políticas diferentes. Cada losango representa o desempenho de uma determinada política. Algumas políticas estão mais próximas de um sistema puro de produção sob encomenda (que não acumula estoque algum), enquanto outras estão mais próximas de um sistema puro de produção para estocagem (sem nenhuma encomenda em atraso). No entanto, algumas políticas são mais

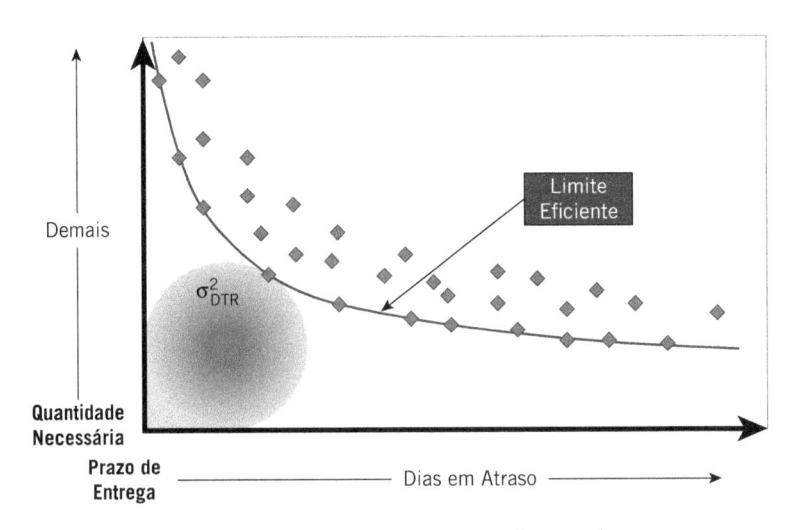

Figura 3-28 Plotagem de políticas de estoque para diversos itens.

eficientes do que outras. Uma política eficiente é aquela que, depois de plotada, nenhuma outra política poderá ser plotada mais abaixo e mais à esquerda que ela mesma. Ela é eficiente porque nenhuma outra política é melhor em termos de menor estoque e de menor atraso médio de encomendas. O conjunto de todas as políticas eficientes forma aquilo que se chama de *limite eficiente* –, termo mais frequentemente utilizado nas finanças para descrever várias carteiras em uma plotagem de retorno (eixo *y*) *versus* risco (eixo *x*). Em aplicação comercial, as empresas estão mais preocupadas com a taxa de atendimento do que com o tempo de atraso das encomendas. Portanto, conforme ilustrado na Figura 3-24, o conjunto de carteiras que apresenta o máximo retorno (mínimo estoque disponível) para um determinado nível de risco (taxa de atendimento) contém as políticas eficientes. As curvas de plotagem de custo/benefício, na Figura 3-24, estão invertidas horizontalmente em relação às curvas de estoque *versus* encomendas em atraso discutidas nesta explicação conceitual.

Independentemente da forma como as curvas são desenhadas, a abordagem da Ciência da Fábrica para o aprimoramento do sistema é a seguinte:

1. Determine onde o desempenho se encontra comparado com o limite eficiente.
    a. Se estiver distante, altere as políticas para chegar até o limite.
    b. Se estiver sobre o limite eficiente, o sistema está se saindo o melhor possível, considerando-se o ambiente.
    c. Em sua maioria, as alterações que um gestor precisa fazer para levar o desempenho de estoque até o limite eficiente são implementadas dentro dos sistemas de produção e de controle de estoque.
2. Determine como o ambiente pode ser alterado para aprimorar a curva do limite eficiente.
    a. Se a curva do limite eficiente for para uma área de estocagem de bens acabados, como os bens acabados pela produção na Figura 3-23, a alteração do ambiente significaria fazer mudanças na produção para reduzir tanto a média quanto a variância de tempo de reabastecimento. Por exemplo: acelere as máquinas nos gargalos, reduza os tempos de preparação ou melhore a disponibilidade de maquinários.
    b. Aprimore os processos de demanda tomando medidas como utilizar melhores métodos de previsão, ajustar a demanda, gerenciar de perto e minimizar a variabilidade da própria demanda com promoções de vendas em finais de períodos.
    c. Se o limite eficiente for para a área de estocagem de matérias-primas, como a área de estocagem de matérias-primas de montagem/bens acabados por fornecedores na Figura 3-23, a mudança do ambiente significaria a redução da média e/ou variância dos *lead times* do fornecedor.

3. Repita.
   a. Reotimize as regras do planejamento do sistema ERP, considerando-se o ambiente após as melhorias.
   b. Assim que as novas regras forem implantadas e executadas no sistema ERP, o desempenho migrará para a nova curva de limite eficiente.

Conclusões tiradas da plotagem de custo/benefício

Agora que você já conhece a $V(DTR)$ como mostram os indicadores básicos do desempenho de estocagem e o conceito de limites eficientes foi examinado, vejamos quais são as informações que podemos obter a partir da representação visual do comportamento do estoque que a plotagem de custo/benefício nos proporciona. Para sua conveniência, a Figura 3-29 é apenas uma repetição da plotagem de custo/benefício.

Observações

1. As necessidades de estoque aumentam de forma assintótica à medida que a taxa de atendimento se aproxima de 100%. O que é similar ao comportamento que a equação VUT descreve para o *cycle time*. Conforme a taxa de

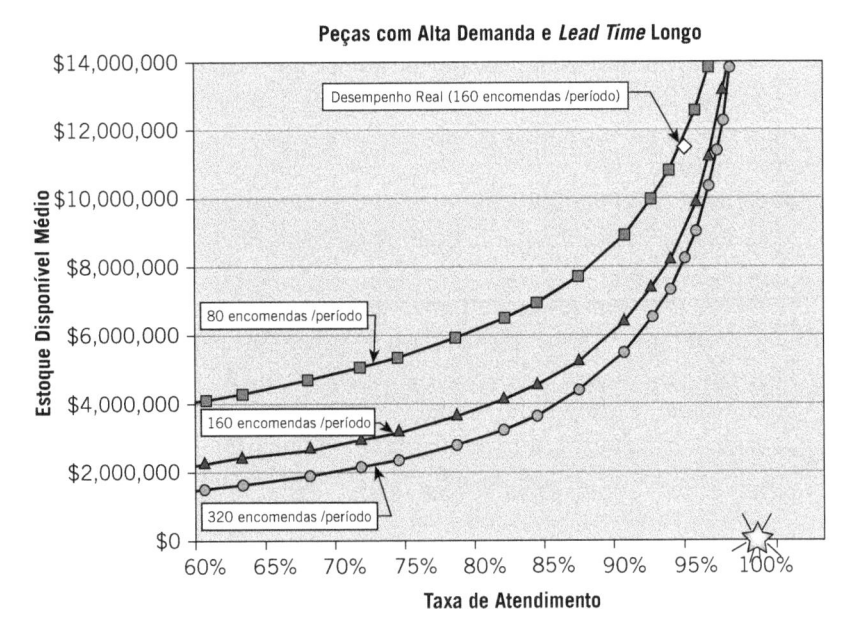

Figura 3-29 Plotagem de custo/benefício.

atendimento se aproxima de 100%, isso significa que há estoque suficiente para atender ao pior dos cenários em variabilidade, como uma situação em que a demanda atinge um pico bem naquele momento em que um fornecedor está extremamente atrasado. Os gestores precisam determinar o "pior" dos piores cenários para o qual desejam estar preparados, com um investimento em estoque. Além disso, nem tudo está perdido para aqueles gestores cujo pessoal de vendas insiste em uma taxa de atendimento de 100% para seus clientes. A diferença entre 99,5% e 99,9% de taxa de atendimento pode significar uma grande diferença em necessidade de estoque disponível. No entanto, no arredondamento de um engenheiro, ambos são arredondados para 100%. Se isso parece um mero passe de mágica, considere que a taxa de atendimento é para atender à demanda imediatamente, apenas a partir do estoque. Se houver um dia para buscar, embalar e enviar, então haverá *buffer* de tempo disponível que também poderá ser utilizado para proporcionar grandes reduções em estoque enquanto ainda se mantém altos níveis de serviço.

2. A duplicação da frequência de encomendas de 80 para 160 encomendas por período propicia reduções significativas em estoque para uma mesma taxa de atendimento. A duplicação da frequência de encomendas também gera benefícios mais uma vez, mas não tanto quanto antes. Esse é o mesmo comportamento que vimos, assim que começamos a descrever as relações naturais de custo/benefício no exemplo de projeto de produção no Capítulo 2. Como você verá, pela matemática apresentada no Capítulo 4, o aumento da frequência de encomendas reduz a quantidade encomendada e, portanto, reduzirá o estoque disponível. No entanto, como também ocorreu no exemplo de projeto de produção, isso traz retornos cada vez menores. Cedo ou tarde, conforme a quantidade encomendada é reduzida, o tempo de reabastecimento do item passa a ser um importante determinante da necessidade de estoque.

3. O desempenho atual apresenta uma oportunidade considerável de melhoria. O losango branco, na Figura 3-29, indica que o desempenho atual está à direita da curva de limite eficiente para 80 encomendas por período. Contudo, a frequência atual de reabastecimento é de 160 encomendas por período. Assim, um gestor que olhe para isso verá que, com o perfil atual de reabastecimento, a mesma taxa de atendimento poderia ser alcançada com cerca de $2 milhões a menos em estoque. Como alternativa, o gestor poderia optar por migrar horizontalmente para a direita, até a curva de 160 encomendas por período, e colher alguns pontos extras em taxa de atendimento com a mesma quantidade de estoque ($11,5 milhões). O ponto onde o gestor deseja operar é uma decisão estratégica. *Ideal* significa ideal para um gestor e para a empresa do gestor em busca de suas metas de negócio. Qualquer que seja a posição selecionada em quaisquer das curvas,

o resultado é a designação dos parâmetros da política de quando e quanto encomendar para todas as peças na área de estocagem. Neste exemplo, isso seriam 2 × 159 peças, ou 318 parâmetros. Computadores conseguem fazer isso rapidamente. É ainda mais rápido utilizando planilhas e alguma política bem aleatória do tipo ABC. Para ser totalmente sincero, as plotagens de custo/benefício mostradas são do software CSUITE da Factory Physics Inc. Fazer esse tipo de cálculo para um grande número de peças é muito difícil sem um software dedicado.

Gestão visual do desempenho da área de estocagem

Para o exame final do comportamento das áreas de estocagem, a comparação na Figura 3-30 mostra o que acontece com as curvas de limite eficiente quando são feitas alterações no ambiente. A plotagem superior à esquerda (base de referência) apresenta apenas a curva de 160 encomendas por período da Figura 3-29. Em todas as outras plotagens, essa curva referencial é mostrada como uma linha tracejada. As seguintes alterações foram realizadas:

1. **Duplicação da demanda.** Perceba como isso empurra a curva bem para cima. Muito mais estoque é necessário para garantir a taxa de atendimento atual. O termo referente à demanda em $V(DTR)$ é elevado ao quadrado,

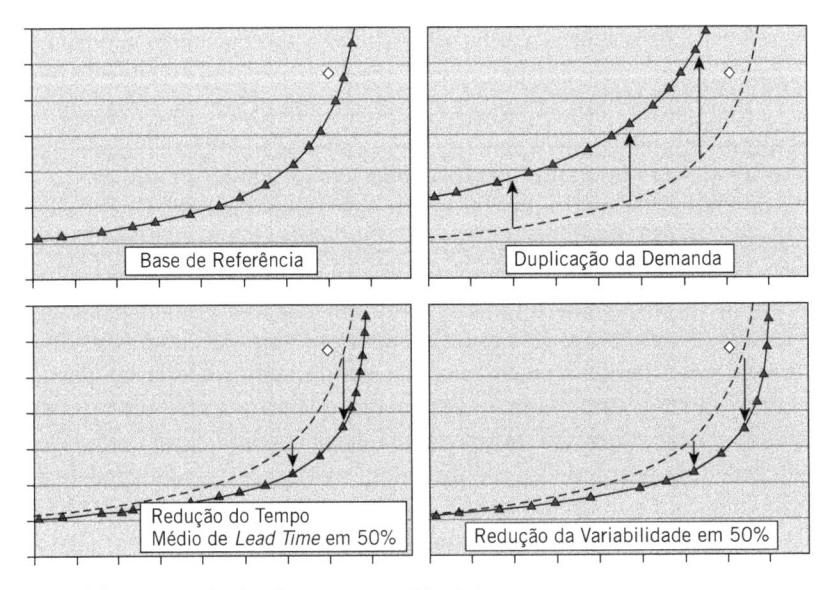

Figura 3-30 Resultado de alterações ambientais.

então não é surpresa alguma que, ao duplicarmos a demanda, vemos um efeito tão pronunciado sobre as necessidades de estocagem.
2. **Redução do *lead time* pela metade.** Trata-se de uma redução de 50%, no tempo médio de reabastecimento, sobre todas as peças na área de estocagem. O resultado é que a curva se desloca para baixo e para a esquerda. Para altos níveis de serviço, esta situação proporciona uma grande oportunidade para redução de estoque a partir do desempenho atual.
3. **Redução da variabilidade em 50%.** Neste caso, a ação diz respeito a um corte de 50% na variância da demanda e do tempo de reabastecimento. O resultado é praticamente o mesmo que a redução do tempo médio de reabastecimento em 50%. Além disso, o movimento da curva depende das características das peças na área de estocagem. O efeito da redução na variabilidade, aqui, é similar ao efeito da redução do *lead time* – o que nem sempre acontece. Como a redução da variabilidade e a redução do tempo de atravessamento são similares, isso fornece uma opção interessante para o gestor. Por qual alternativa você optaria se precisasse escolher entre uma e outra? A avaliação dependeria dos recursos e do esforço necessário para implementar cada opção. Outro aspecto a ser levado em consideração é a viabilidade de cada opção. A redução do erro de previsão em 50% (que resulta na redução da variância de demanda) pode ser um passo maior do que a perna.

Na terminologia Seis Sigma, esse tipo de comparação é chamado de *OFAT – only one factor at a time was changed* (apenas um fator foi alterado a cada vez). Há, naturalmente, muitas combinações em alterações ambientais que podem ser realizadas para afetar o limite eficiente. Essas combinações de alterações e de resultados previstos formam exatamente o tipo de análise as quais os especialistas em melhoria contínua de uma empresa devem trabalhar. Ainda que uma OFAT não seja a estratégia experimental mais eficiente para projetar experimentos, as comparações, ao menos, oferecem uma indicação direcional de qual tipo de efeito deve se esperar de cada alteração. Se a demanda, por exemplo, estiver subindo e se houver uma oportunidade de diminuir o *lead time*, a intuição de um gestor deve agora lhe dizer que esses são os dois efeitos contrários na movimentação da curva. A determinação exata do resultado previsto exigirá uma análise detalhada, incluindo a proporção do aumento da demanda e a proporção da diminuição do tempo de atravessamento. Embora esse tipo de intuição não forneça uma resposta exata, ela deve impedir que o gestor se comprometa prematuramente com um resultado. Se, por exemplo, um vice-presidente afirmar: "Somos capazes de cortar o *lead time* pela metade; portanto, vou cortar nossas metas de estoque em 50%", a resposta não deve ser: "Sim, senhor!". Com uma intuição bem embasada, o gestor responde: "Devemos fazer uma breve análise antes de divulgar isso. Seria ótimo haver uma redução do *lead time* e, certamente, trabalharemos para reduzir as exigências de estoque, mas a demanda também está subindo, o que aumentará as necessidades de estoque".

Estoques e fluxos, o gráfico do tamanho do lote

O último gráfico para ilustrar a ciência de estoques e produção é o *gráfico do tamanho do lote* (Figura 3-31). Trata-se de uma plotagem do *cycle time versus* o tamanho do lote. Não existe uma equação simples para os conceitos explicados aqui, já que o cálculo dos tamanhos de lotes é um empreendimento dinâmico e complexo. A otimização do tamanho dos lotes envolve uma análise do comportamento dos estoques e da produção. Cálculos de tamanhos ideais de lotes devem levar em consideração os seguintes fatores:

1. **Níveis de utilização.** Quando a utilização é alta em razão da forte demanda, o tamanho dos lotes deve ser maior – não há tempo a perder com preparações. Quando a utilização é baixa, o tamanho dos lotes deve ser pequeno, a fim de minimizar o estoque disponível.
2. **Níveis de estoque.** Tamanhos de lotes maiores e mais frequentes resultarão em maior estoque disponível. Tamanhos de lotes menores e menos frequentes atuam na redução do estoque, mas levam a mais preparações ou encomendas de compra.
3. **Custos.** Lotes maiores podem minimizar o desembolso envolvendo custos com preparações, como, por exemplo, quando o material é desperdiçado

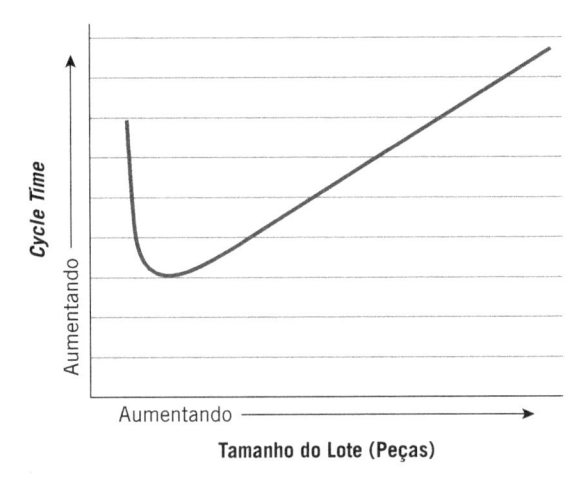

Figura 3-31 Tamanho do lote *versus cycle time*.

em uma máquina de injeção plástica, ao se passar de plástico preto para branco, devido à limpeza que precisa ser feita na máquina.
4. **Nível de serviço.** Lotes maiores podem acarretar em maiores atrasos nas encomendas, pois cada lote precisa esperar pelos lotes maiores (leia-se *lentos*) à sua frente.

O cálculo do tamanho do lote é complexo. Ele será analisado com um pouco mais de detalhes no Capítulo 4, mas o gráfico do tamanho do lote ilustra alguns conceitos-chave acerca do comportamento natural das operações no que se refere ao tamanho dos lotes:

1. Há um mínimo ideal para tamanho de lotes. Tal mínimo corresponde ao ponto de menor *cycle time* na curva da Figura 3-31. É melhor sempre errar para mais no tamanho dos lotes (para a direita do mínimo), já que o *cycle time* aumenta acentuadamente à esquerda do mínimo.
2. Os *cycle times* aumentam à direita do tamanho de lote mínimo, pois as peças esperam em lotes, cada vez maiores, por todas as peças que estão à sua frente nos centros de processamento.
3. Os *cycle times* explodem à esquerda do mínimo, porque o fluxo de produção está sempre em preparação.

Colocando a ciência prática na prática

1. A Ciência da Fábrica é apenas isso – ciência. Queremos torná-la a mais simples e prática possível, mas não mais do que isso. Ainda que esta seção não tenha oferecido uma explicação altamente simples, seu foco foi descrever a Ciência da Fábrica de maneira conceitual e visual sem muita complexidade matemática. Tomara que isso o tenha ajudado a internalizar sua compreensão sobre o comportamento natural das operações e, portanto, a confirmar ou melhorar sua intuição. Quanto mais aguçada for a intuição de um gestor, maior será sua capacidade de liderança.
2. Para uma compressão prática da Ciência da Fábrica, é preciso entender o comportamento descrito pelas três equações e pelos quatro gráficos de desempenho.
3. As três equações:
    a. A equação VUT.
    b. A lei de Little.
    c. A equação da Variância da Demanda por Tempo de Reabastecimento.

4. Os quatro gráficos:
   a. *Cycle time versus* Utilização – uma representação gráfica da equação VUT.
   b. Fluxo de Produção – uma representação gráfica da lei de Little.
   c. Investimento Médio em Estoque *versus* Taxa de Atendimento (Plotagem de Custo/Benefício) – uma representação gráfica da equação da Variância da Demanda por Tempo de Reabastecimento.
   d. *Cycle time versus* Tamanho do Lote (Gráfico do Tamanho do Lote) – as equações para tal relação não são fáceis de demonstrar, porque se trata de uma função dinâmica da configuração de produção, da variabilidade e da demanda.
   e. O gráfico do *Cycle time versus* Utilização ilustra por que o modelo de custeio padrão não é uma descrição precisa do comportamento da produção. Conforme a utilização se aproxima de 100%, o tempo de atravessamento aumenta de forma não linear até o infinito no longo prazo.
5. O gráfico do Fluxo de Produção é uma aplicação singular e inovadora da Ciência da Fábrica utilizando a lei de Little. Ele ilustra graficamente por que o fluxo contínuo não representa uma meta boa nem ideal – um verdadeiro fluxo contínuo requer variabilidade zero. O desempenho na melhor das hipóteses com a variabilidade do mundo real é a máxima produtividade com *cycle time* mínimo, com o nível de WIP situado onde a curva de produtividade começa a fazer uma assíntota horizontal.
6. A plotagem de custo/benefício é uma aplicação inovadora da teoria financeira do limite eficiente no controle de estoque e produção. Ela ilustra graficamente o efeito da variabilidade sobre o estoque. A níveis de serviço próximos de 100%, as necessidades de estoque aumentam de forma não linear para o infinito. Em termos práticos, os líderes precisam tomar uma decisão estratégica sobre qual taxa de atendimento é desejável em face do investimento necessário em estoque. Além disso, há um limite nos benefícios a serem obtidos devido a um aumento da frequência de reposição. À medida que o estoque cíclico – quantidade de encomenda – diminui, o estoque de segurança precisa aumentar para suportar os efeitos da variabilidade e para manter a taxa de atendimento desejada.
7. O gráfico do Tamanho do Lote resulta de uma otimização combinada de estoques *e* fluxos. Ele ilustra um aspecto (*cycle time versus* tamanho do lote) do ápice dos objetivos de produção e estoque: níveis desejados de atendimento ao cliente com os menores *cycle times* possíveis, a maior utilização possível de pessoal e equipamento, e o menor investimento possível em estoque.

Na seção "Ciência da Fábrica: o mais simples possível, mas não tão simples assim" deste capítulo, mencionamos três equações e quatro gráficos que proporcionam aos gestores uma base científica prática para lidar com a complexidade e com a variabilidade de modo previsível e bem-sucedido. Agora já cobrimos essas equações e gráficos de âmbito geral como um amplo corpo de evidência sustentando a teoria da Ciência da Fábrica sobre operações de produção e serviço como uma concepção de demanda, estoque, produção, *buffers* e variabilidade. Para aqueles leitores interessados em dados adicionais, o Capítulo 4 oferece mais detalhes matemáticos. Depois disso, vamos passar aos conceitos e práticas de gestão que rendem os melhores resultados possíveis a partir da teoria que apresentamos.

Capítulo 4

Matemática prática para gestores

Há coisas que parecem inacreditáveis para a maioria dos homens que não estudou matemática.

— Arquimedes

Este capítulo é voltado para leitores que desejam se deter e fazer alguns cálculos, que gostam de equações e querem encontrar explicações técnicas detalhadas, mas não confiam em explicações do tipo "caixa-preta". Se você é uma daquelas pessoas sem grande inclinação para a matemática, por favor, siga lendo – *mas pule a matemática*. Tudo neste capítulo é explicado tanto conceitual quanto matematicamente. A matemática é para aqueles que desejam fazer cálculos. Os conceitos são para todos.

Por outro lado, se você está procurando por uma explicação detalhada da matemática da Ciência da Fábrica, então recomendamos a consulta do livro *A Ciência da Fábrica* como fonte. Este capítulo não substituirá os detalhes nele encontrados; ele apenas oferece uma compreensão matemática básica dos conceitos da Ciência da Fábrica para aprimorar a intuição. Um gestor deve tomar cuidado ao aplicar a matemática no desempenho empresarial. A menos que o empreendimento seja bastante simples (como um único produto ou sequência de centros de processamento), a complexidade da variação da demanda e da produção exige ou um programa modelador de alto nível, como o CSUITE, para fazer rápidas aproximações estocásticas, ou um programa de simulação de eventos discretos ao estilo Monte Carlo, como o Arena ou o Simul8. O CSUITE é um software de análise de operações desenvolvido pela Factory Physics Inc., para padronizar e avançar o quadro geral da Ciência da Fábrica. Ele foi desenvolvido com financiamento da National Science Foundation. Uma abordagem eficiente é fazer um modelamento rápido com um programa como o CSUITE para restringir rapidamente as opções para planejamento ou melhoramento, e então, caso um alto nível de detalhamento seja necessário, usar algum tipo de simulação Monte Carlo. Muitas vezes, o alto nível de detalhamento propiciado por uma simulação Monte Carlo não é necessário.

Definindo os termos

Muitos dos termos que usaremos aqui provêm da estatística. Para evitar qualquer mal-entendido, definimos os termos na Tabela 4-1.

Tabela 4-1 Termos estatísticos-chave

Termo	Definição
Variável aleatória	Entidade matemática que "mapeia" o resultado de um evento aleatório no conjunto dos números reais. Por exemplo: o lançamento de uma moeda poderia ser mapeado como 1 para cara e 0 para coroa.
Média	Valor esperado de uma variável aleatória. $$\mu = E[X] = \int_{-\infty}^{\infty} s\, f(s)\, ds$$ A letra λ, às vezes, é usada para indicar uma taxa média como a demanda.
Média amostral	Média aritmética de uma variável aleatória. $$\bar{X} = \frac{\sum_{i=1}^{n} X_i}{n}$$
Variância	$$\sigma^2 = \text{VAR}(X) = \int_{-\infty}^{\infty} f(s)(s-\mu)^2\, ds$$
Desvio padrão	$\sigma = \sqrt{\text{VAR}(X)}$
Variância amostral	$$S^2 = \frac{\sum_{i=1}^{n} X_i^2 - n\bar{X}^2}{n-1}$$
Coeficiente de variação	$CV = \dfrac{\sigma}{\mu}$
Quadrado do coeficiente de variação	$QCV = \dfrac{\sigma^2}{\mu^2}$
Demanda diária média	λ
Variância da demanda diária	σ_d^2
Tempo médio de reabastecimento	ℓ
Variância dos tempos de reabastecimento	σ_ℓ^2
Ponto de reposição	r

(Continua)

Tabela 4-1 Termos estatísticos-chave *(continuação)*

Quantidade de reposição	Q
Estoque de segurança	s
Dias de suprimento	DoS
Estoque médio disponível em um ponto de estocagem	$\bar{I}$
Média em encomenda (ou WIP)	$\bar{W}$
Nível médio de encomendas em atraso	$\bar{B}$
Probabilidade de não estar com estoque em falta (taxa de atendimento)	$\bar{S}$
Tempo efetivo médio de processamento	t_e
Quadrado do coeficiente de variação do tempo de processamento	QCV_e

Modelando estoques

Os estoques são mais fáceis de modelar do que os fluxos, então vamos começar por eles. O motivo pelo qual eles são mais fáceis é que a transformação (isto é, o tempo de compra) necessária para obter o estoque é caracterizada por parâmetros que descrevem a média e o desvio padrão dos tempos de reabastecimento. No caso dos fluxos, esses tempos precisam ser computados a partir de parâmetros mais básicos, incluindo, entre outros, capacidade, demanda, variabilidade, tempos de processamento, tempos de preparação e número de máquinas. No caso dos estoques, eles são *dados* como parâmetros.

Mundo perfeito

Em um mundo perfeito, não haveria variabilidade nem na demanda, nem na transformação. Para os estoques, isso significa que um gestor saberia exatamente quantas unidades seriam necessárias e quanto tempo levaria para obtê--las. Caso uma empresa tenha comprado (ou produzido) somente a quantidade exata necessária e tenha planejado disponibilizá-la exatamente a tempo de ser consumida, um *estoque zero* seria necessário. Ironicamente, muito embora o *just-in-time* (exatamente a tempo) seja uma descrição clássica do conceito de supermercado da Produção Enxuta, o que acabamos de descrever também é o que acontece em um sistema de planejamento de necessidades de materiais (MRP – *material requirements planning*) operando sem qualquer variabilidade e empregando uma regra de dimensionamento de lote por lote (adquirir/produzir somente o que é necessário). Tal sistema acabaria mantendo zero estoque disponível e, ao mesmo tempo, alcançaria 100% de entregas dentro do prazo (ou taxa de atendimento). Porém, como a variabilidade (tanto na demanda quanto no suprimento) é inevitável na vida, um gestor precisa determinar seus efeitos. Começamos nossa descrição por uma caracterização dos tempos de reabastecimento, e em seguida examinamos a demanda, para finalmente descrevermos o comportamento combinado dos dois em um sistema de estoque.

Tempos de reabastecimento

O modelo básico de estocagem apresentado no Capítulo 3 exige que se conheça a duração dos tempos de reabastecimento e quanta variação lhes é inerente. Esses indicadores são a média e o desvio padrão. Em um primeiro momento, poderia parecer simples obter a média e o desvio padrão dos tempos de reabastecimento, mas as coisas podem ficar complicadas no mundo real. O *tempo de reabastecimento* é o tempo que leva desde o momento em que o "sistema" (em sua mais ampla concepção) reconhece a necessidade de estoque adicional até o momento em que esse estoque fica disponível para uso. O uso da palavra sistema aqui abrange tudo o que for envolvido a gestão de estoque, incluindo, entre outras coisas, qualquer sistema computadorizado, o pessoal que usa o sistema, qualquer software offline e outros auxílios que possam ser aplicados. O sistema planejamento de recursos da empresa (ERP – *enterprise resources planning*) da Oracle, por exemplo, mantém três componentes de tempo de reabastecimento: tempos de *pré-processamento*, *processamento* e *pós-processamento*. *Processamento* é o tempo de fato necessário para ou produzir uma peça (caso sua fabricação seja interna) ou para adquirir a peça (junto a um fornecedor). O *pré-processamento* inclui o tempo para reconhecer a necessidade (se, por exemplo, o planejamento se dá uma vez por semana, isso adicionaria meia semana ao tempo total), para fazer uma encomenda (uma encomenda de compra ou fabricação, por exemplo) e para emitir a encomenda. O *pós-processamento* inclui o tempo para receber a encomenda, para inspecionar os produtos recebidos, para inserir a fatura no sistema e para colocá-lo no local apropriado, a fim de ficar disponível. Outros sistemas de ERP são similares ao da Oracle, mas os nomes desses campos podem ser ligeiramente diferentes. Em geral, os valores para esses componentes de tempo de reabastecimento são armazenados em campos diferentes na tabela mestre de itens de ERP.

A princípio, pode parecer que o tempo médio de reabastecimento é simplesmente a soma desses componentes temporais. Contudo, isso pode ficar mais complicado dependendo das políticas de gestão de certos fornecedores. Por exemplo: o tempo de processamento pode não ser o tempo médio até o fornecedor entregar a peça. O *lead time* do vendedor pode ser combinado com regras referentes a com que antecedência ou com que atraso uma peça pode ser entregue. Se, por exemplo, um fornecedor tem permissão para fazer entregas com quatro dias de antecedência, mas com zero dia de atraso para o *lead time* no sistema, um gestor esperaria encontrar na prática um tempo médio de processamento inferior ao que consta no sistema. Além disso, um fornecedor que por vezes se atrasasse (apesar da regra) acabaria com um tempo médio de processamento mais longo do que aquele que conta do sistema. Tudo isso pode complicar demais a questão. Felizmente, não chega a ser necessário possuir dados totalmente precisos quanto aos tempos de reabastecimento para se sair bem no modelamento de estoque.

Para exemplificar, suponhamos que temos as seguintes informações:

Tempo de pré-processamento: 3 dias
Tempo de processamento: 30 dias
Tempo de pós-processamento: 1 dia

Além disso, o fornecedor tem permissão para fazer sua remessa com cinco dias de antecedência e um dia de atraso, e tal fornecedor está quase sempre dentro do estipulado. Os parâmetros de tempo de reabastecimento seriam:

Tempo médio de reabastecimento = pré-proc + proc + pós-proc
− ANTECEDÊNCIA/2 + ATRASO/2 = 3 + 30 + 1 − 2,5 + 0,5 = 32,0 dias

Pressupondo que o tempo de reabastecimento é uniformemente distribuído entre ANTECEDÊNCIA e ATRASO, o desvio padrão seria:

Desvio padrão do tempo de reabastecimento

$$= \sqrt{\frac{\text{ANTECEDÊNCIA}^2 + \text{ATRASO}^2}{12}} = \sqrt{\frac{S^2 + 1}{12}} = 1,5 \text{ dia}$$

Se o fornecedor ficasse fora do padrão estipulado por um número considerável de vezes, precisaríamos saber o quanto fora do padrão e qual a probabilidade para cada um dos lados, antecedência e atraso. No entanto, isso complicaria bastante a questão.

Um método prático é pressupor algum coeficiente de variação com um desvio padrão máximo. Poderíamos usar, por exemplo, um CV = 0,1 e um máximo de 2 dias. No exemplo anterior, isso geraria um desvio padrão de 2 dias, porque 10% de 32 dias é superior ao valor máximo. Outra consideração prática está em determinar o que é aceitável. Uma decisão tática tomada no âmbito do comprador. Será, por exemplo, que um comprador com um plano pouco confiável de fornecimento deve se planejar para sempre ter grandes desvios padrão de tempo de reabastecimento e o aumento de estoque vinculado a isso? Como alternativa, o comprador deve estabelecer políticas no sistema com base no desvio padrão que produz um nível de estoque mais aceitável no sistema. Neste caso, o comprador optaria ou por agilizar seu sistema para atender à demanda, ou aceitaria menos serviço, ou ambos. Como essa não seria uma solução no longo prazo, o comprador ainda precisaria ou trabalhar com o fornecedor para melhorar o desempenho das entregas, ou procurar por um novo fornecedor. O mesmo tipo de decisão precisa ser levado em conta se um fornecedor normalmente confiável passar por um período de transtornos no seu negócio.

Demanda

Assim como o tempo de reabastecimento, tanto a demanda média quanto sua variação precisam ser caracterizadas. Ao contrário do tempo de reabastecimento, a *variância* da demanda é considerada e não o seu desvio padrão. As características da demanda também são usadas como modelo tanto para *estoques* quanto para *fluxos*. No caso de estoques, um gestor precisa da média e da variância da demanda em um *determinado período*. O período deve ser longo o bastante para que uma quantia considerável de demanda ocorra em média (digamos, cerca de 10 unidades). A demanda mostrada na Tabela 4-2 é tal que exibe uma distribuição de Poisson. A distribuição de Poisson é o que se veria se a demanda fosse composta por demandas agregadas de uma grande população (como o número de Big Macs vendidos por dia em uma lanchonete específica do McDonald's). Vendas pela Internet muitas vezes exibem uma demanda de Poisson.

Neste caso, a média é de 50,6 e a variância é de 51,4. Caso tenhamos uma semana de trabalho de cinco dias, então a média da demanda *diária* será de:

$$d = \frac{50,6}{5} = 10,1$$

De modo similar, a variância na demanda diária é computada como:

$$\sigma_d^2 = \frac{51,4}{5} = 10,3$$

Tabela 4-2 Padrão de demanda aleatória, mas com pequena variância

Semana	1	2	3	4	5	6	7	8	9	10	11	12
Demanda	59	48	41	60	48	50	46	54	51	49	39	62

A razão entre variância e média (isto é, a variância dividida pela média) é quase igual a 1. Isso é indício de que a distribuição subjacente é de fato uma distribuição de Poisson, porque a distribuição de Poisson possui apenas um parâmetro representando tanto a sua média quanto a sua variância. Consequentemente, a razão entre variância e média para a distribuição de Poisson é de exatamente 1.

Para o leitor alerta, isso pode parecer estranho. Como pode uma distribuição ter um único parâmetro, tanto para a sua média quanto para a sua variância, se a média tem dimensões lineares, ao passo que a variância tem dimensões quadradas? A única maneira disso ser verdade é se os modelos de distribuição de Poisson são apenas variáveis aleatórias que não possuem dimensão alguma – um número puro. Em outras palavras, uma distribuição de Poisson não pode modelar uma variável para distâncias, massa, volume, velocidade ou mesmo *taxas* de demanda. Essas quantidades possuem dimensões (como metros, quilogramas, litros, etc.). Até mesmo uma taxa de demanda possui dimensões de peças por dia (ou algum outro período). Ainda que *peças* não tenham dimensões, um dia certamente terão. Consequentemente, quando se está falando em demanda, o número de unidades que ocorrem em um dado *período* é declarado sem que se especifique o período. Dessa maneira, a demanda é um número puro. No entanto, frequentemente vamos ser um tanto informais nessa questão e falar sobre quantas unidades são vendidas por dia ou por semana.

Em todo caso, a distribuição de Poisson cai como uma luva na cadeia de suprimentos. Na maior parte das vezes, vemos padrões de demanda que se parecem com aquele visto na Tabela 4-3. Há períodos de demanda zero seguidos de períodos de demanda elevada. A média, neste caso, é de 27,7 e a variância é de 899,9, com uma razão entre variância e média de 33. Este é um exemplo de demanda aos solavancos, a qual é típica de muitas cadeias de suprimentos. Um dos motivos desses solavancos é conhecido como *efeito chicote*.

Este tipo de demanda pode ser visto em produtores de baterias automotivas. A demanda total de clientes por baterias, conforme constatada em vários pontos de varejo, provavelmente obedece a uma distribuição de Poisson, em que os clientes compram um item por vez. Mas o reabastecimento nos pontos de varejo não se dá com uma bateria por vez, e sim em lotes de baterias adquiridos junto a um distribuidor. Quando a demanda é acumulada em lotes, isso aumenta a variabilidade, fazendo o distribuidor perceber uma demanda que tem uma razão variância/média superior a 1. Mas esse distribuidor compra lotes

Tabela 4-3 Exemplo de demanda com demanda irregular

Semana	1	2	3	4	5	6	7	8	9	10	11	12
Demanda	55	51	0	0	0	38	55	0	0	58	0	75

ainda maiores de baterias junto à empresa que as fabrica. O efeito desse padrão de reabastecimento é que a empresa não verá demanda alguma durante diversas semanas e, de repente, depois receberá uma grande encomenda seguida por demanda zero, resultando em uma variabilidade extremamente alta. Tal padrão de encomendas é descrito como *efeito chicote*, porque uma pequena variabilidade na fonte (a demanda dos clientes segue uma distribuição de Poisson) resulta em uma grande variabilidade na ponta de suprimento da cadeia de suprimentos. Da mesma forma que um pequeno movimento com a mão na ponta de um chicote resulta em um violento estalo na extremidade do chicote.

Erro de previsão e *lead time*

Se o *lead time* para os clientes é maior do que o tempo necessário para produzir ou adquirir um produto, então quase nenhum estoque é necessário. O único estoque a ser acumulado seria de lotes remanescentes cujo tamanho fosse superior à demanda. Em outras palavras, se as quantidades pedidas forem maiores do que a demanda imediata, haverá sobras em estoque. Não haveria motivo algum para manter estoque de segurança, porque todos os produtos poderiam ser adquiridos ou produzidos antes que os clientes precisassem deles.

Entretanto, se os *lead times* prometidos aos clientes forem menores do que o tempo de compra ou produção, sempre precisará haver estoque acumulado, porque a demanda por itens finais terá de ser prevista e porque tais previsões *sempre dão errado*. Se a demanda for constante, essa previsão pode ser simplesmente uma estimativa da demanda média. Caso contrário, será preciso providenciar uma previsão para períodos futuros se estendendo até a duração do *lead time* do fornecedor.

Para determinar quanto estoque é necessário, é preciso que se especifique informações a respeito da precisão da previsão. Quanto pior a previsão, mais estoque é necessário para manter um determinado nível de serviço.

Para uma demanda constante, somente a média e a variância da demanda são necessárias. Mas, ao fazer uma previsão período a período, um parâmetro do erro de previsão no *lead time* do fornecedor será necessário. Se o *lead time* do fornecedor é de seis semanas, então devemos conhecer a precisão da previsão para dali a seis semanas. O parâmetro de precisão deve ser o erro quadrático médio (EQM) no *lead time*. Cabe ressaltar que isso não é o erro médio absoluto, nem o erro médio percentual absoluto, tampouco o desvio médio absoluto (que são todos parâmetros bastante utilizados), e sim o erro quadrático médio. O erro quadrático médio é calculado como:

$$EQM = \frac{\sum_{i=1}^{n}(D_i - F_i)^2}{n}$$

onde D_i = demanda real, e F_i = previsão para o período i. Cada previsão para o período i de 1 a n está dentro do *lead time* relativo à peça em questão. Para uma peça com, por exemplo, um *lead time* de seis semanas, uma previsão é feita hoje para a demanda daqui a seis semanas. Essa previsão e a demanda real em seis semanas são usadas para $i = 1$. Na semana seguinte, a previsão é feita para a demanda dali a seis semanas. A previsão para a semana seguinte e a demanda para dali a seis semanas, a partir da semana seguinte, são usadas para $i = 2$. Quando os dados são exibidos em uma planilha, o resultado é o bastante utilizado *gráfico em cascata*. Mais uma vez, quando se está estimando a variância na demanda diária, o EQM é dividido pelo número de dias no período. No caso de uma semana de cinco dias de trabalho, a variância na demanda média, a partir do EQM de uma previsão semanal, será:

$$\sigma_d^2 = \frac{EQM}{5}$$

Agora veja os dados mostrados na Figura 4-1 representando uma previsão de quatro semanas que está, na média, correta (isto é, sem tendenciosidade). Cada losango representa a demanda real para a semana, enquanto a linha reta é a previsão para quatro semanas. Neste caso, a variância na previsão em si é de 53,1, enquanto o EQM é de 400,8. A variância de todos os pontos de dados (demanda real) é de 513,4, o que está próximo[1] à soma da variância da previsão mais o EQM, que dá 453,9. A Figura 4-2 mostra o que acontece quando uma

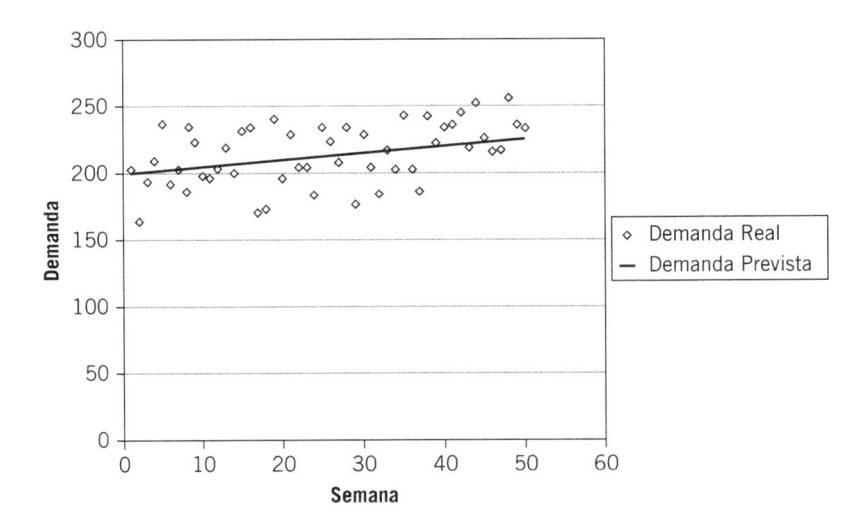

Figura 4-1 Previsão e dados reais sem tendenciosidade.

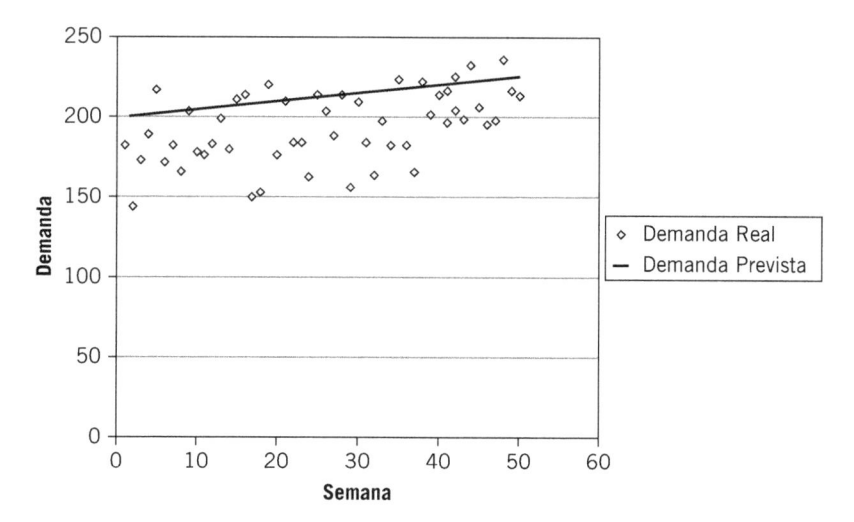

Figura 4-2 Previsão e dados reais com uma tendenciosidade de 20 unidades.

previsão pende para 20 unidades a mais. Por certo, as variâncias nos dados e na previsão seguem as mesmas, mas o EQM pula de cerca de 400 para quase 780, acima da variância nos dados reais.

Quando o EQM é maior do que a variância da demanda, a previsão é um exercício inútil. O EQM jamais deve ser superior à variância dos dados de demanda. Com isso, um gestor se sairia melhor usando a demanda do período anterior (semana, etc.) como previsão do que tentando criar uma previsão por si mesmo. Se este for o caso, então use simplesmente a variância da demanda do período anterior em vez do EQM como um parâmetro da variabilidade na demanda – e tente conseguir uma previsão melhor!

Isso tem implicações importantíssimas para os gestores que estão tentando liderar uma empresa. Raramente encontramos essa compreensão do comportamento natural da previsão de demandas. O que encontramos, quase invariavelmente, é gestores tentando obter ferramentas e processos de previsão cada vez mais sofisticados, como se algum dia um software pudesse fazer um gestor enxergar o futuro. Isso não acontecerá. Um gestor pode aumentar muito a eficiência de uma organização tomando as seguintes medidas:

1. Calculando e usando o erro de previsão corretamente.
2. Sabendo quando o erro de previsão é inútil (quando EQM > variância da demanda histórica) e migrando para o uso da variância da demanda histórica para estabelecer uma política de estoque.

Pode ser extremamente complexo calcular apropriadamente o EQM de uma previsão. Para que fique adequado, os erros quadráticos da previsão que se estende pelo tempo médio de reabastecimento de uma peça precisam ser somados. Caso haja muitas peças diferentes, com diferentes tempos de reabastecimento, isso pode consumir muito tempo. Uma alternativa é usar a razão entre a variância e a média (RVM) da demanda histórica e então aplicá-la à demanda futura (ou previsão). O que deve oferecer um limite superior na variância, porque a variância dos dados sempre deve ser maior do que o EQM da previsão.

O RVM é calculado dividindo-se a variância da demanda pela demanda média em um determinado período, ou seja:

$$\mathrm{RVM} = \frac{\sigma_d^2}{\lambda}$$

Suponhamos, por exemplo, que a média seja 215 e a variância 1.203 para as demandas semanais das últimas 26 semanas. Suponhamos agora que a previsão para as próximas 4 semanas seja de 250 por semana. Estimaríamos a variância na demanda durante o período de previsão como:

$$\sigma_F^2 = 250 \times \mathrm{RVM} = 250 \times \frac{1.203}{215} = 1.398,8$$

Parâmetros de desempenho de estoque

Apresentaremos agora alguns cálculos menos complexos referentes ao desempenho do estoque (os mais complexos estão disponíveis no livro *A Ciência da Fábrica*). Vamos destacar também alguns dos erros mais comuns encontrados em muitos textos. Para facilitar os cálculos, consideramos uma política de ponto de reposição/quantidade de reposição (PRE/QRE). Essa política pode ser adotada para modelar também outras políticas, como uma política de *ponto de reposição por fases temporais*, mais comumente conhecida como uma *política de MRP*.

Políticas de ponto de reposição

A política depende de dois parâmetros, da quantidade de reposição QRE e do ponto de reposição PRE, e funciona da seguinte forma: encomende peças QRE sempre que a *posição de estoque* igualar ou for inferior a PRE. A *posição de estoque* é definida como:

$$\text{Posição de estoque} = \text{disponível} + \text{em encomenda} - \text{em atraso}$$
$$= \bar{I} + \bar{W} - \bar{B}$$

Geralmente, o PRE é determinado por:

PRE = média da demanda por tempo de reabastecimento + estoque de segurança

ou

$$r = \lambda \ell + s$$

onde $\lambda \ell$ é a média da demanda por tempo de reabastecimento.

Quando essa política está sendo executada de maneira apropriada, a posição de estoque sempre ficará entre PRE + 1 e PRE + QRE. Isso propicia um modo fácil de assegurar que a política está sendo executada adequadamente. Essa abordagem por limite de controle para gerir a política de estoque é bastante útil para os gestores, e descreveremos a sua aplicação em detalhes no Capítulo 7.

Frequência de reabastecimento

É importante saber com que frequência o estoque precisa ser reabastecido. Se as peças dizem respeito a itens adquiridos, a frequência de reabastecimento descreve quantas encomendas de compra devem ser processados em um determinado período. Caso a produção das peças seja interna, a frequência de reabastecimento descreve quantas preparações em maquinário devem ser realizadas em um determinado período (uma semana, digamos). Felizmente, o cálculo é bem fácil. Para um único item, a frequência é dada por:

$$f = \frac{D}{Q}$$

onde D = demanda para o período inteiro, e Q = quantidade de reposição. Para obter o número total de reabastecimentos para um certo número de partes, basta somar o cálculo precedente para cada parte.

$$\text{N}^\text{o} \text{ médio de reabastecimentos por período} = \sum_i \frac{D_i}{Q_i}$$

Estoque médio disponível

A Figura 4-3 apresenta um sistema de ponto de reposição com uma demanda aleatória e um QRE de 20 e uma PRE de 17. O tempo médio de reabastecimento

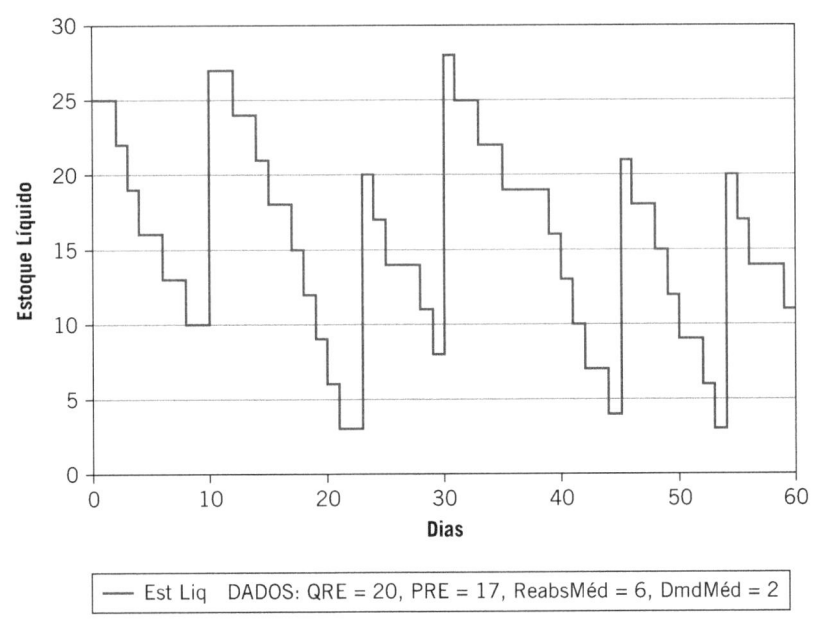

[Gráfico: Estoque Líquido vs Dias (0 a 60), variando entre ~3 e ~28.
— Est Liq   DADOS: QRE = 20, PRE = 17, ReabsMéd = 6, DmdMéd = 2]

Figura 4-3 Plotagem de estoque líquido com demanda aleatória e estoque de segurança.

é de seis dias, e a demanda média diária é de dois. Sendo assim, o estoque de segurança será:

$$s = r - \lambda \ell = 17 - 2 \times 6 = 5$$

Observe que o estoque médio caiu para o nível do estoque de segurança em três dos cinco ciclos completos de reabastecimento mostrados. Por causa da aleatoriedade e do nível de estoque de segurança ser a nossa meta, esperaríamos que um sistema chegasse ao estoque de segurança em cerca da metade dos ciclos de reabastecimento. Portanto, três entre cinco ciclos não chegaria a ser algo incomum. Esse é outro ponto importante para os gestores. Já vimos organizações em que os gestores enfatizam fortemente um desejo em não usar estoque de segurança. O estoque de segurança é uma rede de proteção contra a variabilidade. Como a variabilidade é inevitável, o uso de estoque de segurança é obrigatório. *Se uma organização jamais chegar ao seu estoque de segurança é porque ela tem estoque demais.*

A Figura 4-4 mostra o mesmo sistema sem qualquer aleatoriedade e com uma demanda suave. Em outras palavras, a demanda não é de duas unidades

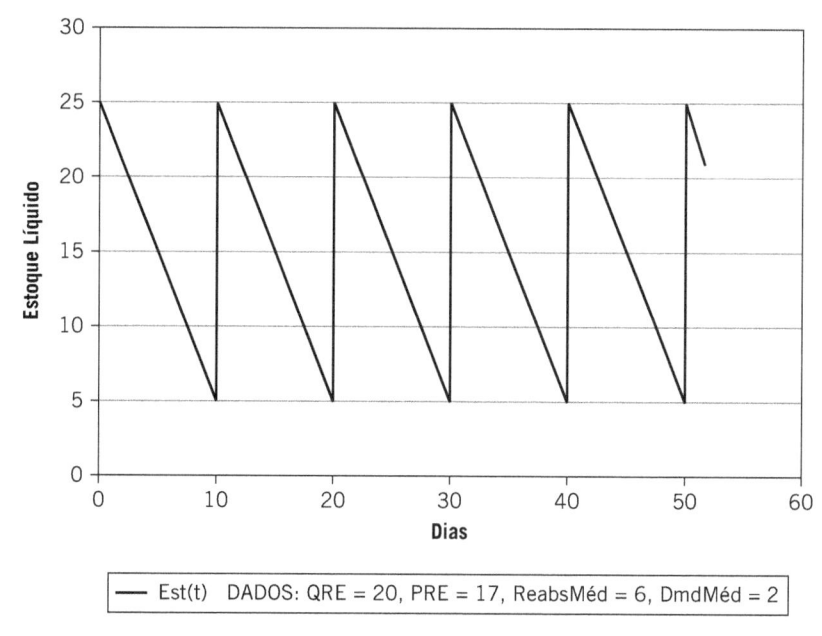

Figura 4-4 Estoque líquido sem qualquer aleatoriedade na demanda.

removidas por dia, e sim uma remoção contínua de estoque resultando em duas por dia. A plotagem é menos realista, mas bem mais limpa e fácil de ver. Nesta plotagem, é fácil observar que a média de estoque disponível é dada por:

$$\bar{I} = \frac{Q}{2} + s = \frac{20}{2} + 5 = 15$$

Estas plotagens são para *estoque líquido*, que é o estoque disponível menos as entregas em atraso. Caso as entregas em atraso excedam o estoque disponível, o estoque líquido será negativo. Por isso, para calcularmos o estoque médio *disponível*, precisaríamos adicionar as entregas em atraso de volta ao estoque líquido. Porém, é difícil calcular as entregas em atraso, já que as equações envolvem probabilidade (ver Capítulo 2 de *A Ciência da Fábrica* para uma discussão de casos simples). Mesmo assim, se a taxa de atendimento for alta (ou seja, se houver poucas entregas em atraso), uma boa aproximação do estoque médio é simplesmente a QRE dividida por 2 mais o estoque de segurança.

O estoque médio disponível é um parâmetro importante, mas precisa ser considerado junto com a taxa de uso de estoque. Ter, por exemplo, 1.000 unidades disponíveis parece ser bastante estoque, mas, se 1.000 peças forem consumidas por semana, ter 1.000 disponíveis é o mesmo que ter uma semana de estoque. É por isso que um parâmetro diferente, chamado *giro de estoque*, costuma ser usado, e é definido como:

$$\text{Giro de estoque} = \frac{\text{CBV valor das vendas anuais}}{\text{CBV valor do que há disponível}}$$

onde CBV é o custo dos bens vendidos. Sem dúvida, o mesmo valor de giro de estoque ocorre se a razão for calculada usando-se unidades. Sendo assim, um giro de 12 equivale aproximadamente à demanda de um mês de estoque disponível. O giro de estoque para a Figura 4-4 ficará em cerca de 50, dependendo de quantas semanas houver no ano fiscal. Observe que o giro de estoque *não* é uma razão sem dimensão, como são muitas das razões financeiras. Na verdade, o giro tem uma dimensão de 1/anos. Assim, o número médio de dias para vender o estoque existente será de:

$$\text{Média de dias para vender o estoque} = \frac{365}{\text{giro de estoque}}$$

Estimando a taxa de atendimento

A *taxa de atendimento* é a fração de tempo em que o sistema *não* está em um estado de atraso de encomendas. É a variabilidade acarretada pela aleatoriedade tanto da demanda σ_d^2 quanto do tempo de reabastecimento σ_ℓ^2 que dificultam os cálculos para encomendas em atraso e taxa de atendimento. Conforme examinamos no Capítulo 3, um indicador-chave do desempenho é a *demanda por tempo de reabastecimento*,[1] que é uma variável aleatória representando a quantidade de demanda aleatória que ocorre durante um tempo de reabastecimento aleatório. A média e a variância são dadas por:

$$\mu_{RTD} = \lambda \ell$$
$$\sigma_{RTD}^2 = \ell \sigma_d^2 + \lambda^2 \sigma_\ell^2$$

Se X é uma variável aleatória representando a demanda por tempo de reabastecimento, então a probabilidade de que o sistema, em uma determinada posição de estoque x, acabe ficando com falta de estoque é dada por:

$$\text{Pr \{falta de estoque com PE} = x\} = \text{Pr}\{X > x\} = 1 - F(x)$$

onde $F(x)$ é a função de distribuição da demanda por tempo de reabastecimento. Como a posição de estoque para um sistema de ponto de reposição fica sempre entre $r + 1$ e $r + Q$, gerando Q com diferentes valores, podemos estimar a taxa de atendimento extraindo a média para esta faixa, ou seja:

$$\bar{S} = \frac{1}{Q} \sum_{x=r+1}^{r+Q} \Pr\{X \leq x\} = \frac{1}{Q} \sum_{x=r+1}^{r+Q} F(x)$$

Como um exemplo, considere o sistema da Figura 4-3, e estabeleça o estoque de segurança em zero. Precisamos saber um pouco sobre a variância da demanda e o tempo de reabastecimento, então vamos supor que a demanda segue uma distribuição de Poisson (ou seja, que a variância da demanda é igual à média de 2) e que o desvio padrão do tempo de reabastecimento é de 1 dia. Com estoque zero, o PRE será:

$$r = \lambda \ell + s = 2 \times 6 + 0 = 12$$

Então,

$$\mu_{RTD} = \lambda \times \ell = 2 \times 6 = 12$$
$$\sigma_{RTD}^2 = \ell \sigma_d^2 + d^2 \sigma_\ell^2 = 6 \times 2 + 2^2 \times 1 = 16$$
$$\sigma_{RTD} = 4$$

Um desvio padrão de 4 é consideravelmente menor do que a média de 12, e a distribuição normal pode ser usada. Continuando com uma QRE de 20 e usando uma tabela padrão normal (ou uma função de planilha), podemos criar uma tabela de probabilidades para cada valor possível da posição de estoque, conforme mostrado na Tabela 4-4.

A taxa de atendimento esperada é então calculada obtendo-se a média dessas probabilidades, e o resultado é 93,23%. Perceba que esse cálculo é para o percentual de dias em que o sistema *não está com encomendas em atraso*. Não

Tabela 4-4 Tabela de probabilidades

x	13	14	15	16	17	18	19	20	21	22
F(x)	0,599	0,691	0,773	0,841	0,894	0,933	0,960	0,977	0,988	0,994
x	23	24	25	26	27	28	29	30	31	32
F(x)	0,997	0,999	0,999	1,000	1,000	1,000	1,000	1,000	1,000	1,000

Média = 0,9323

se trata do percentual de encomendas atendido por pronta-entrega ou mesmo do percentual de demanda atendido pelo estoque (ainda que, se a quantidade de reposição for de 1, então todos esses parâmetros serão iguais).

Compare isso com o que é sugerido por muitos autores de textos de gestão de operações (e por inúmeros módulos "avançados" de planejamento de estoque nos principais sistemas ERP), a saber:

$$\bar{S}_{wrong} = \Pr\{X \leq r\}$$
$$= \Pr\left\{\frac{X - \lambda\ell}{\sigma_{RTD}} \leq \frac{r - \lambda\ell}{\sigma_{RTD}}\right\}$$
$$= \Phi\left(\frac{r - \lambda\ell}{\sigma_{RTD}}\right)$$

onde Φ é a distribuição normal padrão cumulativa (disponível como a função NORMSDIST do Excel). Se $\bar{S}_{wrong}$ fosse usada no exemplo anterior, um nível de serviço de um meio seria o resultado. Isso gera uma bela discrepância – 93 *versus* 50%. Onde está o problema?

Na verdade, há dois problemas. Em primeiro lugar, a distribuição normal só é válida se o desvio padrão da demanda por tempo de reabastecimento for significativamente menor do que a sua média (no máximo um terço). Neste caso, tal condição é satisfeita. Contudo, em muitos casos (talvez na maioria deles) ela não é. Quando ela não é satisfeita, a distribuição normal terá uma probabilidade significativa na região da *demanda negativa*, algo que não é possível. Em segundo lugar, há um problema de definição. A taxa de atendimento de 93% é aquilo que um *cliente* veria. Ou seja, 93% do tempo o sistema não estaria com encomendas em atraso. Por outro lado, 50% dos ciclos jamais chegariam a ficar sem estoque. A Figura 4-5, na página 125, mostra cinco ciclos completos, e três deles tiveram pelo menos uma ocorrência de ausência de estoque – 60% não está longe de 50%, especialmente quando as possibilidades (com cinco ciclos) são 0, 20, 40, 60, 80 e 100%. Como os gestores estão mais preocupados com a taxa de atendimento ao cliente do que com a taxa de atendimento de ciclo, a taxa de atendimento ao cliente deveria ser calculada e divulgada. Outro motivo pelo qual muitos textos (e sistemas ERP) utilizam o método "errado" é porque ele é mais simples – apenas uma probabilidade e sem cálculo da média. A implicação de usar o método errado é que o estoque de segurança seria:

$$\bar{S}_{wrong} = z_a \sigma_{RTD}$$

Para chegar a um nível de serviço de 93%, é feita uma busca (ou o uso de uma função de planilha) pelo valor z correspondente, que fica em torno de 1,5. Sendo assim, a QRE seria:

$$r = \lambda \ell + z_\alpha \sigma_{RTD} = 2 \times 6 + 1,5 \times 4 = 18$$

O nível correspondente de *serviço ao cliente* para uma QRE de 18 seria superior a 99,5%, e o estoque médio ficaria em torno de 50% mais alto do que quando se está usando $\bar{S}_{wrong}$. Portanto, é muito importante usar o método correto para calcular o estoque médio e o nível médio de serviço. Isso tem importantes implicações para gestores que estão tentando liderar esforços de redução de estoque. Se o sistema de controle de estoque estiver ajustado em 90% usando o cálculo incorreto, haverá muito mais estoque do que o necessário para alcançar uma taxa de atendimento de 90%. Isso poderia gerar uma situação em que a força de vendas passa a ver, na verdade, uma taxa de atendimento próxima a 100%. Se o gestor adotar um cálculo correto para sua política de estoque, conforme já descrito, e implementá-lo no sistema de planejamento de estoque, a taxa de atendimento anteriormente aceita de 90% no sistema e de 100% para

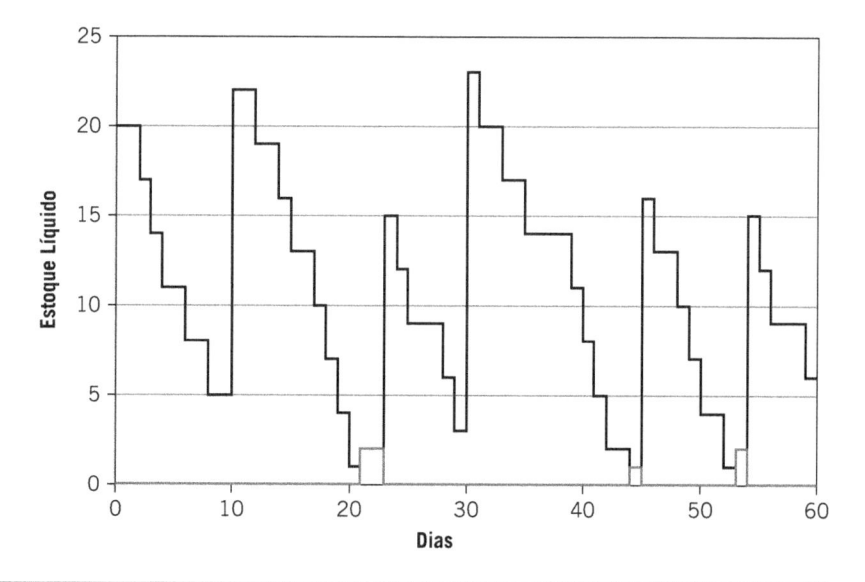

Figura 4-5 Estoque disponível e encomendas em atraso com demanda aleatória e estoque de segurança nulo.

os clientes ficará agora em 90% no sistema e 90% para os clientes. Ainda que venha a ocorrer uma queda significativa no estoque, agora a empresa ficará sem estoque 10% das vezes, de maneira muito mais frequente que antes. Mesmo que algumas pessoas na organização possam ficar satisfeitas com a diminuição do estoque, possivelmente o pessoal de vendas e o de atendimento ao cliente ficarão frustrados. Nunca dissemos que seria fácil controlar práticas de estoque ruins. No entanto, se um gestor conseguir estabelecer um alerta preditivo, com antecedência, quanto às consequências das ações planejadas, é do interesse de todos na organização ajudar a mitigar os efeitos negativos. Sem dúvida, o serviço cíclico é um limite inferior para o atendimento ao cliente, uma vez que é menor do que quaisquer das médias obtidas.

$$\overline{S}_{LB} = \frac{F(r+1) + F(r+Q)}{2} = 0{,}80$$

Se o desvio padrão da demanda por tempo de reabastecimento for menor do que aproximadamente um terço da média, a distribuição normal funcionará bem. Porém, em muitos casos, o desvio padrão da demanda por tempo de reabastecimento fica na mesma ordem que a média, fazendo a distribuição normal ser uma péssima aproximação (ela tem uma área considerável na região negativa, e demandas negativas não fazem sentido). Infelizmente, muitos livros usam a distribuição de Poisson ou a distribuição normal para calcular parâmetros de desempenho de estoque. Assim como ocorre com a distribuição normal, a variância da distribuição de Poisson quase sempre é pequena demais, sobretudo quando a média é grande. Em tais casos, deve-se usar uma distribuição para uma variável aleatória não negativa que possa ser determinada com a média e a variância. Distribuições possíveis incluem as distribuições beta, gama, lognormal e Weibull, mas a adequação dessas distribuições está bem além do escopo deste livro e do livro *A Ciência da Fábrica*.

Estimando os atrasos e os tempos de atraso

A quantidade média de encomendas em atraso é o valor da média das porções negativas do gráfico de estoque líquido. Isso é ilustrado usando a Figura 4-3 e estabelecendo o estoque de segurança em zero. Em vez de plotar o estoque líquido, o estoque disponível e as encomendas em atraso são plotados, como pode ser visto na Figura 4-5. Sempre que o estoque líquido é positivo, há um estoque disponível positivo. Sempre que o estoque líquido é negativo, há encomendas em atraso *positivos.*

A média de tempo de atraso das encomendas será equivalente à área sob a curva das encomendas em atraso dividida pelo tempo total. Para calcular o atraso esperado usando probabilidade, veja o Capítulo 2 do livro *A Ciência da Fábrica*. No entanto, para fazer os cálculos para este caso em particular, observe que há três eventos de atraso em encomendas: dois dias com um nível de atraso de dois, um dia com um nível de atraso de um e um dia com um nível de atraso de dois, gerando um total de sete dias de atraso. A média é calculada dividindo 7 por 60, que dá 0,1167.

A partir da lei de Little (definida abaixo), o tempo médio de atraso nas encomendas é calculado como:

$$\overline{T} = \frac{\overline{B}}{d}$$

Neste caso, ele seria de 0,058 dia. Não é um tempo muito longo!

Mas é o tempo médio de atraso *incluindo todo o tempo em que o sistema não está em atraso*. Um parâmetro mais interessante é o tempo médio de atraso *quando em atraso*. Isso é obtido por:

$$\overline{T}_B = \left[\frac{\overline{B}}{d(1-\overline{S})}\right] = \frac{0,1167}{2(1-0,93)} = 0,833 \text{ dia}$$

o que é arredondado para 1 dia, porque é o período que está sendo usado.

Esse conhecimento sobre o comportamento de um sistema de estoque oferece ainda outra poderosa ferramenta estratégica para os gestores. Isso é essencialmente um exercício de gestão de *buffers* para reduzir custos e, ao mesmo tempo, manter um alto nível de serviço ao cliente. Se o estoque inicial, por exemplo, for de $1 milhão a uma taxa de atendimento de 95%, uma opção para o gestor é usar uma combinação de um *buffer* reduzido e um grande *buffer* de tempo (média mais longa de dias em atraso). Portanto, se a taxa de atendimento fosse cortada para 85%, o que diminuiria o estoque para $800 mil, mas aumentaria o tempo médio de atraso em dois dias, ainda assim haveria uma oportunidade de manter o nível de serviço. Se quatro dias de *lead time* for algo aceitável para os clientes, a taxa mais baixa de atendimento poderia ser estabelecida, e o seguinte aconteceria:

1. Oitenta e cinco por cento do tempo, o produto é enviado aos clientes, assim que eles fazem o pedido.
2. Quinze por cento do tempo, o produto não está na prateleira, mas chega e é enviado ao cliente dentro do *lead time* de quatro dias. O atendimento aos clientes é de 100%, ainda que a taxa de atendimento seja de 85%.
3. O estoque disponível é reduzido em 20%.

Avaliando políticas de estoque

Quando avaliamos políticas de estoque, devemos levar em consideração três objetivos:

1. Minimizar a quantidade de dinheiro investido em estoque.
2. Maximizar o nível de serviço, conforme mensurado pela taxa de atendimento, pelo tempo de atraso e pelo tempo de atraso quando em atraso.
3. Minimizar a frequência de reabastecimento.

Como há três objetivos conflitantes, não podemos otimizar todos, a menos que os mesmos sejam somados usando um conjunto de coeficientes. Como tais coeficientes não são intuitivos e, portanto, são relativamente sem sentido (por exemplo: qual é o custo de se estar atrasado por unidade por dia?), empregamos um método que examinamos no Capítulo 3, aquele de um limite eficiente. Assim, produziremos um limite eficiente para um conjunto de frequências de encomendas, com cada limite apresentando a menor média de investimento em estoque para uma determinada taxa de atendimento.

A Figura 4-6 mostra as curvas de limite eficiente para um fabricante de tubulações que jamais praticou a otimização de estoque – somente regras heurísticas. Há três curvas, cada uma representando uma frequência diferente de reabastecimento: 360 ao ano, 181 ao ano e 90 ao ano. Aquela com o maior estoque apresenta a menor frequência, 90 encomendas ao ano. Observe que, quando passamos de 90 para 181 encomendas, há uma redução considerável de estoque para níveis de serviço de quase 98%, mas ao passarmos de 181 para 360 encomendas, a redução é bem menor. Isso ocorre porque duas coisas acontecem quando a frequência de reabastecimento aumenta. Primeiro, o estoque cíclico é reduzido (QRE/2), então esperaríamos uma queda no nível de estoque. Porém, ao mesmo tempo, a frequência em que o sistema alcança o seu nível mínimo de estoque (também igual à frequência de reabastecimento) aumenta. Por causa disso, a taxa de atendimento acaba caindo. Portanto, para manter a mesma taxa de atendimento, o estoque de segurança precisa aumentar. No caso de se passar de 90 para 181 encomendas ao ano, o estoque cíclico diminui mais do que o estoque de segurança aumenta. No entanto, ao se passar de 181 para 360 encomendas, a queda no estoque cíclico é quase toda composta pelo aumento no estoque de segurança. Em geral, descobrimos que há um ponto a partir do qual a diminuição do estoque cíclico, pelo aumento das frequências de reabastecimento, cessa de reduzir o estoque. Esse é o motivo pelo qual pode ser prejudicial ter apenas uma encomenda. Isso eleva as necessidades de capacidade, mas não reduz o estoque. A elevação da capacidade depende de a situação envolver compra ou produção. No caso de compra, um aumento da frequência significa

BIGFTIG

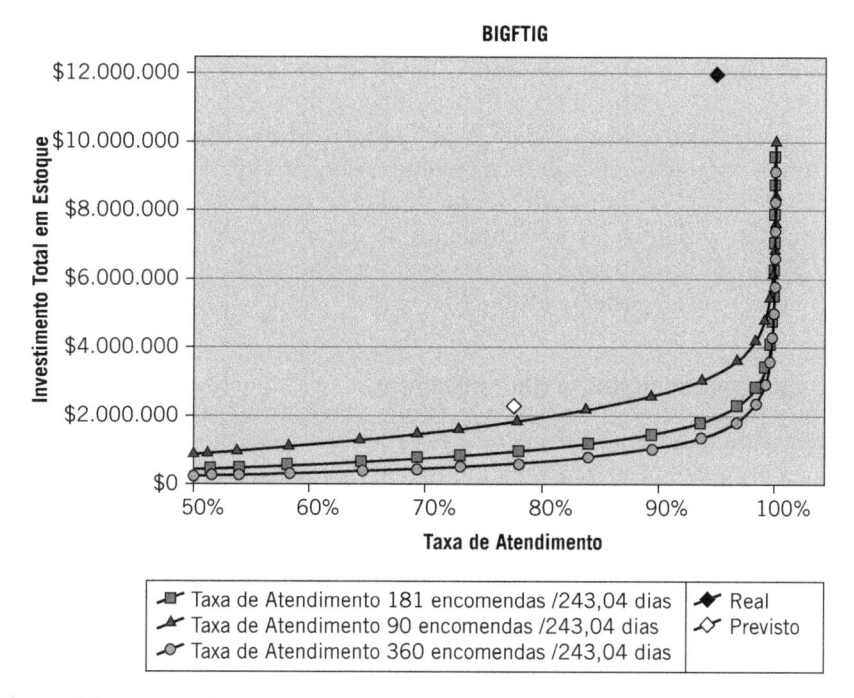

[Gráfico: Investimento Total em Estoque vs. Taxa de Atendimento (50% a 100%), com valores de $0 a $12.000.000]

Legenda	
⬛ Taxa de Atendimento 181 encomendas /243,04 dias	◆ Real
▲ Taxa de Atendimento 90 encomendas /243,04 dias	◇ Previsto
● Taxa de Atendimento 360 encomendas /243,04 dias	

Figura 4-6 Limites eficientes em estoque.

um aumento no número de encomendas de compra. No caso de produção, um aumento da frequência significa mais substituições de maquinário.

O gráfico também exibe dois pontos específicos: um losango branco indicando o desempenho esperado, usando os parâmetros dados, e um losango preto indicando o desempenho atual do sistema (um *input* no sistema). Em um sistema bem conduzido, eles ficarão próximos um do outro. Um deles é a média das políticas (prevista), e o outro é um exemplo específico das políticas (real). Neste caso, porém, eles estão bem distantes entre si. Por quê?

Aparentemente, as políticas vigentes (previsão) não estão aptas o bastante para manter altos o suficiente os níveis de serviço. Os programadores sabem que ficar com estoque zerado é pior do que ter um excesso de estoque, então ignoram as políticas e usam sua intuição. Eles também podem ser colocados na posição de agilização. Às vezes, uma agilização para uma quantidade de 1 requer uma encomenda mínima de 100. Assim, o estoque aumenta, mas o baque sobre o serviço já foi sentido. Os efeitos são visíveis aqui – mais estoque e níveis mais elevados de serviço, porém muito piores do que o desempenho ideal. Os dois losangos correspondem à frequência de 181 encomendas ao ano.

Consequentemente, vemos que sem alterar a frequência de reabastecimento, poderíamos derrubar o estoque de $12 milhões para cerca de $3 milhões com um substancial *aumento* na taxa de atendimento. Isso seria realizado pela seleção do ponto desejado no gráfico, capaz de levar o usuário a um relatório que mostra os parâmetros de política de estoque necessários para chegar ao desempenho almejado. Tais parâmetros seriam então carregados no sistema ERP, que, por sua vez, seria executado como antes, só que com melhor desempenho. O fato aqui é que uma enorme melhoria pode ser conquistada pela mera alteração de números em um sistema ERP.

Estoque em um sistema de montagem

Sistemas de montagem sob encomenda podem ser vantajosos no sentido de reduzir estoque e proporcionar alto nível de atendimento ao cliente. Inúmeras decisões precisam ser tomadas no que se refere ao projeto logístico de um sistema de montagem de produção sob encomenda.

1. Para se ter sucesso em montagem sob *demanda*, é preciso uma quantidade enorme de estoque, porque será necessário dispor de todo e cada componente, *sempre* que houver demanda por um item final. Quais são as relações de custo/benefício entre *montar sob demanda, montar sob encomenda* e *adquirir e montar*?
2. Qual é o parâmetro apropriado de serviço – taxa de atendimento, nível de atraso, tempo de atraso ou tempo de atraso quando em atraso? Como eles se comparam com o que costuma ser utilizado?

O apelo da montagem sob encomenda pode ser explicado no sentido de fazer melhor uso dos *buffers* disponíveis, conforme descrito no Capítulo 3. Sendo assim, o controle de montagem sob encomenda tira proveito do *buffer* a fim de reduzir o *buffer* de estoque. Em outras palavras, quando se usa tanto o tempo quanto o estoque, o tamanho de um único *buffer* – seja somente de estoque, seja somente de tempo – pode ser bastante reduzido. Ao exigir uma pequena quantidade de tempo para responder a uma encomenda e então montar o item final, as necessidades de estoque são muito menores do que em um sistema apenas com um *buffer* de estoque. Da mesma forma, quando se mantém um componente de estoque, o *buffer* de tempo (isto é, o mais longo componente de tempo de reabastecimento mais o tempo para a montagem) é muito menor do que seria necessário em um sistema apenas com *buffer* de tempo.

Um exemplo do livro *A Ciência da Fábrica* ilustra tal argumento: considere um item final que requeira seis componentes, e que haja três opções para cada componente, gerando um total de $3^6 = 729$ configurações possíveis. Suponhamos que cada componente custe $150, então cada configuração custará 6 × $150 = $1.900, e suponhamos que haja uma demanda igual para cada configuração totalizando 100 ao ano. Os componentes são obtidos junto a um fornecedor distante, com um tempo de reabastecimento de 90 dias. Se somente o *buffer* de tempo for usado para sincronizar a demanda e a transformação, o cliente precisaria esperar pelo menos 90 dias para que os materiais fossem obtidos e mais algum tempo para a realização da montagem. No entanto, se todos os 729 itens finais fossem estocados, um estoque disponível médio de cerca de $11.700 para cada configuração precisaria ser mantido para se alcançar uma taxa de atendimento de 99% para todos os itens finais. Isso tudo somado totaliza um investimento de $8.529.000.

Uma alternativa seria utilizar um controle de montagem sob encomenda. Neste caso, o cliente esperaria um tempo menor pela montagem, e só 18 componentes diferentes precisariam ser estocados, em vez de 729 itens finais. Para minimizar o estoque total, a taxa de atendimento para cada componente é estabelecida para ser a mesma, que será de $0,99^{1/6} = 0,9983$. O investimento necessário para isso é de $624.000, ou 93% menos do que aquele que foi necessário quando se mantinha 729 itens finais em estoque. Portanto, uma operação de montagem sob encomenda tira melhor proveito dos *buffers* disponíveis, ao empregar uma parcela de cada *buffer*, e não depender exclusivamente de um único *buffer*.

Esse conceito pode ser estendido ainda mais acrescentando um *lead time* adicional, já que o cliente típico para tal item não costuma entrar em uma loja exigindo-o a pronta-entrega. Para relações entre empresas, e até mesmo para relações de empresas com clientes, quando uma encomenda é feita por telefone ou pela Internet, geralmente há um tempo alocado para que se realize a montagem antes do envio. Caso haja tempo para realizar a montagem, pode haver ainda mais tempo para permitir a coleta dos componentes. Em outras palavras, se os *lead times* de fornecedor forem longos, pode-se tolerar níveis de serviço mais baixos do que no exemplo anterior. Na verdade, se os tempos de reabastecimento, incluindo a variabilidade em torno do *lead time* do fornecedor, forem menores do que aqueles oferecidos aos clientes, *zero* estoque de segurança será necessário, e o único estoque mantido será o que fica restando a partir de uma quantidade ideal de reposição! O emprego de um *buffer* de tempo permite que o *buffer* de estoque seja bem menor do que seria se não houvesse nenhum *buffer* de tempo (ou seja, se o cliente impusesse uma demanda imediata em relação ao item).

Modelando fluxos

É nos fluxos que toda ação acontece. É em um fluxo que as matérias-primas são transformadas em algo mais próximo daquilo que o cliente precisa e do que ele está disposto a pagar. Um componente pode ser montado com outros componentes para realizar uma submontagem ou mesmo uma montagem final. Ou um lingote pode ser usinado e transformado em algo que um cliente queira comprar.

Um *fluxo* é um *conjunto de roteiros*. Cada roteiro apanha algum material junto a uma área de estocagem e o transforma por meio de, pelo menos, uma etapa de processamento, deixando-o em outra área de estocagem. No Capítulo 3, alguns gráficos de desempenho, a lei de Little e a equação *VUT* foram introduzidos. Agora veremos onde algumas dessas relações se originaram.

Lei de Little

Em uma linha de produção, há três parâmetros importantes: a taxa em que ela produz (produtividade, ou PR), quanto trabalho em processamento há na linha (WIP) e quanto tempo demora para atravessar toda a linha (*cycle time*, ou CT). Os três estão fundamentalmente relacionados.

Considere a Figura 4-7, representando o WIP de um sistema com uma única máquina como função do tempo. As tarefas têm diferentes tempos de processamento: A e B levam quatro horas, C leva três horas, enquanto D leva cinco horas para ser concluída. A tarefa A entra em ação na segunda hora, B entra em seguida na hora 3, C entra na hora 5 e, finalmente, D entra na hora 15. A simulação se encerra na hora 20. Qual é o WIP médio, o CT médio e a PR média ao longo desse período?

A PR média é fácil: 4 tarefas em 20 horas; PR = 4/20 = 1/5 tarefa por hora. O *cycle time* também é fácil. A tarefa A leva 4 horas, a B leva 7, a C leva 8 e a D leva 5 no sistema. A média é de 24/4 = 6 horas. O WIP médio também é fácil: basta somar quanto WIP há em cada período e dividir o resultado pelo número de períodos. É importante ressaltar que a soma do WIP em cada período é igual à soma dos *cycle times*. No caso dos *cycle times*,

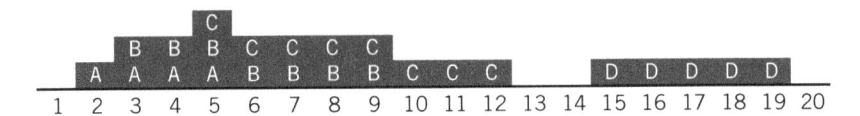

Figura 4-7 Ilustração da lei de Little.

estamos contando da esquerda para a direita, e no caso do WIP, contamos de baixo para cima, mas o total é o mesmo, 24. Portanto, a média de WIP será de 24/20 = 6/5. Consideremos as médias como WIP, CT e PR. Então, 6 × 1/5 = 6/5 ou, em geral:

$$WIP = PR \times CT$$

a qual é conhecida como a *lei de Little*. Repare que as tarefas não precisaram ter os mesmos tempos de processamento, nem chegar em qualquer padrão específico para isso ser válido. Portanto, trata-se de um resultado bastante geral. Contudo, há um sutil passe de mágica realizado na derivação. O exercício começou e acabou em um período ocioso (isto é, quando não havia WIP algum no sistema). Isso facilitou os cálculos, mas não se trata de uma regra geral. Se houvesse WIP ao final do período, as médias ficariam um tanto distorcidas. Ainda assim, esse termo torna-se insignificante conforme o período vai ficando cada vez mais longo. Além disso, para que o sistema seja estável, *deve* haver alguns períodos de ociosidade.

Observe que a definição de giro de estoque é uma aplicação da lei de Little, mas com uma leve variação. Utilizando o WIP para representar o estoque (embora o WIP não seja estoque, estritamente falando) e a PR para representar as vendas, temos:

$$\frac{PR}{WIP} = \frac{1}{CT}$$

Assim, o giro de estoque tem uma dimensão de 1/tempo.

Análise de capacidade

É sempre importante saber quanta capacidade possui um determinado fluxo. Isso é determinado pelo gargalo da linha. O *gargalo* é definido como o centro de processamento que apresenta a maior utilização no longo prazo. Conforme definido anteriormente, *utilização* é a fração de tempo durante a qual o centro de processamento não está ocioso por falta de peças. Vejamos agora as duas linhas mostradas na Figura 4-8. Qual processo é o gargalo na linha superior? Claramente, a segunda estação de trabalho terá a maior utilização em qualquer demanda, já que ela apresenta o tempo de processamento mais longo, e todas as estações de trabalho "veem" a mesma demanda.

Vejamos agora a segunda linha. Depois da primeira estação de trabalho, 60% da produtividade é jogada fora na forma de sucata. Portanto, a segunda e a terceira estações de trabalho veem apenas 40% da produtividade original. Neste

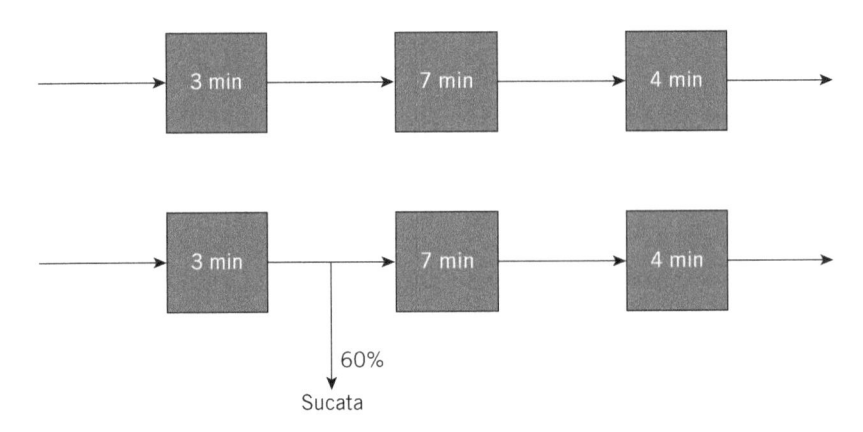

Figura 4-8 Duas linhas de produção simples.

caso, a primeira estação de trabalho apresentará a mais alta utilização e, por isso, será o gargalo. Vejamos como isso funciona.

Suponhamos que 8 peças por hora cheguem ao topo da linha. Quais são as utilizações das diversas estações de trabalho? Dentro de uma hora, a primeira estação de trabalho exige 24 minutos, a segunda, 56 minutos e a terceira, 32 minutos. Assim, as utilizações são 24/60 = 0,4, 56/60 = 0,93 e 32/60 = 0,53, e o gargalo deve ser a segunda estação de trabalho com uma utilização de 93%.

Na linha inferior, a primeira estação de trabalho vê 8 peças por hora, mas a segunda e a terceira estações de trabalho veem apenas 3,2 peças por hora (o que significa que elas poderiam ver 3 peças em 80% das horas e 4 peças em 20% das horas; uma média de inteiros pode com certeza ser um número não inteiro). Novamente, a utilização da primeira estação de trabalho é de 0,4. A da segunda é de 3,2 × 7/60 = 0,37, e a da terceira é de 3,2 × 4/60 = 0,21, então a primeira estação de trabalho se torna o gargalo.

Agora, qual é a *capacidade* das duas linhas? Em outras palavras, qual é o máximo que elas conseguiriam produzir sem se preocuparem com o *cycle time* e o WIP? A capacidade máxima será a produção final da linha, quando o gargalo apresentar 100% de utilização. Na primeira linha, 8 unidades por hora resultam em 0,93 de utilização. Para alcançar 100% de utilização, 8/0,93 = 8,57 unidades por hora precisariam ser iniciadas (confira para ver se a utilização está agora em 100%). A segunda linha finalizava apenas 3,2 unidades por hora, com 8 unidades chegando por hora, e apresentava uma utilização máxima de 0,4. Portanto, a capacidade dessa linha seria de 3,2/0,4 = 8 unidades por hora. Contudo, para alcançar essa produtividade, a segunda linha precisaria começar com 8/0,4 = 20 unidades por hora. Logo, ambas as linhas apresentam praticamente a mesma capacidade, embora a segunda linha transforme 60% dos insumos em sucata.

O que aconteceria se a sucata fosse gerada *depois* da segunda estação, e não antes dela? A segunda estação seguiria sendo o gargalo, e 8,57 unidades por hora representariam a taxa máxima de *entrada*. Mas apenas 40% dessa entrada acabaria sendo finalizada para uma capacidade de 3,43 por hora.

Vejamos agora o que acontece quando há retrabalho. A Figura 4-9 mostra uma linha com três estações de trabalho com cada máquina apresentando uma capacidade nominal de 110 unidades por hora. Porém, 20% dos produtos vindos da primeira estação acabam virando sucata (em média), ao passo que 30% das unidades que passam pela segunda estação de trabalho precisam ser retrabalhadas (para manter a simplicidade do exemplo, o retrabalho ocorre, no máximo, uma única vez, então não há retrabalho do retrabalho). A última estação de trabalho não apresenta tais problemas. Qual é a capacidade da linha?

Uma maneira fácil de calcular a capacidade é supor uma certa produtividade e encontrar a utilização, e então dividir a produção final pela utilização. Assim, suponha uma taxa de entrada de 100 unidades por hora. Perceba que a produção final será de 80 unidades por hora, e não depende de retrabalho. Isso pode ser surpreendente, mas o retrabalho não tem efeito algum sobre a produtividade no *longo prazo*. Para enxergar isso, observe o retângulo tracejado ao redor da segunda máquina. Uma lei da física declara que "a matéria sempre se conserva"; portanto, tudo que flui para dentro do sistema acaba fluindo para fora. Se começarmos com 100 unidades por hora, mas 20 forem perdidas, então 80 precisam entrar e 80 precisam sair.

Então qual é a *carga*, ou a quantidade de trabalho, vista por cada máquina? Claramente, a primeira máquina vê 100 unidades por hora. A segunda máquina

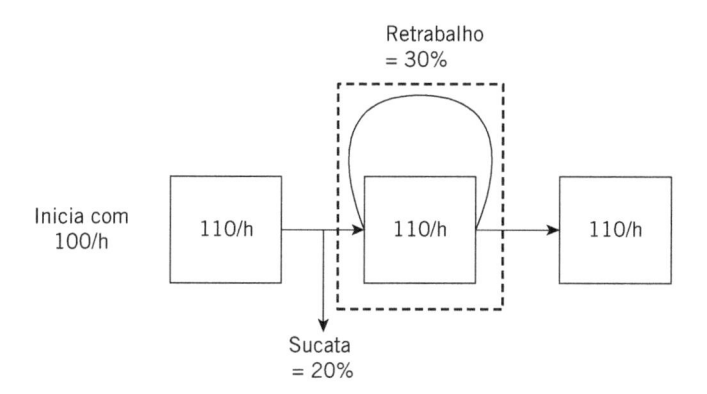

Figura 4-9 Linha de produção com retrabalho e sucata.

vê 80 unidades entrando, mas 30% delas são trabalhadas em dobro. Assim, ela vê 80(1 + 0,3) = 104 unidades por hora. Por fim, a última máquina vê 80 unidades por hora. Portanto, a utilização será:

$$\mu_1 = \frac{100}{110} = 0{,}9091$$

$$\mu_2 = \frac{104}{110} = 0{,}9455$$

$$\mu_3 = \frac{80}{110} = 0{,}7273$$

Se, ao iniciarmos com 100 unidades por hora, acabamos com uma utilização no gargalo de 94,55%, então a capacidade da linha será de:

$$\text{Capacidade} = \frac{100}{0{,}9455} = 105{,}77 \text{ unidades/h}$$

Para confirmar, use este número como a taxa de entrada. Obviamente, apenas 80%, ou 84,6 unidades por hora, chegam à segunda máquina. Esse total é processado 1,3 vezes em média, então a carga é de 84,6 × 1,3 = 110 unidades por hora – exatamente a capacidade da segunda máquina.

Considere agora uma linha que produz mais do que um produto (Tabela 4-5). O produto A leva três, sete e quatro minutos, como na Figura 4-8. O produto B leva cinco minutos em cada estação de trabalho, enquanto o produto C leva seis, dois e sete minutos, respectivamente. Qual é a capacidade se A, B e C apresentarem demanda igual? A demanda igual mais simples para se fazer os cálculos é de uma peça por hora para cada parte. Para fabricar uma unidade de cada peça, seriam necessários 14 minutos na máquina 1, 14 minutos na máquina 2 e 16 minutos na máquina 3. A máquina 3 é a restrição nesse *mix* de

Tabela 4-5 Tempos de processamento para vários produtos

Máquina	Produto		
	A	B	C
1	3	5	6
2	7	5	2
3	4	5	7
Total	14	15	15

produtos. A utilização da máquina 3 é de [(4 ×1 × 0,33) + (5 × 1 × 0,33) + (7 × 1 × 0,33)]/60 × 100 = 8,89%; portanto, a capacidade da linha seria de 1/0,889 = 11,25 peças por hora. Se somente a peça B fosse fabricada, a capacidade seria de 12 peças por hora (uma peça a cada cinco minutos). E se apenas a peça C fosse fabricada, a capacidade seria a mesma da fabricação exclusiva da peça A, ou seja, 60/7, ou 8,57. Ainda que a peça B exija um total de 15 minutos por peça, uma quantidade maior dela pode ser fabricada do que da parte A ou C, já que o processo mais longo é de 5 e não de 7 minutos.

Como um exemplo final, caso 11 peças por hora fossem iniciadas com um *mix* de produtos com 25% de A, 50% de B e 25% de C, a máquina 3 representaria o gargalo com uma utilização de 96,25%. As máquinas 1 e 2 apresentariam, cada uma, uma utilização de 87%. Como ilustração, o cálculo da utilização da máquina 1 seria: [(3 × 11 × 0,25) + (5 × 11 × 0,5) + (6 × 11 × 0,25)]/60 = 0,87, ou 87%.

A capacidade da linha seria de 11/0,9625, ou de 11,4 peças por hora.

Outros "detratores" incluem os tempos de preparação e os períodos de inatividade. A Tabela 4-6 soma os tempos de preparação, os tamanhos dos lotes e as disponibilidades das máquinas referentes ao exemplo anterior.

Como a disponibilidade da máquina indica o percentual de tempo em que ela fica disponível para produção, quanto maior a disponibilidade, menor o seu tempo de ociosidade. A disponibilidade A pode ou ser dada ou ser calculada a partir do *tempo médio entre falhas* (MTBF – *mean time between failure*) da máquina e de seu *tempo médio para reparos* (MTTR – *mean time to repair*), ou seja:

$$A = \frac{MTBF}{MTBF + MTTR}$$

Se uma máquina apresentar 90% de disponibilidade, então sua *taxa de produção efetiva* será 90% de sua taxa de produção nominal. Da mesma forma, seu *tempo de operação efetivo* é o tempo de operação nominal dividido por 0,9. No exemplo,

Tabela 4-6 Tabela de tempos de processamento, tempos de preparação, tamanhos de lote e disponibilidade

Máquina	Disponib	Tempos de processamento			Tempos de preparação		
		A	B	C	A	B	C
1	0,90	3	5	6	55	60	75
2	1,00	7	5	2	5	20	45
3	0,95	4	5	7	50	75	30
Tamanho do lote		70	200	50			

isso significaria que o tempo de operação nominal para uma unidade do produto A, fabricado na máquina 1, seria de 3/0,9 = 3,33 minutos. Caso 100 peças fossem fabricadas, o tempo total de produção (sem preparações) seria de 333 minutos.

Os tempos de preparação costumam ocorrer quando a máquina não está rodando e, portanto, não é afetado pela disponibilidade. O tempo total decorrido fazendo preparações depende do número de lotes processados, com uma preparação por lote. Se 500 unidades de A são fabricadas por mês e se o tamanho dos lotes é de 70, em média, 500/70 = 7,14 preparações serão feitas por mês. Na maioria dos meses ocorrerá apenas 7 preparações, enquanto 14% dos meses terão 8 preparações. Caso o tempo de preparação da máquina A seja de 55 minutos em média, cerca de 393 minutos por mês serão gastos fazendo preparações. Sendo assim, se Q é o tamanho dos lotes, T é o tempo de processamento e S é o tempo de preparação em uma máquina, com uma disponibilidade de A, o tempo para se produzir D unidades será de:

$$\text{Tempo de processamento e preparação} = \frac{DT}{A} + \frac{D}{Q}S$$

onde o primeiro termo é o tempo que leva para se fabricar as unidades (incluindo o tempo de inatividade da máquina), e o segundo termo é o tempo total de preparação. Para obter o tempo total para uma determinada máquina, basta somar os tempos para cada produto, ou seja:

$$\text{Tempo total} = \sum_i \frac{D_i T_i}{A} + \frac{D_i}{Q_i} S_i$$

Então, para obter a utilização de uma máquina, o tempo total necessário é dividido pelo tempo disponível. A Tabela 4-7 apresenta os detalhes do cálculo referente ao exemplo anterior, com uma demanda total de 2 mil unidades divididas como antes com 25% de A, 50% de B e 25% de C. O tempo disponível é de 14.994 minutos por mês, em que 21 dias são trabalhados, e cada dia conta com 14 horas de trabalho e com um fator de eficiência de 85%. O nível mais elevado de utilização é de 80,6%, o que implica uma capacidade de 2.000/0,806 = 2.481 unidades por mês. Obviamente, com variabilidade, a produtividade ficará restrita a algo um pouco abaixo desse valor.

Eficiência global dos equipamentos

Antes de passarmos para a questão da capacidade, vamos examinar *a eficiência global dos equipamentos* (OEE – *overall equipment effectiviness*), popularizada

Tabela 4-7 Cálculo da utilização para uma linha de multiprodutos com três máquinas

Demanda total	2.000	25%	50%	25%			
Tempo disponível	14.994	A	B	C			
Demanda do produto		500	1.000	500			
Nº de lotes		7.143	5.000	10.000			
Tempo de processamento (inc. inatividade)	1	1.666,67	5.555,56	3.333,33			
	2	3.500,00	5.000,00	1.000,00			
	3	2.105,26	5.263,16	3.684,21			
Tempo de preparação	1	392,86	300,00	750,00			
	2	392,86	100,00	450,00			
	3	357,14	375,00	300,00			
Tempo total	1	2.059,52	5.855,56	4.083,33	11.998,41	80,02%	
	2	3.892,86	5.100,00	1.450,00	10.442,86	69,65%	
	3	2.462,41	5.638,16	3.984,21	12.084,77	80,60%	

pela primeira vez nos anos 1980. O objetivo da OEE é identificar as origens das perdas de produção para que possam ser atacadas e melhoradas. Embora haja muitas definições, usaremos uma que parece ser a mais comum:

$$OEE = A \times P \times Y$$

onde A = disponibilidade, como antes, P = eficiência de produção, dada pela taxa de processamento real dividida pela taxa de processamento teórica, e Y = rendimento, calculado dividindo a quantidade de peças boas produzidas pelo total de peças produzidas.

Um grande problema da OEE é o fator P. Quando a demanda é baixa, então esse fator será baixo. O que pode ou não ser um problema. Deixar uma máquina rodando só para que ela não fique parada é uma "perda" básica, conforme definido por Ohno, a perda por superprodução. No entanto, se a demanda excede a capacidade ou se turnos extras se fazem necessários para atender à demanda, então pode ser bastante útil monitorar a OEE do *gargalo*. Seja como for, não parece haver muita utilidade em monitorar a OEE em outros locais que não o gargalo.

Outro problema é que a OEE não oferece qualquer informação sobre a utilização da capacidade para ajudar a identificar o gargalo. Considere as duas máquinas na Tabela 4-8. Qual máquina deve ser abordada primeiro, para melhorias? Qual máquina é o gargalo? A OEE da primeira máquina é de 73%, ao passo que a da segunda é de apenas 48%. Contudo, se a utilização for calculada usando-se a taxa real de processamento como demanda, então a primeira máquina apresentará uma utilização de 98,7%, enquanto a segunda estará em 86,2%. Claramente, a primeira máquina é o gargalo e está prestes a esgotar sua capacidade, ao passo que a segunda está operando com um *buffer* saudável, sem ser dispendioso demais.

Se um gestor realmente quiser saber quanta capacidade é desperdiçada em coisas como rendimento, inatividade e outros parâmetros desse tipo, então ele deve definir uma nova OEE, chamada OEE_{FP}, como:

$$OEE_{FP} = \frac{\text{capacidade efetiva}}{\text{capacidade sem distorções}}$$

$$= \frac{QY}{\frac{S}{T} + \frac{Q}{A}}$$

Capacidade efetiva = $QY/(S + QT/A)$ e capacidade sem distorções = $1/T$. Usando o cálculo da OEE_{FP}, obtemos como resultado um valor de OEE de 74,1% para a primeira máquina e de 74,3% para a segunda. Esses percentuais mostram qual parcela da taxa de processamento teórica $1/T$ está realmente disponível para uso. Tal parâmetro deve ser útil na identificação de áreas em

Tabela 4-8 Qual máquina é o problema?

	Máquina 1	Máquina 2
Taxa real de processamento (isto é, demanda)	800 unidades/h	800 unidades/h
Taxa de processamento teórica	1.094 unidades/h	1.249 unidades/h
Disponibilidade	100%	79%
Tempo de preparação, tamanho do lote	100%	94%
Preparação, tamanho dos lotes	8h, 25.000	0h, 1.000

que uma máquina pode ser melhorada e também poderia ser usado, da mesma maneira que a OEE, para melhorar os gargalos.

Desempenho na melhor das hipóteses

No Capítulo 3, foram introduzidos gráficos para retratar o desempenho na melhor das hipóteses e aquilo que chamamos de desempenho *marginal*. Agora vamos mostrar de onde eles vêm e repassar ao usuário um pouco de intuição sobre como os sistemas de fluxo se comportam.

O desempenho na melhor das hipóteses será aquele com os menores tempos de espera ou as menores filas. Considere a linha superior na Figura 4-8. O *cycle time* mínimo ocorrerá se liberarmos uma operação por vez (para evitar a formação de filas) e será de 14 minutos. A isso chamamos de *tempo de processamento bruto* (TPB). A produtividade máxima será a taxa de gargalo (TG). Na discussão anterior a respeito de capacidade, a taxa de gargalo era de 1/7. A lei de Little mostra que o WIP para tal desempenho será de:

$$WIP_{crítico} = TG \times TPB$$
$$= \frac{1}{7} \times 14 = 2$$

e o designa como *WIP crítico*. Então, vejamos o que aconteceria se duas operações fossem mantidas no sistema. Em outras palavras, comece com duas operações, e sempre que uma for concluída, inicie outra para sempre manter o WIP em dois.

Depois de um tempo, a produção final máxima ocorre sem formação de fila. Ou seja, melhor impossível. Após um breve período "passageiro" de 10 minutos, a linha estará carregada com o nível crítico de WIP e uma operação vai começar na estação de trabalho 2 enquanto a segunda começa na estação de trabalho 3. Depois de quatro minutos, a segunda operação sairá, e uma terceira operação começa na estação de trabalho 1. Três minutos depois, a operação é concluída exatamente ao mesmo tempo (sete minutos depois de ter sido iniciada) que a primeira operação. Ambas começam então a se movimentar ao mesmo tempo, operação um para a estação de trabalho 3 e operação três para a estação de trabalho 2, e o ciclo se repete. Observe que a máquina 2, o gargalo, nunca fica ociosa e, ao mesmo tempo, nunca forma fila – um feito notável. Lembre-se de que uma estocagem operando com variabilidade zero exigiria estoque *zero* para alcançar o desempenho máximo, indicado pela taxa de atendimento de 100%. No entanto, para que um fluxo tenha desempenho ideal (produtividade máxima com *cycle time* mínimo), *é necessário haver algum WIP*. Para o fluxo, o ideal não é zero, e sim o WIP crítico. Em tais condições, uma operação chega ao sistema *exatamente quando a operação anterior deixa o sistema, e nunca antes disso*. Portanto, um fluxo de produção não deve ser conduzido com esse baixo nível de WIP. Por quê? Porque, com qualquer variabilidade, a produtividade cairá substancialmente abaixo da TG. Examinemos, então, o impacto da variabilidade sobre um fluxo.

Efeito da variabilidade

A variabilidade está por todo lugar. Em tudo há efeitos da variação e da aleatoriedade. A variabilidade na demanda e nos tempos de reabastecimento foi discutida anteriormente. Mas há variabilidade também no processamento. De que forma isso afeta uma linha de produção?

Um gestor poderia pensar: "Certo, então existe variabilidade. Simplesmente vou usar o tempo médio de processamento e obter o desempenho médio". Infelizmente, não é assim que as coisas funcionam.

Considere um sistema de dois estágios com fluxo contínuo e tempos de processamento que em metade do tempo são rápidos (três unidades por minuto) e na outra metade são lentos (duas unidades por minuto). A taxa média é de 2,5 unidades por minuto. Mas não é isso que se obtém como resultado. Se ambas as máquinas forem rápidas, então a produção final será rápida. Mas se a primeira máquina for rápida, e a outra lenta, então a produção final será lenta (a primeira máquina é "bloqueada" pela segunda máquina). Da mesma forma, se a primeira máquina for lenta, e a segunda rápida, então a produção final também será lenta (a segunda máquina fica "à míngua" esperando pela primeira). E, é claro, se as duas máquinas forem lentas, a produção final será lenta. A chance de ocorrência de qualquer um desses quatro cenários é a mesma, com uma probabilidade de 1/4. Portanto, em três quartos do tempo a tarefa vai gerar duas unidades por minuto, e em um quarto do tempo, três unidades por minuto. Então, a taxa média de produção é $(0,75 \times 2) + (0,25 \times 3) = 2,25$ unidades por minuto. De fato, sempre que houver variabilidade, o desempenho de uma linha de produção cairá.

No Capítulo 3, discutimos a presença de *buffers* sempre que há variabilidade. O comportamento natural das operações é tal que, se houver bastante capacidade extra, os tempos de espera não devem ser longos. Vamos supor que o sistema mostrado na Figura 4-10 tenha uma demanda de apenas uma peça por hora (lembre-se de que a capacidade é de 2,5 unidades por minuto). Nenhuma fila jamais se formaria porque cada peça seria recebida por um sistema vazio. Obviamente, se as peças chegassem a uma taxa de uma por *minuto*, o sistema desenvolveria uma fila cada vez mais longa à medida que o tempo fosse passando. Tal sistema é considerado *instável*, porque, cedo ou tarde, ele acabará

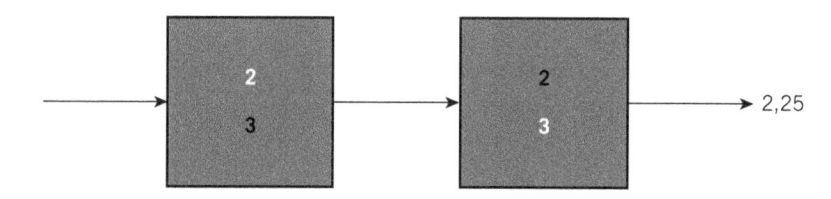

Figura 4-10 Um sistema de dois estágios com taxas de processamento aleatórias.

falhando. Na verdade, mesmo sistemas em que a demanda é igual à capacidade são, no longo prazo, instáveis. A causa é a variabilidade.

Vejamos agora uma versão de nossa linha anterior de três máquinas que permite a formação de filas e na qual a demanda é igual à capacidade. As operações vão chegando, em média, a cada 3,5 minutos. Mas o tempo entre as chegadas é determinado pela jogada de um dado: 1, 2, 3 ..., 6, com uma média de 3,5. Neste caso, há três máquinas e os tempos de processamento também são ditados pela jogada de um dado. A primeira operação encontra o sistema vazio, então seu *cycle time* deve ser, em média, de 10,5. Caso não houvesse variabilidade alguma, cada uma das operações seguintes apresentaria os mesmos *cycle times*. Mas não é isso que acontece quando a variabilidade é incluída.

A Tabela 4-9 mostra os resultados do dado para 15 operações. Os tempos de processamento estão nas colunas mais à direita e são aleatórios como a jogada de um dado, com a primeira operação apresentando 4, 5 e 1 nas máquinas 1, 2 e 3, respectivamente. Para a coluna chamada "Tempo de Chegada", os dados deram 6 para a primeira operação, 3 para a segunda (chegando em 6 + 3 = 9), 2 para a operação 3 (chegando em 11), e assim por diante. O tempo de chegada para a segunda máquina corresponde simplesmente ao tempo de conclusão na primeira máquina. Mas, talvez, a operação não possa ser iniciada, quando ela chega, se a máquina ainda estiver ocupada com a operação anterior. Isso fica claro na figura. Repare na terceira operação na segunda máquina. A operação 3 é concluída na máquina 1 no tempo 15, e a operação 2 é concluída na máquina 2 no tempo 19, fazendo com que a operação 3 não possa ser iniciada na máquina 2 até o tempo 19, o maior entre os dois. O tempo de processamento para a operação 3 na máquina 2 é de 3; isso é mostrado na terceira fileira na coluna "M2" de "Tempos de Processamento". A operação 3 inicia na máquina 2, no tempo 19, e é concluída na máquina 2, no tempo 22. Assim, nenhuma tarefa pode ser iniciada até sua chegada *e* até que a operação anterior já tenha partido, o que ocorrer mais tarde. Depois que uma operação é iniciada, ela é concluída após um período de processamento aleatório. Portanto, o tempo de conclusão em

Tabela 4-9 *Cycle times* usando-se a jogada de um dado

Tarefa	Tempo de chegada	Tempos de conclusão			Cycle time	Tempos de processamento		
		M1	M2	M3		M1	M2	M3
1	6	10	15	16	10	4	5	1
2	9	14	19	23	14	4	4	4
3	11	15	22	25	14	1	3	2
4	16	21	27	29	13	5	5	2
5	20	25	29	33	13	4	2	4
6	26	30	31	36	10	4	1	3
7	32	36	42	47	15	4	6	5
8	34	38	44	51	17	2	2	4
9	37	39	45	55	18	1	1	4
10	38	41	50	58	20	2	5	3
11	43	46	56	61	18	3	6	3
12	45	48	62	63	18	2	6	1
13	49	51	66	68	19	2	4	2
14	52	53	72	78	26	1	6	6
15	54	56	74	80	26	2	2	2

uma determinada máquina será o tempo mais longo entre o momento em que a operação chega à estação e o momento em que a operação anterior é concluída mais o tempo de processamento.

Isso pode ficar confuso na prosa, então vejamos se algumas notações facilitam a explicação. Seja $C_{i,j}$ o tempo em que a j-ésima operação é concluída na i-ésima máquina, e seja $P_{i,j}$ o tempo de processamento para tal operação nesta máquina. Então:

$$C_{i,j} = \max\{C_{i,j-1}, C_{i-1,j}\} + P_{i,j}$$

Esta é uma explicação intuitiva. Matematicamente, a razão para a formação de fila é que:

$$E[\max\{X,Y\}] \geq \max\{E[X], E[Y]\}$$

Isso significa que o valor esperado (a média) do máximo de dois números aleatórios não será menor do que o máximo dos valores esperados (e, no mais das vezes, será maior). O que fica claro ao jogar dois dados. O valor esperado de um lance de um único dado é de 3,5, mas quando dois dados são lançados, o valor esperado do máximo dos dois será maior do que 3,5, ficando em torno de 4,5.

Não apenas os *cycle times* em nossa linha de três máquinas são mais longos do que veríamos sem qualquer variabilidade, como também parecem estar aumentando com o tempo. Isso é o que esperaríamos, já que o sistema tem uma taxa de chegada igual à sua capacidade e, portanto, apresenta 100% de utilização, como veremos agora.

Parâmetros de variabilidade

Em estatística, a média de um conjunto de números aleatórios é calculada para indicar a sua *tendência central*, e o desvio padrão ou a variância indica a quantidade de *dispersão* nos dados. Anteriormente, ao discutirmos a demanda, calculamos a média d e a variância σ_d^2 para caracterizar a demanda, bem como computamos uma *razão entre variância e média* (RVM) = σ_d^2/d para fornecer informações relativas à aleatoriedade inerente. Acontece que a RVM pode ser inflada pela chegada de lotes. Se houver, por exemplo, demandas de Poisson (isto é, se a variância no número de demandas for igual ao número médio de demandas), mas cada demanda for para 100 unidades, a RVM não será 1, e sim 100. Como a demanda real muitas vezes é para mais de uma unidade, a RVM costuma ser maior do que 1, ainda que o número de demandas possa ser de Poisson.

Ao discutirmos a variabilidade do tempo de processamento, fazemos algo similar. Calculamos o tempo de processamento médio, e o simbolizamos ou como T, ou como t_e, dependendo do contexto. Utilizamos o e subscrito para indicar o *tempo efetivo de processamento*. *Efetivo* significa que todos os componentes do tempo de processamento são levados em consideração, incluindo o tempo real alocado para processamento, preparação, inatividade, retrabalho, e assim por diante (ver Capítulo 8 do livro *A Ciência da Fábrica* para uma análise completa). Da mesma forma, a variância é σ^2 ou σ_e^2. Por fim, o quadrado do coeficiente de variação $QCV_e = \sigma_e^2/t_e^2$ é calculado para caracterizar a aleatoriedade inerente aos tempos efetivos de processamento. O tempo bruto de processamento para a linha torna-se então a soma de todos os tempos efetivos médios de processamento.

Dividimos a variabilidade em três classes baseadas no CV, conforme mostrado na Tabela 4-10.

Observe que a baixa variabilidade apresenta valores de QCV que são significativamente menores do que 1, enquanto a alta variabilidade apresenta valores de QCV que ficam significativamente acima de 1. A variabilidade moderada apresenta valores de QCV próximos de 1.

Tabela 4-10 Três classes de variabilidade

Classe de variabilidade	Coeficiente de variação	Exemplo
Baixa variabilidade	0 ≤ CV ≤ 3/4	Operação/tempos de processamento sem qualquer interrupção
Variabilidade moderada	3/4 < CV ≤ 4/3	Operação/tempos de processamento com breves interrupções
Alta variabilidade	CV > 4/3	Operação/tempos de processamento com longas interrupções

A taxa de ambas as máquina na Figura 4-10 era de dois com uma probabilidade de 1/2, e de 3 com uma probabilidade de 1/2. Isso corresponde aos tempos de processamento de 1/2 e 1/3 cada um, com uma probabilidade de 1/2. Assim, a média será de $T = 5/12$ e a variância $\sigma_e^2 = 1/144$, com o $QCV_e = 1/25$, tornando o $CV_e = 1/5$, o que indicaria um nível baixo de variabilidade de tempo de processamento.

Efeitos de formação de fila

Sem qualquer variabilidade, a teoria das filas fica bem fácil. Se a utilização estiver abaixo de 100%, o tempo em fila será de 0. Se a utilização estiver acima de 100%, a fila torna-se ilimitada à medida que o tempo avança para o infinito, conforme vimos no exemplo com o dado.

Entretanto, com variabilidade, pode haver uma fila mesmo quando a utilização está abaixo de 100%. A Figura 4-11 representa uma linha de produção com variabilidade (indicada pela nuvem). O eixo x representa o *cycle time*; neste caso, ele é igual ao tempo de processamento T. O eixo y representa a demanda, com a média igual a d e a variância da demanda indicada por V. Repare que a produção média precisa ser igual à demanda média no longo prazo. Se a produção excedesse a demanda, o estoque continuaria a crescer, ao passo que, se a produção fosse menor do que a demanda, as encomendas em atraso cresceriam sem limite algum. Neste caso, a taxa de gargalo (TG) fica estabelecida bem mais acima do que a demanda média, de tal modo que a demanda média (quase) nunca ultrapassa a capacidade. Consequentemente, jamais há qualquer formação de fila; logo, o *cycle time* seja igual ao tempo de processamento T.

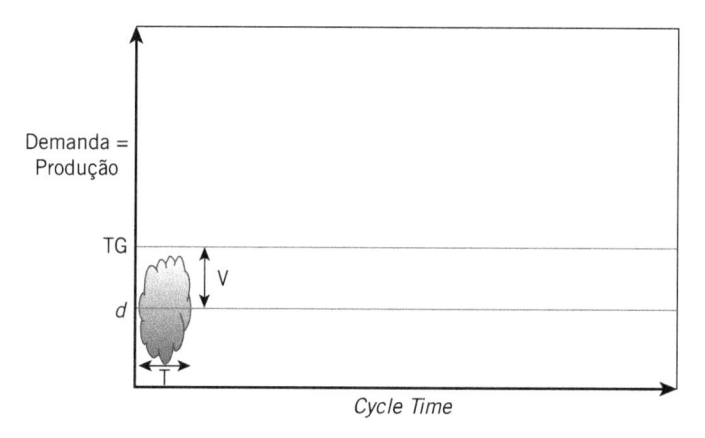

Figura 4-11 Representação de um sistema de produção com variabilidade.

A Figura 4-12 mostra o que acontece quando a capacidade é reduzida. Como a produção não pode exceder a capacidade, a nuvem fica achatada, mas ainda permanece um tanto simétrica em torno da demanda média. Como a variabilidade precisa "ir" para algum lugar, podemos imaginá-la como sendo transferida da variabilidade de *capacidade* para a variabilidade de *tempo*. Tal *derivação* não é rigorosa, mas ajuda a ilustrar esse comportamento natural.

Caso a quantidade de variabilidade permaneça constante, então a área simbolizada por $V \times T$ deve ser igual àquela dada por CT (TG – d). Isso propicia uma maneira intuitiva de estimar o *cycle time* (CT):

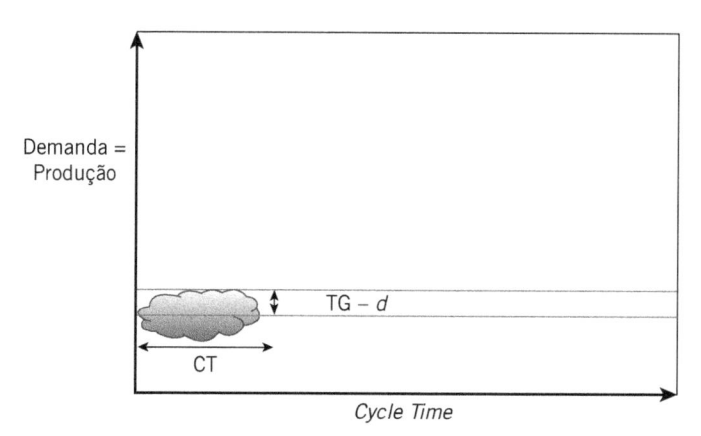

Figura 4-12 Sistema de produção com variabilidade tendo menos capacidade.

$$V \times T = \text{CT}(\text{BNR} - d)$$

$$\text{CT} = \frac{V \times T}{\text{BNR} - d}$$

$$= \frac{V \times T^2}{1 - u}$$

$$= \left(\frac{V}{d}\right)\frac{u}{1-u}T$$

$$= \text{VMR}\frac{u}{1-u}T$$

onde RVM é a razão entre variância e média de toda a variação. Isso seria a soma das variâncias de demanda e de produção dividida pela demanda média (que é também a produção média). Além disso, para uma estação com uma única máquina, TG = 1/T. O que proporciona uma aproximação bastante boa para o *cycle time*, sobretudo para valores relativamente altos de utilização u. No entanto, uma aproximação um pouco melhor é:

$$\text{CT}_q = \frac{\text{RVM}_d + \text{QCV}_e}{2}\frac{u}{1-u}T$$

onde CT_q = *cycle time* médio em fila, RVM_d = razão entre variância e média da demanda e QCV_e = quadrado do coeficiente de variação (isto é, a variação dividida pela média ao quadrado) dos tempos de processamento. Então, a aproximação para o *cycle time* total é simplesmente CT = CT_q + T.

Com a chegada dos lotes, costumamos calcular o tempo em fila dos *lotes* em vez do tempo em fila das unidades individuais. Neste caso, a RVM_d é para a chegada de lotes. Da mesma forma, os parâmetros QCV_e e T são para um lote, e não para uma única unidade. Similar à relação entre a RVM para chegada de lotes e chegada unitária, o QCV para um lote de Q peças e o QCV para unidades individuais se relacionam da seguinte forma:

$$\text{QCV}_Q = \frac{\text{QCV}_1}{Q}$$

Uma maneira simplificada de escrever isso é:

$$\text{CT}_q = VUT$$

Esta equação VUT mostra uma história interessante. Ela diz que o tempo de espera em fila é igual a um coeficiente de variabilidade sem qualquer dimensão multiplicado por uma constante de utilização sem qualquer dimensão (não a utilização, e sim uma função da utilização) multiplicado pelo tempo médio de processamento. Os coeficientes são *multiplicados*, não somados. Assim, a equação VUT é uma representação de uma relação de custo/benefício entre os *buffers* de tempo e de capacidade. Caso um gestor queira manter o *buffer* baixo (isto é, manter CT_q baixo), então, ou a variabilidade deve ser mantida em um mínimo, ou o fator de utilização deve ser mantido baixo. Um baixo fator de utilização implica num *buffer* de capacidade maior, como fica claro no seguinte exemplo.

Suponha, por exemplo, que um gestor decide que nenhum *cycle time* deve ser maior do que duas vezes o tempo de processamento (ou seja, CT_q igual ao tempo médio de processamento), e suponha também que a variabilidade foi estabelecida em um nível moderado (isto é, V ≈ 1). Então a equação VUT nos diria que:

$$VUT = T$$

Portanto, $VU = 1$. Mas como $V = 1$, $U = 1$. Como $U = u/(1 - u)$, $u = 0,5$, o que significa que há uma utilização de 50% do recurso. No entanto, se $V = 0,1$, então o recurso poderia ter $u = 10/11$ e manter o *cycle time* total igual ao dobro do tempo de processamento.

Outra aplicação interessante da equação VUT entra em jogo para aquelas empresas que trazem um carimbo com informações temporais em seus tempos de processamento, em estações de trabalho, e para *cycle times* por meio de um roteiro. Isso é comum na indústria de semicondutores. A apresentação desses dados significa que a empresa possui as informações de TC e T para o seu processo. Ao determinar onde é possível fazer melhorias no *cycle time*, um gestor pode utilizar as informações de CT e T, a fim de determinar o fator VUT para várias peças de uma planta. As áreas com altos valores de VUT, em geral, propiciam grandes oportunidades para melhorias.

Cycle time total

Já mencionamos a redundância encontrada na proposição: "O *cycle time* é o tempo com valor agregado mais o tempo sem valor agregado". Obviamente, tudo está na categoria A ou não está na categoria A, mas tal proposição não tem conteúdo algum, pois nada está nos dizendo. É por isso que, nesta seção, queremos dividir o *cycle time* em algumas categorias *úteis*.

1. Tempo bruto de processamento
2. Tempo de movimentação
3. Tempo de turnos diferente
4. Tempo de lote
5. Tempo em fila

Os dois componentes de maior peso costumam ser o tempo de lote e o tempo em fila. O tempo em fila já examinamos. Contudo, o tempo bruto de processamento é composto pelo tempo de processamento, tempo de lote em transferência, inatividade e tempo de preparação. O tempo bruto de processamento é o tempo médio que um único lote em transferência levará para atravessar todo um roteiro quando liberado um lote em transferência por vez. A estipulação de liberação obriga tanto a fila quanto os tempos de lote a ser zero.

Tempo bruto de processamento

O tempo bruto de processamento (TBP) de um roteiro é a soma dos TBPs de cada etapa do roteiro. O TBP de uma determinada etapa é o tempo médio que leva para se produzir um lote de peças em transferência, incluindo inatividade aleatória e tempo de preparação. Vamos utilizar a mesma notação que determinamos anteriormente e definiremos Q_t como o lote em transferência e Q como o lote em processamento, o qual deve ser um número inteiro de lotes em transferência. Então, o TBP é dado por:

$$\text{TBP} = Q_t \left(\frac{T}{A} + \frac{S}{Q} \right)$$

O termo T/A é o tempo médio para se produzir uma peça, incluindo períodos de inatividade, enquanto o S/T é o tempo médio de preparação alocado para cada peça. Para obter o TBP, multiplicamos pelo tamanho do lote em transferência Q_t. Observe como a capacidade de um centro de processamento é determinada por:

$$\text{Capacidade} = \frac{Q_t}{\text{TBP}}$$

$$= \frac{1}{\frac{T}{A} + \frac{S}{Q}}$$

$$= \frac{Q}{\frac{QT}{A} + S}$$

Pode-se perceber que esta é a capacidade a partir da última expressão. Como o denominador representa o tempo necessário para se fabricar Q peças, então a razão é simplesmente o número de peças por tempo, a capacidade.

Tempo de movimentação

O tempo de movimentação é o mais simples de descrever. Ele é meramente o tempo que leva para movimentar uma peça desde um ponto até o outro. Esse período de tempo é destacado porque muitas vezes os recursos necessários para movimentar a peça não são levados em consideração. Se os recursos de movimentação não fossem levados em conta, tal tempo seria considerado como outro tempo de processamento com a sua formação de fila associada e com seu tempo efetivo de processamento. Mas basta dizer que leva-se um certo período de tempo para ir daqui até ali, a fim de evitar os cálculos extras sem abrir mão do que é importante (a menos que os recursos de movimentação sejam escassos). Os tempos de movimentação são bastante úteis na descrição do uso de recursos externos – aqueles que não estão sob o controle do gestor. Se um gestor, por exemplo, fosse enviar chapas de metal para que fossem prensadas, o transporte e o processo de prensa poderia ser considerado como um único tempo de movimentação.

Tempo de turnos diferente

O tempo de turnos diferente ocorre quando diferentes recursos trabalham diferentes quantidades de tempo. Se o primeiro centro de processamento, por exemplo, trabalha 24 horas por dia e abastece um segundo centro de processamento que, devido à sua taxa mais rápida de produção, trabalha apenas 8 horas por dia, o WIP acabará se acumulando entre os dois durante 16 horas, quando o segundo centro estiver desativado. Então, pelas 8 horas seguintes, o segundo centro de processamento trabalharia dando conta de todo o WIP acumulado.

A partir da lei de Little, o acúmulo de WIP é meramente "*cycle time* visível". Então, quanto tempo isso adicionaria? A pior das hipóteses seria se o segundo processo ocupasse o turno inteiro de 8 horas para processar todo o WIP. Assim, o WIP se acumularia a uma taxa igual à produtividade (PR) para 16 horas e então seria processado nas 8 horas subsequentes. Um pouco de geometria mostraria que o WIP médio é 1/2 (16 × PR). Para obter o *cycle time* acumulado, a lei de Little é aplicada: divida pela PR, gerando um tempo de turnos diferente de 8 horas.

Sendo assim, se o primeiro processo trabalhar t1 horas e o segundo trabalhar t_2, e se $t_1 > t_2$, então:

$$\text{Tempo de turnos diferente} = \frac{t_1 - t_2}{2}$$

E se $t_1 \leq t_2$, então o tempo de turnos diferente = 0.

Tempo de lote

O tempo de lote é um pouco mais complexo. Considere dois tipos de lotes: *os lotes em transferência* Q_t e *os lotes em processamento* Q. Um lote em transferência é quantas peças são movimentadas entre as estações de trabalho (ou centros de processamento). O lote em processamento é quantas peças são fabricadas entre as preparações do maquinário (ou *setups*). Geralmente, um lote em processamento é um múltiplo inteiro do lote em transferência.

O tempo de lote em transferência é o tempo adicionado pelo fato de o lote em transferência ser maior do que 1. Assim, por definição, se o lote em transferência for igual a 1, o tempo de lote em transferência será igual a 0. Caso contrário, o tempo de lote em transferência será $(Q_t - 1)T$, que nada mais é do que o tempo que leva para processar mais do que uma peça.

O tempo de lote é o tempo adicionado quando se está liberando mais do que um lote em transferência por vez. Suponhamos, por exemplo, que uma máquina leva cinco minutos para processar uma peça, e que o lote em transferência é de um. Se um lote em transferência por vez (isto é, uma peça por vez) for liberado a cada 10 minutos, mais ou menos, o *cycle time* será de 5 minutos – sem formação de fila, sem formação de lote, apenas tempo de processamento. Contudo, se um lote de 6 peças fosse liberado a cada hora, ainda assim não haveria formação de fila, mas haveria efeitos de formação de lote.

A primeira peça seria concluída depois de 5 minutos, a segunda depois de 10, a terceira depois de 15, e assim por diante, conforme mostrado na Tabela 4-11. A média do *cycle time* de lote por parte seria de 17,5 minutos.

Como isso inclui o tempo de processamento, o tempo de *lote* por peça seria de 17,5 – 5 = 12,5. Uma fórmula para isso seria:

$$\text{Tempo de lote} = \frac{Q_p - Q_t}{2} t_e$$

Caso houvesse um tempo de preparação de 50 minutos, a primeira peça levaria 55 minutos, enquanto as outras levariam 5 minutos, como antes. Conforme mostrado na Tabela 4-12, o tempo total seria de 80 minutos com uma média do *cycle time* de lote de 67,5 minutos.

Tabela 4-11 Tempos de lote

	Tempo bruto de processamento	Cycle time de lote	Tempo de lote
Peça 1	5	5	0
Peça 2	5	10	5
Peça 3	5	15	10
Peça 4	5	20	15
Peça 5	5	25	20
Peça 6	5	30	25
Total	30	105	75
Média	5	17,5	12,5

Lembre-se de que o tempo bruto de processamento inclui as preparações e é uma média. Assim, tirando a média de 55, 5, 5, 5, 5 e 5, obtemos 13,3 como o tempo bruto de processamento médio. Subtraindo este valor da média do *cycle time* de lote de 67,5, obtemos 54,2 para o tempo de lote.

No entanto, essa análise "simples" *não funciona* em uma linha em série, pois as peças não chegam em um lote, exceto na primeira estação de trabalho. Talvez não haja efeitos de formação de lote nas estações de trabalho subsequentes, se a primeira estação de trabalho for significativamente mais lenta. Vejamos os tempos de processamento e preparação (em horas) para um conjunto de máquinas

Tabela 4-12 Tempos de lote quando há uma preparação

	Tempo de preparação	Tempo de processamento	Tempo bruto de processamento	Cycle time de lote	Tempo de lote
Peça 1	50	5	55	55	0
Peça 2	0	5	5	60	55
Peça 3	0	5	5	65	60
Peça 4	0	5	5	70	65
Peça 5	0	5	5	75	70
Peça 6	0	5	5	80	75
Total	50	30	80	405	325
Média	8,3	5,0	13,3	67,5	54,2

na Tabela 4-13, na próxima página. Se liberarmos um lote de quatro unidades, os *cycle times* dependerão da ordem das máquinas.

A Figura 4-13, na próxima página, mostra os tempos de acabamento relativos às quatro unidades nas três máquinas. Na parte superior da figura, o gargalo está no início da linha, ao passo que, na parte inferior ele está no final da linha. A primeira unidade do lote necessita de uma preparação em cada estação e então leva 8 horas na máquina 1 (4 horas para preparação e 4 para processamento). Em seguida, ela passa para a máquina 2, na qual leva 3 horas de preparação e 1 hora de processamento; o mesmo vale para a máquina 3. A segunda unidade não pode ser iniciada enquanto a primeira não estiver concluída na máquina 1, mas leva apenas 4 horas na máquina 1 porque já passou pela preparação. Ela é concluída na hora 12, ao mesmo tempo em que a primeira unidade é concluída na máquina 2. Da mesma forma, ela é concluída na hora 13, na máquina 2, e avança para a máquina 3, na qual precisa esperar por 3 horas até que a primeira unidade seja concluída na hora 16. A terceira unidade precisa, é claro, esperar pelas duas primeiras na máquina 1, mas já pode ser iniciada imediatamente na máquina 2, que está ociosa há 3 horas. Quando ela é concluída na máquina 2, descobre que a máquina 3 acabou de ficar ociosa e é iniciada imediatamente. Mais unidades ociosas são encontradas pela unidade quatro, a qual, ao chegar, encontra tanto a máquina 2 quanto a máquina 3 ociosas e esperando. Todas as unidades estão concluídas ao final da vigésima segunda hora.

A situação é um tanto diferente se invertermos a ordem das máquinas. Neste caso, cada unidade (após a primeira) precisa esperar em fila nas máquinas 2 e 3. O resultado é que todas as unidades só são concluídas ao final da hora 28, 6 horas a mais do que o exemplo anterior.

Isso é notável, porque estamos utilizando exatamente as mesmas máquinas, e não há qualquer aleatoriedade. A única diferença está na ordem das máquinas. Podemos calcular este *tempo de lote*, ao compararmos quanto tempo um conjunto de peças liberado como um lote leva para atravessar o roteiro com quanto tempo um lote em transferência leva para atravessar a linha, liberando uma por vez (isto é, o TBP). Se examinarmos o primeiro caso, os *cycle time* são

Tabela 4-13 Tempos de preparação e processamento para uma linha de três máquinas

Máquina	Tempo de preparação	Tempo de processamento
1	4	4
2	3	1
3	3	1

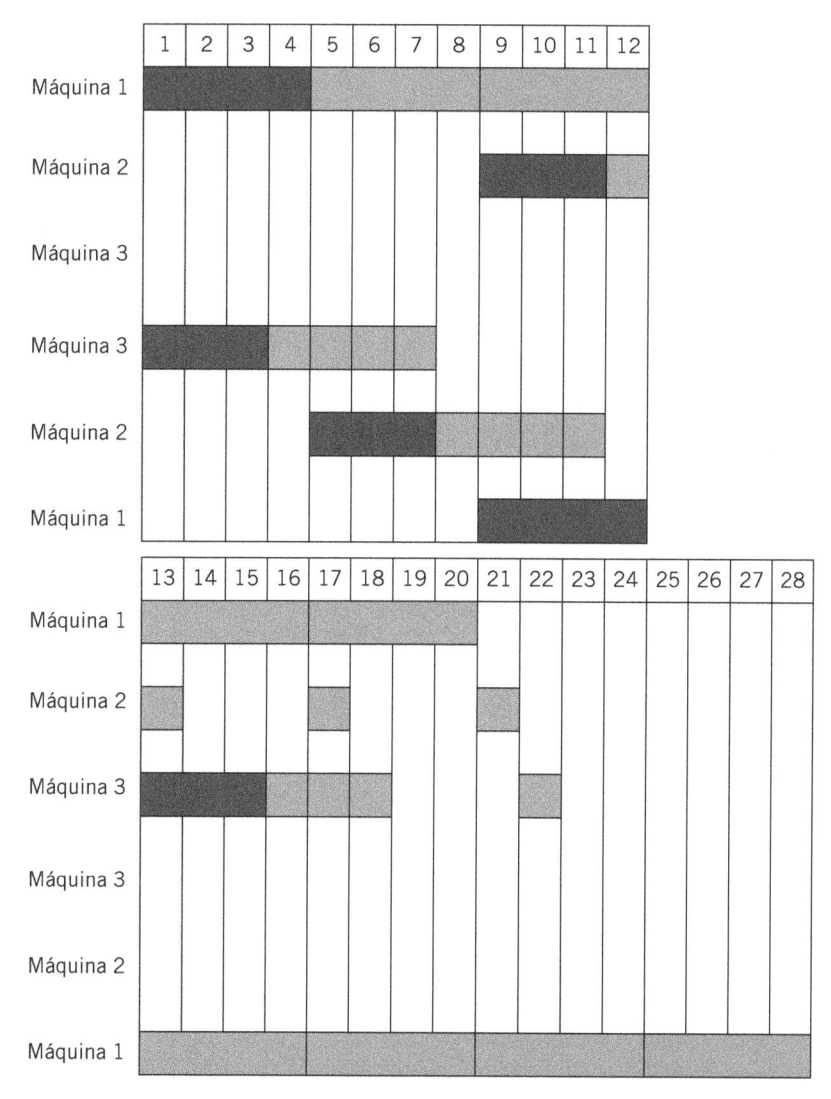

Figura 4-13 Tempos de acabamento para uma linha de três máquinas.

16, 17, 21 e 25 minutos, para uma média de 19,75 minutos. Enquanto isso, o TBP é de 8,5 horas, obtidas a partir da seguinte equação (que também já apareceu antes na discussão):

$$\text{TBP} = Q_t \left(\frac{T}{A} + \frac{S}{Q} \right)$$

onde Q_t é 1, e Q é 4. A diferença é o tempo de lote = 19,75 − 8,5 = 11,25. No segundo caso, havia mais tempo em razão da formação de lote com um tempo de lote de 13,5. Observe que, em ambos os casos, o tempo de lote foi maior do que o TBP para todo o roteiro.

Sistemas puxados

Uma maneira de reduzir os *cycle times* é usar um sistema puxado. Porém, conforme mencionado no Capítulo 1, ainda há muita confusão a respeito do que compõe um sistema puxado.

Somos da opinião de que a essência de um sistema puxado é o seu controle do WIP e a mensuração da produtividade, e não o contrário. O MRP, o mais importante dos sistemas empurrados, por excelência, calcula as datas de liberação e então "empurra" a tarefa para o chão de fábrica na mesma data. Alguns autores já sugeriram observar o WIP para ver se as coisas tinham saído do controle. No entanto, acreditamos que não é o bastante e veio tarde demais.

Com base em alguns gráficos apresentados no Capítulo 3, fica aparente que é mais fácil controlar o WIP e mensurar a produtividade do que fazer o oposto. O primeiro desses gráficos, repetido na Figura 4-14, mostra a relação entre o *cycle time* e a utilização. Como a produtividade e a utilização são proporcionais, o mesmo resultado seria encontrado se o eixo x fosse a produ-

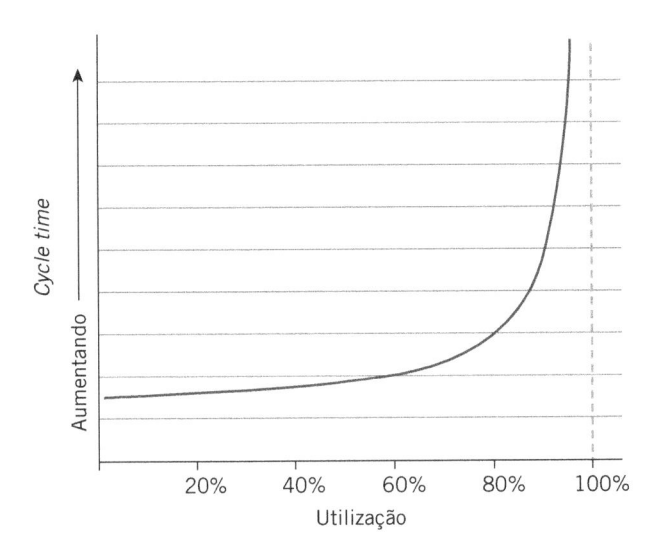

Figura 4-14 *Cycle time versus* utilização.

tividade, em vez da utilização. Vejamos agora o que aconteceria com o *cycle time*, caso o programador cometesse um pequeno engano de, digamos, 10%, ao estabelecer a produtividade. Se a meta de utilização fosse de 95% e a taxa de liberação agora fosse realmente de 105%, o *cycle time* do sistema entraria em colapso. Consequentemente, o *cycle time* é *extremamente* sensível a pequenas mudanças na produtividade em altos níveis de utilização.

Vejamos agora o que acontece se o WIP é controlado. A Figura 4-15 mostra como o *cycle time* e a produtividade variam com o WIP. Considerando que o nível de WIP é suficiente, pequenos erros no seu ajuste não exercem muito efeito. Suponhamos que o "melhor" nível de WIP seja de 10 mil (estamos falando de peças pequenas) e que o nível real de WIP seja estabelecido em 12 mil, ou seja, com um erro de 20%. Neste caso, o *cycle time* aumentaria em 20%, e a produtividade subiria ligeiramente. Isso é muito melhor do que levar às alturas os *cycle times* e comprometer o desempenho da linha!

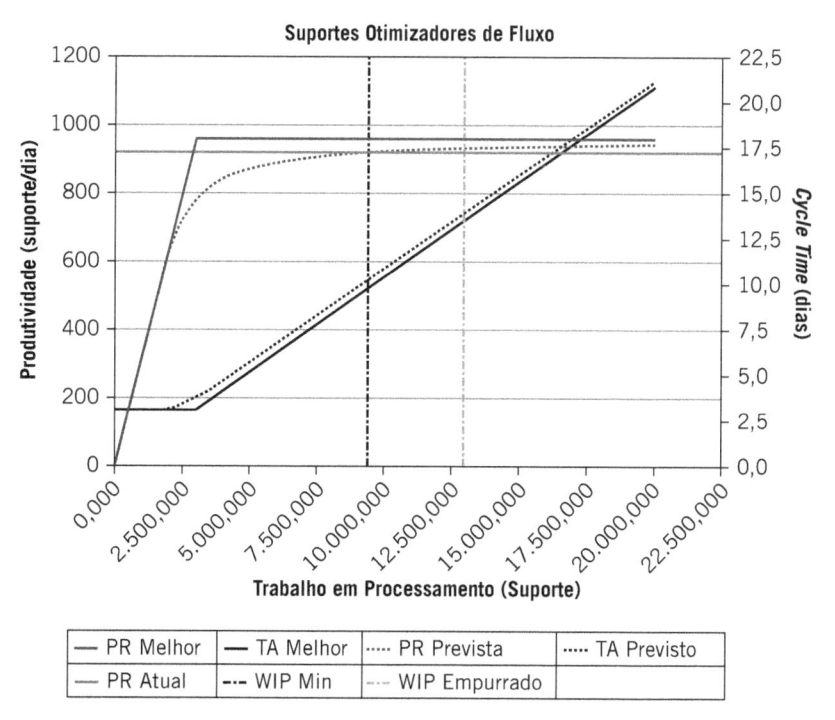

Figura 4-15 *Cycle time* e produtividade *versus* WIP.

Embora o *kanban* ofereça uma maneira de realizar o controle de WIP, ele está longe de ser o mais simples. Se o controle de WIP é o segredo do sistema puxado, então por que não usar a maneira mais fácil possível? Isso é feito por meio de um método que é chamado por vários nomes, incluindo *CONWIP* e *FIFO Lane*. O método se caracteriza por manter um certo nível de WIP no fluxo de produção (um conjunto de roteiros). Sempre que o nível de WIP cai abaixo do máximo estabelecido, outra encomenda de trabalho pode ser liberada. A encomenda de trabalho liberada não precisa ser a mesma daquela que acabou de ser concluída, mas deve obedecer ao que quer que venha em seguida no sistema de controle de produção. Esse método é discutido em mais detalhes no Capítulo 7. A vantagem desse sistema sobre aquele que emprega o *kanban* é a sua *simplicidade*. Em vez de manter uma contagem de cartões para cada item, em cada posto de *kanban*, apenas uma "contagem" é preciso ser mantida, o limite de CONWIP em si. Obviamente, tal sistema é muito mais recomendável para um ambiente com um *mix* grande de produtos e em constante evolução.

Combinando estoques e fluxos

Este capítulo já demonstrou como modelar estoque e fluxos. Agora gostaríamos de modelar processos que envolvem ao mesmo tempo estoques e fluxos, conforme mostrado na Figura 4-16.

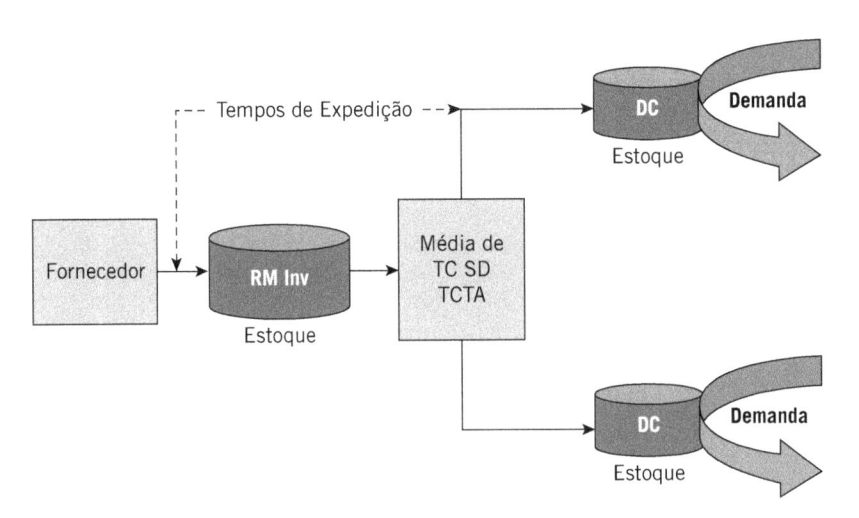

Figura 4-16 Um sistema de produção com estoque.

Capítulo 4 Matemática prática para gestores **159**

É relativamente fácil modelar a estocagem de matérias-primas, já que as informações são fornecidas por um fornecedor cujos tempos de reabastecimento são independentes da produção da empresa. No entanto, para modelar os estoques de produtos acabados com detalhes suficientes, a fim de ajudar um gestor a entender os indicadores de produção de estoque de bens acabados, é preciso usar um modelo de fluxo de produção para representar os tempos de reabastecimento internos (isto é, o *cycle time* da planta somado aos tempos de expedição). Os resultados desse modelo de produção tornam-se os dados de entrada para um modelo estocástico de estoque. A combinação do modelo de produção com o modelo de estoque resulta em um modelo integrado que exibe os efeitos dos tempos de processamento, tempos de preparação, tamanhos de lotes em WIP e estoques acabados.

Tal modelo integrado revela a importância do dimensionamento de lotes e do seu impacto sobre o WIP e sobre o estoque. A Figura 4-17 mostra a relação entre o tamanho do lote e os *cycle times* para uma única máquina, com tempo de processamento de 10 minutos e tempos de preparação que levam uma hora em média, sujeita a uma demanda de 2,4 tarefas por hora. O gráfico revela muitas coisas sobre o sistema de produção. Em primeiro lugar, o menor tamanho de lote permitido é de 5. Qualquer coisa abaixo de 5 resultará em uma utilização que é superior a 100%, e o sistema entrará em colapso. Segundo, o melhor tamanho de lote é de 10, que resulta no mais breve *cycle time* médio, de

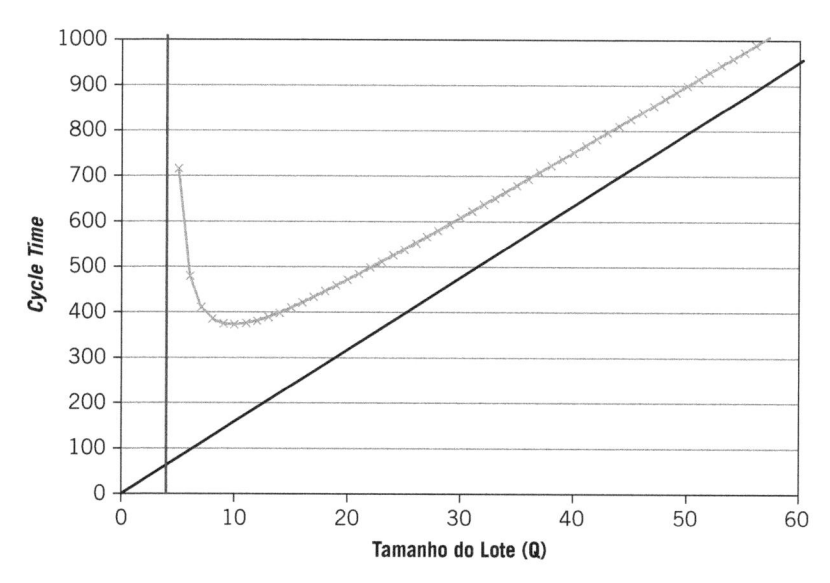

Figura 4-17 *Cycle time* (em minutos) *versus* tamanho do lote.

6,2 horas. Depois disso, os *cycle times* aumentam conforme o tamanho do lote aumenta. O desvio padrão do *cycle time* segue uma curva similar.

Assim, o tamanho do lote é um indicador-chave tanto do *cycle time* quanto da variância do *cycle time*. Quando eles são somados aos tempos de expedição, os resultados são os valores ℓ e σ_ℓ^2 que são usados para calcular a variância da demanda por tempo de reabastecimento:

$$\sigma_{RTD}^2 = \ell \sigma_d^2 + \lambda^2 \sigma_\ell^2$$

Conforme já foi abordado na discussão sobre o estoque, a variância da demanda por tempo de reabastecimento é fundamental para determinar tanto o estoque médio disponível quanto a taxa de atendimento no sistema de estoque. Se um gestor quiser ter controle completo do estoque, os seguintes itens são necessários:

- Para matérias-primas, uma política ideal *tendo em vista* a média e o desvio padrão dos tempos de reabastecimento junto aos fornecedores.
- Para bens acabados, uma política ideal para dimensionamento de lotes e estoques de segurança que *calcule* os parâmetros de tempo de reabastecimento, ao levar em consideração o desempenho interno da produção.

Otimização do fluxo de caixa

Vamos abordar agora os conceitos desenvolvidos e usá-los para otimizar os três *buffers* da Ciência da Fábrica. O primeiro *buffer*, capacidade, está diretamente vinculado ao custo; o segundo, tempo (*lead time*), está associado com o serviço que oferecemos aos nossos clientes; e o terceiro, estoque, representa um ativo altamente controlável (balanço financeiro). *Poderíamos* tentar atribuir um "custo" a cada *buffer*, mais isso não é realista. Quanto custaria o atraso de uma encomenda por dia por peça? A menos que a empresa esteja sob contrato de entrega, com penalidades específicas por qualquer atraso (como acontece com alguns fornecedores automotivos), tentar especificar tal custo é um desperdício de tempo administrativo. Da mesma forma, o custo da capacidade só é algo mais realista no longo prazo. Ao examinar projetos de expansão da capacidade, que geralmente são projetos para longo prazo, os gestores podem e devem levar em consideração o custo com depreciação de capital e a despesa associada com conduzir uma empresa para obter um custo anual da capacidade. Mas, no curto prazo (tal como para o mês seguinte), a capacidade é essencialmente fixa. E se um gestor não está planejando contratar nem despedir nenhum funcionário, até mesmo o custo com a mão de obra é fixo.

Por isso, faz muito mais sentido simplesmente *fixar* a demanda (estabelecida pelo mercado, e não pela empresa), a capacidade e o serviço aos clientes, e então *maximizar o fluxo de caixa*. Para fazer isso, é preciso minimizar tanto quaisquer ativos controláveis que mudem no curto prazo quanto quaisquer outros desembolsos reais com custos. Um ativo que muda rapidamente é o estoque.

Os custos desembolsados incluem qualquer coisa que diminua o fluxo de caixa no período de tempo que está considerado. Um exemplo seria as perdas por sucata que ocorrem sempre que há preparações em maquinário. Tais perdas em sucata representam uma mudança real no fluxo de caixa para o período, porque matéria-prima adicional precisa ser adquirida. No entanto, o custo da mão de obra para realizar tais preparações *não é* um custo desembolsado, uma vez que custa a mesma coisa operar a fábrica com uma preparação a mais ou a menos em maquinário (isto é, a mão de obra é fixa). Outro exemplo de custo desembolsado pode ser o custo associado à terceirização de um lote de produto. Um exemplo mais interessante é o custo com os reagentes utilizados quando se está testando um lote farmacêutico. A maioria dos exemplos de custos desembolsados é resultado de preparações em maquinário. O custo com terceirização é uma função de como a demanda é especificada e de como a capacidade é estabelecida, e pode ser calculado como parte do planejamento voltado tanto para a demanda quanto para a capacidade. Um estudo de caso é apresentado no Capítulo 5.

O problema a ser resolvido é encontrar os tamanhos ideais de lotes e de *buffers* capazes de maximizar o fluxo de caixa para uma determinada capacidade e situação de serviço. Em outras palavras, é preciso minimizar o estoque vinculado a custos e os custos desembolsados sujeitos a:

- Restrições de capacidade
- Restrições de serviço
- Restrições de tamanho de lote

Exemplos de otimização do fluxo de caixa

Começamos por um exemplo simples, conforme visto na Figura 4-18. Existe demanda para dois itens: 30 mil unidades do item 1 e 18 mil unidades do item 2. Vinte por cento das unidades do item 1 passarão por retrabalho. As taxas de produção para ambos ficam na casa de 9 a 20 unidades por hora. Há preparações consideráveis na máquina 1 que duram entre três e cinco horas. Além disso, cada preparação resulta em um equivalente a $10 em produtos perdidos na forma de sucata (isto é, custo desembolsado). Para evitar preparações, os tamanhos dos lotes são estabelecidos em 4 mil para o item 1 e 4.932 para o item 2.

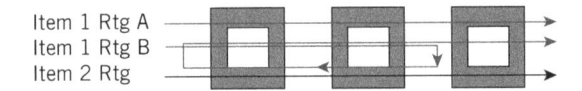

Figura 4-18 Roteiros para um exemplo simples.

Essas políticas resultam em *cycle times* na faixa de 70 a 83 dias, com $275 mil em WIP e $133.500 em estoque acabado, bem como a uma taxa de atendimento de apenas 75%. O custo total em sucata, porém, é de apenas $171,50 ao ano.

Caso o procedimento de otimização descrito anteriormente seja aplicado, os *cycle times* caem para 24 e 15 dias, com o WIP diminuindo proporcionalmente para $62 mil. O estoque acabado diminui ligeiramente para $130 mil, mas a taxa de atendimento sobe para 95%. Além disso, o custo com sucata sobe para $1.600 ao ano.

Um gestor precisa decidir se esse cenário é melhor ou não, ao determinar um rumo de ação para a sua empresa. Claramente, há melhor serviço com bem menos WIP e um pouco menos de estoque acabado. Mas o custo com sucata aumentou em quase dez vezes. Assim, a questão é saber se o menor investimento em estoque e o melhor serviço compensam o aumento no custo desembolsado.

Uma maneira de fazer isso é exigir que ambos os cenários tenham o mesmo nível de serviço ao cliente (ou seja, taxa de atendimento). O que pode ser feito aumentando sistematicamente os níveis de estoque de segurança no primeiro cenário até chegar a uma taxa de atendimento de 95% (e mantendo iguais os tamanhos dos lotes). Se isso for feito, o resultado é o mesmo nível de WIP, mas com $575 mil em estoque acabado.

Então, agora, resta ao gestor comparar $275 mil em WIP, $575 mil em bens acabados e $171,50 em custo desembolsado com $62 mil em WIP, $130 mil em bens acabados e $1.600 em custo desembolsado, com ambos os cenários apresentando a mesma taxa de atendimento. Fica bastante claro que o sistema otimizado é melhor, apesar do aumento no custo desembolsado. Para enxergar isso, suponha que o WIP vale metade do que vale um produto acabado. O *índice i de custo de manutenção de estoque* pode ser calculado para tornar os cenários iguais e ajudar a decidir se essa conclusão é razoável.

$$(575.000 + 0,5 \times 257.000)i + 171,5$$
$$= (130.000 + 0,5 \times 62.000) + 1.600$$

Se resolvermos esta equação isolando *i*, o resultado é um índice de custo de manutenção de estoque de 0,0025, ou 0,25%. Geralmente, os índices de custo de manutenção de estoque costumam ficar entre 5 e 25%, assim um índice de custo de manutenção de estoque de 0,25% seria extremamente baixo. Portanto, a estratégia otimizada seria melhor em praticamente qualquer situação.

Como esse exemplo é um tanto artificial para ilustrar alguns pontos importantes, vamos descrever um exemplo do mundo bem real no Capítulo 9.

Conclusões

Ao desenvolvermos uma ciência das operações, como era o nosso objetivo original, completamos agora tanto as teorias científicas quanto um vasto corpo de evidências embasando as teorias. Os conceitos fundamentais de relações de custo/benefício, demanda-estoque-produção, *buffers* e variabilidade foram esmiuçados com grande detalhamento. Além do mais, as teorias foram comprovadas como altamente preditivas mediante o uso de gráficos de desempenho e de limites eficientes. Neste capítulo, apresentamos a ponta do iceberg do vasto corpo de evidências que embasa a Ciência da Fábrica, conforme visto na matemática que descreve a Ciência da Fábrica para o comportamento das operações. A partir daqui, o livro vai:

- Descrever como os gestores podem vincular a Ciência da Fábrica diretamente aos demonstrativos financeiros de uma empresa.
- Incorporar a ciência ao planejamento empresarial para vincular a estratégia executiva à execução diária, *empregando qualquer TI que está sendo utilizada pela empresa*.
- Apresentar exemplos específicos do desempenho de controle operacional orientado pela Ciência da Fábrica.
- Orientar e dar exemplos para gestores na aplicação da Ciência da Fábrica em suas organizações.

Capítulo 5

Lucro, fluxo de caixa e a Ciência da Fábrica

Nos negócios, os parâmetros fundamentais são lucro e caixa. A abordagem da Ciência da Fábrica tem um impacto direto sobre lucro e caixa, como indicado nos tradicionais demonstrativos financeiros. Ainda que a Ciência da Fábrica seja, acima de tudo, uma teoria de comportamentos operacionais, em certo sentido ela também pode ser vista como uma teoria de fluxo de caixa, lucro e rendimento sobre ativos. Os *buffers* de estoque, capacidade e tempo, bem como a estrutura de produção-estoque-demanda (DEP) correspondem essencialmente aos recursos financeiros de uma empresa. Assim, os elementos-chave do quadro estrutural da Ciência da Fábrica estão vinculados ao demonstrativo de resultados, ao balanço geral e ao demonstrativo de fluxo de caixa. Tais vínculos são a temática deste capítulo. As escolhas empresariais, por exemplo, geradas pela seleção de uma posição no limite eficiente da taxa de atendimento *versus* estoque resultam no estoque apresentado no balanço geral. As escolhas empresariais referentes à capacidade de utilização resultam em bens na forma de equipamentos listados no balanço geral, assim como nas despesas com equipamentos e mão de obra listadas no demonstrativo de resultados.

A abordagem da Ciência da Fábrica assume uma visão fundamentalmente diferente sobre obtenção de lucro, fluxo de caixa e desempenho de retorno sobre ativos. A abordagem clássica é alocar receita para as despesas e depois estabelecer algum custo unitário como forma de orientar as decisões sobre qual carteira de produtos vai gerar maior rentabilidade. A aplicação da Ciência da Fábrica para entender qual o melhor portfólio de *buffers* de segurança e variabilidade propicia uma visão mais ampla do que o uso da contabilidade de custos padronizada, mediante os seguintes passos:

1. Determinar o leque de receitas de demanda (portfólio de produtos) possível.
2. Avaliar o custo necessário para que a capacidade e o estoque atendam com o tempo de resposta desejado para o portfólio de produtos.

3. Avaliar uma série de combinação de receita e custo até que uma configuração adequada seja encontrada.
4. Se nenhuma configuração adequada para receita/custo puder ser encontrada, o processo inicial de análise fornece metas para melhorias. O fato de o planejamento se basear em uma descrição quantificada da demanda e da transformação da empresa permite que se observe, com grande precisão, quais tipos de melhorias precisam ser implantados para que se atinja os resultados desejados. Isso oferece uma direção clara para as ferramentas de melhoria contínua da empresa.

Tais passos são a essência da estratégia e da execução das operações da Ciência da Fábrica, e vamos detalhá-los mais profundamente nos próximos capítulos. A abordagem da Ciência da Fábrica administra os motivadores de custo e de receita com base no comportamento natural subjacente a esses motivadores. Trata-se de colocar o carro na frente dos bois para realizar extensivas e detalhadas alocações de custo a produtos e, depois, utilizando o *avatar de custo-produto* resultante, orientar o comportamento organizacional. Como discutido no Capítulo 3, avatares de custo (custos unitários advindos do modelo-padrão de custos) podem causar um comportamento contraproducente no mundo real, pois seu comportamento não descreve de forma precisa o comportamento do mundo real. Além disso, o uso de variâncias baseadas em avatares de custo-produto levam uma organização a se afastar permanentemente da gestão dinâmica do comportamento natural da demanda e das transformações. Com os conceitos de limites de desempenho de produção e estoques, os gestores devem determinar como os seus processos estão funcionando comparados com o melhor desempenho possível. Os parâmetros financeiros correspondem a até que ponto a demanda está dentro do intervalo planejado e até que ponto a configuração de custos e *buffer* está se aproximando do melhor desempenho possível. Em vez de propor diferentes abordagens de contabilidade, isso funciona em harmonia com o padrão dos demonstrativos financeiros. O foco da abordagem da Ciência da Fábrica é motivar o fluxo de caixa mais alto possível por meio da administração otimizada do comportamento natural dos indicadores do fluxo de caixa. Como mencionado anteriormente, a manutenção de um fluxo de caixa sólido resulta em lucratividade, e a alocação de receita para despesas, utilizando o modelo-padrão de custos para relatórios financeiros, não é um processo particularmente controverso.

A abordagem da Ciência da Fábrica está em contraste com a miscelânea de parâmetros que costumam ser utilizados para vincular operações aos demonstrativos financeiros de uma empresa por meio de iniciativas como Produção Enxuta, Seis Sigma e implementações do Sistema de Planejamento dos Recursos da Empresa (ERP – *Enterprise Resource Planning*). Já apresentamos uma série de exemplos ilustrando como parâmetros desalinhados e intuição ruim podem motivar um alto nível de atividade com, na melhor das hipóteses, resultados irregulares. A busca por quantificar o valor das operações e iniciativas de melhoria contínua são tão atemporais quanto as próprias iniciativas. Um exemplo vem de uma fábrica na qual um de nós trabalhou durante a era da Gestão da Qualidade Total (TQM – *total quality management*), durante os anos 1980 e início dos anos 1990. O gerente da fábrica estava frustrado porque o total de dólares alegadamente economizados com a Gestão da Qualidade Total não estava aparecendo nos demonstrativos financeiros. Ele disse algo assim: "A próxima vez que alguém vier me falar sobre a economia nos custos com mão de obra gerada por um projeto TQM, eu quero o nome da pessoa que não está mais trabalhando aqui por causa desse projeto". Sentimentos semelhantes são expressados atualmente; basta substituir Gestão da Qualidade Total por iniciativas de Produção Enxuta ou Seis Sigma. A utilização da Ciência da Fábrica para escolher estratégias, táticas e controles leva a uma administração bem-sucedida dos níveis previstos de capacidade, estoque e tempo de resposta. Esse controle preditivo, por sua vez, leva ao sucesso na obtenção da lucratividade almejada.

Lucro é igual à receita menos custos. Mais adiante neste capítulo, mostraremos detalhadamente como os componentes do custo nos demonstrativos financeiros são guiados por escolhas de capacidade e estoque que geram custo. Vejamos agora um modelo simples de receita:

$$\text{Receita} = \text{preço unitário} \times \text{unidades vendidas}$$

A única maneira de alterar a receita é alterar o preço ou a quantidade de unidades vendidas. Unidades vendidas aumentam ou diminuem dependendo das decisões de marketing. Além disso, o desempenho de vendas e as funções operacionais podem afetar a quantidade de unidades vendidas. Alguns exemplos de decisões de marketing podem incluir a introdução de novos produtos, entregas mais rápidas com *lead time* reduzido e o aumento do número de vendedores. O aumento ou a diminuição do preço pode afetar os dois elementos da receita se o mercado for de preços elásticos. Contudo, um desempenho extraordinário e preditivo nas vendas e operações pode oferecer uma vantagem competitiva e inclusive reduzir a elasticidade de preço – os clientes geralmente estão dispostos a pagar mais por produtos e serviços superiores, como no caso do iPod, da Apple. Essas decisões acabarão afetando não apenas as quantidades demandadas, mas também a variabilidade da demanda. A variabilidade pode aumentar devido à maior quantidade de produtos ofertados. A variabilidade também pode aumentar devido a estratégias de preço com cupons de desconto ou canais de incentivo que aumentam ou diminuem artificialmente a demanda durante diferentes períodos de tempo. Depois de escolhidos os planos de marketing e de negócios, é imperativo que as estratégias e táticas de operação alinhem-se com planos de receita realistas para garantir que a demanda dos clientes possa ser atendida dentro dos níveis desejados de lucratividade.

Em última instância, a cadeia de suprimentos e as operações de uma empresa são as encarregadas pela entrega das unidades demandadas pelo mercado. Conforme discutido nos Capítulos 3 e 4, o aumento do número de unidades vendidas (demanda) e da variabilidade da demanda exigirá maior estoque e mais capacidade. Isso vai aumentar os custos. Nesse cenário, executivos e gestores deverão decidir se o custo adicionado acarreta receita suficiente para gerar a lucratividade desejada. A Ciência da Fábrica quantifica os níveis necessários de estoque e capacidade para cenários de mercado específicos. Os cenários podem ser avaliados com base em resultados financeiros potenciais. Se as unidades não corresponderem ao plano, os gestores podem tomar decisões para ajustar os níveis de capacidade e estoque com um conhecimento científico e quantificado sobre o impacto financeiro, e como esse impacto será refletido nos demonstrativos financeiros. Neste capítulo, vamos detalhar algumas visões equivocadas sobre as conexões entre comportamentos operacionais e desempenho financeiro, descrever as conexões com a direção e fornecer análises minuciosas de algumas áreas-chave de conexão. Começaremos examinando uma percepção equivocada de como os clientes percebem o valor.

A fantasia do valor agregado

Tentativas de quantificar vantagens com *slogans* em vez de ciência podem levar a decisões mal pensadas por executivos e administradores, por melhores que sejam suas intenções. Assim como acontece quando modelos imprecisos são utilizados para representar comportamentos de produção (veja Figura 3-13), *slogans* bem-intencionados, mas imprecisos, podem desvirtuar os esforços, já que não têm uma relação direta com o resultado final financeiro. A filosofia do valor agregado é um desses casos. Estratégias de melhoria de desempenho baseadas na redução de atividades sem valor agregado são bastante populares hoje. Para o infortúnio dos incontáveis empreendimentos que confiam nelas, essas estratégias são falhas e levam ao que chamamos de *fantasia do valor agregado*.

Considere as seguintes empresas:

- Um fabricante europeu de semicondutores que cumpre centenas de etapas ao longo do seu processo de fabricação passou anos reduzindo o seu *cycle*

time. Por fim, ele alcançou uma proporção entre *cycle time* médio (CT) e tempo de valor agregado (TVA) de quase 3:1 – um número bastante significativo, de fato.
- Um fornecedor norte-americano de peças automotivas de metal estampadas (com *cycle time* médio de 4 dias) descobre que sua proporção CT/TVA é superior a 100:1.
- Uma gráfica norte-americana de revistas e catálogos desenvolve um mapa de fluxo de valor e mede sua proporção CT/TVA em cerca de 3.000:1.

Qual dessas três empresas é a mais produtiva? Qual é a mais rentável? A bem da verdade, a proporção entre o *cycle time* total e o tempo de valor agregado *não* fornecerá respostas para essas perguntas. Na realidade, a gráfica – com a "pior" proporção – possui o melhor desempenho financeiro, enquanto a empresa de semicondutores – com aparentemente o "melhor" desempenho – não está nada bem. O que está escondido nesse quadro? Obviamente, as três empresas estão em três ramos muito diferentes de negócio. Contudo, mesmo se estreitarmos o campo para empresas de semicondutores produzindo produtos semelhantes, existem exemplos nos quais uma empresa com menor razão CT total/TVA se mostrou muito menos rentável do que uma empresa com razão maior.

Em especial, *a fantasia do valor agregado é a percepção de que concentrar esforços nas atividades de valor agregado e eliminar as atividades sem valor agregado garantirá o desempenho mais rentável para um processo de produção, serviço ou cadeia de suprimentos*. A estratégia de valor agregado pode ou não gerar mais lucratividade. Vamos observar primeiro algumas definições típicas de valor agregado:
- Qualquer etapa no processo de produção que melhore o produto para o consumidor
- Qualquer atividade
  - com a qual o cliente se importe
  - que altere o produto
  - que seja realizada corretamente na primeira vez

Algumas coisas boas podem resultar de uma análise de valor agregado. O conceito de valor agregado é um conceito simples. É essencialmente "eliminar desperdício e focar somente nas atividades que gerem grande valor". Simplicidade na direção realmente ajuda a orientar o comportamento. A análise de valor agregado ocasiona, por exemplo, uma busca por produtos que estejam em estado de espera, e não sendo utilizados; ela tipicamente mostra que a maior parte do tempo gasto por um produto durante o processo é em períodos de espera. Muitas empresas, sobretudo naquelas em que poucos processos de melhoria são realizados, recebem um grande impulso inicial com as revelações desse tipo de análise. Contudo, há problemas na fantasia do valor agregado. Um problema grave é a noção de que a abordagem do valor agregado resolve questões que induzem o cliente a comprar os produtos da empresa – o valor dentro do valor agregado.

Na grande maioria dos casos, presumindo-se que a empresa não esteja utilizando práticas antiéticas, o cliente não se importa com o que a empresa faz em seus processos. O cliente faz uma declaração de valor com uma troca de dinheiro por mercadorias ou serviços no momento da compra de um produto ou serviço. Ao comprar um aparelho de televisão, os clientes, em sua maioria, ou mesmo em sua totalidade, não fazem uma comparação entre as atividades de valor agregado e as atividades que não agregam valor que podem estar ocorrendo na fabricação. Considerando que o tempo de preparação é um etapa clássica que não agrega valor, como os clientes, em sua maioria, responderiam se fossem instados a escolher uma das seguintes afirmativas?

1. "Prefiro televisões fabricadas por empresas que apresentam um longo tempo de preparação."
2. "Prefiro televisões fabricadas por empresas que apresentam um curto tempo de preparação."
3. "Não estou preocupado com o tempo de preparação das empresas."

Acreditamos que a resposta número 3 ganharia, e de lavada.

Já que a maioria dos clientes não se interessa pelas atividades que ocorrem no âmbito dos processos de produção ou serviço de uma empresa, tomar decisões internas baseadas naquilo que os clientes consideram como sendo atividades de valor agregado ou sem valor agregado é um exercício extremamente subjetivo e em geral disfuncional. Na verdade, como o *valor agregado* costuma ser definido como uma etapa do processo que altera uma forma, ajuste ou função, as etapas de valor agregado são aquelas que a empresa precisa realizar da maneira mais eficiente, quer o cliente esteja ciente disso, quer não. Chamar essas etapas de *valor agregado* é apenas uma classificação confusa que muitas vezes leva a discussões improdutivas. Por exemplo: o trabalho altamente especializado de inspetores de qualidade é uma atividade com ou sem valor agregado? Propomos que o investimento em inspetores altamente especializados é de grande valor para empresas que necessitam de seus serviços para garantir que os padrões sejam mantidos e para identificar oportunidades de aumento de qualidade. O uso de termos vagos como *sem valor agregado* leva à criação de termos ainda mais vagos. Evidência disso é a invenção do termo *necessário sem valor agregado* – um nome pouco inspirador para pessoas que são necessárias, mas que não agregam valor.

Se a abordagem do valor agregado luta para conectar diretamente a atividade com a receita advinda do cliente e, consequentemente, com o demonstrativo financeiro, será que ela não poderia também considerar o lado dos custos nos demonstrativos? Em alguns casos, as atividades de valor agregado têm sido utilizadas para modelar o *cycle time* e os indicadores de eficiência. Mas argumentaríamos que a mera utilização de atividades de valor agregado, nesse contexto, é um exercício infundado. Revisemos algumas declarações operacionais comuns citadas muitas vezes como fundamentais na literatura da Produção Enxuta:

1. *Cycle time* = tempo com valor agregado + tempo sem valor agregado.
2. Redução no tempo sem valor agregado resulta em aumento na eficiência e em redução de custos.

A literatura da Produção Enxuta propõe que essas declarações trabalhem em conjunto para motivar um foco incansável na redução do tempo sem valor agregado, e afirma que essa atividade reduz custos. Já sugerimos que uma maneira mais poderosa de garantir uma melhoria consistente no desempenho seria se concentrar em uma abordagem prática e científica em relação ao *cycle time*, em vez de utilizar a abordagem do valor agregado. Relembre a análise do Sistema Toyota de Produção (STP) no Capítulo 1, bem como a discussão das relações fundamentais entre trabalho em processamento (WIP), produtividade e *cycle time* nos Capítulos 3 e 4. O *cycle time* é regido pela relação descrita na equação VUT e na lei de Little.

A Toyota aproveitou o seu conhecimento em ciência das operações ao utilizar um *buffer* de 30% para sustentar sua estratégia de *cycle times* curtos e consistentes. A maioria dos praticantes da Produção Enxuta rotularia tal *buffer* como "sem valor agregado" e tentaria eliminá-la, visto que as afirmações 1 e 2, já mencionadas, sugerem que a redução das atividades sem valor agregado reduz o *cycle time* e aumenta a eficiência. Na realidade, quase sempre o oposto é verdadeiro. A Toyota resolveu arcar com a redução dos estoques, com os *cycle times* curtos e com os esforços de melhoria contínua utilizando seus *buffers*. O custo destes *buffers* foi mais do que compensado pelo poder que isso conferiu à Toyota de se proteger da variabilidade, permitindo que tivesse estoques menores, menos sucateamento e melhor tempo de resposta.

Essa foi a decisão empresarial correta para a Toyota, o que foi constatado nos demonstrativos financeiros. Como salientamos no Capítulo 1, empresas que simplesmente copiam o STP sem compreender por que ele funciona e onde ele funciona melhor agem por sua conta e risco. Uma abordagem de valor agregado até pode gerar bons resultados, mas também pode não gerar. As empresas não deveriam confiar na descrição subjetiva de desempenho oferecida por essa abordagem para impulsionar seu desempenho financeiro. Em vez disso, elas deveriam buscar sua saúde financeira pela compreensão sólida da ciência prática que governa a logística da cadeia de suprimentos fabril. Passaremos agora a uma análise das relações diretas entre a Ciência da Fábrica e os demonstrativos financeiros.

Demonstrativos financeiros e a ciência das operações

Como discutido no Capítulo 2, as principais metas nos negócios são fluxo de caixa positivo e lucratividade no longo prazo. Aprofundaremos o conceito de "administrar o portfólio de *buffers*" introduzido no Capítulo 3, para ajudar gestores e executivos a impulsionar os lucros e o fluxo de caixa. Como demonstra a Figura 5-1, a lucratividade é alcançada quando as vendas sobem enquanto os custos são reduzidos. Uma conclusão básica dessa afirmação é que o custo é apenas uma parte da equação. O foco deve recair no aumento dos lucros, e não exclusivamente na redução de custos.

Em última análise, é importante o *balanço final*. As relações fundamentais do balanço são:

$$\text{Lucro} = \text{receita} - \text{despesas}$$
$$\text{Retorno sobre ativos} = \text{lucro/ativos}$$

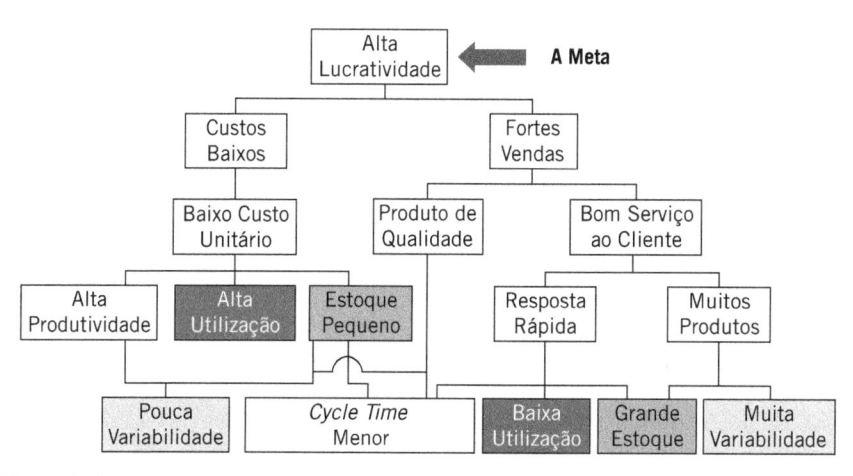

Figura 5-1 Indicadores de lucro.

Relembre a estrutura DEP que introduzimos no Capítulo 3. Seus indicadores-chave de demanda e transformação estão diretamente relacionados aos demonstrativos financeiros. A capacidade é necessária para satisfazer a demanda e, portanto, exerce forte influência sobre a receita. O tempo de resposta está ligado ao atendimento ao cliente; isso também afeta a receita. O custo da capacidade, em termos de mão de obra e custos fixos de produção, afeta diretamente as despesas. O *cycle time* também afeta as despesas porque quanto mais tempo uma peça permanece na fábrica, maiores as chances de ela vir a ser danificada, extraviada ou descartada. Além disso, existe um custo financeiro no caixa preso a ativos fixos e semifixos. Quanto mais rápido uma peça avançar pela transformação, mais rapidamente os defeitos serão detectados. Quanto mais rápido os defeitos forem detectados, maiores as chances de detectar e eliminar a causa do defeito. Assim, a redução do *cycle time* é uma boa maneira de reduzir os custos internos relacionados à qualidade. Por fim, o estoque é fundamental, porque ele representa o mais controlável dos ativos empresariais. Embora seja difícil reduzir uma base de ativos fixos no curto prazo (ninguém consegue vender facilmente máquinas e prédios apenas para tê-los rapidamente de volta assim que precisar deles), o estoque representa um ativo que *pode* ser reduzido e administrado no curto prazo. Também devemos destacar que outro parâmetro financeiro importante é o *giro de estoque*, calculado como a receita anual (em custo de mercadorias vendidas) dividida pelo estoque médio (em custo de mercadorias vendidas).

Já examinamos como a Toyota optou por gastar mais dinheiro em capacidade para alcançar suas metas empresariais de *cycle times* menores e consistentes, estoques mais baixos e melhoria de processos no longo prazo. Os elementos de lucro impulsionados por análises estratégicas de custo/benefício como essas são obtidos nos relatórios financeiros básicos. Estratégias, táticas e controles baseados na Ciência da Fábrica afetarão previsivelmente o demonstrativo de resultados. A Tabela 5-1 mostra as conexões entre a teoria da Ciência da Fábrica e o demonstrativo de resultados. Obviamente, não são as conexões em si que impulsionam os lucros, e sim o modo como o líder emprega a Ciência da Fábrica para alavancar o lucro e o fluxo de caixa. Assim, a Tabela 5-1 também lista metas para administrar a ciência que impulsiona o lucro.

A Tabela 5-2 mostra a conexão direta entre os principais elementos da Ciência da Fábrica e o balanço financeiro. Diferentes organizações possuem metas diferentes para a administração dos elementos do balanço financeiro, dependendo de sua estrutura de capital e situação empresarial. Dito isso, as metas gerais do balanço financeiro vinculadas à abordagem da Ciência da Fábrica provavelmente serão as seguintes:

Tabela 5-1 Indicadores de lucratividade

Elementos da ciência da fábrica	Impacto direto no demonstrativo de resultados	Metas para a gestão
Demanda	Receita	Maximizar receita. Oferecer tempo mínimo de resposta e oferta de produtos que levem ao melhor fluxo de caixa possível.
Estoque	Custo das mercadorias vendidas	Minimizar o estoque e simultaneamente oferecer o serviço desejado.
Capacidade	Custo das mercadorias vendidas e despesas fixas	Minimizar salários e custos com equipamentos, otimizando a capacidade do *buffer*.
Tempo	Receita e custo das mercadorias vendidas	Minimizar o tempo de resposta com a estratégia de menor custo de capacidade e estoque.

- **Ativos.** Minimizar o caixa vinculado a ativos fixos de capacidade e ativos atuais de estoques.
- **Passivos.** Minimizar pagáveis e passivos com equipamentos por meio da redução dos custos de capacidade e estoque (principalmente nos estoques de matéria-prima).

Por fim, o fluxo de caixa é impulsionado pelo *timing* dos eventos registrados no demonstrativo de resultados e no balanço geral. Desse modo, os elementos da Ciência da Fábrica que afetam os demonstrativos financeiros impulsionam o fluxo de caixa em conjunção com as realidades do *timing* dos pagamentos recebidos junto aos clientes e com as decisões estratégicas sobre quando pagar os fornecedores. O demonstrativo de fluxo de caixa também mostra o aumento

Tabela 5-2 Demonstrativo financeiro e a perspectiva da Ciência da Fábrica

Elementos da ciência da fábrica	Linha afetada no demonstrativo financeiro
Demanda	Contas a receber
Estoque	Estoque e contas a pagar
Capacidade	Ativos fixos
Tempo	Contas a receber, contas a pagar e estoque

de caixa resultante da redução de estoque e da redução de custos com financiamento de capacidade.

> **Demonstrativos financeiros e a Ciência da Fábrica**
>
> 1. Os elementos básicos da Ciência da Fábrica estão diretamente conectados aos demonstrativos financeiros tradicionais.
> 2. Os líderes podem desenvolver estratégias operacionais para estoque, capacidade e tempo de resposta, com base no impacto quantificável apresentado nos demonstrativos financeiros.

Desempenho financeiro orientado pela ciência das operações

Nesta seção, destacamos alguns exemplos de como os líderes podem aproveitar as ideias da Ciência da Fábrica para aumentar a lucratividade e o caixa. Analisaremos:

- Margem de contribuição no gargalo
- O impacto da Produção Enxuta nos custos de capacidade
- Otimização de estoque
- Administração do portfólio de *buffers* em ambientes de montagem sob encomenda

Margem de contribuição no gargalo

Os Capítulos 3 e 4 descreveram como a taxa de gargalo controla a produtividade de um fluxo de produção. Para obter o lucro máximo em um fluxo de produção, é preciso fabricar produtos que são os mais lucrativos no gargalo. Como exemplo, considere o seguinte exercício: suponhamos que pilhas de notas de 5, 10 e 20 dólares sejam colocadas em cima de uma mesa. Cada pilha contém apenas um tipo de nota e todas as pilhas têm a mesma altura. A mesa pode conter pilhas de dinheiro em qualquer ordem. A primeira pessoa que vai até a mesa é orientada a retirar dela a maior quantia possível de dinheiro em um período de 5 segundos. Contudo, as pilhas de notas devem ser retiradas separadamente uma da outra. A pessoa não pode arrastar o dinheiro para fora da mesa. O que sua intuição diz sobre o resultado previsível? Naturalmente, o participante vai pegar as pilhas de notas de 20 dólares primeiro e continuar pegando-as até que elas acabem. Em seguida, ele vai pegar as pilhas com o valor mais alto dispostas sobre a mesa, até que o tempo acabe. Por quê? Porque isso propicia ao participante o máximo de dinheiro, considerando as restrições dessa operação. Tal ideia é exatamente a mesma de maximizar o fluxo de caixa no gargalo de produção.

O gargalo (usamos *gargalo* e *ponto de estrangulamento* como sinônimos) de um fluxo de produção é determinado pelo recurso que possui a maior utilização no longo prazo – mais um motivo importantíssimo para os administradores se certificarem de que estão calculando a utilização de forma correta. Essa é a mesma utilização que determina o *cycle time*, como foi descrito na discussão sobre a equação *VUT* no Capítulo 3. O gargalo limita o total de dinheiro que uma empresa pode receber a título de contas a receber, porque limita o número e a quantidade de produtos ou serviços geradores de receita que podem ser produzidos. Então, como podemos determinar qual é a combinação de produtos mais rentável a ser produzida no gargalo? Utilizamos a seguinte margem de contribuição:

Margem de contribuição = receita – custos variáveis
Lucro = margem de contribuição – custos fixos

Conforme analisado no Capítulo 4, na seção sobre otimização do fluxo de caixa, os custos variáveis dependem da fatia de tempo considerada. Para um período de 20 anos, todas as instalações de produção representam custos variáveis. Se o gestor está planejando apenas para o próximo mês, ou para o próximo semestre, e não está planejando muitas contratações, demissões ou compra de novos equipamentos, a capacidade e todos os custos indiretos associados a ela são *fixos*. *Custos variáveis* são aqueles custos desembolsados que estão atrelados

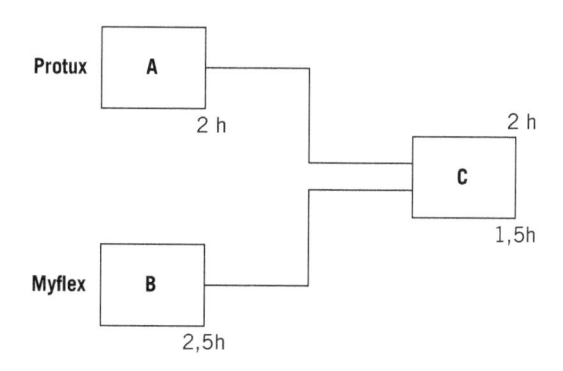

Figura 5-2 Roteiros de fabricação de Protux e Myflex.

diretamente à produção do produto ou serviço. As matérias-primas, por exemplo, costumam representar o custo variável primário. Ou ainda, se uma empresa está fabricando produtos farmacêuticos, e sempre que um lote do produto é feito, e a qualidade do lote é testada com reagentes caros, o custo do reagente é um custo variável, porque ele depende do número de lotes fabricados.

A margem de contribuição está diretamente atrelada ao demonstrativo de resultados, em termos de receita e de custos variáveis, presentes no custo das mercadorias vendidas. Em última instância, maximizar a margem de contribuição no gargalo aumenta o lucro, conforme expresso no rendimento líquido. A margem de contribuição no gargalo afeta diretamente o retorno sobre ativos no balanço geral, mediante o aumento no retorno sobre o ativo de capacidade. Buscando o objetivo original de melhorar desempenho com margem de contribuição no gargalo, mais caixa é gerado pelas operações, menos caixa fica preso a investimentos em capacidade, e os resultados também aparecem no demonstrativo de fluxo de caixa.

Vejamos agora um exemplo mais voltado para as operações, no qual uma empresa farmacêutica possui dois produtos: Protux e Myflex. O roteiro de fabricação para ambos os produtos é mostrado na Figura 5-2. Uma unidade de Protux pede um tempo de processamento de 2 horas no centro de processamento A e mais 2 horas no centro de processamento C. Uma unidade de Myflex pede um tempo de processamento de 2,5 horas no centro de processamento B e mais 1,5 hora no centro de processamento C.

Os elementos de custo dos dois produtos são mostrados na Figura 5-3. Um administrador pode avaliar a lucratividade potencial de estratégias de combinação de produtos observando um custeio-padrão de margem de lucro, sem con-

Produto	Preço	Custo da Matéria-prima	Trabalho Total ou Horas	Custo Unitário	Demanda Mínima	Demanda Máxima
Protux	$625	$50	4	$130	75	140
Myflex	$600	$100	4	$180	0	140

$20,00/h
21 dias por mês
16 horas por dia
336 horas por mês (horas disponíveis em cada centro de processamento)
$100.000 de despesas gerais (incluindo mão de obra)

	Margem de Lucro	Margem de Lucro/Horas de Trabalho
Protux	$575	$144
Myflex	$500	$125

Figura 5-3 Elementos de custo do Protux e do Myflex.

siderar a produtividade que se pode alcançar no gargalo. Nesse cenário, seria de se pensar que o administrador teria de maximizar a quantidade produzida de Protux, porque ele apresenta maior margem de lucro padrão. Perceba que nas colunas "Demanda Mínima" e "Demanda Máxima", o departamento de marketing e vendas estabeleceu limites na quantidade de cada produto que pode ser produzido por período, tendo como base sua previsão de vendas. O departamento, é claro, deseja produzir tanto Protux quanto possível, porque os cálculos da margem de lucro padrão mostram que ele é o produto mais rentável.

Assim, se produzirmos a quantidade máxima (140 por período) do produto Protux, que apresenta a maior margem de lucro padrão, teremos capacidade sobressalente para produzir apenas 37 unidades de Myflex. Os resultados são mostrados na Figura 5-4.

Os resultados não são bons; o gestor perde $1.000 por período. Contudo, já que o gestor está ciente das descrições operacionais pela Ciência da Fábrica e, portanto, sabe da importância da utilização do gargalo para controlar a produção, o foco é deslocado para a margem de contribuição no ponto de gargalo. Em primeiro lugar, o gestor precisa descobrir qual centro de processamento representa o gargalo. A Figura 5-2 pode dar a entender que o centro de processamento B é o gargalo, já que tem o maior tempo de processamento (2,5 horas). No entanto, como um cientista da fábrica em treinamento, o gestor sabe que o centro de processamento com maior utilização é o gargalo. Examinando novamente a Figura 5-2 e os dados, fica óbvio que o centro de processamento C é o verdadeiro gargalo, uma vez que ambos os produtos passam por ele. Devido à combinação de demanda por Protux e Myflex, o centro de processamento C esgotará sua capacidade antes de qualquer outro centro de processamento.

A partir daí, o gestor faz um cálculo simples; ele divide a margem de contribuição de cada produto pelo seu tempo no gargalo de produção, e obtém o seguinte:

Protux = (625 − 50)/2 = $287,50 por hora no gargalo
Myflex = (600 − 100)/1,5 = $333,33 por hora no gargalo

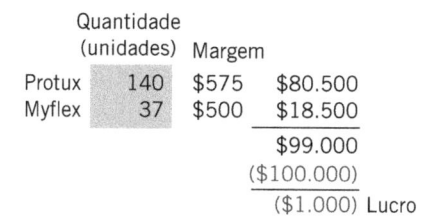

	Quantidade (unidades)	Margem	
Protux	140	$575	$80.500
Myflex	37	$500	$18.500
			$99.000
			($100.000)
			($1.000) Lucro

Figura 5-4 Maximizar o Protux.

	Quantidade (Unidades)	Margem de Lucro	
Protux	75	$575	$43.125,00
Myflex	124	$500	$62.000,00
			$105.125,00
			($100.000,00)
			$5.125,00 Lucro

Figura 5-5 Maximizar o Myflex.

Isso é um alerta, pois deixa claro que o Myflex é exatamente como aquela pilha de notas de 20 dólares no exemplo citado no início desta seção. Se o gerente quer gerar o maior caixa possível para a empresa, ele vai fabricar a quantidade mínima permitida de Protux, já que essa foi a ordem do departamento de marketing e vendas, e dedicar toda a capacidade restante para o Myflex. Os resultados dessa estratégia são mostrados na Figura 5-5, e eles são bons. A empresa obtém lucro.

Assim, conclui-se que é mais rentável minimizar a quantidade de Protux e maximizar a quantidade de Myflex, porque essa combinação de produtos gera o maior caixa possível para cobrir despesas fixas.

Naturalmente, esse exemplo suscitará contra-argumentos. Por exemplo: "Ah, isso é teórico demais. Um gestor de operações não pode dizer ao departamento de marketing e vendas o que deve ser fabricado"! Isso é fato. Por outro lado, não afirmamos que poderíamos dizer às empresas o que fazer. Só estamos explicando como o comportamento natural das operações funciona enquanto as empresas tentam fazer aquilo que fazem. Na prática, a teoria é boa porque ela prevê comportamento.

Um de nossos clientes era uma companhia com diversas fábricas de capacidade paralela. Nosso contato era um vice-presidente executivo de produção que havia sido gerente de fábrica, na mesma empresa, no início de sua carreira. Os gerentes de fábrica de cada planta podiam decidir sobre quais produtos seriam produzidos em sua unidade, e nosso vice-presidente contou que, quando ele era gerente de uma planta, usava esse conceito de margem de contribuição no gargalo como sua "arma secreta". Sempre que ele revisava os produtos que poderiam ser fabricados em sua planta, fazia pressão para que os selecionados fossem aqueles que conseguissem proporcionar a mais alta margem de contribuição nas operações do ponto de gargalo. Isso lhe conferia uma vantagem no desempenho financeiro, e sua planta mostrava regularmente um fluxo de caixa mais alto do que as outras, cujos gerentes certamente não estavam cientes desse conceito.

Uma reviravolta interessante nessa história é que o vice-presidente, como gerente da planta, geralmente acabava com variâncias desfavoráveis em alguns produtos, mas não chegava a receber críticas por isso, já que o desempenho financeiro de sua planta era muito bom. Essa é uma resposta ao argumento do "teórico demais". Outra resposta é que, em qualquer processo decente de planejamento de vendas e operações, é tarefa do pessoal de operações informar ao departamento de marketing e vendas que essas opções estão disponíveis para aumentar o fluxo de caixa.

Outro cliente foi capaz de explorar esse conceito ao longo da cadeia de suprimentos com medidas de terceirização. O cliente era uma empresa fabricante de alimentos que processava diversos produtos por meio de um misturador no gargalo. A empresa poderia terceirizar tal função para um fornecedor de processamento de alimentos que cobrasse por quilo de produto processado. O preço cobrado por quilo, por esse tipo de fornecedor, variava de acordo com o produto. Antes de compreender o conceito de maximizar a margem de contribuição no gargalo, nosso cliente optou por terceirizar o produto pelo qual o fornecedor cobrasse o preço mais baixo por quilo. Essa foi a abordagem utilizada para sustentar a meta dos níveis de utilização no gargalo, administrando assim os custos e o tempo de resposta. Depois de entender o conceito de margem de contribuição, a empresa optou por terceirizar com base no "tempo no ponto de gargalo". Como vemos na Figura 5-6, o cliente economizou 15% em custos de terceirização. A combinação de itens, à esquerda, mostra um custo de $56.593,00 com a utilização da primeira política de terceirização, baseada no menor preço por quilo. A combinação de itens, à direita, mostra um custo de $47.774,00 com a política de terceirização baseada em tempo no ponto de gargalo. Qualquer das combinações forneceria o nível de utilização exigido no ponto de gargalo.

	Kg	$/Kg	$
Item 1	295,5417	0,1475	$43.592
Item 2	66,65	0,1500	$9.998
Item 3	20,02	0,1500	$3.003
			$56.593

Terceirização pelo Menor Preço

	Kg	$/Kg	$
Item 4	7.033,333	0,1975	$1.389
Item 5	24.125	0,17	$4.101
Item 3	175.020,8	0,15	$26.253
Item 6	71.025	0,18	$12.785
Item 7	11.000	0,155	$1.705
Item 8	7.003,333	0,22	$1.541
			$47.774

Terceirização Baseada no Gargalo

Figura 5-6 Terceirização em uma companhia alimentícia.

Observe que somente um produto (item 3) se sobrepôs entre os diferentes métodos de escolha de quais produtos deveriam ser terceirizados. A nova estratégia minimizou a quantidade de dólares terceirizados, uma vez que maximizou a produtividade interna no ponto de gargalo. A compreensão desse conceito da Ciência da Fábrica e sua aplicação se traduziram diretamente na linha de terceirização da seção de custos de mercadorias vendidas, no demonstrativo de resultados da empresa.

Quando a produção enxuta aumenta os custos

Às vezes, as empresas interpretam mal uma relação financeira fundamental em sua busca por implementar iniciativas de Produção Enxuta. Essa relação é:

$$Lucro = margem\ de\ contribuição - custos\ fixos$$

Conforme mostrado nos Capítulos 3 e 4, WIP de menos pode ser tão ruim quanto WIP em excesso. Isto ocorre porque uma carência em WIP pode deixar o gargalo com baixa atividade, aumentando a necessidade de capacidade e os custos fixos. Na verdade, o WIP em si não afeta diretamente a margem de contribuição. Cada fatia do WIP corresponde a uma unidade vendida, e as empresas não compram materiais (WIP) de maneira intencional para depois não usá-los para suprir a demanda. Portanto, as matérias-primas (WIP) não fazem parte dos custos fixos. O custo do WIP é parte do custo variável, mas ter mais ou menos WIP não afeta o custo variável no longo prazo. Revisemos um caso encontrado na indústria.

Em uma tentativa de alcançar desempenho enxuto, essa empresa desenhou e construiu uma linha de produção projetada para o fluxo contínuo. A empresa tentou limitar o WIP e os *cycle times* a níveis mínimos sem entender o impacto disso sobre a capacidade, a utilização e os custos fixos. Um esquema da linha é mostrado na Figura 5-7. Linhas de componentes alimentavam peças na linha de montagem principal, na qual eram montadas em um produto final.

O processo era altamente automatizado, e sempre que qualquer seção da linha era paralisada, toda a linha parava. A linha tinha sido projetada para uma produção de 26 mil peças por dia, mas tinha alcançado apenas uma média de 22 mil peças por dia, após 15 anos e constantes tentativas de engenharia para modificar a linha e aumentar a produção. Quando chegamos à sede do cliente, realizamos, nos primeiros dias, uma análise gráfica do fluxo de produção a partir da Ciência da Fábrica, buscando determinar o desempenho real da linha comparado ao seu potencial máximo. A Figura 5-8 mostra o resultado. Os

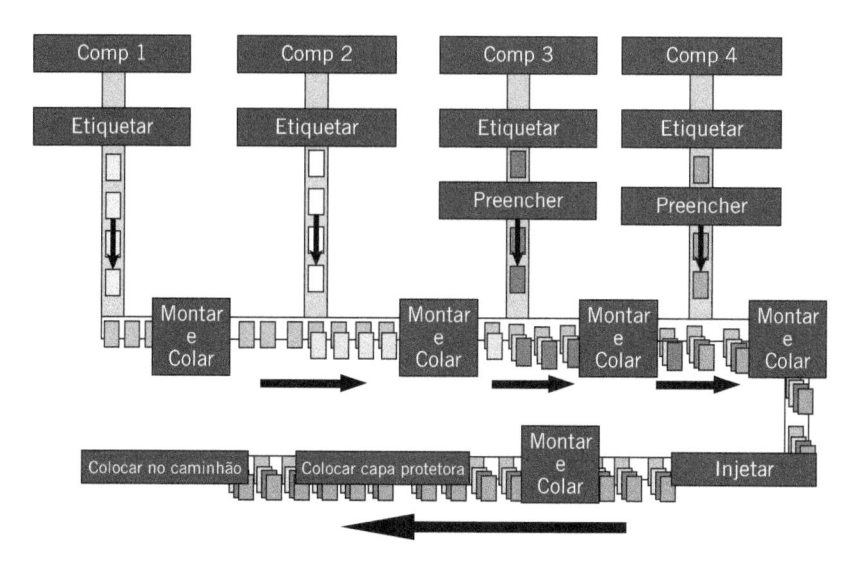

Figura 5-7 Linha de fluxo contínuo.

triângulos sombreados mostram a curva de desempenho de produtividade para a linha com variabilidade moderada (exponencial) em períodos de processamento. O triângulo vazado marca qual era o desempenho da linha com base nos dados coletados durante o primeiro dia na sede. Somente quatro tipos de

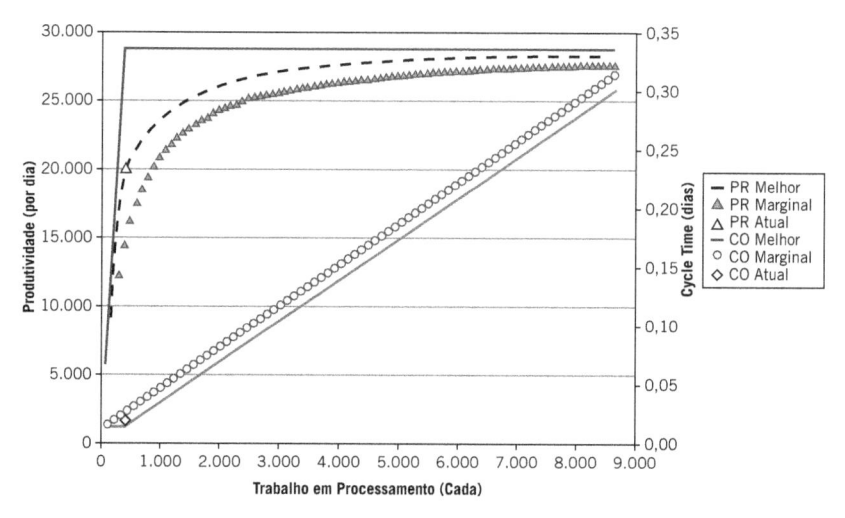

Figura 5-8 Gráfico de fluxo para a linha de produção do cliente.

dados são necessários para essa versão da análise gráfica de fluxo de desempenho, portanto ela pode ser feita rapidamente:

O gráfico mostra que o WIP na linha era aproximadamente de 300 a 400 peças, e a produtividade, de 22 mil peças por dia. O fato de a produtividade atual (triângulo vazado) estar acima da linha de produtividade marginal indicava que o fluxo de produção estava operando com baixa variabilidade nos períodos de processo, algo adequado na busca pela Produção Enxuta de forma geral. O losango vazado, no canto inferior esquerdo do gráfico, mostra que a linha tinha *cycle times* muito baixos, quase correspondendo ao tempo de processamento bruto, e, portanto, próximos do objetivo de tempo de valor agregado perseguido pelos esforços de Produção Enxuta. A proporção CT/TVA para a linha estava perto de 1.

A empresa, porém, havia trocado *cycle times* menores por uma taxa de produtividade significativamente mais baixa. A linha preta tracejada mostra uma estimativa de desempenho de produtividade da linha, se um modelo completo tivesse sido desenvolvido em software. A conclusão rápida de alguém acostumado com a Ciência da Fábrica é de que a linha poderia aumentar a produtividade em praticamente 30%, se o WIP na linha fosse maior. Isso foi uma surpresa para a equipe da fábrica. Depois de 15 anos trabalhando naquela linha, aparece um estranho, faz uma rápida análise e sugere que é possível aumentar a produtividade em 30%. Como sempre, há desvantagens. Aumentar o WIP para cerca de 3 mil peças na linha significaria um aumento enorme no *cycle time*. Observe a escala do *cycle time*. O *cycle time* atual para uma unidade está na ordem de minutos – em torno de 15 minutos. Aumentar o WIP para 3 mil peças aumentaria o *cycle time* médio para aproximadamente 1 hora e 15 minutos. Contudo, a produção final era enviada para um centro de distribuição, e o envio só era realizado uma vez por dia.

Neste caso, não havia dúvida de que adicionar WIP extra à linha compensaria o aumento no *cycle time* médio por peça. Os membros da equipe da fábrica aproveitaram a oportunidade para defender isso. A solução era desacoplar os alimentadores de componentes das linhas de montagem principais e adicionar reservas de WIP entre cada linha de alimentação e a linha principal. Como resultado, sempre que uma alimentadora de componentes fosse paralisada, a linha principal não pararia, e vice-versa. Depois de algumas tentativas de comprovar a teoria, a linha passou a funcionar com produtividade de 26 mil peças por dia. Após 15 anos utilizando um grande *buffer*, a fábrica trocou WIP por capacidade e deu um grande salto em termos financeiros.

A empresa mudou para uma estratégia que fornecia desempenho financeiro muito superior. A Tabela 5-3 resume as escolhas que a empresa se defrontou e seus efeitos nos demonstrativos financeiros.

Tabela 5-3 Impacto das escolhas nos demonstrativos financeiros

Decisão de negócio	Impacto nos demonstrativos financeiros	Comentário
Operar "como se" não estivesse conseguindo suprir a demanda do mercado	Receita não é maximizada; capacidade não atingindo a produtividade desejada	Gerência decidiu que essa não era uma opção
Aumentar a capacidade adicionando outra linha de produção	Custos de capacidade no balanço geral e de receitas – pessoal e equipamento adicionais	Capacidade era cara; custos eram excessivos para essa opção
Aumentar o WIP	Estoques aumentam no balanço geral	Heresia aos preceitos da cultura enxuta, mas, na realidade, custos reduzidos; o *cycle time* maior não aparece para o cliente
Projetos para aumentar a velocidade no gargalo	Custo de engenheiros trabalhando em projetos aumentam as despesas no demonstrativo de resultados	15 anos gastos em projetos de engenharia para aumentar a velocidade no gargalo de produção

Como é mostrado na tabela, a empresa tomou diversas decisões estratégicas que causariam impacto nos demonstrativos financeiros. Uma compreensão melhor da Ciência da Fábrica desde o princípio do projeto de design da linha teria fornecido 30% a mais de produtividade durante os 15 anos e aumentado consideravelmente o desempenho financeiro da fábrica. Essa empresa agora tem aplicado a Ciência da Fábrica nas operações por quase uma década e utiliza a abordagem para melhorias contínuas e também como parte integrante de qualquer avaliação para expansão de capacidade.

Otimização de estoque

Como vimos nos Capítulos 3 e 4, existe um limite eficiente para estoques que reduz a quantidade de estoque necessário para o nível de serviço desejado. Apresentamos um exemplo que demonstra como o uso dessa ciência aumentou o retorno sobre os ativos para um cliente. Para esse cliente em particular, era estrategicamente importante possuir uma taxa de atendimento elevada. Isso é comum em indústrias de equipamentos médicos ou farmacêuticos. O custo de ter um produto em falta era significativo. No mínimo, a frustração vivida por fornecedores dessa área, quando estão sem um instrumento importante ou sem uma droga farmacêutica, é que isso pode levar à troca de fornecedor. Ou pior ainda, a falta do instrumento ou do fármaco pode causar sofrimento ao paciente ou até mesmo sua morte. Portanto, não é surpresa alguma que empresas em indústrias nas quais se exige uma elevada taxa de atendimento optem por manter grandes estoques. Nessas indústrias, é comum ver giros de estoque de apenas dois ou três e políticas definidas por expressões como "Mantenha seis meses de estoque à disposição".

Até mesmo em indústrias com altas exigências de serviço, o retorno sobre os ativos pode ser aumentado otimizando-se o estoque, já que o estoque é classificado no balanço geral como um ativo. Adotando o limite eficiente para a otimização do estoque, é possível garantir o serviço desejado e reduzir o estoque. Lembre-se de que:

$$\text{Retorno sobre ativos} = \text{lucro}/\text{ativos}$$

Se o serviço desejado (e a receita) não se alterar, mas o estoque for reduzido, o retorno sobre os ativos aumenta. A Figura 5-9 ilustra o que descrevemos.

A empresa estava cumprindo suas metas de alto nível de serviço, mas tinha $1,2 milhão em estoque para sustentar esse serviço. O limite eficiente mostrou oportunidades de manter o alto nível de serviço e, ao mesmo tempo, reduzir o estoque em 75% (para $400 mil). A empresa, querendo ser conservadora para

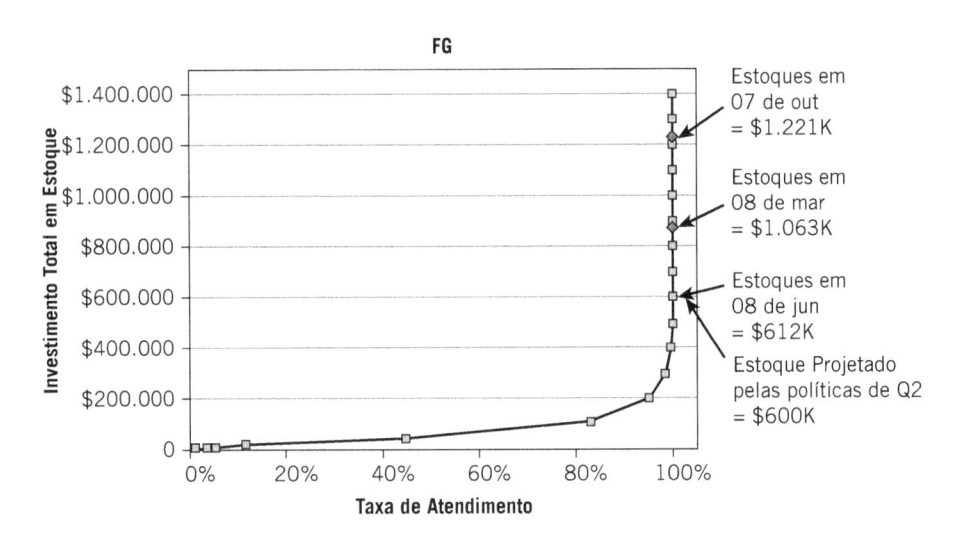

Figura 5-9 Estoque de uma empresa com exigências de serviços elevadas.

proteger o serviço, escolheu uma redução de 50%, e queria ser capaz de rastrear o progresso. Conforme será mostrado no Capítulo 7, a Ciência da Fábrica permite que a administração preveja os níveis de estoque com precisão, à medida que políticas de otimização são implementadas e obedecidas. A previsão nessa empresa sugeria que o estoque seria reduzido para $600 mil até junho. Partindo de um estoque de $1,2 milhão em outubro, o valor de estoque em junho foi de $612 mil. Reduções de estoque dependem da demanda, da taxa de "queima" e do *lead time* das peças em estoque.

Um aviso para os aspirantes a cientistas da fábrica: inicialmente, quando estiverem implantando políticas de otimização de estoque, o nível de estoque pode primeiro subir antes de descer. Alex Siegel, da Emerson, em seus primeiros esforços de otimização de estoque empregando a Ciência da Fábrica, cunhou o termo perfeitamente descritivo *florescimento do estoque* (*inventory bloom*) para o fenômeno.

É fácil de entender o que leva ao florescimento do estoque. Com a adoção de políticas de otimização que reduzem o estoque (perceba que *aumentar* o estoque também pode ser uma solução otimizada), as peças que têm muito estoque à mão não serão solicitadas por um tempo. Por outro lado, as peças que não têm estoque suficiente vão precisar ser encomendadas e colocadas em estoque o mais rápido possível. O efeito inicial é o aumento de estoque – o florescimento do estoque. Quando um gestor informar aos líderes da empresa sobre as reduções de estoque previstas, ao adotar políticas que estão no limite eficiente, um bom gerenciamento de expectativas o levará a incluir uma análise do florescimento do estoque inicial, seu tamanho e sua duração esperada. Além disso, o florescimento pode ser administrado por um sincronismo cuidadoso das aquisições do estoque, se necessário.

Utilizando a Ciência da Fábrica, a liderança da empresa descrita nesta seção (não a Emerson) conseguiu projetar com segurança o impacto nos demonstrativos financeiros para as audiências internas e externas. A empresa aumentou seu retorno sobre ativos e aperfeiçoou seus giros de estoque de forma controlada e previsível.

Administrando o portfólio de *buffers*

O conceito de *administrar o portfólio de buffers* ajuda administradores e executivos a impulsionar o lucro e o fluxo de caixa. Ambientes de montagem sob encomenda demonstram uma excelente aplicação da abordagem da Ciência da Fábrica com foco no portfólio de *buffers*.

Apresentamos um exemplo de uma empresa que, antes de aprender a abordagem da Ciência da Fábrica, controlava cada encomenda de montagens destinadas à estocagem desde o início do processo de produção de componentes. O diagrama DEP inicial para os processos da empresa é mostrado na Figura 5-10.

A área de estocagem mostrada com linhas tracejadas era o estoque intermediário das peças antes da montagem, mas era essencialmente um local de espera por combinação (*wait-for-match*). Quando todas as peças necessárias antes das montagens estavam no estoque intermediário, kits com peças eram liberados para a montagem. Na verdade, muitas vezes, quando a montagem estava um tanto ociosa, kits incompletos eram lançados para a montagem, a fim de manter o pessoal ocupado. Como já foi dito, existem poucas coisas piores do que um gerente vendo pessoas paradas sem nada para fazer. Isso o obriga a dar trabalho para elas, havendo ou não demanda que o justifique. Quando algumas atividades desse tipo funcionam como um "adiantamento de trabalho", isso até pode ser boa ideia, mas usar o trabalho adiantado como prática padrão é sinal de problemas graves.

Os resultados eram ruins em um ambiente marcado por grande variabilidade na demanda. A empresa tinha de manter um dispendioso *buffer* para lidar com a variabilidade de demanda do consumidor, que se fazia sentir até na produção de componentes. O estoque intermediário frequentemente ficava esperando por outras peças na montagem, o que deixava mais lento o seu giro. Esses problemas de capacidade e estoque foram agravados porque a produção de componentes era medida em horas ganhas, incentivando o departamento a realizar "extras". Tais componentes extras impunham demandas adicionais na capacidade e forçavam outros componentes a esperar na fila para iniciar o processo, e os extras acabavam esperando no estoque. Assim, o atendimento ao cliente foi afetado, porque a incompetência da produção em dar sequência nas peças de forma adequada obrigava a montagem a ficar esperando até que todos os componentes chegassem no estoque intermediário para ser montados. Com exceção ao que foi dito, a montagem não costumava esperar e trabalhava naquilo que estivesse disponível, o que incluía reutilizar partes de kits incompletos

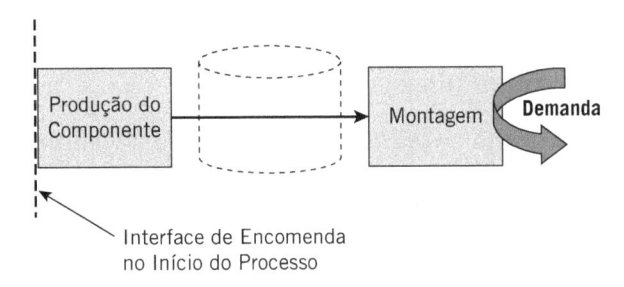

Figura 5-10 A liberação da montagem na produção começa no início do processo.

para finalizar e entregar os produtos. Isso piorava a situação referente à disponibilidade de peças. Esses problemas operacionais tiveram um impacto negativo nos demonstrativos financeiros, já que a receita diminuía quando as encomendas não estavam sendo encaminhadas no prazo, e os custos de capacidade se elevavam devido a extras de mão de obra e equipamentos necessários para lidar com a variabilidade na operação. Por fim, o retorno sobre ativos foi abalado, porque o caixa estava vinculado a equipamentos e estoques em excesso.

A empresa usou a abordagem da Ciência da Fábrica para reestruturar estrategicamente seu portfólio de *buffers*, como mostra a Figura 5-11. Ao aplicar a Ciência da Fábrica, a administração desenvolveu um processo de produção de montagem sob encomenda, com um estoque intermediário planejado tanto para garantir que os componentes estivessem disponíveis para montagem quanto para nivelar a produção dos componentes.

A empresa obteve os benefícios financeiros tipicamente observados quando se administra de forma estratégica seu portfólio de *buffers* em um ambiente de montagem sob encomenda. O estoque intermediário estratégico para componentes viabiliza o processo de montagem sob encomenda, o que reduz o *cycle time* observado pelo cliente. O cliente percebe apenas o *lead time* para a montagem, não o de produção de todos os componentes. *Lead times* menores, em geral, resultam em aumento da receita, devido ao aumento nas encomendas ou ao aumento dos preços pela entrega rápida. Isso acaba dando um acréscimo na linha da receita no demonstrativo de resultados.

A reserva estratégica no estoque de componentes também dissocia a produção de componentes da variabilidade na demanda do produto final, de modo que o *buffer* na produção de componentes pode ser minimizado para reduzir custos. O que resulta em decréscimo nos custos de capacidade no demonstrativo de resultados por causa dos menores custos com mão de obra e equipamentos. Isso ainda resulta em quantidades menores de caixa vinculado a equipamentos no balanço financeiro. E mais, a capacidade extra liberada pela redução

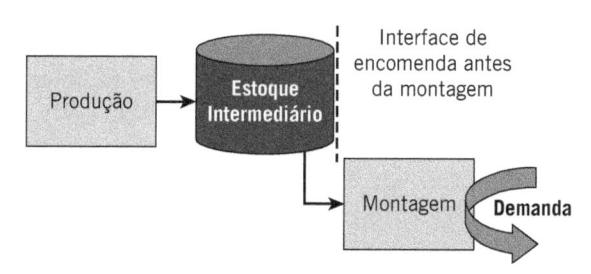

Figura 5-11 Processo de montagem po encomenda com estoque intermediário planejado.

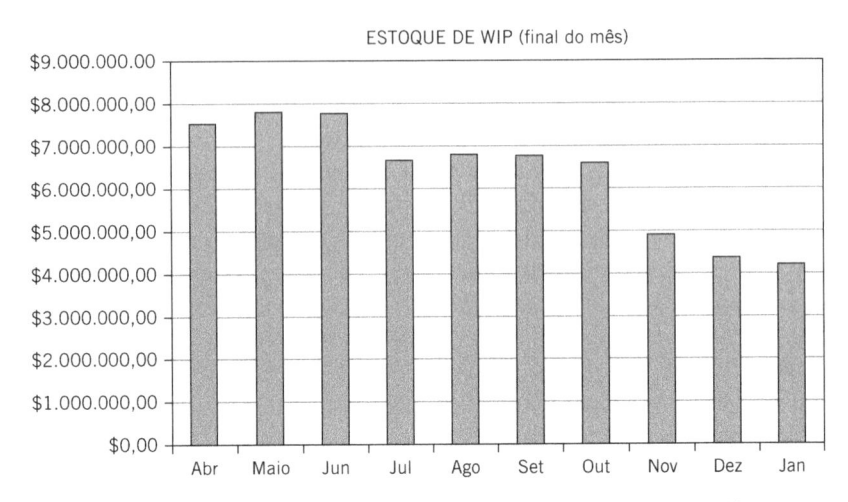

Figura 5-12 Redução de WIP devido ao design de um portfólio de *buffers* ideal.

da variabilidade na demanda de produção pode protelar o desembolso de caixa para recursos de capacidade adicional, quer sejam referentes a equipamentos extras, pessoal extra, quer sejam horas extras.

A reserva estratégica do estoque de componentes geralmente reduz os custos de estoque, porque sai mais barato estocar componentes agrupados que servem para vários fins do que fazer estoques específicos para cada um dos produtos finais. Isso também diminui o caixa vinculado ao estoque no balanço financeiro.

O resultado líquido nos demonstrativos financeiros é um lucro mais alto e maior retorno sobre os ativos. Para esse cliente, os resultados da redução do WIP foram excelentes (Figura 5-12).

O estoque original de WIP girava em torno de $10 milhões no início do projeto, então houve uma redução maciça no estoque de WIP. É interessante notar que a redução geral de estoque não foi de $6 milhões. Boa parte do estoque alocado para a produção foi mantida no estoque intermediário de montagem para garantir que a montagem pudesse responder facilmente à demanda. Como isso afetou a entrega? Veja a Figura 5-13.

Houve uma reviravolta interessante nesse projeto em particular. Repare que a certa altura, após a implementação, a entrega dentro do prazo caiu para 33%. O que causou grande preocupação. A disponibilidade de um bom modelo de Ciência da Fábrica permitiu uma rápida resolução. Descobriu-se que a inspeção final na montagem tinha se tornado o ponto de gargalo. Como informado pela administração, essa parte do processo não era considerada no processo inicial

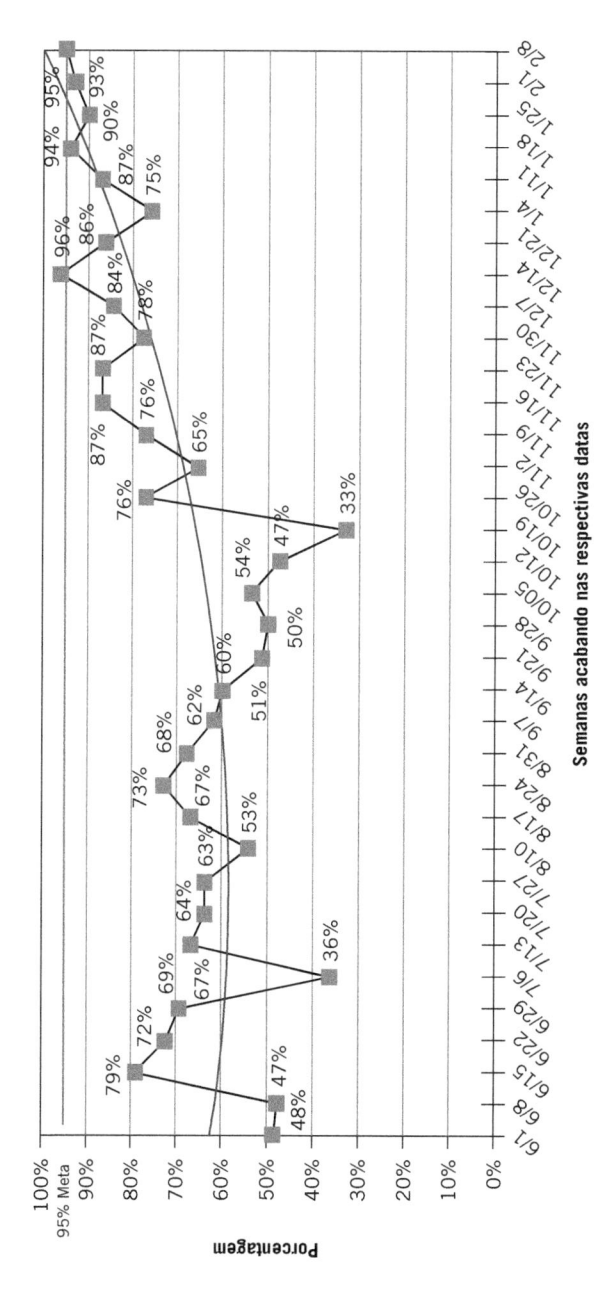

Figura 5-13 Melhoria nas entregas dentro do prazo devido ao design ideal do portfólio de *buffers*.

de design. Contudo, quando o problema com as entregas dentro do prazo veio à tona, a análise da Ciência da Fábrica foi expandida e imediatamente apontou a capacidade de inspeção como culpada. Isso logo foi resolvido e o desempenho das entregas dentro do prazo melhorou rapidamente.

> **Desempenho financeiro impulsionado pela ciência das operações**
>
> 1. Maximizar a margem de contribuição nos gargalos.
> 2. Garantir que as iniciativas de Produção Enxuta não deixem ociosos, mesmo sem intenção, os pontos de gargalo.
> 3. Otimizar os estoques.
> 4. Administrar o portfólio de *buffers*.

Estratégias de marketing e de operações impulsionam resultados financeiros

Pode parecer evidente que as estratégias de marketing e de operações impulsionem os resultados financeiros. No entanto, infelizmente, muitas empresas deixam de estabelecer relações quantitativas baseadas nessa conexão óbvia para selecionar e administrar iniciativas que alcancem os resultados financeiros desejados. Empresas implementam iniciativas sem quantificarem cientificamente o impacto delas no demonstrativo financeiro. Em suma, elas fazem experiências com suas operações, torcendo para que bons resultados sejam alcançados. Essa pode ser uma abordagem onerosa quando o experimento exige investimentos em capacidade e estoque, os quais são incapazes de produzir resultados financeiros de maneira previsível.

A estrutura da Ciência da Fábrica oferece uma abordagem abrangente, prática e científica para administrar operações de manufatura e de cadeia de suprimentos que estejam diretamente vinculadas aos demonstrativos financeiros comuns. As empresas podem usar a ciência dessa estrutura para avaliar e selecionar estratégias propostas com base em seu impacto quantitativo, nas declarações financeiras de diferentes níveis de capacidade, estoque, tempo de resposta e demanda. O Capítulo 6 analisa como os líderes podem utilizar a ciência como uma hierarquia prática de planejamento baseada em estratégias, táticas e controles para gerar resultados financeiros. Em um âmbito geral, o processo de planejamento iterativo vinculado às finanças é mostrado na Figura 5-14.

Capítulo 5 Lucro, fluxo de caixa e a Ciência da Fábrica

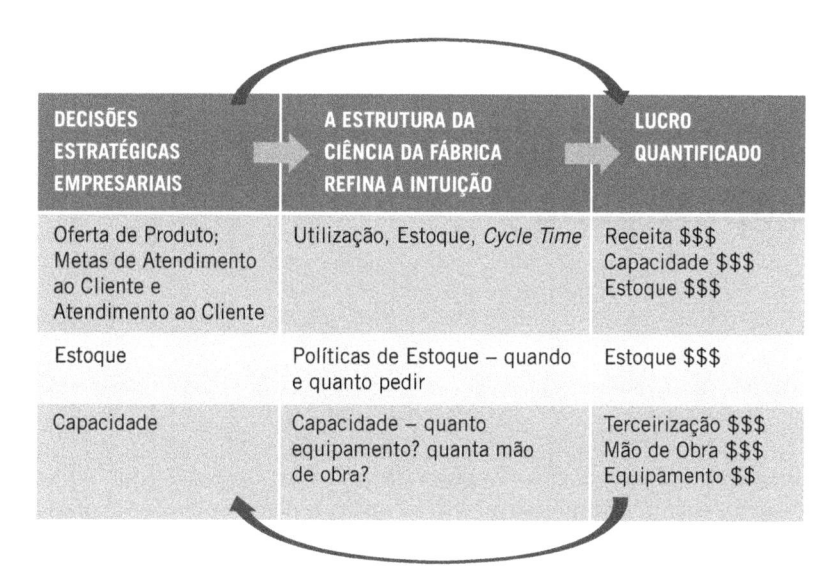

DECISÕES ESTRATÉGICAS EMPRESARIAIS	A ESTRUTURA DA CIÊNCIA DA FÁBRICA REFINA A INTUIÇÃO	LUCRO QUANTIFICADO
Oferta de Produto; Metas de Atendimento ao Cliente e Atendimento ao Cliente	Utilização, Estoque, *Cycle Time*	Receita $$$ Capacidade $$$ Estoque $$$
Estoque	Políticas de Estoque – quando e quanto pedir	Estoque $$$
Capacidade	Capacidade – quanto equipamento? quanta mão de obra?	Terceirização $$$ Mão de Obra $$$ Equipamento $$

Figura 5-14 Planejando com a abordagem da Ciência da Fábrica.

A abordagem da Ciência da Fábrica funciona para executivos e gestores porque afeta de modo direto e previsível o lucro e o fluxo de caixa. Esse impacto pode ser rastreado diretamente até chegar às declarações financeiras tradicionais. É comum vermos gestores utilizando métodos de contabilidade para alocação de receita nas despesas como forma de entender e conduzir iniciativas de desempenho. Como esperamos já ter demonstrado a essa altura, *modelos contábeis para alocação de custos não rendem bons modelos para compreender e controlar o comportamento natural das operações*. Contudo, não propomos que os gestores desenvolvam modelos diferentes de contabilidade. Em outras palavras, deixemos de lado as críticas ao modelo padrão de custeio que aloca as receitas às despesas. Ele funciona muito bem para relatórios contábeis. Uma abordagem melhor é trabalhar com o comportamento natural das operações para reduzir custos de forma otimizada (de acordo com a estratégia competitiva de cada empresa), fornecendo ao mesmo tempo o melhor serviço possível para sustentar aumentos na receita. Isso propicia o maior fluxo de caixa possível, que depois pode ser alocado para fins de relatório contábil da maneira que se julgar mais adequada.

Capítulo 6

Estratégia e planejamento de operações

Conforme prometido, dispomos agora de uma estrutura que pode ser usada estratégica e quantitativamente para determinar o plano operacional mais produtivo para um empreendimento.

Estratégia operacional

Essa estrutura envolve o seguinte:

1. Um fluxo de valor/cadeia de suprimentos é composto de demanda e transformação.
2. Os componentes de desempenho da transformação são estoque e produção.
3. *Buffers* de estoque, capacidade e tempo são necessárias para sincronizar a demanda e a transformação na presença de variabilidade.
4. Limites de desempenho podem ser determinados para estoque e produção, conhecendo-se a média e a variância do tempo de reabastecimento e da demanda.
5. O desenvolvimento de um conjunto de *buffers* proporciona um desempenho previsível para uma configuração de estoque, produção e serviço (tempo de resposta), mesmo na presença de variabilidade.
6. Os desempenhos de estoque, produção e serviço estão diretamente vinculados aos demonstrativos financeiros.

Agora veremos como tais conceitos podem ser incorporados ao processo de planejamento operacional. Um plano operacional é composto de quatro elementos primordiais:

1. Estratégia
2. Táticas

3. Controles
4. Parâmetros

A vantagem de descrever um plano operacional desse modo é que isso prepara os gestores para liderar com sucesso suas organizações por meio de uma abordagem fundamentalmente diferente daquela que costuma ser praticada. A diferença é que a abordagem da Ciência da Fábrica planeja e executa trabalhando com o comportamento natural da demanda e da transformação, utilizando ao mesmo tempo controles dinâmicos para gerenciar de modo previsível a variabilidade no ambiente.

Estratégia

As estratégias muitas vezes são exercícios mirabolantes que são criados, colocados no papel e que acabam sendo guardados na prateleira para lá ficar. Queremos evitar isso. Com os conceitos introduzidos até aqui, definimos *estratégia operacional* como *o projeto, a implementação e o controle da carteira de demanda, estoque, tempo, capacidade, variabilidade e custo para melhor alcançar as metas financeiras e de marketing de uma empresa*. Perceba que existe um componente de projeto. Gestores empresariais devem liderar o projeto de um portfólio de *buffers* para cumprir com as metas de negócios da empresa. Qualquer tarefa de projeto técnico deve ser norteada pela ciência da tecnologia que está sendo projetada. No caso do projeto de um plano operacional, a ciência fundamental é a Ciência da Fábrica.

A definição da estratégia operacional como o *projeto*, a *implementação* e o *controle* da demanda, dos *buffers*, da variabilidade e do custo é um conceito bastante poderoso. Ele permite que os executivos pensem em termos de opções criativas para estruturar as análises de custo/benefício que comentamos anteriormente – mais ou menos estoque, e mais ou menos tempo de resposta – e para explorar então os efeitos do aumento e da diminuição da variabilidade enquanto se concentram na elevação das receitas e do lucro.

Um bom processo de estratégia operacional sustenta o processo de estratégia empresarial global. Um bom processo de estratégia operacional proporciona uma análise de cenários para a tomada de decisões empresariais de forma global. Que capacidade, por exemplo, é necessária para se alcançar os melhores *lead times* do mercado? Quais faixas de demanda podem ser atendidas com a capacidade existente ou planejada? Qual é o nível ideal de estoque (matérias-primas e bens acabados) necessário, e quais são as possíveis relações de custo/benefício entre estoque, taxa de atendimento e *lead time*? Por fim, a estratégia operacional propicia projeções a respeito do fluxo de caixa, que é a essência básica de qualquer empresa.

Táticas

As *táticas* são políticas ou ações implementadas para o cumprimento de uma tarefa ou objetivo. Uma *política* é uma declaração de intenção e é implementada como um procedimento.[1] No contexto de um plano operacional, as políticas são coisas como níveis de capacidade de recursos (pessoal e maquinário), as metas de utilização da capacidade, dias de suprimento, estoque de segurança, *lead times*, níveis de trabalho em processamento (WIP – *work-in-process*), tamanhos de lote, período de trabalho com antecedência, investimento em estoque, horas de trabalho e níveis de horas extras. As políticas, na abordagem da Ciência da Fábrica, são essencialmente parâmetros de projeto. Existem incontáveis estratégias operacionais, e cada uma gera um portfólio específico de estoque, tempo, capacidade e variabilidade. Cada portfólio, por sua vez, determina um conjunto de políticas. Se as políticas forem colocadas em ação corretamente e se as suposições ambientais se comprovarem (como a variedade da demanda, o desempenho da capacidade e a variedade dos *lead times* de fornecedor), os níveis esperados de fluxo de caixa e de serviço ao cliente serão alcançados.

Controles

Os *controles* em um mundo operacional são os métodos ou sistemas utilizados para implementar as táticas, a fim de alcançar o desempenho almejado; por exemplo, um sistema de planejamento das necessidades de materiais (MRP – *manufacturing requirements planning*), os limites superior e inferior na posição de estoque, o controle CONstante do trabalho em processamento (CONWIP) ou o uso de uma fila virtual com um gatilho de capacidade. Um processo de planejamento de operações e vendas (POV) é o controle do desempenho da gestão empresarial global. Os controles mais efetivos oferecem algum tipo de mecanismo de *feedback* para indicar o estado do desempenho que está sendo controlado.

Parâmetros

Para um plano operacional, *parâmetros* são quantidades usadas para reportar características de desempenho de um processo; por exemplo, entregas dentro do prazo, utilização da capacidade ou o número de peças dentro de uma política de conformidade.

Execução

Execução é o uso de táticas, controles e parâmetros no suporte de uma estratégia. O que geralmente se vê é empresas estabelecendo metas como parte da estratégia empresarial global, o que acaba se tornando um caos controlado, à medida que os gestores tentam reunir esforços individuais para cumprir as metas. As realizações dos gestores costumam se dar por meio de táticas e controles que confrontam o comportamento natural da demanda e da transformação. Além disso, as medidas tomadas com a intenção de alcançar metas muitas vezes ignoram os sistemas de TI e outros controles vigentes, não usando os controles já existentes com eficiência. O sistema de planejamento dos recursos da empresa (ERP – *enterprise resources planning*), ou o sistema de TI, costuma ser utilizado como um rastreador de transações e uma base de dados (ERP *financeiro*). Outra típica abordagem que encontramos na execução envolve o início de esforços de melhoria de desempenho na execução. "Ir até o *gemba*" é uma prática proeminente da Produção Enxuta. Ela se refere ao deslocamento do gestor até a área de produção ou planejamento para observar as atividades. A ideia é identificar e implementar oportunidades de redução de desperdício por meio da observação cuidadosa no local da ação. Na nossa opinião, ir ao *gemba* não é o primeiro lugar a se iniciar, ainda que seja uma tática altamente valiosa. Se o ambiente de planejamento (variedades de demanda e de tempo de reabastecimento) for inviável, concentrar-se na redução de desperdício no *gemba* é praticamente inútil. Um bom projeto facilita o planejamento; um bom planejamento facilita a execução. Começar pelo chão de fábrica ou, para esforços de cadeia de suprimentos, pela base de suprimento ou rede de distribuição, na tentativa de melhorar ou alcançar o desempenho almejado, é como atirar primeiro e mirar depois. Os gestores devem começar por uma abordagem de projeto da estratégia, sustentada por opções de táticas, controles e parâmetros que estejam embasados na Ciência da Fábrica. Por fim, um gestor não deve subestimar o esforço de mudança cultural necessário para transformar uma organização de abordagem de execução reativa para a abordagem da Ciência da Fábrica.

Controle da tecnologia da informação e limites de controle

Observe que o tipo de TI que um gestor utiliza para ajudar na execução da uma estratégia também é uma decisão importante. Porém, a TI é um facilitador da execução; ela não é um determinante de qual equilíbrio entre *buffer* e variabilidade funciona melhor para o empreendimento de um gestor. Embora a TI seja praticamente indispensável nos dias de hoje, os vários recursos contemporâneos de TI proporcionam formas de se fazer com mais eficiência aquilo que já se está fazendo, em vez de fornecer soluções empresariais para problemas de ciência operacional.

É amplamente documentado que muitas implementações de ERP, depois de muitos bilhões de dólares de investimento por toda a indústria, não oferecem as vantagens previstas antes da implementação. O resultado final é geralmente um *ERP financeiro*, ou seja, o sistema ERP é utilizado para rastrear transações contábeis como WIP até bens acabados, encomendas de compra emitidas e outras transações de registro contábil necessárias para a divulgação financeira. Isso, sem dúvida, é benéfico para gestores que estão tentando padronizar controles financeiros em uma organização. No entanto, quando se trata de atividades como a programação do dia de trabalho no ambiente da produção ou de chamadas de serviço para o dia, no caso de um empreendimento de serviços, o que se costuma usar são planilhas. Já questionamos bem mais de mil pessoas ao longo dos anos como parte de nossos seminários e treinamento educacional nos conceitos da Ciência da Fábrica. Quando perguntadas se seus sistemas ERP ofereciam capacidade completa de planejamento e controle, todas responderam que usavam planilhas para lidar com as atividades de programação e planejamento, em vez de recorrerem exclusivamente a sistemas ERP.

Outro indicador da teoria deficiente por trás de sistemas ERP comuns é o fato de que nenhum dos sistemas ERP que conhecemos oferece uma abordagem de limite de controle para ajudar os líderes a administrar o desempenho empresarial. O padrão de controle para sistemas ERP, APO e APS é a programação detalhada. No mundo real, a variabilidade é constante. Uma ferramenta bem conhecida de qualidade para administrar o desempenho dos produtos é o *controle estatístico de processos* (CEP). O conceito do CEP é de que as características de produtos, como diâmetro exterior ou concentração de acidez ou impureza de formulação, vão variar dentro de limites superiores e inferiores de controle. Contanto que as características permaneçam dentro dos limites, nada precisa ser feito, porque o desempenho, *a priori*, é considerado aceitável. Em contraste, *todos* os sistemas ERP que já vimos tomam a complexidade e a variabilidade inerentes à condução dos empreendimentos e tentam alcançar o desempenho estipulado, colocando todos os detalhes no sistema e variando os detalhes (como antecipar, protelar, liberar, cancelar) conforme as mudanças vão ocorrendo – uma programação detalhada. Hoje, muitos sistemas MRP fazem um replanejamento diário, levando toda a massa de detalhes a ser alterada diariamente. Não é razoável pensar que os gestores consigam otimizar a gestão do planejamento e da programação com essa abordagem.

Uma análise da complexidade computacional (ver Seção 15.2.4 do livro *A Ciência da Fábrica*) mostra que é impossível fazer uma programação ideal para um processo de produção, com qualquer coisa a mais do que 50 tarefas e 10 centros de processamento, por causa do número de permutações possíveis de programação que precisa ser analisado. Além do mais, uma sobrecarga de informações de ERP leva programadores e gestores ao esgotamento, e, como resultado, muitas planilhas são feitas na esperança de desenvolver uma abordagem que possibilite a administração do desempenho sem que seja preciso lidar com todos os detalhes. Outro efeito dessa sobrecarga de detalhes é que os programadores geralmente acabam se tornando agilizadores de fluxo. Como os detalhes no sistema de TI e a constante mudança de recomendações acabam esgotando programadores e gestores, o sistema de TI é utilizado principalmente para rastrear tarefas de alta prioridade, e são elas que acabam sendo trabalhadas. Enquanto isso, as tarefas de baixa prioridade, cedo ou tarde, tornam-se tarefas de alta prioridade porque a programação e a entrega aos clientes se tornam imprevisíveis. A presença de muitas tarefas de alta prioridade leva a "listas de urgência" de tarefas, "listas de urgência urgentíssima", e assim por diante. Gestores que já estiveram em operações por alguns anos sabem bem como isso funciona. A aplicação da Ciência da Fábrica ao comportamento natural dos *buffers* e da variabilidade proporciona uma abordagem de limite de controle para otimizar a gestão de toda a complexidade das operações e cadeia de suprimentos. O resultado é um procedimento operacional padrão (POP) para uma hierarquia de planejamento que conecta a estratégia diretamente ao controle e que permite que os líderes administrem a complexidade e a variabilidade mais facilmente do que com a abordagem clássica de planejamento e programação detalhados. O POP é realizado como parte do processo de planejamento de operações e vendas de uma empresa.

Planejamento de operações e vendas com a Ciência da Fábrica

O processo de planejamento de operações e vendas (POV) é uma série de tarefas e reuniões que ocorrem continuamente e que se repetem a cada mês. O processo de POV é voltado para assegurar uma íntima coordenação dos esforços da organização do gestor em alcançar suas metas financeiras e de marketing. Em geral, essas metas fazem parte do plano operacional anual de uma empresa.

O processo de POV+ desenvolvido neste capítulo toma por base a abordagem prática e científica da Ciência da Fábrica para compreender e gerenciar o comportamento natural da demanda e da transformação. Para se ter sucesso na gestão da demanda, por exemplo, é preciso ter uma compreensão e um planejamento voltados para a variabilidade da demanda. Isso é fundamentalmente diferente de tentar prever com exatidão a demanda a cada mês e ter de reagir quando essa demanda prevista acaba não se materializando. Vamos fornecer uma breve descrição do processo organizacional, dos participantes e das práticas do processo POV padrão e, em seguida, descrever a versão POV+ da Ciência da Fábrica, que propicia as seguintes vantagens:

1. Determinar a combinação ideal de *buffers* a ser utilizada para obter a maior lucratividade e o maior fluxo de caixa possíveis.
2. Quantificar as limitações de desempenho de estoque e fluxo de produção para tomar decisões preditivas e identificar oportunidades de melhoria.
3. Possibilitar o uso do sistema de TI como um sistema de controle para assegurar que a estratégia executiva possa ser rastreada e monitorada, a fim de obter resultados previsíveis.

Sequência de eventos e de participantes do POV

A sequência de eventos do POV é ilustrada na Figura 6-1. A estrutura e o processo do POV ficam a cargo do responsável pelo processo de POV. Esse responsável pode ser o diretor de materiais ou de planejamento, mas o seu papel varia dentro de cada organização. O encarregado pelo processo de POV fica responsável pela programação de atividades de POV ao longo do mês, pela coordenação de reuniões pré-POV e de POV executivo, bem como pela distribuição de atas após a reunião de POV executivo. O "padrinho" do processo de POV tem a responsabilidade final por esse processo, embora os detalhes de execução sejam conduzidos pelo responsável do processo de POV. O padrinho do processo de POV costuma ser o vice-presidente sênior de operações ou algum outro cargo similar em que as operações sejam de sua responsabilidade. Há outra escola de pensamento que afirma que o responsável final/padrinho do processo é o cargo mais alto da empresa, ou seja, o presidente ou o CEO. Concordamos que o gestor de mais alto escalão *deva* ser o responsável pelo processo, no sentido de garantir que as reuniões aconteçam mensalmente, estar presente e liderar ativamente as reuniões de POV executivo, assim como bater o martelo para as decisões finais. Isso, porém, não significa que o gestor de mais alto escalão precise monitorar e gerenciar o processo mês a mês. Trata-se de uma questão de decisão interna, e o padri-

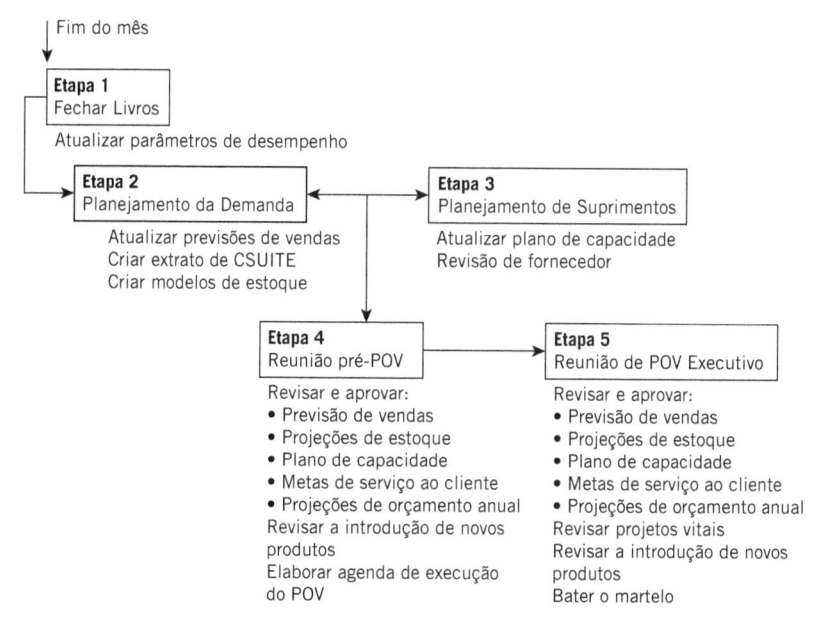

```
                    Fim do mês
                         ↓
        ┌──────────────────────────────┐
        │ Etapa 1                      │
   ┌───→│ Fechar Livros                │
   │    └──────────────────────────────┘
   │    Atualizar parâmetros de desempenho
   │         ┌──────────────────────────┐           ┌──────────────────────────────┐
   │         │ Etapa 2                  │           │ Etapa 3                      │
   └────────→│ Planejamento da Demanda  │←─────────→│ Planejamento de Suprimentos  │
             └──────────────────────────┘           └──────────────────────────────┘
             Atualizar previsões de vendas          Atualizar plano de capacidade
             Criar extrato de CSUITE                Revisão de fornecedor
             Criar modelos de estoque
                                  ↓
                  ┌──────────────────────────┐      ┌──────────────────────────────┐
                  │ Etapa 4                  │      │ Etapa 5                      │
                  │ Reunião pré-POV          │─────→│ Reunião de POV Executivo     │
                  └──────────────────────────┘      └──────────────────────────────┘
                  Revisar e aprovar:                Revisar e aprovar:
                  • Previsão de vendas              • Previsão de vendas
                  • Projeções de estoque            • Projeções de estoque
                  • Plano de capacidade             • Plano de capacidade
                  • Metas de serviço ao cliente     • Metas de serviço ao cliente
                  • Projeções de orçamento anual    • Projeções de orçamento anual
                  Revisar a introdução de novos     Revisar projetos vitais
                  produtos                          Revisar a introdução de novos
                  Elaborar agenda de execução       produtos
                  do POV                            Bater o martelo
```

Figura 6-1 Sequência de POV.

nho é diferente de uma empresa para outra. Mas uma coisa é certa: se o gestor do mais alto escalão não apoiar ativamente o processo, ele será bem menos efetivo do que se apoiasse.

Etapa 1: Fechar os Livros. O processo de POV é recarregado a cada mês com o fechamento dos livros financeiros do mês anterior, a fim de que os resultados do mês anterior possam ser utilizados para os dados históricos do processo de POV. Às vezes, esse não é o ponto de partida, porque o fechamento dos livros referentes ao mês anterior se estende pelo mês corrente. Novamente, a data de início do processo de POV do mês seguinte é uma decisão interna, dependendo da situação de cada empresa. O processo, muitas vezes, tem início no começo do mês em qualquer data que houver disponível, talvez envolvendo dados ainda do mês anterior. O lado negativo disso, é claro, são as desvantagens advindas de se trabalhar com dados antigos. Caso mudanças significativas na demanda e na transformação sejam uma ocorrência mensal regular, as desvantagens de se usar dados com dois meses de atraso podem prejudicar consideravelmente a efetividade do POV.

Etapa 2: Planejamento da Demanda. Famílias de produtos devem ser definidas para a gestão do planejamento da demanda. Para quaisquer peças que vão ser gerenciadas usando a abordagem de limite eficiente para otimização, previsões precisam ser feitas no âmbito das *peças*. Muitas vezes, os gestores reportam a precisão das previsões por família de produto. Isso não é muito útil. A capacidade de produção ou de serviço não produz famílias de produtos; ela produz peças ou tarefas. Pacotes de software de previsão são bastante úteis na gestão desse tipo de detalhe. As previsões podem ser feitas no âmbito das famílias de produtos e, depois, ser extrapoladas hierarquicamente para se calcular a previsão no que diz respeito às peças. Por pior que seja a precisão das previsões por peça, somente previsões no âmbito das peças são úteis para otimizar o planejamento do estoque. Veja a seção "Erro de previsão e *lead time*", no Capítulo 4, para uma revisão das questões envolvendo a precisão das previsões e para orientações sobre como usá-la de maneira adequada.

A precisão das previsões precisa ser mensurada como erro quadrático médio (EQM), para corresponder ao uso da variância da demanda na gestão de variabilidade da demanda. Hoje, previsões no âmbito das peças são relativamente fáceis de fazer com um software de previsão. No entanto, os pacotes de software de previsão que conhecemos se concentram muito mais no uso dos assim chamados algoritmos mais precisos de previsão; por exemplo, a suavização exponencial ou o método de Box-Jenkins. O estado da arte é quando o próprio software escolhe qual modelo se encaixa melhor com os dados, ao fazer uma previsão. Além disso, os programas de previsão geralmente permitem uma customização extensiva da previsão por parte do programador. Como já foi dito, uma maior complexidade ao lidar com os dados não é necessariamente melhor. O problema com a abordagem contemporânea de software de previsão é que ela busca alcançar uma meta impossível – as previsões não podem adivinhar o futuro. Ater-se demais a discussões complexas sobre qual método matemático prevê melhor o futuro é fazer distinções desnecessárias e desperdiçar um tempo enorme. As previsões estão sempre erradas e sempre acabam mudando. Escolha um método, rastreie o erro e planeje-se de acordo com a variabilidade encontrada na demanda ou no erro de previsão.

Infelizmente, ainda não encontramos um software de previsão que facilite a abordagem da Ciência da Fábrica de forma satisfatória. Para que um gestor faça previsões apropriadas, a previsão para cada peça deve ir até o horizonte do tempo de reabastecimento de cada peça. Os pacotes de previsão que conhecemos exigem que o gestor escolha um horizonte preditivo para todas as peças e, então, faça a previsão para esse horizonte. Ficar constantemente prevendo a demanda para um horizonte de 12 meses talvez não reflita muito bem o comportamento natural de uma peça com um tempo de reabastecimento de 3 meses. Isso pode ser parcialmente mitigado agrupando-se as peças por tempo de reabastecimento, mas a estrutura dos pacotes de software costuma tornar esse processo embaraçoso. Além disso, o uso de EQM no *lead time* e a comparação dele com a razão entre variância e média, conforme discutido na seção "Erro de previsão e *lead time*", no Capítulo 4, não existe em pacote algum dos que já vimos. Isso seria uma excelente função de um software de previsão, já que os computadores lidam muito bem com os altos níveis de detalhes. A ausência desse tipo de funcionalidade corrobora nossa conjectura de que os fornecedores de software não desenvolvem programas que oferecem bom controle sobre o comportamento natural da demanda. Não nos consideramos especialistas em software de previsão, mas já trabalhamos com inúmeras empresas na gestão da demanda. Jamais encontramos um bom aplicativo capaz de lidar com a previsão para *lead times*, bem como com o uso de erro de previsão, de um modo que facilitasse a análise e o controle otimizados da demanda. Dito isso, os programas de previsão são muito úteis em oferecer uma abordagem estruturada, para que uma organização melhore o planejamento da demanda. O mero ato de analisar a demanda sobre todas as peças com alguma regularidade e organização já pode ser bastante benéfico.

Etapa 3: Planejamento de Suprimentos. A fabricação atualiza o perfil da capacidade. O planejamento utiliza esse perfil de capacidade para determinar a demanda a ser inserida no sistema MRP e ERP. O planejamento *precisa* assegurar que as necessidades propostas para ser inseridas no sistema de planejamento são viáveis em termos de capacidade. É comum ver grupos de planejamento inserindo uma previsão de demanda sem confirmarem a viabilidade de capacidade. Tal prática não é nem um pouco producente. Mesmo que a capacidade seja gerenciada na produção para assegurar uma programação viável, qualquer que seja a demanda, se uma demanda acima da capacidade for inserida no sistema de planejamento, isso levará a necessidades de compra de material que não estão alinhadas com a produção. Já vimos situações, por exemplo, em que necessidades de demanda de 400 unidades por semana foram inseridas no sistema ERP, muito embora o departamento de manufatura nunca tivesse produzido mais do que 200 unidades por semana. Ainda que esse excesso produtivo tenha sido enxugado pelo departamento de manufatura durante a programação de produção, o departamento de aquisições ficou sobrecarregado com encomendas de compra para o dobro de material que a empresa jamais conseguiria usar.

O departamento de aquisições vai revisar o desempenho dos fornecedores para determinar se algum deles tem problemas em atender à demanda. Fornecedores com problemas recebem medidas corretivas. Além disso, na manufatura, o desempenho do mês anterior será revisado e medidas corretivas serão tomadas. Introduções de novos produtos e promoções futuras são revisadas para assegurar que seu andamento seja capaz de garantir seu sucesso.

Etapa 4: Reunião pré-POV. Usando o trabalho descrito nas etapas 2 e 3, os objetivos dessa reunião são os seguintes:

- Revisar e comparar o progresso com o plano operacional anual, e direcionar atividades empresariais para que o plano seja cumprido, ultrapassado ou ajustado. Com base nas conclusões da reunião, documente as opções para atualizar o plano financeiro na reunião de POV executivo.
- Resolver problemas na demanda e no suprimento, incluindo introdução de novos produtos e promoções de vendas, para que um conjunto único de recomendações possa ser feito na reunião de POV executivo.
- Identificar áreas em que não se consegue chegar a um consenso, e determinar opções de resolução de disputas para a apresentação na reunião de POV executivo.
- Elaborar a agenda para a reunião de POV executivo.

Em grandes corporações, pode haver uma série de reuniões pré--POV nos diversos departamentos associados com a demanda e o suprimento, respectivamente.

Etapa 5: Reunião de POV Executivo. Os objetivos dessa reunião são os seguintes:

- Revisar e comparar o progresso com o plano operacional anual, e direcionar atividades empresariais para que o plano seja cumprido, ultrapassado ou ajustado. Com base nas conclusões da reunião, decida a respeito e documente atualizações no plano operacional.
- Revisar problemas no suprimento e na demanda, e determinar os rumos de ação apropriados para os casos em que a situação atual se desvia do plano.

- Revisar as introduções de novos produtos, as promoções de vendas e a precificação, para assegurar implementações bem-sucedidas.
- Revisar os produtos que vão deixar de ser fabricados e as queimas de estoque.
- "Bater o martelo" em questões não resolvidas pela reunião pré-POV.
- Revisar problemas de serviço ao cliente, e tomar medidas apropriadas para implementar ações corretivas onde necessário.

A Tabela 6-1 apresenta uma lista das tarefas e responsabilidades típicas para o processo de POV. Os modelos de estoque mencionados fornecem limites eficientes, dias previstos de atraso, giro de estoque, níveis de serviço e motivadores de variabilidade para pontos de estocagem. Os modelos de produção fornecem gráficos de fluxo de produção para informações de desempenho de fluxo de produção e capacidade adicional, como níveis de utilização, *lead times* e taxas de produtividade.

Práticas de reunião de POV

Tanto as reuniões pré-POV quanto as de POV executivo devem incorporar boas práticas de reunião. O objetivo é garantir que as reuniões transcorram de maneira eficiente a fim de produzir as melhores decisões possíveis para os negócios. A necessidade de haver reuniões eficientes poderia parecer óbvia, mas as práticas de reuniões das empresas vão desde as mais concisas e controladas até as sessões ineficientes de bate-papo. Pode-se argumentar que um controle deficiente sobre as reuniões é uma das principais formas de desperdício nas empresas atualmente. Se os gestores se concentrassem em melhorar as práticas de reuniões com a mesma seriedade que eles estimulam a melhoria dos processos de produção ou serviço, a maioria das empresas sairia ganhando. As melhores reuniões não são acontecimentos estéreis e mecânicos. As melhores reuniões de POV são aquelas em que as pessoas expressam suas diferenças de opinião de forma respeitosa, mas com entusiasmo (suposição e refutação). A discussão deve ser um tanto inflamada, já que os participantes estão discutindo questões que afetam diretamente o desempenho organizacional – bem como seu próprio desempenho e sua remuneração.

Se examinarmos as reuniões do ponto de vista da Ciência da Fábrica, a capacidade de fato são as pessoas – o recurso mais valioso de um gestor. O produto das reuniões varia, mas deve ser bem definido ao início de cada reunião, a fim de que a capacidade da reunião seja empregada com a máxima eficiência. Os produtos das reuniões incluem novas ideias ou um plano de ação aprovado, como acontece nas reuniões de POV. Itens de ação *devem ser anotados por escrito*, junto com as seguintes informações:

Tabela 6-1 Lista de amostragem de tarefas e encarregados por POV

Tarefa	Encarregado
Responsabilidade Final pelo POV	Padrinho do POV: VP sênior de Operações
Condução do Processo de POV	Responsável do POV: Diretor de Materiais
Divulgação de Resultados Financeiros	Analista Financeiro
Previsão de Demanda: Família de Produtos 1	Analista de Vendas
Previsão de Demanda: Família de Produtos 2	Analista de Vendas
Previsão de Demanda: Família de Produtos 3	Analista de Vendas
Modelo de Estoque: unidades da Família de Produtos 1	Programador Mestre
Modelo de Estoque: unidades da Família de Produtos 2	Programador Mestre
Modelo de Estoque: unidades da Família de Produtos 3	Programador Mestre
Modelo de Estoque: Componentes de Matéria-Prima	Gerente de Aquisições
Introduções de Novos Produtos: Família de Produtos 1	Gerente de Produtos
Introduções de Novos Produtos: Família de Produtos 2	Gerente de Produtos
Promoções de Vendas: Família de Produtos 1	Contas Nacionais
Promoções de Vendas: Família de Produtos 2	VP de Vendas
Plano de Capacidade de Fabricação	Diretor de Manufaturada
Modelo de Produção	Engenheiro de Manufaturada
Capacidade e Desempenho de Fornecedor	Gerente de Aquisições
Inserção de Demanda e Políticas no ERP: Família de Produtos 1	Programador Mestre
Inserção de Demanda e Políticas no ERP: Família de Produtos 2	Programador Mestre
Inserção de Demanda e Políticas no ERP: Família de Produtos 3	Programador Mestre
Inserção de Demanda e Políticas no ERP: Componentes de Matéria-Prima	Gerente de Aquisições
Aprovação do Plano	Presidente

1. Qual é a ação esperada
2. Quem é responsável por levar a ação a cabo
3. Qual será o resultado de levar a ação a cabo
4. Qual é o prazo de conclusão da ação

Caso seja possível, evite atribuir uma ação a uma equipe. Deve haver um nome ao lado de cada ação, para o líder poder procurar seu responsável a fim de receber atualizações ou fazer perguntas sobre a ação. No caso de reuniões de POV, as ações são publicadas como parte das atas das reuniões e revisadas ao início de cada reunião subsequente. É quase uma completa perda de tempo conduzir uma reunião de POV e não registrar os itens das ações. É raro, ou mesmo impossível, alguém conseguir decorar todas as ações ou problemas de uma reunião de POV. Quando examinamos as reuniões do ponto de vista da Ciência da Fábrica, os gestores que não registram as questões discutidas e os itens de ação especificados estão gerando grandes quantidades de retrabalho e sucata junto à sua capacidade mais valiosa.

Os seguintes itens devem representar a prática padrão para as reuniões de POV:

1. Cronograma e material relevante distribuídos alguns dias antes de cada reunião.
2. Papéis definidos e exercidos em cada reunião:
   a. **Líder.** Responsável por dirigir a reunião e por garantir que o cronograma seja seguido e os objetivos da reunião cumpridos.
   b. **Anotador.** Responsável por tomar notas durante a reunião, registrando itens de ação e divulgando atas posteriormente.
   c. **Responsável pelo horário.** Responsável por assegurar que a reunião obedeça ao cronograma. Uma prática eficiente para encontrar um responsável pelo horário é perguntar: "Quem deseja ir embora desta reunião o mais rápido possível?". O primeiro a responder se torna o responsável pelo horário.
   d. **Facilitador (opcional).** Certifica-se de que os papéis estão sendo exercidos de maneira apropriada e que boas práticas estejam sendo usadas na reunião.
3. Um código de conduta deve ser definido para cada reunião e obedecido. Por exemplo:
   a. Ater-se ao cronograma.
   b. Ser pontual.
   c. Somente uma conversa por vez.
   d. Uso de suposição e refutação (testar ideias é uma boa ideia).

e. Uso de um "local reservado" para questões que se arrastam na discussão.
f. Nada de ataques pessoais.

O código de conduta não precisa ser renovado para cada reunião. Adapte uma política empresarial como um código de conduta para reuniões, e padronize-o.

POV+

Vamos descrever o processo de POV+ ("POV mais") como uma estrutura básica para obter resultados previsíveis, mesmo em face de variabilidade. Como você talvez tenha adivinhado, o "mais" em POV+ é a aplicação da Ciência da Fábrica ao processo de POV padrão. As mudanças no processo de POV padrão não são drásticas, mas elas podem fazer uma diferença fundamental em até que ponto os gestores conseguem cumprir com as metas empresariais. Além disso, não é preciso que um gestor conduza um processo de POV+ para aplicar os conceitos da Ciência da Fábrica. Esperamos que os gestores que estão lendo este livro já tenham pensado em aplicações da Ciência da Fábrica em suas tarefas cotidianas. Essa opção já estava disponível depois da conclusão do Capítulo 3. O processo de POV+ é voltado principalmente para gestores executivos que coordenam as atividades de organizações ou divisões inteiras em grandes corporações.

A vantagem do POV+ vem da exploração do comportamento natural da demanda e da transformação dentro de um quadro geral estruturado e científico. Já descrevemos esse comportamento com alguma profundidade, então a pergunta agora é: "Como um gestor deve gerenciar esse comportamento natural para que um empreendimento alcance os resultados desejados?". A resposta é uma combinação de processos, controles e parâmetros científicos estruturados. O processo básico é o processo de POV+. No Capítulo 7, descrevemos os parâmetros e os controles para estoque e fluxos de produção necessários para traduzir a estratégia em execução no dia a dia.

Parâmetros financeiros são os parâmetros definitivos para o sucesso do processo de POV+. Conforme declarado no Capítulo 5, as metas e os parâmetros financeiros devem ser voltados para o lucro e o fluxo de caixa. Na busca por essas metas, a abordagem da Ciência da Fábrica tem como foco parâmetros financeiros que são:

1. Vinculados ao comportamento natural das operações
2. Reorganizados como princípios contábeis amplamente aceitos (GAAP – *generally accepted accounting principles*)
3. Úteis na sustentação da meta

Ao contrário de muitos esforços que recorrem a abordagens como contabilidade de Produção Enxuta, contabilidade de produtividade e custeio baseado em atividades, acreditamos que os princípios GAAP atuais funcionam muito bem na gestão empresarial. Portanto, os principais parâmetros financeiros do POV da Ciência da Fábrica são os seguintes:

- **Fluxo de caixa.** Movimentação pecuniária para dentro e para fora de um empreendimento.
- **Lucro.** Receitas – despesas.
- **Retorno sobre ativos.** Lucro/ativos.
- **Contribuição marginal na restrição.** Receita – custos variáveis (na restrição).

Processo de POV+

Existem incontáveis guias sobre procedimentos de POV e muitas ofertas de software de POV no mercado. As etapas do processo de POV que descrevemos aqui adicionam a Ciência da Fábrica no processo de POV, a fim de proporcionar um controle ideal e preditivo aos gestores executivos. Os detalhes de como cada etapa é trabalhada variam de empresa para empresa. A grande vantagem oferecida pela abordagem da Ciência da Fábrica é o uso de limites de controle para a execução administrativa. Isso assegura que as metas que os executivos estabelecem como parte de decisões estratégicas de alto nível sejam traduzidas em execuções cotidianas pela organização. Melhor ainda, os gestores podem administrar o *status* das execuções *utilizando o sistema ERP existente* para garantir que as políticas declaradas estejam sendo seguidas. Pela nossa experiência, não é difícil obter dados para os limites de controle da posição de estoque ou dos níveis de WIP, ou do gatilho de capacidade. Já fizemos isso com diversos clientes usando planilhas do Excel. Infelizmente, jamais encontramos uma empresa de software que oferecesse um bom sistema de TI baseado na técnica, nos controles e nos parâmetros da Ciência da Fábrica; porém, como diz o ditado: "Nunca diga nunca". Por sorte, boa ciência pode ser usada qualquer que seja a plataforma de TI. O processo de POV da Ciência da Fábrica é ilustrado na Figura 6-2 e esboçado em seguida:

1. Planejamento de demanda e suprimento:
    a. Determine as metas a serem alcançadas para a média e a variância das taxas de demanda dos itens. Isso pode ser feito iniciando-se no âmbito das famílias de produtos, mas precisa ser traduzido para o âmbito da unidade de contagem de estoque (UCE), conforme discutido anteriormente.

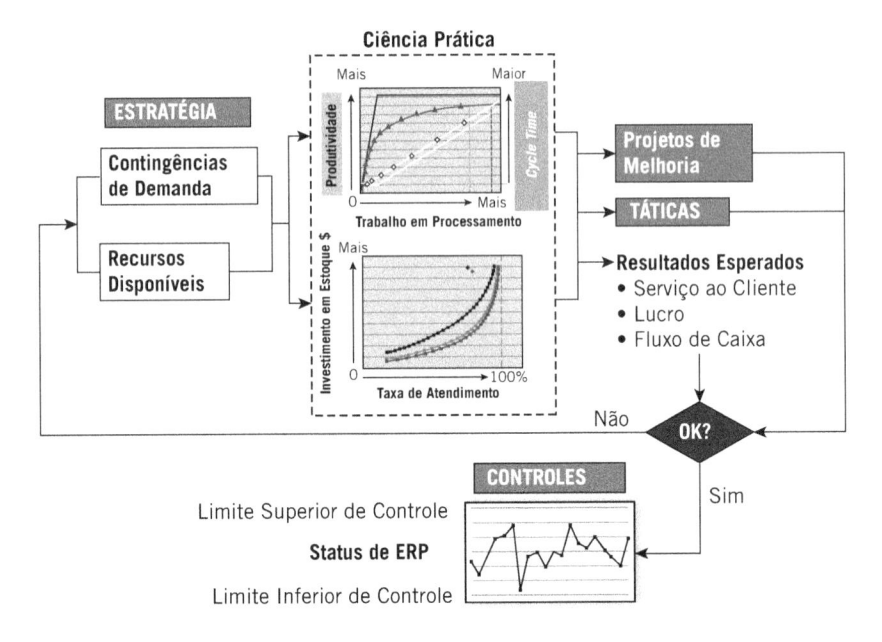

Figura 6-2 Processo de POV+.

b. Por área de estocagem e fluxo de produção, determine os limites de desempenho e onde é preciso operar dentro desses limites de desempenho para alcançar as metas de negócios da empresa. O processo de configurar famílias de produtos, áreas de estocagem e fluxos de produção requer experimentação. Às vezes, as configurações são óbvias. Uma empresa pode ter, por exemplo, uma linha de produtos de consumo, uma linha de produtos industriais e peças sobressalentes. Isso é o suficiente para dar conta das definições de famílias de produtos para o processo de POV. Assim que as áreas de estocagem e os fluxos de produção são especificados para as famílias de produtos, o limite eficiente (para estoques) e o gráfico de fluxo de produção (para produção) podem ser utilizados para estabelecer as metas de desempenho. Essa etapa estabelece a configuração dos *buffers* e da variabilidade de uma empresa. Ela é formulada na reunião pré-POV+ e finalizada na reunião de POV+ executivo. Tais metas de desempenho são traduzidas, então, em desempenho financeiro e serviço a ser atingidos (*lead time* e nível de serviço).

c. As distribuições (média e variância) de demanda e de tempo de reabastecimento estabelecidas como meta caracterizam o ambiente para o planejamento. Quanto mais amplas forem as variedades consideradas no plano, maiores as chances de que o desempenho real venha a corresponder à demanda planejada. No entanto, a Ciência da Fábrica mostra que o planejamento com grandes quantidades de variabilidade acaba exigindo grandes *buffers* (como grandes investimentos em mão de obra e em capacidade, ou uma disposição em fazer os clientes esperarem mais tempo). Se as variedades de demanda e de tempo de reabastecimento forem estreitas demais, um replanejamento frequente terá que ser feito, ainda que o investimento financeiro necessário possa ser menor. O estabelecimento do ambiente necessário de planejamento para uma empresa é um fator fundamental de sucesso para líderes executivos. Por fim, caso os resultados almejados não possam ser alcançados de modo previsível no ambiente existente, uma análise de lacunas (*gap analysis*) levará a definição de áreas essenciais para a aplicação de projetos de melhoria. Mesmo que os resultados desejados possam ser alcançados, os gestores devem estimular organizações e funcionários para que a melhoria seja constante. Conforme ilustrado na Figura 6-2, um resultado prático da natureza científica e quantitativa do processo de POV+ é a identificação de projetos de melhoria. O POV+ proporciona aos recursos de melhoria contínua de uma empresa uma abordagem focada em onde melhorar e no que esperar das melhorias. Veja as seções do Capítulo 3 sobre o gráfico de desempenho de fluxo e a gestão visual do desempenho de áreas de estocagem para mais detalhes sobre a conexão entre o POV+ e a identificação de oportunidades de melhoria. Nessas seções, a discussão mostra como a variação da demanda ou da variabilidade, ou de algum outro fator, é capaz de alterar o desempenho da produção ou dos estoques. Essas capacidades do tipo "e se" fornecem uma excelente direção para os esforços de melhoria contínua.

2. Gere políticas para alcançar o desempenho planejado: considerando o panorama inicial do ambiente de planejamento de um gestor e a configuração dos *buffers*, haverá políticas ideais a ser inseridas no sistema ERP, como quando fazer encomendas, que quantidade pedir (tamanhos de lotes), níveis de WIP e *lead times*, capazes de fazer a empresa cumprir com as metas de fluxo de caixa e lucro. Conforme descrito nos Capítulos 3 e 4, essas políticas são geradas por meio de modelos matemáticos que refletem com pre-

cisão o comportamento natural das operações e o desempenho da cadeia de suprimentos.
3. Implemente controles apropriados de *feedback* e monitore o desempenho dentro dos limites de controle.
   a. Instale e mantenha controles de *feedback* que permitam avaliar o status do sistema. Monitore parâmetros de status do sistema, como níveis de WIP, posição de estoque e fila virtual, para assegurar que eles permaneçam dentro dos limites inferior e superior de controle. Reaja *somente* quando os indicadores estiverem fora de controle – ou seja, acima do limite superior de controle ou abaixo do limite inferior de controle. Reagir a toda e qualquer mudança é o mesmo que reagir a ruídos. Como mostra a teoria básica dos controles, a reação a ruídos no sistema só faz aumentar a variabilidade do sistema. No entanto, é muito comum vermos essa reação a ruídos. A indústria de fabricação de semicondutores vem logo à mente. As fábricas de semicondutores são ambientes extremamente caros e complexos. Eles também são ambientes ricos em dados, e o número de cassetes (WIP) pode ser rastreado minuciosamente para cada máquina. É comum haver reuniões de produção para rastrear "bolhas" de WIP (acúmulos de WIP) e reagir para reduzir as bolhas. Essa atividade acima de tudo alimenta ruído no sistema. As bolhas de WIP são um resultado natural da variabilidade. O acompanhamento constante e a reação para reduzir bolhas de WIP aleatórias não vão fazer muita diferença na produtividade em geral, mas aumentam a variabilidade do fluxo de produção.
   b. Estabeleça o sistema de TI adotando políticas ideais geradas a partir da seleção da configuração de *buffers*. No caso dos estoques, isso diz respeito à sincronia de encomendas e às quantidades encomendadas – opções universalmente comuns em sistemas ERP. A otimização inicial de estoques em geral leva certo tempo, chegando a se estender por alguns períodos de planejamento. Porém, depois que o processo fica pronto, os períodos subsequentes de planejamento costumam gerar atualizações de políticas apenas para as relativamente poucas peças que requerem mudanças de período a período. Nós, aliás, já fizemos clientes atualizarem centenas de peças manualmente para a primeira rodada, já que, após a atualização inicial, o esforço da gestão era mínimo, e não havia qualquer necessidade de estabelecer um suporte extensivo de TI. Os sistemas ERP não costumam apresentar políticas de fluxo de produção, como nível de WIP ou gatilhos de capacidade, como parâmetros a ser estabelecidos. No entanto, como as informações sobre

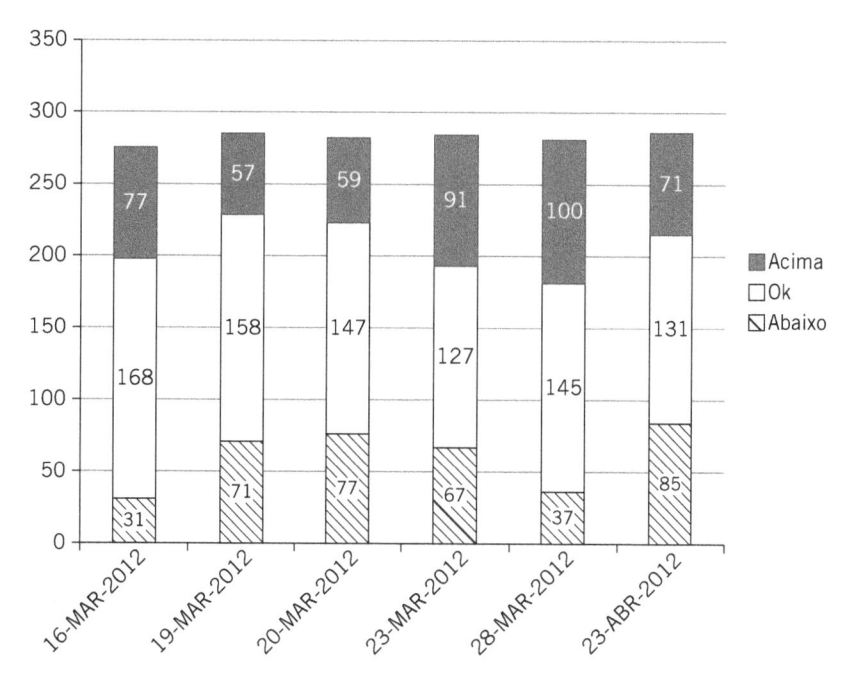

Capítulo 6 Estratégia e planejamento de operações **211**

Figura 6-3 Número de peças por variedade de política.

a quantidade de WIP e o número de encomendas de produção estão prontamente acessíveis, em geral os controles podem ser estabelecidos e monitorados sem muito trabalho.
c. Monitore o sistema de TI diária ou semanalmente para se certificar de que os programadores e os gestores estão utilizando o sistema conforme as políticas foram designadas para ser usadas – os indicadores do sistema estão dentro dos limites de controle. A Figura 6-3 mostra um exemplo disso, proveniente de um cliente rastreando a posição de estoque das peças.
d. Se os indicadores do sistema estiverem fora dos limites de controle, pergunte-se por quê. Muitas vezes, há ótimos motivos para que os indicadores do sistema estejam fora de controle. Por exemplo: a posição de estoque pode estar alta demais porque a demanda acabou de sair do sistema devido a uma encomenda cancelada. Na Figura 6-3, um gestor deveria antes de mais nada tentar entender por que há peças com posições de estoque abaixo do limite inferior de controle. Elas impõem ameaças imediatas aos níveis planejados de atendimento ao cliente. Para as peças que estão acima do limite superior de controle, é preciso

que se investigue se essas posições de estoque podem ser ajustadas antes que isso resulte em excesso de estoque disponível.

e. Forneça ações corretivas para os programadores, compradores e gestores que estejam mantendo de forma consistente seus indicadores de sistema fora de controle. Recompense aqueles que mantêm seus indicadores de sistema sob controle o tempo todo.

Essa abordagem de limites de controle proporciona uma poderosa conexão entre a estratégia de um líder e a execução cotidiana. Se a demanda e a transformação permanecerem dentro das variedades esperadas de desempenho e se o desempenho do sistema for mantido dentro dos limites de controle, então as metas de custo, fluxo de caixa e atendimento ao cliente serão alcançadas conforme o previsto. Esperamos que um dia os sistemas de TI venham a facilitar uma abordagem conveniente de limites de controle para gestores.

Isso não quer dizer, no entanto, que os funcionários devam deixar seus cérebros sem funcionar. Pelo contrário, é preciso que fiquem monitorando o ambiente e o sistema de TI para se certificarem de que as exceções sejam gerenciadas. Funcionários e gestores devem determinar quando uma decisão precisa ser tomada, seja para refazer os planos devido a mudanças ambientais que extrapolem as variedades planejadas, seja para tomar medidas corretivas temporárias como a agilização dos processos, seja para aceitar resultados abaixo do desejado. No final, a abordagem de limites de controle reduz bastante as correções paliativas. Um de nossos clientes viu sua atividade de agilização de processos ser reduzida em 90%, usando a abordagem da Ciência da Fábrica. Após a abordagem de projeto de operações e desempenho do POV+, os funcionários ficam livres para trabalhar em atividades que verdadeiramente alavancam o desempenho, como a melhoria do desempenho produtivo ou o treinamento em habilidades mais amplas.

Dê a Michelangelo uma ferramenta para esculpir e um bloco de mármore, e o *Davi* acaba emergindo. Dê a um executivo de operações mediano uma ferramenta para esculpir e um bloco de mármore, e o resultado será um bloco de mármore menor. Tomara que a essa altura você já esteja começando a enxergar o planejamento, o projeto e a execução de operações com os olhos e a intuição de um projetista mestre ou de um artesão.

Afinal de contas, o processo de formulação e liderança de uma poderosa estratégia operacional é um processo de design. Certa vez um executivo veio até nós e falou: "Executivos não projetam cadeias de suprimentos". Nossa resposta foi: "O problema é exatamente esse". Executivos e gestores costumam fazer muito barulho com iniciativas repletas de palavrório ou pagando analistas em publicidade, ou consultores "líderes de ideias", simplesmente porque eles não entendem bem a ciência necessária para projetar suas operações de maneira eficiente. Isso, por sua vez, limita a capacidade de liderança de um gestor. Embora haja muitas áreas diferentes de aplicação da Ciência da Fábrica, o processo de POV+ permite que a ciência seja aplicada em altíssimo nível e, portanto, que abra, de modo efetivo, mais um caminho para uma empresa, determinando se o caminho está sendo trilhado corretamente e assegurando a aplicação de correções, caso o caminho precise ser ajustado.

Capítulo 7

Implementando táticas, controles e parâmetros para otimizar os resultados

Na área de operações, *execução* é o ápice do palavrório. Todo mundo fala sobre execução, mas poucas empresas alcançam de fato os resultados planejados. As táticas, os controles e os parâmetros apresentados neste capítulo são utilizados para motivar a execução das estratégias escolhidas, a fim de atingir as metas planejadas. Conforme discutido ao longo deste livro, executivos e gestores precisam, antes de mais nada, desenvolver uma estratégia operacional que dê sustentação à estratégia empresarial. O próximo passo é colocar em prática as táticas e os controles para executar a estratégia escolhida. Por fim, parâmetros apropriados precisam ser monitorados para garantir que a execução esteja avançando conforme o planejado. Uma compreensão científica das operações permite a implementação de processos de controle e mensuração para atingir resultados empresariais previsíveis. Além disso, a capacidade de quantificar o impacto das táticas operacionais permite que se escolha quando e como utilizar de maneira adequada as ferramentas de Produção Enxuta, de Seis Sigma ou da Teoria das Restrições (TOC – *Theory of Constraints*), assim como os processos de planejamento dos recursos da empresa (ERP – *enterprise resources planning*). Conforme ilustrado na Figura 7-1, a Ciência da Fábrica permite que um líder sincronize várias iniciativas operacionais para alcançar suas metas empresariais.

Munidos do conhecimento da Ciência da Fábrica, os líderes podem escolher táticas e controles certos para seus empreendimentos. Neste capítulo, vamos examinar a aplicação prática das táticas, controles e parâmetros no contexto do quadro geral da Ciência da Fábrica. A partir dos conceitos abordados até agora, a Figura 7-2 apresenta uma ilustração simples de como imaginar os conceitos da Ciência da Fábrica e onde cada um deles se encaixa.

Ao descrever as táticas, controles e parâmetros, usaremos o modelo fundamental que este livro vem abordando desde o início – *demanda-estoque-produção*

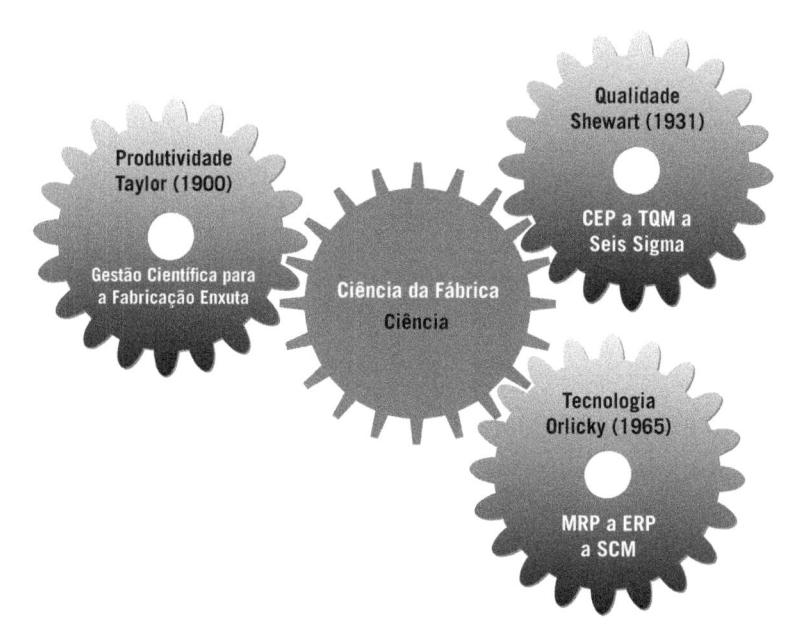

Figura 7-1 A Ciência da Fábrica integra táticas operacionais populares.

(DEP). Essa é uma estrutura simples, mas poderosa, uma vez que os conceitos empregados para controlar os elementos de DEP podem ser usados para controlar uma configuração simples de DEP ou configurações altamente complexas. Nós já os aplicamos a ambientes simples, como uma linha de um único produto em um ambiente de produção para estocagem. Também já os aplicamos com sucesso na fabricação de semicondutores, um dos processos fabris mais complexos do mundo. O propósito deste capítulo sobre táticas, controles e parâmetros é disponibilizar mais detalhes sobre como a Ciência da Fábrica, usando os conceitos e o comportamento subjacente de DEP, *buffers* e variabilidade, pode ser aplicada na prática. Começamos nossa discussão das táticas e controles com a demanda.

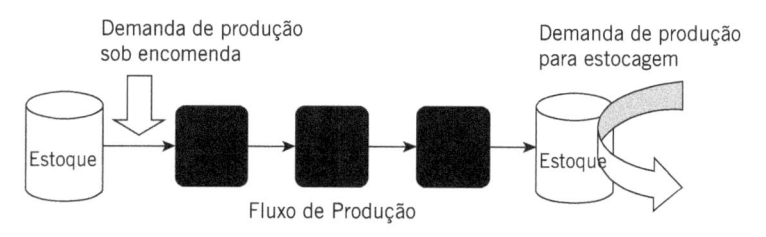

Figura 7-2 Os elementos básicos de demanda e transformação.

Táticas e controles para a demanda

O escopo deste livro limita-se sobretudo às operações, e, para as operações, a demanda dos clientes é um dado. Nesse sentido, não há qualquer controle sobre a demanda dos clientes. Tópicos como precificação ou "modelagem" da demanda estão fora do escopo do livro. No entanto, a interpretação de um gerente de operações sobre a demanda dos clientes e o subsequente sequenciamento das operações, por certo, representam um controle e devem ser consideradas com cuidado. Essas considerações sobre como programar a demanda são influenciadas antes de tudo pelo modo como a demanda é descrita.

Descrevendo e prevendo a demanda

Este tópico já foi examinado em grandes detalhes no Capítulo 4, mas para reiterar, a média estatística e a variância são utilizadas para descrever a demanda. Mesmo quando se considera uma produção sob encomenda, em que nenhum estoque é mantido, a média e a variância da demanda podem ser calculadas em termos de horas de demanda esperada. Isso então é utilizado para programar a capacidade para a produção sob encomenda. A tentativa de descrever a demanda de forma determinística (por exemplo, a peça A terá uma demanda de 4 este mês, de 14 no mês que vem e de 12 no mês seguinte) também é conhecida como "previsão do futuro". Trata-se de uma abordagem trabalhosa e infrutífera. Ainda que a peça em questão tenha uma baixa demanda de apenas uma unidade ou duas ao ano, a melhor tática é descobrir o quanto a empresa está disposta a investir em estoque e por quanto tempo. Suponhamos que a peça Z tenha uma demanda de duas unidades ao ano. Se o custo de produção da peça Z for relativamente baixo, faz sentido produzir as duas peças na primeira janela de capacidade disponível no início do ano e, então, esquecer-se delas até que chegue o momento de reabastecê-las. Sim, o valor de dias de suprimento (DS) será alto, mas não importa, porque o investimento de custo é baixo. É muito comum encontrarmos gestores que conferem os valores de DS e ficam nervosos porque há, por exemplo, 54 dias de suprimento em estoque, embora o valor do estoque seja inferior a $200. Uma investigação mais aprofundada geralmente revela que o motivo para o DS ser tão grande é que o fornecedor tem uma quantidade mínima de encomenda para a peça em questão.

Pacotes de software para gestão de demanda preveem a demanda *média*, mas não costumam dar informações sobre a variância futura da demanda. Conforme mencionado anteriormente, peças com uma demanda inferior em cerca de 10 por período não proporcionam uma base estatística muito boa para o uso da razão entre variância e média (RVM), a fim de converter a variância histórica em variância futura. Porém, o erro quadrático médio (EQM) da previsão ainda pode ser empregado para se obter uma estimativa da variância.

Demanda flutuante

Um dos problemas com que quase invariavelmente nos deparamos é como lidar com a demanda aos solavancos. A Figura 7-3, por exemplo, mostra um perfil de demanda para a montagem de um único bem acabado. Ao examinar o gráfico, logo percebemos que há dois clientes que geram grandes picos de demanda. A maneira como um gestor lida com esse tipo de demanda pode fazer uma grande diferença no investimento necessário em estoque ou capacidade.

São poucas as opções disponíveis:

1. Mantenha estoque suficiente e/ou invista em capacidade suficiente para lidar com essa variabilidade ao longo de todo o ano.
2. Ao fazer cálculos de demanda, remova os dois grandes picos na demanda ao decidir quanto estoque ou capacidade manter ao longo do ano. Ao mesmo tempo, certifique-se de que há um pico de capacidade suficiente para lidar com os picos. Considerações sobre o pico de capacidade:
    a. Tenha acesso a um pico suficiente de capacidade, como horas extras, pessoal temporário ou terceirização, para dar conta de toda a demanda.
    b. Receba uma informação antecipada do cliente ou prepare-se logo antes do pico de encomendas (uma decisão de gestão de risco). Tal abordagem significa que o gestor está substituindo um *buffer* de tempo

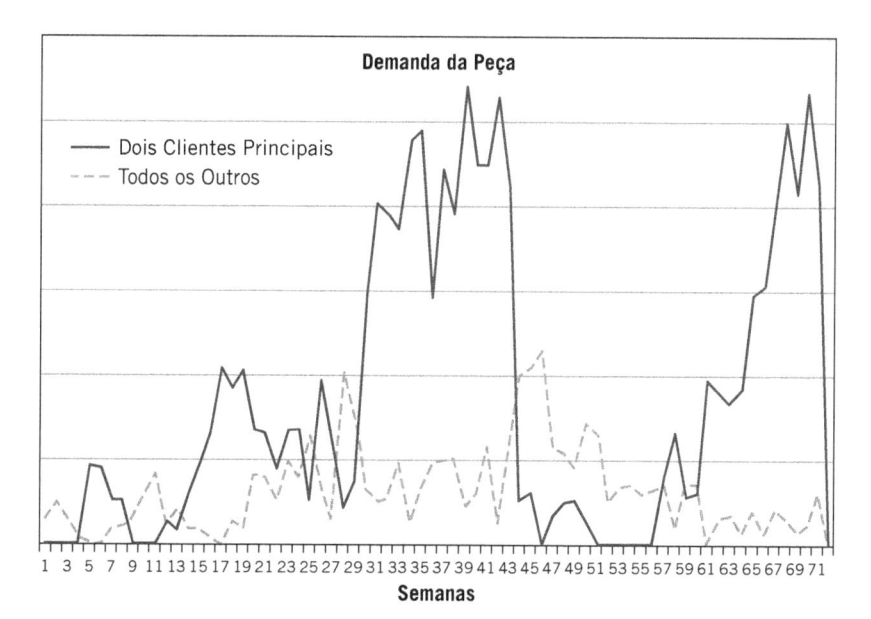

Figura 7-3 Demanda flutuante.

por *buffers* de capacidade e estoque. Caso o gestor não receba informações antecipadas dos principais clientes ou se não conseguir adivinhar quando o pico de encomendas está para chegar, as encomendas entrarão em atraso. No entanto, o investimento necessário será muito menor incluindo os picos ao fazer o planejamento para a demanda de todo o ano.
3. Coloque em prática uma espécie de filtro de corte de demanda quando estiver decidindo qual demanda usar no planejamento. Por exemplo: qualquer demanda dentro de uma semana que esteja mais do que três desvios padrão acima da demanda média anual é retirada dos cálculos de demanda. As vantagens são as seguintes:
   a. Investimento em grau mais baixo do que na opção 1.
   b. Quando os picos chegarem, ao menos parte da demanda será atendida pela demanda planejada.

   A desvantagem, é claro, é que na opção 2, é necessário haver uma informação antecipada sobre o pico para assegurar que os materiais e a capacidade estejam disponíveis para atender ao pico de demanda.

Um problema que já encontramos nas opções 2 e 3 é que, na tentativa de agradar o cliente, os prazos esperados para os picos de demanda são flexíveis. Em outras palavras, o departamento de vendas aceita a encomenda de pico de demanda e insere as encomendas de vendas no sistema ERP com antecedência suficiente para garantir uma entrega dentro do prazo. Contudo, conforme o prazo de entrega vai se aproximando, o cliente recebe permissão para empurrar a encomenda em um mês ou mais. O que resta ao departamento de operações agora é basicamente capacidade desperdiçada (a fabricação prévia de peças que não serão necessárias) e pilhas de matérias-primas desnecessárias.

Esse tipo de problema precisa ser resolvido em algum fórum de planejamento de operações e vendas (POV). Haverá duas dinâmicas totalmente opostas em funcionamento em uma empresa, caso ela acostume seus clientes a esperarem esse tipo de atendimento. Por um lado, a empresa deseja dar liberdade total para os clientes anteciparem ou adiarem suas encomendas. Por outro, ela deseja reduzir o estoque e as despesas para aumentar os lucros. Permitir aos clientes essa margem de manobra, mesmo ao escolher a opção 1, cria uma grande variabilidade autoinduzida na demanda. Como mostra a Ciência da Fábrica, grandes aumentos em variabilidade levam a grandes aumentos nas necessidades de *buffers*, o que geralmente se traduz tanto em custos mais altos quanto em serviço deficiente. Essas compensações devem ser quantificadas e um valor deve ser estabelecido para que, no mínimo, se uma empresa vai permitir que os clientes movimentem as datas das encomendas, ela saiba o quanto está pagando para conseguir proporcionar tal serviço.

Táticas de estoque

Trata-se de uma decisão estratégica para os gestores determinarem se desejam estar em um limite eficiente em termos de estoque. Depois que essa decisão é tomada, há muitas questões táticas a ser resolvidas, a fim de assegurar que o plano de um gestor para a taxa de atendimento e o investimento em estoque se realizem. Passamos agora a uma discussão sobre o que o gestor deve levar em consideração para determinar onde se situar no limite eficiente e quais as táticas e controles a ser empregados para garantir a conquista dos resultados desejados. Conforme ilustrado na Figura 7-4, adicionamos agora mais detalhes ao nosso controle dos elementos de demanda e transformação.

Na consideração do controle de estoque, informações adicionais são necessárias para o nosso diagrama de DEP. Conforme descrito na discussão sobre a variância da demanda por tempo de reabastecimento, no Capítulo 3, o controle do comportamento dos estoques exige informações sobre a média e a variância da demanda (recém-discutido) e a média e a variância do tempo de reabastecimento. O *lead time* planejado mostrado na Figura 7-4 é aquele usado nos sistemas ERP para tempo de reabastecimento (veja as seções "Modelando estoques" e "Tempos de reabastecimento", no Capítulo 4 deste livro, para uma revisão dos tempos de reabastecimento).

Considerações sobre estratégia de estoque

Muitas vantagens são obtidas pela aplicação da Ciência da Fábrica na análise de estoque. Aqui abordaremos algumas das considerações estratégicas em termos de estoque. Parte da decisão estratégica de qual ponto escolher na curva do limite eficiente envolve uma consideração de quais táticas devem ser empregadas para

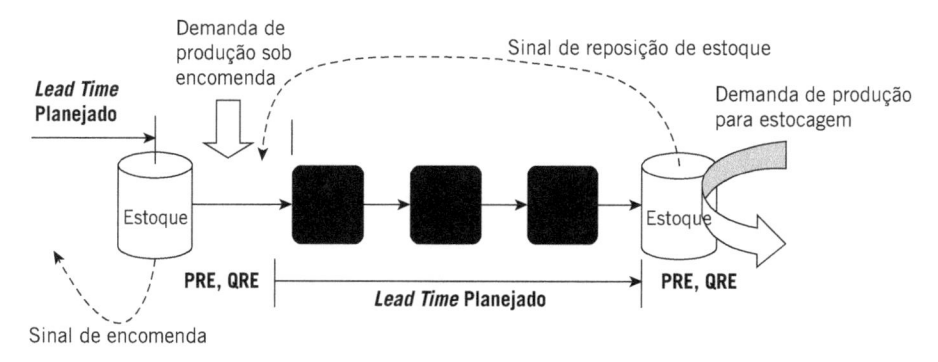

Figura 7-4 Considerações de demanda e estoque.

otimizar a política de estoques. A Figura 7-5, por exemplo, mostra uma análise do limite eficiente para um conjunto amostral de 11 peças de uma empresa que utiliza uma abordagem de fabricação para estocagem de bens acabados.

Considerações sobre capacidade

A primeira coisa a reparar é que as três curvas na Figura 7-5 estão praticamente uma em cima da outra. Conforme mostra a legenda, na parte inferior da figura, as diferentes curvas representam diferentes quantidades de encomendas por dia. Neste caso, o período é de 21 dias, ou um mês de trabalho. Essas peças são matérias-primas encomendadas, então as curvas representam a capacidade de encomendas de aquisição. Obviamente, a compra de 11 peças não esgota toda a capacidade de um departamento de aquisições, mas, ainda assim, o exemplo é ilustrativo. A quantidade atual de encomendas por mês é de 17. Isso significa que haverá 17 encomendas por mês, geradas em média, para as 11 peças. Dito de outra forma, cada peça será encomendada 17/11 ou cerca de 1,5 vez por mês, ou 3 vezes a cada dois meses.

Basta observar a grande proximidade das curvas para o gestor perceber que há uma oportunidade de *reduzir* a utilização no departamento de aquisições.

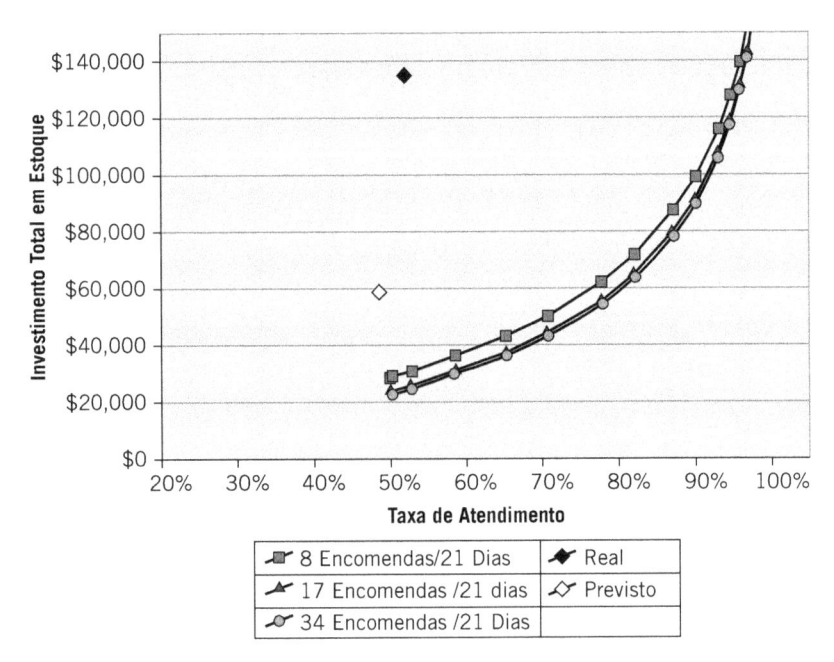

Figura 7-5 Análise do limite eficiente: três perfis de capacidade.

Em outras palavras, a escolha de um ponto na curva de 8 encomendas por período renderá políticas otimizadas que produzem aproximadamente a mesma combinação de taxa de atendimento e estoque que as opções atuais em 17 encomendas por mês. O cálculo dessas compensações, é claro, vai precisar levar em conta qualquer encomenda obrigatória, como mínimo, máximo e incrementos obrigatórios da quantidade encomendada. Caso essas peças fossem bens acabados e o fornecedor fosse processos internos da própria empresa, as encomendas por mês corresponderiam ao número de preparações na produção, por mês. Em geral, tal notícia seria muito bem recebida na produção, onde se prefere uma redução a um aumento nas preparações. No entanto, no departamento de aquisições, a oportunidade de reduzir o número de encomendas de compra (EAs) por mês não é de se ignorar. Menos EAs significa menos oportunidades de erro e menos trabalho para os compradores.

Menos trabalho para os compradores não exatamente significa menos custo. O estratagema de disponibilizar algum custo para EAs é outro avatar de custo que não representa a realidade. A capacidade de compra (isto é, compradores e gestores) não é um custo variável por EA. Se o departamento de aquisições der origem, por exemplo, a menos 10 EAs, em média, por mês, isso muito provavelmente não significa a necessidade de um comprador a menos. A capacidade de compra se dá em incrementos de função correspondentes ao pessoal e ao sistema necessário para encaminhar e gerenciar as EAs. A liberação de capacidade extra não necessariamente significa a redução do custo de capacidade. O resultado desse tipo de análise de capacidade, em geral, não quer dizer que as tarefas dos compradores são eliminadas, e sim que os compradores ficam liberados para trabalhar em coisas que realmente fazem a diferença, como a melhoria do desempenho do fornecedor e as decisões de delegação estratégica de atribuições.

Desempenho atual *versus* desempenho previsto

A Figura 7-5 também mostra dois losangos que se relacionam com o desempenho atual. O losango preto representa o verdadeiro valor pecuniário em estoque e a verdadeira taxa de atendimento, conforme divulgados pela empresa. O losango branco representa a taxa de atendimento prevista que a empresa deve observar, caso as políticas no seu sistema ERP estejam sendo obedecidas. A taxa de atendimento real está bem abaixo do esperado, e o estoque está muito maior do que o necessário. Quando questionada pela primeira vez, a empresa estimou a taxa de atendimento para essas peças como sendo de 87%. Depois de uma análise inicial de limite eficiente e do descompasso entre a taxa de atendimento estimada em 87% pela empresa e a taxa de atendimento prevista de cerca de 49%, a empresa retornou e examinou os dados detalhados de taxa de atendimento. A taxa de atendimento real se revelou como sendo de 52% – um verdadeiro choque para a empresa.

Outra importante descoberta foi que a empresa tinha cerca de duas vezes mais estoque ($134.656) do que o necessário para alcançar a taxa de atendimento de 49% ($58.378). Assim, a análise inicial revelou um duplo choque. Não apenas a taxa de atendimento estava bem abaixo do esperado, como o estoque disponível era duas vezes maior do que o necessário para a taxa mais baixa de atendimento. Portanto, um gestor com um olho treinado em Ciência da Fábrica concluiria o seguinte:

1. As políticas no sistema ERP não são muito boas. A quantidade de estoque necessário para as políticas atuais é baixa, mas as políticas também resultam em uma baixa taxa de atendimento.
2. Os compradores, por algum motivo, não estão obedecendo à política no sistema e estão acumulando estoque suficiente para uma taxa de atendimento de 96%, mas não estão chegando nem perto dessa taxa.
3. Isso exige uma análise imediata de causas raiz e medidas corretivas. Mesmo que políticas ideais sejam selecionadas e colocadas em prática no sistema, com base nas práticas atuais, elas não serão obedecidas com muito rigor. Para se chegar ao limite eficiente, é preciso determinar políticas ideais, inserir políticas ideais no sistema ERP *e* obedecer a essas políticas. Um monitor de conformidade de posição de estoque ofereceria um bom controle para fazer as práticas de gestão de estoque rumarem na direção correta.

Opções estratégicas

Entre as opções estratégicas para gestores que trabalham com políticas ideais de estoque estão as seguintes:

1. Chegue até a curva do limite eficiente.
2. Use um equilíbrio entre estoque e tempo para reduzir drasticamente o estoque e alcançar 100% de atendimento ao cliente (reposicionamento na curva).
3. Altere o ambiente: reduza o tempo de reabastecimento e a variabilidade da demanda (movimente a própria a curva).

Vamos ilustrar essas opções usando a análise amostral da Figura 7-5.

A primeira decisão é escolher a curva a ser usada. Este exemplo usará a curva de perfil atual de capacidade de 17 encomendas por mês.

1. **Chegue até o limite eficiente.** A migração para a curva de limite eficiente vai oferecer grande vantagem na análise. A Figura 7-6 ilustra a gama de opções de que um gestor dispõe, ao determinar onde ficar na curva.

    A Tabela 7-1 resume quantitativamente as vantagens de migrar para o limite eficiente, mas a plotagem de custo/benefício na Figura 7-6 oferece uma breve referência visual para o gestor treinado em aplicações da Ciên-

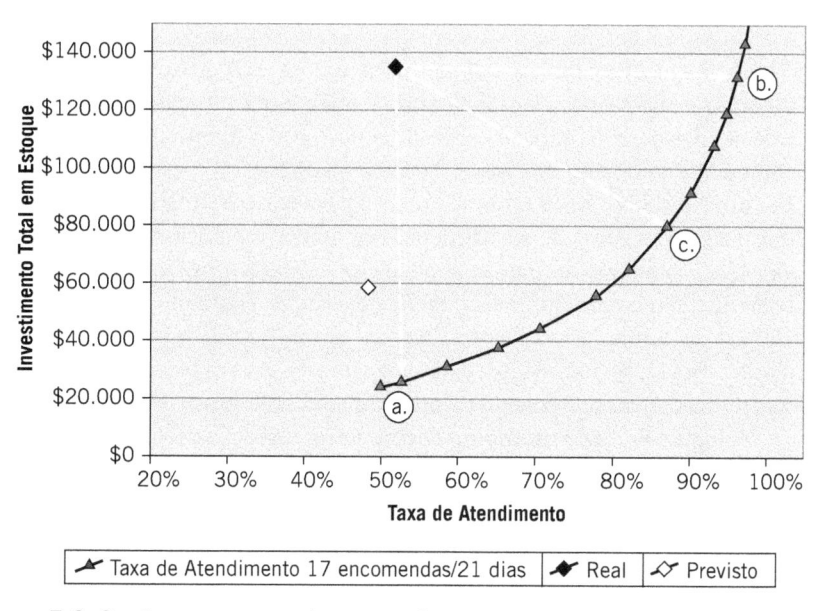

Capítulo 7 Implementando táticas, controles e parâmetros para otimizar os resultados   **223**

Figura 7-6 Opções para se movimentar até a curva de limite eficiente.

cia da Fábrica. Conforme mencionado no Capítulo 3, o desempenho perfeito está em 100% de taxa de atendimento e $0 de estoque. A partir do desempenho atual (losango preto), migrar para qualquer lugar mais abaixo e à direita vai deixar esse conjunto de peças mais perto do desempenho perfeito e garantir um salto de desempenho. O que você faria? Trata-se de uma decisão do mundo real, então não há apenas uma resposta correta. Isso vai depender das considerações empresariais de cada gestor. No entanto,

Tabela 7-1 Opções Estratégicas para o Limite Eficiente

Estratégia	Efeito no estoque	Efeito na taxa de atendimento
a. Reduzir $$ do estoque, manter taxa de atendimento atual	de $134.665 para ~$24.500 (redução de 82%)	Nenhuma mudança, ainda 52%
b. Manter $$ de estoque, elevar taxa de atendimento	de $134.665 para $129.814 (leve queda)	Aumento de 52% para 96%
c. Reduzir $$ de estoque, elevar taxa de atendimento	de $134.665 para $91.513 (redução de 32%)	Aumento de 52% para 90%

a maioria dos gestores provavelmente descartaria por completo a opção *a* da tabela, porque uma taxa de atendimento de 52% é baixíssima, isto é, a menos que o gestor esteja trabalhando com os departamentos de marketing e de vendas para explorar o conhecimento sobre o tempo de atraso das encomendas, conforme descrito pela próxima opção.

2. **Use um equilíbrio entre estoque e tempo para reduzir drasticamente o estoque e alcançar 100% de atendimento ao cliente (reposicionamento na curva).** Uma estratégia raramente cogitada envolve um aumento deliberado no *buffer* de tempo para diminuir o *buffer* de estoque, enquanto ainda se oferece 100% de atendimento ao cliente. Esse tipo de oportunidade exige boa coordenação tática entre marketing, vendas e operações, mas as recompensas podem ser valiosas. A chave é entender e nivelar o tempo de atraso das encomendas.

A Figura 7-7, por exemplo, mostra que a migração do ponto *b* na curva para um ponto com uma taxa de atendimento de 71% reduz o investimento necessário em estoque para $43.712 – uma redução de 67%. Isso significa que o estoque não estará disponível 29% das vezes, quando a demanda ocorrer – longe de ser uma boa política de atendimento. No entanto, um cálculo do tempo de atraso também mostra que o tempo médio de atraso para a política de 71% de taxa de atendimento é em torno de 12 dias. Tecnicamente, o termo é *tempo de atraso quando em atraso*. Vamos usar o termo *tempo de atraso* de forma um tanto vaga para nos referirmos apenas ao tem-

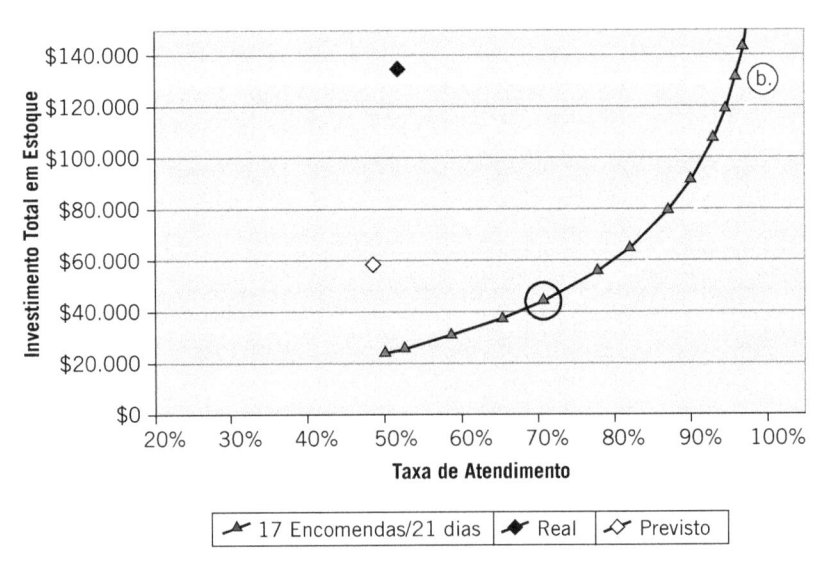

Figura 7-7 Intercambiando um *buffer* de estoque por um *buffer* de tempo.

po de atraso quando em atraso, já que os gestores não estão preocupados com o tempo de atraso, quando não estão em atraso (é zero).

Uma opção estratégica inteligente (contanto que o mercado a tolere) é preparar as expectativas do cliente para um *lead time* de 14 dias. Se isso for aceitável, o cliente verá entregas dentro do prazo de fato 100% das vezes. Na verdade, em 71% das vezes o cliente será atendido dentro do tempo que leva para coletar e enviar o produto. Em somente 29% das vezes o *lead time* integral de 14 dias será necessário.

Ainda que um *lead time* de 14 dias não seja tolerado em muitos casos, o exemplo ainda indica uma configuração bastante útil de *buffers* que os gestores devem considerar. Uma variante dessa opção é determinar quanto investimento em estoque uma empresa está disposta a manter, determinar qual seria o tempo de atraso resultante e estabelecer expectativas de mercado para o *lead time*, a fim de assegurar 100% de atendimento ao cliente o tempo todo. A execução dessa opção exige que o departamento de operações conheça bem suas capacidades e também que os departamentos de marketing e vendas conheçam bem a tolerância do mercado – outra discussão natural para um processo de POV+. Essa alternativa de análise de limite eficiente oferece uma combinação de capacidades estratégicas e táticas bastante poderosas para o gestor.

3. **Altere o ambiente: reduza o tempo de reabastecimento e a variabilidade da demanda (movimente a própria curva).** A opção final, e geralmente a que mais consome recursos, é movimentar a própria curva ou alterar o ambiente. Conforme mostrado na Figura 3-30, existem mudanças ambientais capazes de movimentar o limite eficiente. Esforços de montagem de uma estratégia operacional devem cogitar as opções de alterar as políticas, conforme examinado anteriormente, ou de alterar o ambiente. Depois que uma política é otimizada, em sua forma mais simples, a implementação de alterações na política implica em implantar uma nova política no sistema de tecnologia da informação (TI) e, como consequência, a gestão dos pedidos gerados. Em geral, as alterações de políticas não são simples, pois é preciso treinamento para que os programadores e gestores compreendam por que as novas políticas estão sendo utilizadas e de onde elas procederam. Além disso, a gestão precisa assegurar que os programadores e os gestores estejam empregando a política conforme ela foi projetada para ser usada. Isso pode representar uma dificuldade na mudança cultural, exigindo uma boa dose de esforço por parte dos envolvidos. Mesmo assim, a alteração da política costuma ser muito mais simples do que a alteração do ambiente.

Para que o ambiente seja alterado, é preciso ações como reduzir a variabilidade da demanda ou a variabilidade do tempo de reabastecimento. Essas tarefas nem sempre são objetivas e normalmente envolvem esforços intensivos. Considerando que não é fácil fazer alterações ambientais, o ideal antes de mais nada é avaliar se os esforços valerão a pena para só então investir recursos na tentativa de mudanças.

Na Figura 7-8, a linha preta contínua mostra os resultados da redução da variância da demanda para níveis de Poisson (média = variância) e da redução do desvio padrão do tempo de reabastecimento para zero. Sem dúvida, esses feitos são muito difíceis de conquistar gerenciando o ambiente, mas os resultados são ótimos. Outra maneira de aplicar essa análise é examinar os efeitos ambientais com base naquilo que o gestor considera possível, por exemplo, a redução da variância da demanda em 20% e a redução da variância do tempo de reabastecimento em 50%, ou a inclusão de uma redução no tempo médio de reabastecimento. Quando tais opções são examinadas, o gestor fica melhor preparado para determinar onde os recursos (em geral, esforços de melhoria contínua) devem se concentrar e qual deve ser o retorno esperado a partir dos esforços de melhoria.

Conforme mencionamos no Capítulo 2, *estratégia* é um plano de ação voltado para alcançar uma meta específica. A Figura 7-9 oferece uma tabela resumida para este exemplo que ilustra ações disponíveis para um gestor que está desenvolvendo planos de gerenciar os estoques.

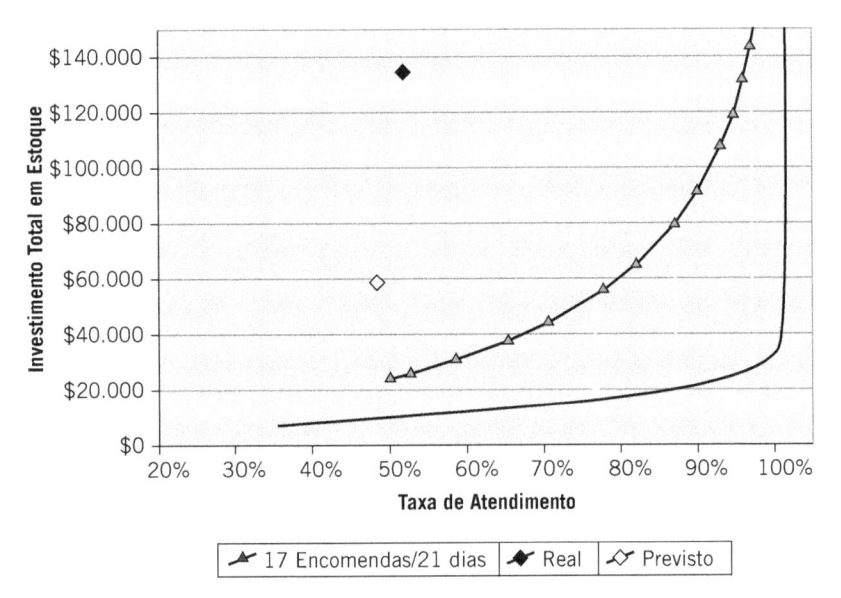

Figura 7-8 Efeitos da melhoria do ambiente.

1. Implemente política ideal (migração para o limite eficiente).

	Estratégia	Efeito no Estoque	Efeito na Taxa de Atendimento
a.	Reduzir $$ do estoque, manter taxa de atendimento atual	de $134.665 para ~$24.500 (redução de 82%)	Nenhuma mudança, ainda 52%
b.	Manter $$ de estoque, elevar taxa de atendimento	de $134.665 para $129.814 (leve queda)	Aumento de 52 para 96%
c.	Reduzir $$ de estoque, elevar taxa de atendimento	de $134.665 para $91.513 (redução de 32%)	Aumento de 52 para 90%

2. Redesenhe o portfólio de *buffers* — troque estoque por tempo (reposicionamento sobre o limite eficiente).

Estratégia	Efeito no Estoque	Efeito na Taxa de Atendimento
Nivelar o uso do tempo de atraso (a comparação é ir de 96% de taxa de atendimento na curva para 71% de taxa de atendimento)	de $134.665 para ~ $44.000 (redução de 67%)	Redução de 96 para 71% Atendimento ao cliente ~ 100%

3. Altere o ambiente (movimento a própria fronteira eficiente).

Estratégia	Efeito no Estoque	Efeito na Taxa de Atendimento
Reduzir a variabilidade da demanda e reduzir a variabilidade do tempo de reabastecimento	de $134.665 para ~ $30.000 (redução de 78%)	Aumento de 52 para 96%

Figura 7-9 Resumo de resultados do exemplo.

Táticas para gestão de estoque

Agora que uma estratégia foi selecionada, ela precisa ser colocada em prática. Por termos definido as táticas como ações ou políticas implementadas para cumprir uma tarefa ou objetivo, as táticas para gestão de estoque, neste caso, dizem respeito a quando fazer a encomenda e quanto encomendar. A Tabela 7-2 mostra os pontos ideais e as quantidades ideais de reencomenda que resultam da escolha de executar a opção c na Figura 7-6. Tal estratégia obtém o melhor de dois mundos: a partir do desempenho atual, eleva a taxa de atendimento *e* reduz o estoque.

Observe que há duas configurações de tempo de encomendas e quantidade de encomendas conforme resumido na Tabela 7-3. Como será mostrado na análise do MRP para Controle de Estoque mais adiante neste capítulo, esses dados podem ser inseridos em quaisquer das configurações conforme exigido pelo sistema ERP. Por ora, continuaremos a discussão em termos de pontos de reposição e quantidade de reposição.

As políticas referentes aos pontos de reposição (PRE) ideal e à quantidade de reposição (QRE) ideal, a partir da análise de limite eficiente, são transferidas ao sistema ERP para dar início à implementação da gestão otimizada de estoque. Uma comparação entre o nível atual e o nível ideal de PRE e de QRE é mostrada na Figura 7-4. Observe que, ao otimizar os PREs e as QREs, alguns

Tabela 7-2 Políticas para Execução da Estratégia Selecionada

	Demanda méd. no período (unidades)	Tempos de encomendas			Quantidade de encomendas	
		Ponto de reposição (unidades)	Lead Time planejado (dias)	Estoque de segurança (unidades)	Quantidade de reposição (unidades)	Dias de suprimento
Peça 01	5.738,15	4.839,00	15	740	1.794,00	7,00
Peça 02	5.311,50	4.683,00	15	889	1.848,00	7,00
Peça 03	4.923,73	14.416,00	50	2.693	2.184,00	9,00
Peça 04	4.705,81	21.168,00	58	8.171	3.588,00	16,00
Peça 05	4.549,08	18.861,00	60	5.864	3.213,00	15,00
Peça 06	879,62	6.729,00	60	4.216	2.054,00	49,00
Peça 07	571,35	1.795,00	60	163	561,00	21,00
Peça 08	343,96	1.041,00	55	140	418,00	26,00
Peça 09	303,69	868,00	60	0	245,00	17,00
Peça 10	291,96	748,00	31	317	576,00	41,00
Peça 11	107,96	170,00	33	0	105,00	20,00

Tabela 7-3 Duas configurações de tempos de encomendas e quantidade de encomendas

	Tempos de encomendas (quantidade)	Quantidade de encomendas
Ponto de Reposição clássico	Ponto de Reposição	Quantidade de Reposição
Ponto de Reposição escalonado por fases (MRP)	Demanda de *Lead Time* + Estoque de Segurança	Dias de Suprimento

itens aumentaram e alguns diminuíram. Conforme examinado no Capítulo 4 deste livro, as políticas para cada item devem ser individualizadas com base na demanda e no perfil de reabastecimento de cada um deles. Isso reforça ainda mais a ideia de que as previsões precisam se dar no âmbito das peças. As peças são controladas individualmente no âmbito das peças. As previsões e a precisão das previsões no âmbito das famílias de produtos até podem render números mais satisfatórios, mas não ajudam muito na gestão do desempenho.

Tabela 7-4 Comparação da política atual *versus* ideal

	Demanda méd. no período (unidades)	Quantidade atual de reposição (unidades)	Quantidade ideal de reposição (unidades)	Mudança em QRE (Id. – Atu.)	Ponto atual de reposição (unidades)	Ponto ideal de reposição (unidades)	Mudança em PRE (Id. – Atu.)
Peça 01	5.738,15	5.390,00	1.794,00	–3.596,00	7.950,40	4.839,00	–3.111,40
Peça 02	5.311,50	5.081,00	1.848,00	–3.233,00	6.730,32	4.683,00	–2.047,32
Peça 03	4.923,73	1.905,00	2.184,00	279,00	3.682,89	14.416,00	10.733,11
Peça 04	4.705,81	3.465,00	3.588,00	123,00	8.632,23	21.168,00	12.535,78
Peça 05	4.549,08	4.117,00	3.213,00	–904,00	4.693,50	18.861,00	14.167,50
Peça 06	879,62	258,00	2.054,00	1.796,00	257,16	6.729,00	6.471,84
Peça 07	571,35	408,00	561,00	153,00	1.088,30	1.795,00	706,70
Peça 08	343,96	229,00	418,00	189,00	171,05	1.041,00	869,96
Peça 09	303,69	268,00	245,00	–23,00	504,73	868,00	363,28
Peça 10	291,96	290,00	576,00	286,00	289,66	748,00	458,34
Peça 11	107,96	95,00	105,00	10,00	70,70	170,00	99,31

Essa é uma abordagem bem diferente daquela que costumamos ver por aí. Muitas empresas colocam em prática uma tática de períodos fixos de encomendas para estabelecer políticas de estoques, como "Mantenha três meses de estoque à disposição". Essa tática ignora as realidades da demanda e dos perfis de reabastecimento dos itens individuais. Como resultado, tais táticas de controle de estoque quase sempre ficam abaixo do ideal.

Controle de estoque

Conforme explicado no Capítulo 4, se uma empresa está executando táticas planejadas, a posição de estoque (ou seja, disponível + encomendado – em atraso) para itens individuais sempre ficará entre $r + 1$ e $r + Q$, onde r é o ponto de reposição e Q é a quantidade de reencomenda.

Monitor de conformidade de estoque

A obediência à política pode ser facilmente rastreada com um *monitor de conformidade*. Para a execução diária ou semanal, um monitor de conformidade é criado e utilizado para determinar se as peças estão sendo gerenciadas de acordo com as táticas ideais. Essa é uma ferramenta bastante poderosa, porque ela proporciona:

- Aos gestores uma capacidade de enxergar se as políticas estão sendo empregadas conforme o determinado em suporte às estratégias escolhidas.
- Aos compradores e aos programadores uma capacidade de gestão por exceção para estimarem cotidianamente quais peças requerem atenção, sem que eles precisem revisar todas as peças todos os dias.

Um exemplo de um monitor de conformidade é mostrado na Figura 7-10. Peças que são listadas como "OK" na coluna "Order Status" [Status da Encomenda] bem à direita estão em conformidade com os limites ditados pela política de estoque – a posição de estoque é maior do que r e menor ou igual a $r + Q$. Nenhuma ação é necessária. Peças com "Order" [Encomenda] na coluna "Order Status" estão abaixo dos limites do regulamento, menor do que ou igual a r, e precisam que suas encomendas sejam feitas. Peças com "Over" na coluna "Order Status" estão com um excesso de estoque disponível e/ou sob encomenda – a posição de estoque é maior do que $r + Q$. Neste caso, medidas precisam ser tomadas para reduzir o excesso na posição de estoque. Caso a demanda não consiga reduzir a posição de estoque mediante o consumo de peças, as opções que restam são cancelar as encomendas existentes para peças ou anular o excesso de estoque como obsoleto. O que ocorre muitas vezes é que o excesso de estoque não chega a ser anulado porque ninguém deseja arcar com o prejuízo no demonstrativo de resultados e no balanço financeiro.

A conformidade com a política de estoque também pode ser mostrada graficamente como na Figura 7-11. Neste caso, o processo foi controlado obedecendo

Part ID	Planner	Buyer	Supplier No.	On Hand	On Order	$ on Order	Current BO	Reorder Point	Reorder Quantity	ROP + ROQ	Current Inventory Position	Delta	Order Status
Part9	Dax	Yeldon	Tiger Co	15	0	$ -	12	32	12	44	3	-29	Order
Part2	Dax	Fowler	Messier Precision	11	0	$ -	0	25	10	35	11	-14	Order
Part110	Leia	Norwood	Bytheway Parts	0	0	$ -	0	12	7	19	0	-12	Order
Part96	Leia	Norwood	Bytheway Parts	0	0	$ -	0	11	6	17	0	-11	Order
Part97	Leia	Norwood	Bytheway Parts	0	0	$ -	0	4	3	7	0	-4	Order
Part112	Leia	Norwood	Aggie Inc	0	0	$ -	0	4	4	8	0	-4	Order
Part20	Leia	Norwood	Bytheway Parts	0	0	$ -	1	2	2	4	-1	-3	Order
Part53	Leia	Lacy	Gamecock Inc.	1	0	$ -	0	4	4	8	1	-3	Order
Part11	Dax	Yeldon	Bear Mfg	6	0	$ -	0	2	4	6	6	InRange	OK
Part13	Dax	Yeldon	Gamecock Inc	5	0	$ -	0	3	2	5	5	InRange	OK
Part10	Leia	Lacy	Bytheway Parts	12	0	$ -	2	7	5	12	10	InRange	OK
Part15	Leia	Lacy	Wildcat Applications	4	0	$ -	0	1	3	4	4	InRange	OK
Part26	Leia	Lacy	Gamecock Inc	0	0	$ -	0	-1	1	0	0	InRange	OK
Part39	Leia	Lacy	Wildcat Applications	2	0	$ -	0	1	2	3	2	InRange	OK
Part40	Leia	Lacy	Gamecock Inc.	4	5	$9,258	2	4	3	7	7	InRange	OK
Part22	Dax	Fowler	Einstein Mfg.	0	0	$ -	0	-1	1	0	0	InRange	OK
Part23	Dax	Fowler	Einstein Mfg	1	3	$7,069	0	2	2	4	4	InRange	OK
Part24	Dax	Fowler	Gamecock Inc	0	0	$ -	0	-1	1	0	0	InRange	OK
Part25	Dax	Fowler	Gamecock Inc.	0	0	$ -	0	-1	1	0	0	InRange	OK
Part36	Dax	Yeldon	Bulldog Mfg	10	0	$ -	0	2	2	4	10	6	Over
Part38	Leia	Lacy	Wildcat Applications	5	0	$ -	0	-1	1	0	5	5	Over
Part31	Dax	Yeldon	Bytheway Parts	6	1	$2,573	0	1	2	3	7	4	Over
Part48	Dax	Fowler	Bear Mfg	4	0	$ -	0	-1	1	0	4	4	Over
Part82	Dax	Yeldon	Bytheway Parts	1	0	$ -	0	-1	1	0	1	1	Over
Part16	Leia	Lacy	Bytheway Parts	5	0	$ -	0	1	3	4	5	1	Over
Part69	Dax	Fowler	Bear Mfg	4	0	$ -	0	1	2	3	4	1	Over

Figura 7-10 Exemplo de monitor de conformidade de estoque.

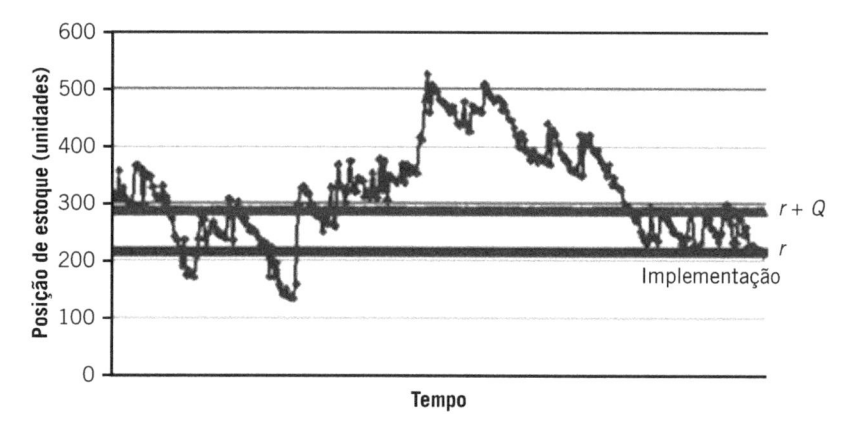

Figura 7-11 Progresso da posição de estoque.

às políticas no sistema. Isso é mais fácil de falar do que fazer, pois a implementação dessa abordagem com compradores e programadores pede uma boa dose de treinamento e catequização. Como todo mundo, os compradores e os programadores têm seus próprios hábitos e práticas. A modificação de suas práticas de trabalho para esses tipos de procedimentos padronizados representa um ajuste. Pode haver bons motivos para as quantidades de peças estarem fora de conformidade. O segredo aqui é não permitir que as poucas "histórias de guerra" sirvam como pretexto para abandonar a abordagem como um todo. Na verdade, muitos programadores e compradores passam a gostar do sistema depois que se acostumam com ele. Esse sistema oferece uma maneira fácil de priorizar seus esforços.

Contagem de ciclos e precisão de estocagem

Outro empecilho de controle comum que encontramos são os problemas de precisão de estocagem em um sistema de planejamento ou de controle. Gestores que ainda não estão mensurando a precisão de estocagem, na verdade, devem começar a fazer isso. Precisão de estocagem significa a precisão tanto de localização das peças quanto da quantidade de peças em um determinado momento. Se a precisão de estocagem em um sistema de planejamento não for pelo menos de 95%, os gestores estão brincando com o perigo se acham que conseguirão alcançar os resultados almejados para uso de seus *buffers* de estoque. Na realidade, as empresas deveriam ter mais de 99% de precisão de estocagem, embora isso possa ser difícil de alcançar sem o uso de códigos de barras ou de rastreamento eletrônico. Chega a ser surpreendente a frequência com que esse parâmetro fica fora de controle. Se os gestores não conseguem controlar algo tão objetivo quanto o armazenamento e a contagem de peças, é bem provável que problemas mais sérios venham a aparecer, ao tentar alcançar alto desempenho em planejamento, sequenciamento e produção.

O controle da precisão de estocagem se dá pela *contagem de ciclos*. Isso envolve a geração de uma lista periódica – semanal é suficiente – das peças e uma conferência dessas peças para garantir a precisão de estocagem. Um erro de contagem de ciclo é tratado como um defeito, e práticas padronizadas de controle de qualidade são empregadas para analisar as causas raiz e implementar medidas corretivas. Os sistemas MRP/ERP atuais em geral oferecem algum tipo de funcionalidade de contagem de ciclos para gerar listas de contagem de ciclos e fazer um acompanhamento dos resultados. Assim como os itens de ação em reuniões de POV+, a delegação da precisão de estocagem a uma equipe ou departamento não costuma dar muito certo. Se for possível, uma única pessoa deve ser responsabilizada para cuidar de uma área correspondendo à localização física das peças e ficar responsável pela precisão de estocagem dessa área. Esta abordagem serve para impedir uma falta de foco e de controle sobre a precisão de estocagem.

Valor monetário em estoque

Geralmente, a principal preocupação de um gestor ao mensurar o desempenho dos estoques é determinar o valor monetário médio do estoque disponível. Esse parâmetro acaba sendo distorcido quando os gestores são avaliados pelo balanço de estoque no encerramento do mês ou no encerramento de algum período. Parâmetros de encerramento de período de valor de estoque não são nem um pouco producentes. Eles fornecem outro exemplo clássico de modelos financeiros que não refletem o comportamento natural das operações. Essa prática atua diretamente *contra* o comportamento natural das operações. Em uma demanda padrão por produtos, pode haver sazonalidade, mas raramente haverá uma queda mensal natural na demanda. No entanto, em muitas ocasiões, nossas análises dos níveis diários de estoque ao longo de um ano revelaram uma queda aparentemente mágica no estoque ao final de cada mês. Esse tipo de conduta só serve para bagunçar o comportamento da produção, fazendo aumentar a variabilidade, o que, como você já sabe, aumenta a necessidade de *buffers*. Os níveis de estoques disponíveis devem ser mensurados como um valor médio em andamento para que uma empresa compreenda como está se saindo na gestão de estoques.

Um novo paradigma para classificações de estoque

Um gestor pode obter bons frutos analisando e implementando políticas de estoque baseadas em ciência precisa. A poderosa tecnologia computacional que existe hoje permite que isso seja feito com relativa facilidade para milhares de peças de cada vez. Examinemos essa abordagem no contexto de ambientes de montagem sob encomenda. A taxa de atendimento referente a matérias-primas é crítica para operações de montagem sob encomenda. O motor de uma aeronave pode ter na ordem de 20 mil peças individuais. Sem dúvida, as operações de montagem final do motor de uma aeronave nem de longe vão precisar lidar com tantas peças individuais assim, porque muitas peças individuais estão em submontagens. Contudo, é comum uma empresa de montagem sob encomenda ter de gerenciar milhares de peças.

Táticas de classificação de estoque do tipo ABC costumavam ser utilizadas antes do advento dos computadores, para lidar com o grande volume de peças em ambientes complexos de montagem. Uma falha óbvia da análise ABC fica aparente nos resultados *esperados* de taxa de atendimento que ela gera em ambientes de montagem. Montagens podem ser problemáticas, uma vez que para montar um dispositivo de 10 peças, você precisa dispor de todas essas 10 peças para a montagem. Portanto, se cada componente individual apresentasse um nível de serviço de 95%, na melhor das hipóteses, a montagem teria um nível de serviço de 60%:

Prob {Todos os componentes chegam dentro do prazo} = $(0,95)^{10}$ = 0,5987

Para alcançar um nível de serviço de 95% na montagem, todos os componentes precisariam chegar a um nível de serviço de 99,5%:

$$P^{10} = 0,95$$
$$p = 0,951/10 = 0,9949$$

Por definição, as classificações ABC asseguram uma gama diferente de taxas de atendimento para componentes em uma montagem, preparando uma operação para um desempenho abaixo do esperado. Com a ciência da otimização de estoques e com as façanhas computadorizadas existentes hoje, as políticas de estoque podem ser preparadas individualmente sob medida, a fim de assegurar que todos os componentes estejam disponíveis para montagem, quando chegar o momento de montá-los.

Outra falha óbvia nas classificações ABC é o uso do custo das peças para determinar categorias de classificação ABC. Conforme examinado nos Capítulos 3 e 4, com relação aos componentes de variância da demanda por tempo de reabastecimento, nenhum componente tem custo. Incluir custos à formulação ao tentar determinar políticas de estoque é disfuncional, já que os custos não fazem parte da descrição do comportamento natural dos sistemas de estoque. Os custos certamente influenciam os tempos de reabastecimento e a demanda; porém, depois que as estatísticas de tempo de reabastecimento e de demanda são conhecidas, colocar os custos de volta na análise do comportamento de estoque distorce a precisão da gestão de estoque no fornecimento de peças quando necessário. Como exemplo, vamos examinar duas peças:

A demanda pela Peça A é de 10.000 por período, e o seu custo é de 10 centavos.
A demanda pela Peça B é de 1 por período, e o seu custo é de $1.000.

O valor da demanda por ambas as peças é de $1.000/período, e em uma abordagem ABC, ambas as peças ficariam na mesma categoria de política de estoque. Tal abordagem é de fato disfuncional, porque provavelmente faria sentido manter seis períodos para a Peça A e um período para a Peça B. Ainda que esse exemplo seja um pouco forçado, ele mostra o que acontece quando se usa um modelo que não reflete o comportamento natural do sistema sendo modelado.

Como enfatizamos ao longo de todo este livro, é muito mais produtivo para os gestores trabalharem a favor do comportamento natural das operações do que contra ele. Nesse sentido, uma melhor classificação para a gestão de estoque é mostrada na Figura 7-12. A variável aleatória de interesse no controle de estoque é a demanda por tempo de reabastecimento, e os componentes da demanda por tempo de reabastecimento são tempo de reabastecimento e demanda. Assim, quando os gestores administram as peças em categorias de tempo de reabastecimento e demanda, eles obtêm vantagens na gestão de estoque, ao explorarem o comportamento natural dos sistemas de estoque. Um estudo de caso e uma análise mais aprofundada são apresentados no Capítulo 9.

Táticas de capacidade

Passamos agora a uma discussão sobre as táticas, controles e parâmetros de capacidade. Com isso, podemos completar o diagrama DEP mostrando todos

Classificação	Alto Volume	Baixo Volume
Lead Time Curto	Baixa taxa de atendimento	Baixa taxa de atendimento
Lead Time Longo	Alta taxa de atendimento	Baixa taxa de atendimento

Figura 7-12 Um novo paradigma para classificações de estoque.

Capítulo 7 Implementando táticas, controles e parâmetros para otimizar os resultados   **235**

os componentes e sinais básicos necessários para gerenciar o desempenho de modo preditivo empregando a Ciência da Fábrica. O diagrama DEP na Figura 7-13 mostra todos os componentes básicos. Os dois novos componentes são o nível de CONWIP, uma forma de controle do trabalho em processamento (WIP – *work-in-process*), e a quantidade de fila virtual, um dispositivo para monitorar o status de um fluxo de produção e proporcionar um gatilho de capacidade para sinalizar quando há necessidade de opções de capacidade alternativa (ou seja, horas extras ou terceirização).

Essa configuração oferece um controle completo e preditivo dos mecanismos de demanda e transformação. Assim como a maioria dos bons modelos conceituais, ele é bastante simples. O truque, como sempre, está em lidar com toda a complexidade de milhares de peças, dezenas ou centenas de processos, e com a demanda que varia de peça para peça. Para que isso seja bem feito, um bom modelo de software é necessário, mas o modelo conceitual ainda proporciona bons *insights* e forte intuição para o controle gerencial do desempenho das operações. Ao final deste capítulo, vamos analisar o sequenciamento dinâmico baseado em risco (DRS – *dynamic risk-based scheduling*), uma abordagem abrangente de planejamento e controle que vincula todos esses componentes entre si.

Utilização

A lucratividade e o sucesso em fabricação dependem da escolha de uma meta de utilização capaz de alcançar resultados almejados em termos de marketing e finanças, a partir dos investimentos em capacidade. Se houver excesso de custo de capacidade aberta, o empreendimento não será lucrativo. Se houver escassez, o empreendimento não será adaptável o suficiente ou será forçado a manter bastante estoque para ser adaptável. Se for na medida certa, o empreendimento

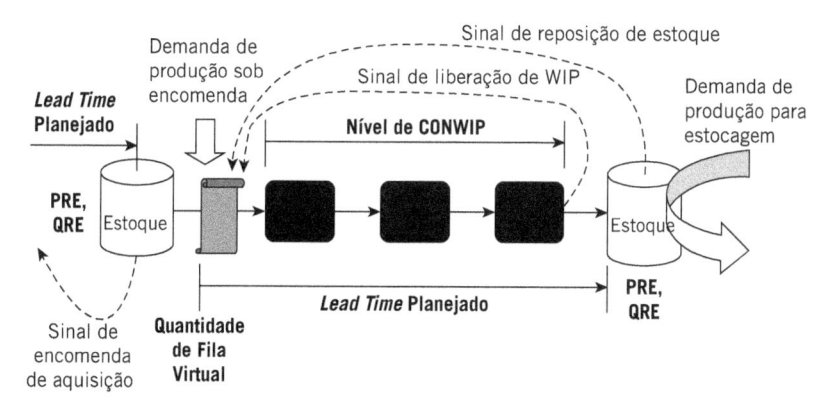

Figura 7-13 Componentes completos de DEP.

é lucrativo e, ao mesmo tempo, adaptável às necessidades do mercado. Como você sabe qual é a medida certa?

Novamente, a escolha estratégica para operações depende da estratégia de negócios. Já examinamos minuciosamente o modelo *VUT* de utilização nos Capítulos 3 e 4. Aqui, oferecemos alguns exemplos simples das implicações da utilização para as metas de desempenho de uma empresa. A Figura 7-14 demonstra as opções prováveis de utilização para diferentes estratégias de negócios.

Lembre-se da descrição do Sistema Toyota de Produção (STP) no Capítulo 1. Para a Toyota, a implementação da Produção Enxuta como uma tática incluía um *buffer* de 30%. A Toyota acreditava que essa era a decisão operacional acertada para sustentar sua estratégia de negócios. A estratégia operacional de utilização deve ser cogitada no contexto da estratégia de negócios em geral. Vejamos alguns dos exemplos apresentados na Figura 7-14.

Exemplo 1: planta química

Como uma planta química tem custos fixos de capacidade extremamente altos, o principal indicador dos negócios é a utilização dessa capacidade para alcançar a meta de retorno sobre ativos. Em termos de portfólio de *buffers*, o *buffer* de capacidade é caro e deve ser minimizado. À medida que essa estratégia for executada e as instalações funcionam 24 horas por dia, um *buffer* de capacidade será criado em momentos de baixa demanda, e um *buffer* de tempo resultará em momentos de alta demanda. Em resumo, a estratégia é utilizar ao máximo as instalações para tirar proveito dos dispendiosos ativos fixos.

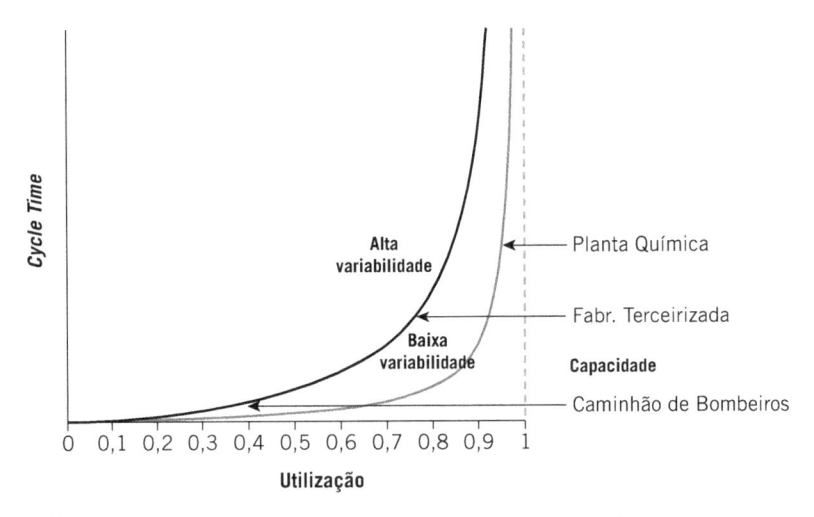

Figura 7-14 Opções estratégicas para utilização de capacidade.

Exemplo 2: fabricante terceirizado

Um fabricante terceirizado precisa ser razoavelmente adaptável. No entanto, como o uso de *lead times* estipulados é comum (em vez de atender à demanda com o estoque), haverá algum *buffer* de tempo para intercambiar com a utilização (o *buffer* de capacidade). O fabricante terceirizado costuma ter um *buffer* de estoque pequeno, pois ele não sabe qual produto específico será demandado por seus clientes. Ele poderá manter algum estoque de matérias-primas e de bens acabados se receber trabalho repetido dos clientes. Com uma estratégia de negócios voltada para a limitação dos *buffers* de tempo e de estoque, o fabricante terceirizado terá que contar com um razoável *buffer* de capacidade. Como alternativa, os grandes fabricantes terceirizados utilizam consideráveis *buffers* de capacidade de mão de obra flexível, como evidenciado pelos enormes, e às vezes polêmicos, esforços de recrutamento necessários para sustentar a introdução dos últimos lançamentos em tecnologia. O fabricante terceirizado deseja minimizar o custo do *buffer* de capacidade para alcançar a maior lucratividade e retorno possíveis sobre ativos. Em resumo, a estratégia é maximizar o retorno econômico advindo da manutenção de um *buffer* de tempo competitivo (*lead times* curtos), a fim de atender à demanda do mercado e elevar as vendas. Em troca da minimização do *buffer* de capacidade, as empresas no ramo de fabricação terceirizada acabam tendo de incluir em seus custos de capacidade a inevitabilidade da capacidade não utilizada. Uma maneira de fazer isso é determinar os níveis planejados de produtividade que proporcionam o nível de utilização a ser atingido e mensurar tanto a produtividade alcançada quantos os níveis de demanda. O Capítulo 8 oferece um exemplo de como isso é feito na Arc Precision, um fabricante terceirizado de componentes para equipamentos médicos. Mais adiante neste capítulo, a discussão de "Filas virtuais e estipulação de prazo de entrega" descreve em detalhe os conceitos das filas virtuais e dos gatilhos de capacidade. Um mecanismo de controle para que o fabricante terceirizado administre de perto seu *buffer* de capacidade é estabelecer um gatilho de capacidade. Quando o gatilho é alcançado, o fabricante responde de forma proativa com um aumento temporário na capacidade, como horas extras ou terceirização. Se a demanda começar a disparar o gatilho de capacidade com regularidade, a fabricante precisará adicionar mais capacidade permanente com contratações ou expansões de planta.

Exemplo 3: caminhão de bombeiros

A principal estratégia de um caminhão de bombeiros é responder rapidamente. Não há como estocar o serviço de apagar um incêndio. Em resumo, a estratégia é ter capacidade aberta para que os incêndios possam ser apagados o mais rápido possível.

A estratégia de capacidade até pode parecer simples, mas ela é o primeiro lugar a se examinar na procura por descompassos entre a estratégia declarada e a realidade operacional. Um cliente da Factory Physics Inc. era um fabricante terceirizado de ingredientes alimentícios com toda uma campanha de marketing construída em torno da maior adaptabilidade no seu mercado. No entanto, as principais medidas que a empresa empregava em suas operações era a utilização da capacidade e horas trabalhadas. Ela nem sequer mensurava *lead time*, nível de serviço ou média de dias de atraso. Não era surpresa alguma que a sua utilização estivesse bem alta (acima dos 97%), e que o atendimento aos clientes estivesse deficiente – um descompasso direto com a estratégia proposta. Quando confrontado com a curva de utilização *versus cycle time* e com uma oportunidade de cortar os *lead times* pela metade, ao reduzir as metas de utilização para 92% com um pequeno aumento no custo de capacidade, o CEO declarou: "Só vou fazer isso depois que o departamento de marketing conseguir me mostrar as vantagens da adaptabilidade em termos de aumento de vendas e/ou aumento de preços. Talvez a adaptabilidade não seja verdadeiramente a nossa estratégia".

No processo de diagnosticar maus resultados empresariais a partir de falhas de execução percebidas, descobrimos ser extremamente útil conferir o alinhamento entre estratégias, políticas/táticas e controles de capacidade. Muitas vezes, o problema não está na execução de táticas ou controles, e sim no fato de os gestores terem desconsiderado ou serem ignorantes em relação às implicações da gestão da utilização. Assistimos a uma reunião em uma grande empresa na qual se falou a um vice-presidente corporativo que a sua organização estava regularmente precisando responder a programações que estavam bem acima da capacidade demostrada. Ele se mostrou um tanto surpreso, fez uma anotação e disse que iria verificar a questão. Seis meses depois, nada havia mudado. E estamos falando de uma corporação multibilionária. Contudo, embora sua gestão de capacidade seja deficiente, por meio de força bruta, ela consegue produzir resultados respeitáveis. Nossa leitura da situação foi a de que depois que práticas de planejamento de capacidade ruins são instauradas, uma organização apenas se adapta ao mundo caótico que isso acaba criando. Gostamos desse vice-presidente corporativo; ele é um excelente líder e também bastante respeitado. Para alguém como ele, o esforço para mudar as práticas exigiria um investimento pesado de capital político para orientar um esforço cooperativo que envolvesse toda a corporação, fora de sua esfera de controle, e com muita incerteza quanto à sua conclusão. Ele nem de perto é o primeiro a deixar escorregar este tipo de problema para debaixo de sua mesa de trabalho. No entanto, em termos de vantagens, é uma mina de ouro esperando por líderes que consigam assumir uma empresa com gestão de capacidade ruim e dar-lhe uma guinada rumo a uma abordagem embasada em ciência.

Fabricação celular

Examinamos a fabricação celular aqui porque se trata de um conceito popular de configuração de capacidade produtiva e, portanto, de gestão da utilização. É comum o *cycle time* ser apregoado como uma vantagem importante da fabricação celular. Contudo, não é tão comum ouvirmos menções à *buffers* criados por muitas configurações de fabricação celular. O leiaute comum de uma célula é um formato em U, conforme mostrado na Figura 7-5. A ideia é que os trabalhadores na célula possam se movimentar para frente e para trás pela linha para operar mais de uma máquina por vez. Além disso, os esforços de fabricação celular costumam estar vinculados a algum tipo de controle de material de fluxo contínuo.

O Capítulo 4 examinou o conceito de lotes em transferência. O fato de os lotes em transferência, na maioria das vezes, não precisarem ser iguais aos lotes em processamento oferece uma tática poderosa para se reduzir o *cycle time*. A fabricação celular funciona bem para reduzir o *cycle time* porque ela tira proveito da ciência por trás dos efeitos dos lotes – uma vantagem-chave do fluxo contínuo.

Muitas empresas adotaram a fabricação celular como parte de iniciativas de Produção Enxuta, com bons resultados. A fabricação celular funciona muito bem quando a demanda e os roteiros dos produtos resultam em células com alta utilização. Essas células, por sua vez, resultam em um portfólio de utilização razoavelmente alto de capacidade para reduzir custos e em um *buffer* relativamente pequeno de tempo. No entanto, já vimos algumas empresas em que a preparação da maior parte da fábrica em leiautes celulares resultou em utilização mais baixa e em custo mais alto, porque o *mix* de produtos demandados não se alinhava a um leiaute celular completo. Nestes casos, as empresas nem sempre compreenderam que o lote "em transferência" era crítico para os *cycle times* curtos proporcionados pela fabricação celular. Caso tivessem entendido isso, elas poderiam simplesmente ter reduzido os lotes em transferência, em vez de montar a célula física. Isso teria exigido maior manuseio de material. Às vezes, vale a pena um investimento

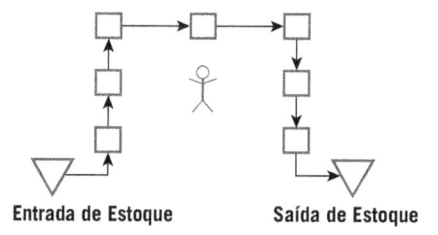

Figura 7-15 Leiaute de fabricação celular.

extra em manuseio de material para lotes em transferência reduzidos para se obter as vantagens da redução do custo de capacidade e da redução do *cycle time*.

Além disso, outra prática que vemos é voltada para um impulso de melhoria inicial: as peças com altos volumes são todas repassadas para um fluxo celular. Isso pode representar 10 ou 20% da demanda, mas o sucesso do esforço inicial para reduzir o *cycle time* acaba sendo bastante louvado na imprensa. Menos comentado é o que acontece com os 80 ou 90% restantes das peças que não estão em leiaute celular. Com isso não queremos dizer que a fabricação celular é ruim. A bem da verdade, se uma empresa consegue comprar maquinário barato (talvez usado) para sustentar um considerável *buffer* de capacidade, isso pode proporcionar o melhor de dois mundos: baixo custo com respostas rápidas. No entanto, o foco nas vantagens advindas de algumas células de fabricação de destaque, sem levar em consideração o custo em geral, não é uma boa prática de gestão.

Controle de WIP e CONWIP

Conforme explicado no Capítulo 3, na discussão sobre o gráfico de fluxo de produção, o WIP é um parâmetro de controle para determinar a quantidade de produtividade e de *cycle time* que um fluxo de produção vai apresentar. O controle do WIP é o segredo por trás do sucesso dos sistemas de *kanban* e dos chamados sistemas puxados em geral. Níveis ideais de WIP proporcionam produtividade máxima com *cycle time* mínimo para um determinado ambiente. Conforme discutido no Capítulo 3, e ilustrado novamente na Figura 7-16, existem zonas de controle de WIP que servem como indicadores para os níveis de WIP em um fluxo de produção. WIP de menos é tão danoso quanto WIP demais.

A fabricação com Produção Enxuta oferece muitos mecanismos (como fluxo contínuo, *kanbans*, etc.) para controlar o WIP. Muitas vezes, as empresas têm sucesso com esforços de Produção Enxuta sem ao menos saber por que eles funcionaram, já que os gestores simplesmente imitaram os mecanismos de alguma outra implementação de Produção Enxuta. Chamamos isso de *iniciativa por imitação*. Como já foi discutido amplamente até aqui, o sucesso preditivo nas operações depende da compreensão da ciência das operações.

O controle dos níveis de WIP é um determinante-chave do desempenho de uma linha, mas a pergunta agora é: "Qual é a melhor maneira de controlar o WIP?". Empregando uma abordagem de MRP clássica, quando for o momento de iniciar uma encomenda por causa da distância do *lead time* do pedido até seu prazo de entrega, inicie a encomenda; ou seja, libere o WIP para o fluxo de produção. Isso, em geral, é conhecido como *abordagem empurrada* para controlar o WIP. O *kanban* clássico teve sua origem na Toyota e controla o WIP ao permitir que ele só seja liberado para um centro de processamento quando este

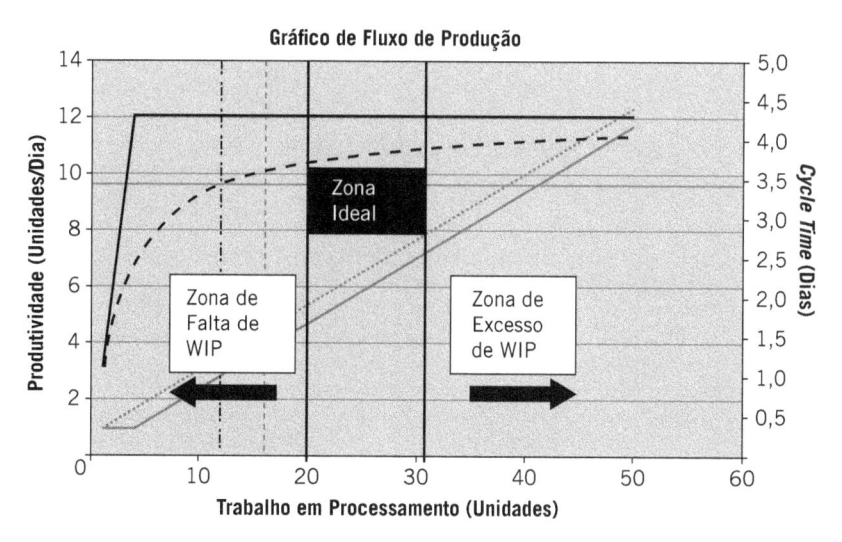

Capítulo 7 Implementando táticas, controles e parâmetros para otimizar os resultados **241**

Figura 7-16 Zonas de controle de WIP*.
* *Esta figura apareceu originalmente em* A Ciência da Fábrica, *terceira edição.*

centro estiver pronto para uma tarefa. O *kanban* controla o WIP em cada centro de processamento. Na abordagem CONWIP, o mecanismo de controle de WIP é mais robusto e mais simples de usar do que o *kanban*.

A Figura 7-17 mostra o esquema envolvido em cada um dos três mecanismos descritos de controle de WIP. O MRP controla o WIP respondendo diretamente aos sinais de demanda (ironicamente, uma vantagem mais associada aos sistemas de puxar), mas libera o WIP sem se preocupar com a quantidade de WIP presente no fluxo de produção ou com o nível de utilização do fluxo de produção. O *kanban* é o máximo em controle detalhado de WIP, porque ele controla o WIP em pequenos segmentos de linha, muitas vezes em uma única estação. Conforme discutido anteriormente, isso é bastante eficiente no controle do *cycle time*, mas pode resultar em ociosidade do gargalo e, aliado a isso, em uma redução da produtividade. Empregando o mecanismo de CONWIP, um gestor só liberaria WIP para o fluxo de produção quando o nível de WIP no fluxo tivesse caído abaixo de um nível predeterminado – o nível de CONWIP da Figura 7-13. Uma vantagem do CONWIP é que ele permite que o comportamento natural do fluxo de produção movimente *dinamicamente* o WIP até a restrição. Em outras palavras, se a estação 2 em uma linha de quatro estações representa o gargalo, o WIP vai se acumular em frente à estação 2. Suponhamos agora que o *mix* de produtos seja alterado, e com o novo *mix* de produtos, a estação 4 passe a ser o gargalo. Como o CONWIP permite que o WIP flua livre-

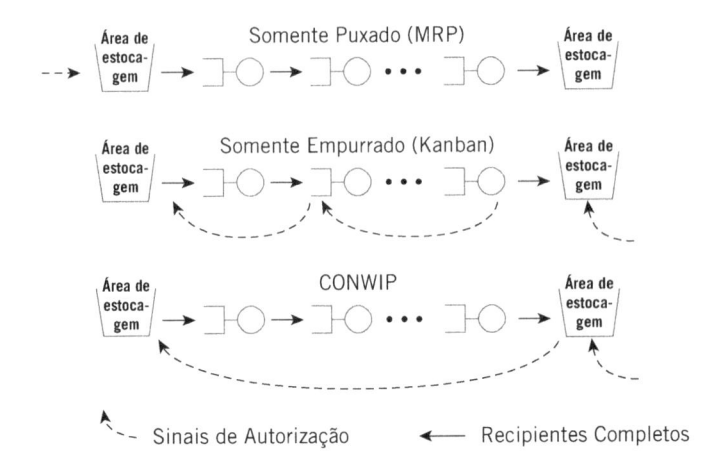

Figura 7-17 Empurrado, puxado e CONWIP*.

* Esta figura apareceu originalmente em A Ciência da Fábrica, terceira edição.

mente pelo fluxo de produção, o WIP naturalmente vai se acumular em frente à estação 4. Essa resposta dinâmica do CONWIP mantém o WIP em frente ao gargalo, assegurando, portanto, a melhor produtividade possível a partir do controle de WIP.

Uma compensação dessa abordagem, porém, é que pode não haver WIP sempre em cada estação de um fluxo de produção. Isso tem o potencial de criar a temida visão de trabalhadores de braços cruzados sem ter o que fazer – outro exemplo de *buffer* de capacidade. No entanto, como já discutimos por diversas vezes, um *buffer* de capacidade nem sempre é algo ruim. Uma opção é treinar os trabalhadores em mais atividades para que eles possam migrar de um centro de processamento para outro seguindo o WIP –um *buffer* de capacidade flexível.

Conforme mostrado na Figura 7-18, o desenvolvimento estratégico de circuitos de CONWIP possibilita um controle preditivo da produtividade ao longo de linhas de fluxo complicadas com recursos compartilhados. O término de WIP em pontos estrategicamente escolhidos dispara uma liberação de tarefas no início da linha, a fim de maximizar a produtividade dos gargalos e proporcionar controle preditivo dos *lead times*. A escolha do nível estratégico de WIP empregando o quadro geral da Ciência da Fábrica garante que os circuitos de CONWIP estejam postados para funcionar na zona ideal de WIP. A robustez e a flexibilidade do CONWIP são as principais razões para que ele esteja no cerne de muitas táticas de tempo de resposta que demonstramos.

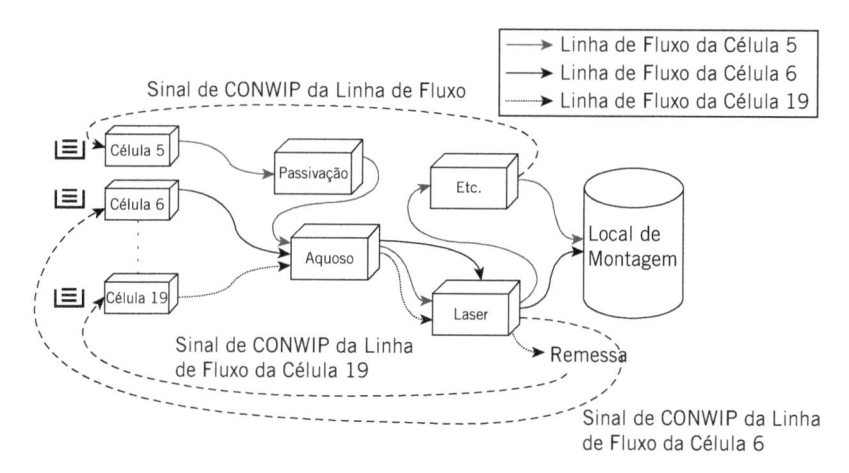

Figura 7-18 CONWIP em ambientes complexos.

Filas virtuais e estipulação de prazo de entrega

Com o controle preditivo dos *cycle times* estabelecido usando um teto de WIP (o nível recomendado de CONWIP), a próxima consideração é: "Quanto tempo preciso esperar até que minha encomenda ingresse no processamento?". Isso pode ser planejado e mensurado empregando o conceito de fila virtual. Uma *fila virtual* é uma lista de encomendas (geralmente encomendas de trabalho de produção) esperando em sequência para ingressar no processamento. As vantagens de se ter uma fila virtual em comparação a uma fila física são muitas, incluindo:

- Manter as encomendas na fila virtual, em vez de liberá-los para o processamento, permite que se obedeça ao máximo estabelecido de WIP.
- A fila possibilita a existência de *vagas aceleradas* que permitem que os pedidos críticos sejam passados para frente da linha, caso necessário.
- Pode-se quantificar o comprimento da fila, então os *lead times* podem ser estipulados com precisão, e decisões podem ser tomadas para adicionar capacidade a fim de reduzir esses *lead times*, caso necessário.

A Figura 7-19 é uma versão um pouco menos congestionada do diagrama de DEP mostrando a localização e os sinais utilizados com uma fila virtual e com uma linha de CONWIP. As linhas pretas na "lista" da fila virtual representam as encomendas planejadas. Os níveis de estoque atingem seus PREs, e a QRE é colocada na fila virtual (via sinal de reposição de estoque). Quando surge demanda de produção sob encomenda, ela entra na fila virtual. As encomendas

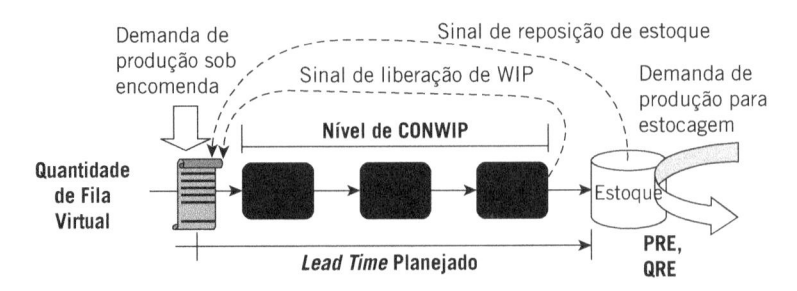

Figura 7-19 Mecanismos da fila virtual.

são liberadas para o fluxo de produção quando um sinal de CONWIP, vindo do final do fluxo de produção, sinaliza que o nível de WIP da linha está abaixo do nível de CONWIP. O sinal é uma autorização para liberar WIP para dentro do fluxo de produção a partir da fila virtual (sinal de liberação de WIP). O leitor mais atento talvez tenha notado que na lista da fila virtual há um espaço em branco, logo acima da encomenda mais inferior na fila virtual. Trata-se daquilo que se conhece como *vaga acelerada*, que pode ser usada com grande proveito para oferecer adaptabilidade extra aos clientes.

Se um cliente aparecer e precisar de uma tarefa com urgência, e se uma vaga acelerada estiver disponível, não há problema algum. A tarefa acelerada é inserida na vaga acelerada e liberada no fluxo sem precisar entrar na fila atrás de todos as outras encomendas. Pode ser cobrado um ágio desse cliente por tal serviço – semelhante aos ingressos "fura fila" que se pode comprar por um preço mais caro em parques de diversão para não precisar esperar na fila. Ou a vaga acelerada pode ser utilizada para ganhar pontos com os clientes. As vagas aceleradas são planejadas no curso normal do planejamento de capacidade. Se ninguém aparecer precisando de uma tarefa acelerada, quando a vaga estiver próxima da liberação, o ajuste é simples: basta liberar a tarefa seguinte na linha.

Com essa estrutura instaurada, é possível informar prazos de entrega estipulados aos clientes com base em suas necessidades e no status da operação, considerando a demanda atual e a produtividade real. Para informar um prazo de entrega, só é preciso saber onde a encomenda do cliente entrará na fila virtual e usar a lei de Little para calcular quanto tempo levará para a encomenda avançar por todo o sistema. Isso é o que chamamos de *prazo de entrega estipulado*. Assim, o prazo de entrega estipulado é:

$$l = \frac{m}{\mu} + \text{LTS}$$

onde *m* representa o número total de itens que precisam passar pelo sistema para que a encomenda seja concluída. Ele consiste no WIP no sistema, nos itens antecedentes na fila (pedidos encomendados) e no tamanho da nova tarefa em si. Usando a lei de Little com μ representando a produtividade, pode-se determinar quanto tempo levará para que a nova tarefa atravesse toda a fila virtual e a linha de CONWIP. Obviamente, como a variabilidade sempre degrada o desempenho, é recomendável adicionar um *lead time* de segurança (LTS) para propiciar um *buffer* de tempo para a variabilidade. Para ajudar a determinar o LTS, pode-se aplicar uma estimativa científica grosseira ou uma abordagem mais detalhada baseada em estatística.

Ao usar prazos de entrega estipulados como uma tática de tempo de resposta, as políticas a ser estabelecidas são níveis de WIP e *lead times*. Em geral, os *lead times* estipulados acabam se baseando na política de primeiro a entrar, primeiro a sair (FIFO – *first in, first out*). No entanto, em certos casos em que um cliente especial é cobrado a mais por uma tarefa acelerada, o *lead time* pode ser abreviado, alocando-se esses pedidos em vagas aceleradas na fila virtual.

A política restante nessa estrutura é o *gatilho de capacidade*. Quando o *lead time* estipulado começa a ultrapassar a faixa aceitável devido a um aumento no comprimento da fila virtual, isso dispara uma necessidade de capacidade adicional em curto prazo, como horas extras ou terceirização. O comprimento da fila virtual pode aumentar por causa do crescimento da demanda ou por não se conseguir executar níveis planejados de produtividade, ou por uma combinação de ambos. Em quaisquer dos casos, a sincronia do sinal também inclui o tempo necessário para reagir e adicionar capacidade antes que o pedido fique atrasado.

Quando um gestor controla o WIP e alcança a produtividade planejada, o *cycle time* fica dentro do planejado. Portanto, na prática, controle o WIP e mensure a produtividade. Para garantir que a política esteja sendo obedecida, conte o WIP na linha. Se o WIP estiver abaixo do nível de CONWIP, os pedidos podem ser liberados para o chão de fábrica. Caso contrário, nenhum trabalho a mais deve ser liberado.

Conforme mostrado na Figura 7-20, gráficos de cumprimento de sequenciamento representam uma entre as diversas maneiras de mensurar se a produtividade planejada está sendo praticada.

Atendimento do sequenciamento

Atendimento do sequenciamento significa que os operadores dos centros de processamento devem conduzir as tarefas o mais próximo possível da sequência

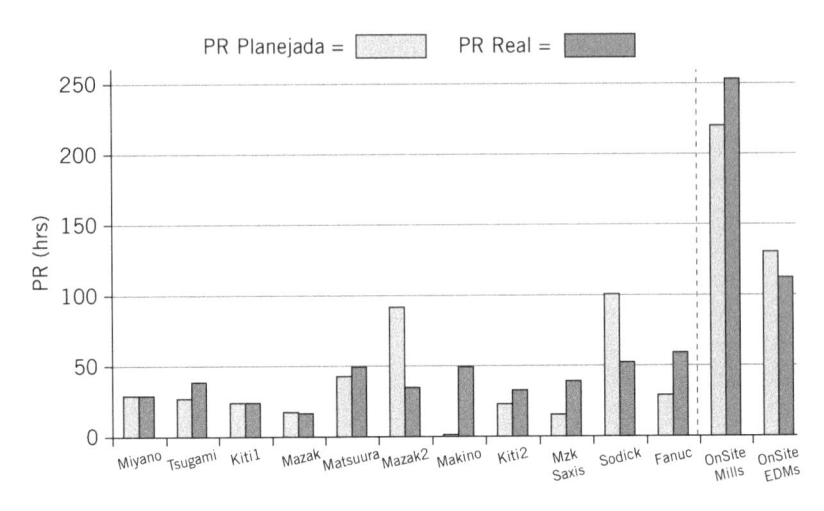

Figura 7-20 Exemplo de gráfico de cumprimento de sequenciamento

planejada. A sequência deve ser determinada por ordem de entrada no sistema, e não por prazo de entrega mais próximo. Outra maneira de pensar nisso é imaginando que duas tarefas deram entrada em uma central de processamento ao mesmo tempo; a primeira a entrar em processamento é aquela que foi liberada da fila virtual em primeiro lugar. Sempre há um pouco de arte envolvida nisso. Por exemplo: dependendo do *lead time* planejado, pode ser aceitável processar duas tarefas ao mesmo tempo, caso seus prazos de entrega difiram em apenas três dias. Por outro lado, processar, ao mesmo tempo, tarefas cujos prazos de entrega diferem em 14 dias talvez não seja permitido.

Em resumo, a aplicação do controle de WIP e do sequenciamento de tarefas em uma fila virtual oferece um mecanismo simples e robusto para desenvolver e implementar estratégias, táticas e controles para tempos de resposta mínimos e preditivos.

Retrabalho e geração de sucata

Duas causas de variabilidade considerável em um fluxo de produção são o retrabalho e a geração de sucata. Quanto maior a variabilidade, maiores *os buffers* necessários de segurança. No caso da geração de sucata e do retrabalho como fontes de variabilidade, a utilização também aumenta, já que se consome capacidade para realizar o retrabalho e fabricar peças adicionais para substituir a sucata. A equação *VUT* determina que um aumento na variabilidade e na utilização levará a um aumento no *cycle time*. Ferramentas Seis Sigma para re-

Capítulo 7 Implementando táticas, controles e parâmetros para otimizar os resultados   247

dução da variabilidade são muito poderosas quando se concentram em geração de sucata e retrabalho, e muitas vezes rendem grandes dividendos.

Primeiro, vamos examinar um exemplo do efeito de retrabalho. Consulte a seção 12.5 do livro *A Ciência da Fábrica*, terceira edição, para uma análise matemática aprofundada do efeito do retrabalho. No cenário mostrado na Figura 7-21, a probabilidade de que uma parte seja defeituosa é p. O *cycle time* aumenta junto com o retrabalho de forma não linear.

Em síntese, o retrabalho aumenta tanto a média quanto o desvio padrão do *cycle time* da produção. Ele aumenta o *buffer* de tempo, a menos que se instale capacidade adicional, o que aumenta os custos. O retrabalho também afeta negativamente a produtividade obtida a partir da capacidade instalada. A Figura 7-22 mostra a redução na produtividade PR conforme aumenta a probabilidade de retrabalho na linha.

O livro *A Ciência da Fábrica*, terceira edição, página 401, resume muito bem o impacto do retrabalho da seguinte maneira:

1. **Efeitos sobre a produtividade.** Se o nível de retrabalho for bastante alto para fazer com que um recurso se torne o gargalo (ou, pior ainda, se o problema está no próprio gargalo), ele pode, de maneira substancial, alterar a capacidade da linha.
2. **Efeitos sobre o WIP.** O retrabalho em um recurso que não seja o gargalo, mesmo que tenha capacidade ociosa, aumenta a variabilidade da linha, exigindo maiores níveis de WIP (e de *cycle time*) para alcançar o mesmo nível de produtividade.
3. **Efeitos sobre o *lead time*.** Ao reduzir a capacidade e aumentar a variabilidade, os problemas causados pelo retrabalho exigem maiores níveis de

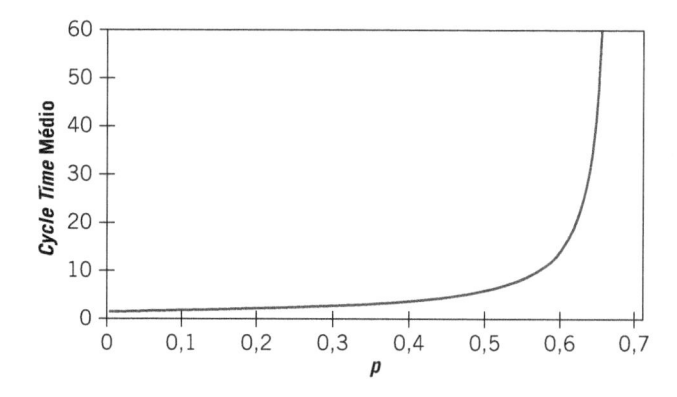

Figura 7-21 *Cycle time* e a probabilidade de retrabalho.

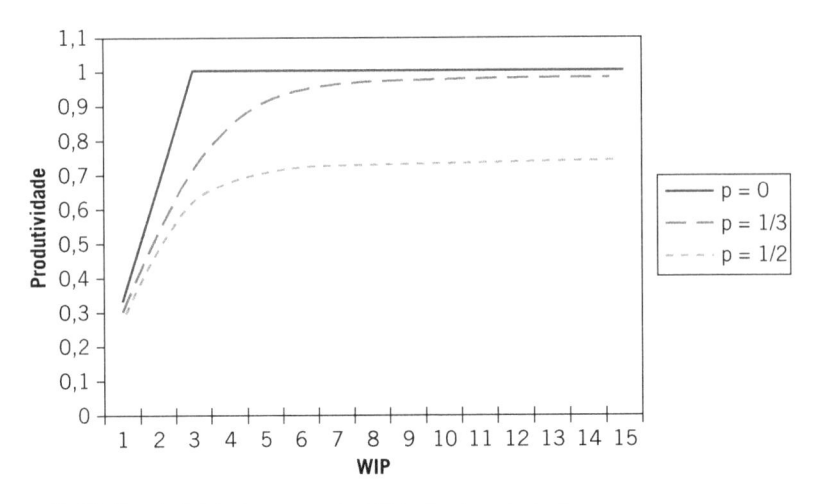

Figura 7-22 Produtividade e a probabilidade de retrabalho.

WIP na linha e, portanto, provocam um aumento no *cycle time* médio. Esses problemas também aumentam a variabilidade dos *cycle times* e levam a prazos maiores de entrega ou a menores níveis de atendimento aos clientes.

A redução do retrabalho pode aumentar significativamente as receitas, ao aumentar a produtividade, e, ao mesmo tempo, diminuir o WIP e o *cycle time*. A geração de sucata pode ser modelada como retrabalho que precisa ser reiniciado no início da linha. Ela provoca os mesmos impactos negativos do retrabalho, só que ainda mais pronunciados, porque a geração de sucata afeta a linha inteira. A geração de sucata aumenta a demanda em um fluxo na forma de demanda extra, uma vez que mais peças precisam ser iniciadas para que a linha se recupere das perdas com sucata na tentativa de alcançar a meta de produtividade.

O uso de um número maior de inícios, a fim de compensar a perda de rendimento, nem sempre proporciona o efeito almejado. Na verdade, isso muitas vezes resulta no mesmo atendimento ao cliente com mais estoque – longe do resultado desejado. Como isso acontece? É comum vermos empresas inflarem o tamanho das tarefas para compensar a perda de rendimento. Vamos resgatar o exemplo da Seção 12.5 do livro *A Ciência da Fábrica*, terceira edição, no qual a taxa de rendimento é de 90% para 90 peças, portanto a taxa de liberação é de 100 peças, se determinarmos a taxa de liberação como a razão entre a quantidade desejada e a taxa de rendimento. Essa é uma abordagem bastante comum. O problema é que a taxa de rendimento não é determinística. O livro-texto *A Ciência da Fábrica* examina uma situação caracterizada por um rendimento "tudo ou nada", na qual, em 9 entre 10 exemplos, o rendimento é de 100%, e, em um outro exemplo, o rendimento é de 0%. Se essa for a situação, as peças extras nos 9 entre 10 exemplos acabam se tornando bens acabados, contribuindo para o estoque. A perda completa de rendimento no último exemplo resulta em uma falta para o cliente. O atendimento aos clientes não melhora, e o estoque se acumula.

Esse é um resultado bastante comum. Já visitamos mais de 100 operações de usinagem na última década e, frequentemente, vimos pequenas empresas com receita anual de $5 milhões apresentarem até $1 milhão em estoque excedente que acabou se acumulando ao longo de muitos anos de negócios. Na pior das hipóteses, a maior parte desse estoque era obsoleto, e mesmo na melhor das hipóteses, ele não ajudava a evitar preparações futuras ou execuções de tarefas. Analisamos uma fábrica que processava um certo número das mesmas peças todos os meses para um cliente. Apesar de colocar algumas peças extras no estoque a cada ocasião, a fábrica jamais chegou a receber uma encomenda pequena o suficiente para a qual o estoque extra pudesse ser usado para atender ao pedido, sem precisar de preparação e processamento. Por isso, mesmo no caso em que o estoque não era obsoleto, ele não ajudava a evitar o custo de uma preparação. Ele não nivelava a capacidade de carga. Pelo contrário, consumia capacidade toda vez com extras que aumentavam o custo, o estoque e o *cycle time* das encomendas esperando em fila para chegar ao centro de usinagem enquanto os extras eram finalizados. Uma melhor abordagem para peças repetidas é trabalhar dentro dos níveis planejados e otimizados para que haja estoque suficiente para atender às necessidades dos clientes e nivelar a capacidade de carga. É claro que não se vê isso apenas em operações de usinagem. Tal fato é visto com frequência em produção de componentes para operações de montagem sob encomenda em empresas da *Fortune 500*. A natureza de repetição de produtos dessas empresas deve facilitar ainda mais o funcionamento dentro dos níveis planejados e otimizados de estoque. De qualquer forma, a questão mais abrangente é o impacto considerável que a geração de sucata e o retrabalho podem ter sobre o custo, o estoque e o atendimento ao cliente. As táticas do Seis Sigma e de outras iniciativas de qualidade podem trazer grandes vantagens quando aplicadas em locais que geram o mais alto retorno. O quadro geral da Ciência da Fábrica ajuda a identificar onde aplicar essas iniciativas para maior retorno.

Estratagemas de tempo de resposta

O tempo pode ser uma arma competitiva para garantir a satisfação dos clientes e para se alcançar o maior fluxo de caixa possível. Como já abordamos todos os elementos de controle da concepção do DEP, vamos analisar algumas das estratégias e táticas que podem ser utilizadas com o controle preditivo agora estabelecido. Em muitos ramos de negócios, os clientes aceitam bem um certo *lead time*; já em outros, pode-se minimizar o custo com *buffers* e estoque maximizando o *buffer* de tempo aceitável para os clientes. A sacada de marketing necessária é saber qual *buffer* de tempo os clientes estão dispostos a aceitar antes de fazer o pedido para a concorrência. Em casos raros, mas altamente lucrativos, um *buffer* de tempo mais longo e, em geral, preços mais altos não apenas são aceitáveis para o cliente, como também são desejados, porque tais características são esperadas pelo *branding* de produtos de ponta. O importante, qualquer que seja o ramo, é que as empresas consigam tirar proveito dos seus *buffers* de tempo. Empresas que não fazem uso estratégico do *buffer* de tempo estão rasgando dinheiro, uma vez que mantêm capacidade e estoque para sustentar um tempo de resposta que não é valorizado por seus clientes.

Suponhamos, por exemplo, um mercado com dois concorrentes em que os clientes costumam encaminhar as suas encomendas para o fornecedor que apresenta o menor *lead time*. Se o fornecedor A tiver *lead times* de quatro semanas e se a fabricação com Produção Enxuta do fornecedor B permitir fazer entregas dentro de dois dias, o fornecedor B provavelmente teria de estipular um *lead time* de três semanas. Isso permite que o fornecedor B ganhe mercado com o seu *lead time* superior e ainda minimize custos de capacidade/estoque, dando-lhe inclusive a oportunidade de cobrar um extra por "envio rápido", quando utilizar seu recurso de entrega em dois dias.

Temos como cliente uma empresa que conseguiu aplicar a Ciência da Fábrica com sucesso em seu processo de pesquisa e desenvolvimento (P&D). Em seu ramo de atuação, essa empresa está sempre realizando muitos projetos de desenvolvimento de novos produtos a cada ano. Ela estabeleceu um controle tão previsível sobre o seu processo de P&D que só começa um projeto na última data possível. A redução do *cycle time* foi enorme, na ordem de meses. O gestor com o qual trabalhamos nos contou que, certa vez, um cliente telefonou em pânico insistindo para que a empresa parasse imediatamente de adquirir ferramental porque o projeto em questão tinha sido adiado e podia muito bem vir a ser cancelado. A prática no ramo era investir capital no início do processo de desenvolvimento para assegurar que estivesse disponível quando necessário. O gestor ficou um pouco desconcertado, mas respondeu que a empresa faria todo o possível para ajudar o cliente. O gestor não queria dizer que, devido ao processo agilizado de P&D da empresa, ela sequer havia encomendado qualquer ferramental para o projeto, uma vez que isso poderia levar o cliente a questionar seriamente a razão pela qual a empresa estava fugindo à prática padrão no seu ramo de negócios.

É comum ver gestores que *optam por não decidir, ainda assim tomam uma decisão* quando deixam a gestão de seu tempo de resposta ao acaso, e o resultado padrão costuma ser um mau atendimento ao cliente por causa dos atrasos na entrega de encomendas.

As opções estratégicas para usar um *buffer* de tempo dependem das necessidades dos clientes e do status atual das operações. Em fabricação terceirizada, *lead times* dentro de uma faixa aceitável são comuns. Se a maioria dos clientes puder aceitar esses *lead times* na faixa de quatro a seis semanas, as políticas podem ser estabelecidas para proporcionar *lead times* de quatro a seis semanas, enquanto ainda se mantém a flexibilidade para fazer entregas em *lead times* menores para clientes dispostos a pagar uma taxa de agilização ou para clientes estratégicos em situações-chave que vão desenvolver relações no longo prazo.

Se uma empresa dispõe da opção de usar um *buffer* de tempo porque os clientes estão dispostos a esperar por um período de tempo antes de receber o produto, essa empresa pode utilizar o conceito de *prazo de entrega estipulado*, conforme discutido anteriormente. Os prazos de entrega estipulados, em oposição ao padrão de se estipular *lead times*, sugerem um prazo de entrega baseado no status atual do potencial da cadeia de suprimentos em entregar tal produto. Eis um exemplo de como uma empresa empregou estrategicamente esse conceito para melhorar seu desempenho de atendimento, restaurar a credibilidade com seus canais de vendas e estimular o crescimento. A empresa fabricava medidores de vazão. A entrega era crítica porque medidores de vazão são utilizados pelos clientes em tubulações de plantas de processamento que produzem materiais químicos, alimentos e óleo. Geralmente, os clientes encaminhavam a encomenda de um medidor de vazão para que ele ficasse pronto para ser instalado durante um momento de ociosidade em uma de suas plantas. Se o medidor de vazão não chegasse a tempo, o cliente teria de providenciar uma interrupção não planejada para instalá-lo quando ele chegasse. Em resumo, se um medidor de vazão não fosse entregue dentro do prazo, haveria um "furo na tubulação", e o processamento precisaria ser interrompido. No ramo de medidor de vazão, clientes com processamentos interrompidos e esperando pela chegada de um medidor de vazão não tardam em procurar a concorrência. Em nosso exemplo, a empresa fabricante de medidor de vazão tinha de longe o medidor de vazão com melhor desempenho técnico do mercado, mas atrasos nas entregas estavam prejudicando os negócios, já que os clientes (e os canais de vendas) não queriam arriscar e acabar com um "buraco na tubulação".

Os executivos da empresa começaram a se dar conta que, por terem o melhor medidor de vazão do mercado, os clientes até esperariam pelo medidor de vazão *contanto que ele chegasse no prazo prometido*. Então, empregaram a Ciência da Fábrica para estabelecer controle preditivo sobre as entregas estipulando *lead times*.

A empresa começou a fazer um acompanhamento do *cycle time* de produção para poder conhecer sua média e sua variabilidade. Munida desse conhecimento, ela poderia escolher o *lead time* capaz de garantir que o medidor de vazão chegasse até o cliente antes da interrupção planejada de sua planta. A empresa passou a mensurar as entregas dentro do prazo e a média de dias de atraso, e começou a compartilhar essas medidas semanalmente com o pessoal de vendas para ajudar a restaurar a credibilidade de sua capacidade de atendimento. Conforme a empresa reduzia o *cycle time* de produção e a sua variabilidade, ela conseguia reduzir os *lead times* para vencer a concorrência também neste quesito. Como resultado, ampliou seus negócios devido ao seu produto diferenciado e à confiança restaurada de seus clientes, bem como por ter colocado seu pessoal de vendas no controle preditivo das entregas. No fim das contas, essa empresa se tornou a líder de mercado.

Controle preditivo utilizando sistemas MRP/ERP

É muito comum encontrarmos empresas que não entendem como seus sistemas MRP/ERP funcionam. Elas não dispõem de uma abordagem prática e científica para determinar os dados de entrada nos campos específicos do sistema que geram mensagens sobre quando fazer uma encomenda e quanto encomendar. No âmbito da produção, os tamanhos dos lotes podem muito bem ser definitivos, porque eles raramente são revisados, e ainda mais raramente alterados. Em alguns ramos, como no farmacêutico, o *tamanho da campanha* é um parâmetro arquivado junto ao governo dos Estados Unidos e corresponde ao mais longo processamento entre limpeza e/ou esterilização de equipamentos. Assim, não apenas as campanhas farmacêuticas são inalteráveis, como também o termo em si estimula imagens de grandes quantidades, como em, por comparação, dizer "a campanha de Napoleão na Áustria". No entanto, as grandes campanhas na indústria farmacêutica não exigem grandes lotes de transferência. De qualquer modo, é bastante provável que a estratégia de uma empresa esteja em descompasso com as táticas do sistema ERP. A bem da verdade, a ideia de que o sistema ERP de uma empresa poderia ser utilizado para controlar a execução diária da estratégia executiva é de certa forma estranha para a maioria dos executivos.

Práticas comuns

Ainda que o paradigma básico de planejamento MRP que está no cerne de todos os sistemas de planejamento e controle de produção seja bastante simples,

Capítulo 7 Implementando táticas, controles e parâmetros para otimizar os resultados   253

muitos programadores e compradores se veem regularmente sobrecarregados por uma tempestade de mensagens criadas pelo sistema, gerindo quantidades enormes de detalhes em resposta a mudanças na demanda ou no suprimento. O próximo exemplo explica esse fenômeno. Mais adiante, vamos falar sobre as maneiras de se fazer um controle mestre do desempenho utilizando um sistema ERP.

Conforme mostrado na Figura 7-23, com um prazo de entrega, *lead time* e regras de tamanho de lote no sistema, o sistema ERP calcula quando a encomenda precisa ser encaminhada, e envia ao comprador ou programador uma mensagem para que encaminhe o pedido. O mesmo vale para peças adquiridas ou fabricadas.

Os problemas começam com os dados de entrada. Por exemplo: com frequência, vemos sistemas em que os fornecedores aparentemente só têm *lead times* de 30, 60 ou 90 dias. Isso é um sinal de alerta de que não há *lead times* precisos no sistema, então o plano gerado pelo sistema é fadado ao fracasso. Além disso, cadeias de suprimentos e fornecedores são variáveis em seu desempenho. Muitas vezes, mesmo que os *lead times* médios estejam corretos, a variabilidade do tempo de reabastecimento não é levada em consideração ao se inserir os dados de entrada que orientam o sistema. O impacto dessa variabilidade está ilustrado na Figura 7-24, que sobrepõe as distribuições de probabilidade dos eventos planejados sobre a linha temporal.

À medida que as coisas se alteram, seja por *lead times* irrelevantes, variabilidade de tempo de reabastecimento, seja por mudanças na demanda dos clientes, o ciclo de mensagens de "antecipar", "protelar" ou "cancelar" se inicia, conforme mostrado na Figura 7-25.

Obviamente, compradores e programadores costumam gerenciar centenas de peças, e o sistema MRP costuma funcionar a noite inteira para dar conta das mudanças feitas durante o dia. Assim, não demora muito e esse ciclo vai se acumulando até formar uma "tempestade de mensagens" (Figura 7-26) que os

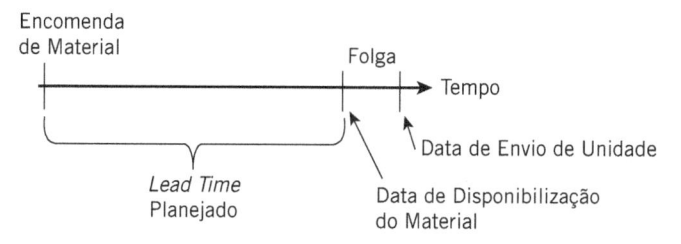

Figura 7-23 O mundo do planejamento ERP/MRP.

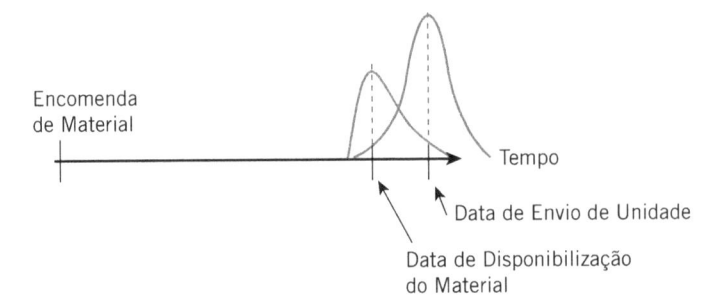

Figura 7-24 Variabilidade do mundo real *versus* planejamento MRP.

compradores em geral ignoram devido ao seu volume, à sua instabilidade e à sua imprecisão.

E o que resta ao comprador/programador fazer em face dessa sobrecarga de detalhes? Certo comprador junto a um cliente nos contou: "Essa mensagem não significa que eu deva encaminhar um pedido. Significa que eu devo começar a pensar em encaminhar o pedido". Acreditamos que os compradores e programadores farão aquilo que suas metas e mensurações determinarem. Imagine, por exemplo, o cenário mostrado na Figura 7-27, no qual dois fornecedores diferentes apresentam o mesmo *lead time* médio de 10 dias, mas variabilidade diferente em seus desempenhos.

Claramente, para ambos os fornecedores um *lead time* estático de 10 dias no sistema resultará em entregas atrasadas em 50% do tempo. A maior variabilidade do fornecedor 2 resultará em cortes mais longos de fornecimento do que para o fornecedor 1. Como os compradores e programadores reagem quando

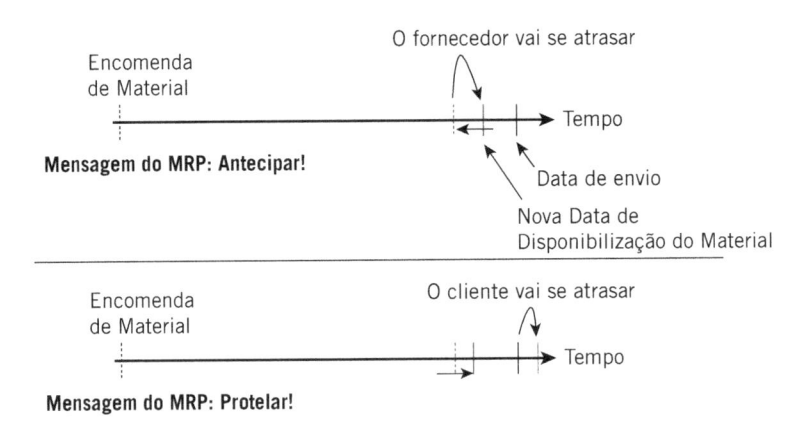

Figura 7-25 Mensagens de mudança no sistema.

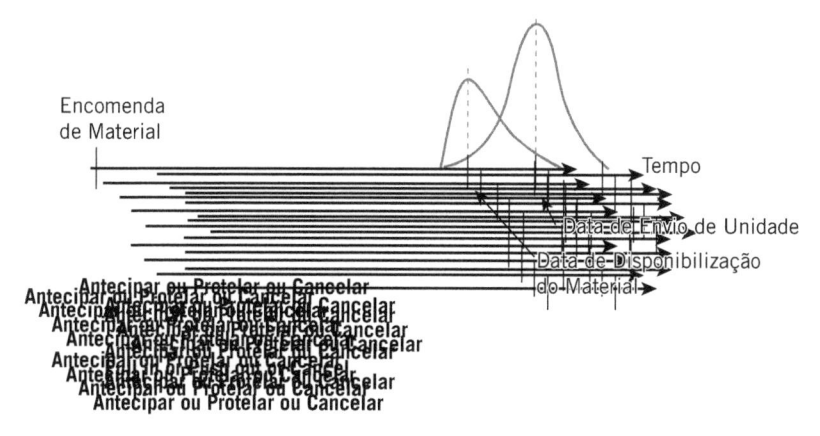

Figura 7-26 Tempestade de mensagens ERP/MRP.

sua intuição lhes diz que o *lead time* de 10 dias no sistema não está correto? Eis o que costumamos ver junto às empresas:

- Se a empresa exercita mensurações e incentivos voltados para a redução de estoque, os compradores e programadores "torcem" para manter baixo estoque e bom atendimento ao cliente, seja reduzindo o *lead time* no sistema para a "melhor das hipóteses", seja deixando-o "como está" no sistema, mas recorrendo a mensagens de pedidos no sistema como um lembrete, e encomendando aquilo que acham que devem encomendar. Isso funciona

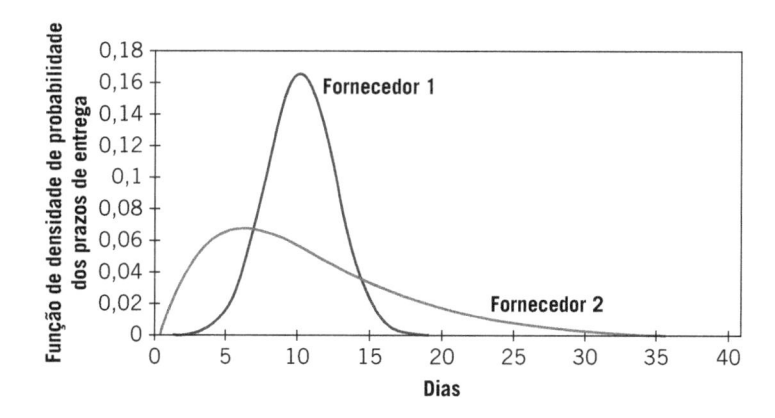

Figura 7-27 Dois fornecedores, mesmo *lead time* médio, mas desempenhos bastante diferentes*.

* Esta figura apareceu originalmente em A Ciência da Fábrica, *terceira edição.*

no caso da gestão de algumas peças, mas o desempenho rapidamente se degrada conforme um número maior de peças é gerenciado. Os níveis de estoque e de atendimento ao cliente acabam caindo.
- Se a empresa exercita mensurações e incentivos voltados para o atendimento ao cliente, os compradores e programadores "se previnem" contra o risco do cenário anterior, estabelecendo *lead times* maiores no sistema ou encomendando quantidades de estoque maiores do que o recomendado pelo sistema. Os níveis de estoque e de atendimento ao cliente acabam se elevando.
- Conforme descrito no Capítulo 2 deste livro, o ciclo de "gestão de cobertor curto" começa quando a empresa se alterna entre tais cenários em uma tentativa de estimular a "melhoria contínua". Muitas vezes, a oscilação gerencial entre as duas abordagens resulta no pior de dois mundos, ou seja, em maior estoque e pior atendimento ao cliente.

Uma empresa que observamos demonstrou como as mensurações tanto orientam o comportamento quanto criam efeitos cascata pela cadeia de suprimentos. Essa empresa tinha uma versão do primeiro cenário recém- mencionado, porque ela mensurava "protelações" com a ideia de que protelações eram eventos positivos para reduzir o estoque. Quando um pedido se aproximava do seu prazo de entrega, os compradores telefonavam para o fornecedor com a solicitação de "protelar" o pedido, a menos que ele fosse ser utilizado rapidamente assim que chegasse na planta. Embora irritados com um atraso não planejado nas receitas e no fluxo de caixa devido à protelação, a maioria dos fornecedores aquiescia em nome do relacionamento com o cliente. Aparentemente, isso pode ser visto como uma vitória para o comprador, que reduziu seu estoque ao não receber um produto da maneira como ele foi encomendado. No entanto, a protelação muitas vezes vinha acompanhada por outra "antecipação" de algum produto que o comprador precisava para a sua linha de produção. Suponhamos um exemplo de uma única estação, em que o fornecedor passou as últimas semanas fabricando o produto A. Agora o comprador solicita que o fornecedor protele o produto A e, em vez disso, entregue a ele o produto B, que não vinha sendo produzido desde a semana passada. O fornecedor, é claro, não pode entregar um produto que ainda não produziu, levando a linha do cliente a ser interrompida. Por implementar um sistema de mensuração de protelação, a empresa que observamos introduzia variabilidade sistematicamente em sua cadeia de suprimentos, gerando um atendimento deficiente e um aumento dos estoques, já que os componentes "esperavam" até que as peças "correspondentes" chegassem para possibilitar a montagem final de produtos acabados. Para o fornecedor, o comportamento desse cliente resulta em capacidade "desperdiçada" e em geral eleva os custos.

MRP para controle de estoque

Executivos e gestores podem evitar esse tipo de disfunção utilizando seus sistemas ERP/MRP como parte-chave no desenvolvimento e execução de estratégias, táticas e controles de estoque, recorrendo à Ciência da Fábrica. Nos Capítulos 3 e 4, estabelecemos a ciência e a matemática da otimização de estoques. Geralmente, políticas de estoque são colocadas em prática no sistema ERP/MPR de uma empresa. Apresentamos um exemplo de como a ciência da otimização de estoque pode ser integrada ao planejamento ERP/MPR. Como o MRP é o orientador do planejamento de materiais no ERP, nesta discussão, vamos nos concentrar no MRP, embora estejamos falando de qualquer sistema ERP/MPR. A discussão se baseia no modo geral de funcionamento dos sistemas MRP. Qualquer implementação individual de um sistema MRP terá características singulares, mas todas podem ser traduzidas para a estrutura básica descrita aqui.

Com frequência, os sistemas MRP empregam políticas em um entre dois formatos *equivalentes*:

- Políticas clássicas de ponto de reposição (Q, r): quantidade de reposição (QRE), ponto de reposição (PRE)
- Políticas de reposição por etapas de tempo (MRP): *lead time* planejado, estoque de segurança e dias de suprimento

Antes de entrarmos em uma descrição de como usar os dois formatos diferentes, é importante compreender de que modo os formatos são equivalentes. Qualquer política de estoque precisa oferecer dois tipos de informação:

- Quando encomendar
- Quanto encomendar

Quando encomendar

Em uma abordagem clássica (Q, r), uma encomenda é encaminhada quando o PRE é atingido. Em uma abordagem por etapas de tempo, uma encomenda é encaminhada quando o balanço disponível planejado no *lead time* atinge a quantidade de estoque de segurança. Matematicamente, para manter o rigor de nossas unidades:

- O *lead time planejado* (LTP) está em unidades de tempo, ou seja, em dias.
- A *demanda média D* é medida como unidades por tempo, ou seja, peças por dia. Cabe ressaltar que as unidades de tempo precisam ser as mesmas para LTP e D.
- O *estoque de segurança* (ES) é medido em unidades; por exemplo, em peças.

- O *ponto de reposição* r é mensurado em unidades; por exemplo, em peças.

Conforme observado no Capítulo 4, a expressão que relaciona a quantidade por etapas de tempo para "quando encomendar" e a quantidade (Q, r) para "quando encomendar" é escrita como:

$$\text{LTP} \times D + \text{ES} = r$$

Quanto encomendar

Em uma abordagem clássica (Q, r), a quantidade encomendada é Q. Na abordagem por etapas de tempo, a quantidade a ser encomendada é *dias de suprimento* (DDS). DDS é mensurado em tempo, mas o resultado de usar DDS em um sistema MRP é a especificação de uma quantidade. Isso costuma gerar mal-entendidos, mas será explicado. Conforme observado no Capítulo 4 a expressão que relaciona a quantidade por etapas de tempo para "quanto encomendar" e a quantidade (Q, r) para "quanto encomendar" é escrita como:

$$\text{DDS} \times D = Q$$

Como já demonstramos, as políticas por etapas de tempo são matematicamente equivalentes às políticas (Q, r).

Mecânica das políticas MRP

Para políticas (Q, r) em sistemas MRP, o sistema MRP deve sinalizar uma encomenda de compra (EC) ou uma encomenda de trabalho planejada (ETP) para a quantidade Q (a QRE), quando a quantidade disponível + sob encomenda alcançar r (o PRE). Tecnicamente, o PRE deve ser disponível + sob encomenda − encomendas em atraso (a *posição de estoque*), mas muitos sistemas MRP não levam em conta as encomendas em atraso na determinação da posição de estoque. Caso você esteja empregando a política de PRE no seu sistema MRP, esse cálculo de ponto/quantidade de reposição deve ser confirmado.

As políticas (Q, r) encomendam Q unidades sempre que r é atingido. *Isso é independente da demanda futura.* A desvantagem, neste caso, é que a QRE será encomendada qualquer que seja a demanda futura. Suponhamos, então, que o PRE é de 20 unidades e o QRE de 100 unidades. Empregando a política de PRE no sistema MRP, 100 unidades serão encomendadas sempre que o PRE de 20 for atingido, mesmo que a demanda futura no sistema seja zero. O uso de PREs por etapas de tempo evita tal armadilha.

Capítulo 7 Implementando táticas, controles e parâmetros para otimizar os resultados

Para políticas por etapas de tempos em sistemas MRP, o sistema MRP vai conferir o *balanço disponível* (disponível + recebimentos agendados − demanda) no *lead time* planejado (LTP) da peça em questão. Se o balanço disponível planejado ao *lead time* programado for menor ou igual ao estoque de segurança, o sistema MRP sinalizará uma encomenda de reabastecimento. A quantidade desta encomenda é determinada pelo valor de DDS. Quando o balanço disponível ao *lead time* planejado chega ao nível do estoque de segurança (a *data de gatilho*), o sistema MRP se concentra na demanda posterior à data de gatilho. Isso torna a abordagem por etapas de tempo mais dinâmica do que o uso de uma clássica política (Q, r) – se não houver demanda alguma no período DDS depois da data de gatilho, o sistema MRP não sinalizará uma encomenda de reabastecimento. Caso haja demanda no período DDS, depois da data de gatilho, o sistema MRP soma toda a demanda durante o período DDS. A demanda total durante o período DDS mais qualquer quantidade necessária para levar o balanço disponível de volta ao nível de estoque de segurança na data de gatilho são somadas e inseridas na forma de uma EC ou ETP recomendada, sujeita a especificações de mínimo, máximo e incrementos de tamanho de encomenda. A data de liberação recomendada para a EC ou ETP representa a data de gatilho menos o LTP. Um exemplo simples é mostrado na Figura 7-28. A unidade de contagem de estoque (UCE) ABC tem um LTP de seis dias. O nível de ES é de 100 unidades. O DDS para a peça é de cinco dias, e o balanço

Demanda	Suprimento	Disponível	Dia	Mensagem
0	0	150	1	
17	0	133	2	Encaminhar encomenda de 25
4	0	129	3	
9	0	120	4	
0	0	120	5	
0	0	120	6	
15	0	105	7	
7	25	123	8	
5	0	118	9	Encaminhar encomenda de 40
2	DDS 0	116	10	
1	Qtd 0	115	11	
0	0	115	12	
5	0	110	13	
5	0	105	14	
7	40	138	15	
8	0	130	16	
12	0	118	17	
15	DDS 0	103	18	
0	Qtd 0	103	19	
3	0	100	20	

Figura 7-28 Mecânica MRP.

inicial disponível é de 150 unidades. A quantidade mínima de encomenda é de 25. Considerando a demanda mostrada (pode ser demanda real ou demanda prevista), o balanço disponível chega a 98 no dia 8. Isso desencadeia um pedido de 25 que precisa ser liberado no dia 2. A quantidade encomendada é calculada da seguinte forma:

- $100 - 98 = 2$ é a quantidade para levar o balanço disponível de volta para 100.
- DDS é 5, então a demanda total nos cinco dias subsequentes ao dia de gatilho (dia 8) é $5 + 2 + 1 + 0 + 5 = 13$.
- A quantidade recomendada de encomenda = $2 + 13 = 15$, mas a quantidade mínima de reposição é 25, então uma encomenda de 25 unidades deve ser programada.

Em nossa opinião, é importante que as empresas entendam e utilizem seus sistemas ERP/MRP como sistemas de controle, e não meramente como sistemas de rastreamento de transações. Acreditamos que as empresas devem prestar bastante atenção naqueles dados de entrada específicos de campos do sistema MRP que orientam a produção de mensagens sobre quando encomendar e quanto encomendar. Se os gestores, programadores e compradores compreenderem tal comportamento e empregarem a mecânica do MRP em conjunção com o indicador conformidade de estoque discutido anteriormente *e* mantiverem mais de 95% de precisão de estoque em seu sistema, resultados previsíveis são garantidos. Isso integra a estratégia executiva de estoques com as políticas no sistema ERP/MRP e possibilita resultados previsíveis.

MRP para controle de produção

Quando se aplica a abordagem da Ciência da Fábrica para produção, as mecânicas do controle de produção são bastante simplificadas. A grande simplificação se dá porque um sequenciamento detalhado deixa de ser necessário. Em outras palavras, um programador de produção que emprega a abordagem da Ciência da Fábrica não precisará ficar monitorando e tentando controlar o status de cada tarefa em cada máquina todos os dias. O processo para o controle de produção é bastante objetivo:

1. Certifique-se de que as necessidades do sequenciamento são viáveis. Assegure, por exemplo, que a capacidade planejada de utilização é razoável e consistente com a estratégia de negócios no design do *buffer* de capacidade.
2. Planejamento periódico – determinado pelos *lead times* de produção. Não há necessidade de se fazer um reprogramação diária se os *lead times* são de três semanas. Considerando os níveis esperados de utilização e a demanda para o período, determine tamanhos ideais para os lotes de produção e para o nível de CONWIP.

3. Diariamente, monitore as encomendas planejadas de trabalho (fila virtual):
   a. Se o número de encomendas planejadas de trabalho exceder o gatilho de capacidade, programe capacidade alternativa.
   b. Se o nível de CONWIP para fluxos de produção estiver abaixo da meta, libere encomendas de trabalho para a linha.
   c. Monitore a produtividade diária para garantir que ela esteja dentro dos limites de controle.

Sequenciamento dinâmico baseado em risco

Neste capítulo, já examinamos táticas e controles para estoque, capacidade, tempo de resposta e redução de variabilidade. Agora, vamos reunir todas essas ideias com uma discussão sobre dimensionamento de lotes e táticas de interface de estoque/encomendas, para introduzir o conceito de *sequenciamento dinâmico baseado em risco* (DRS – *dynamic risk-based scheduling*). Uma gestão efetiva de risco é essencialmente uma questão de implantação efetiva de *buffers*. A determinação e a implantação de um portfólio de buffers exige a determinação de quanto risco deve ser assumido e, considerando esse risco, a determinação dos melhores buffers para controlá-lo, seja por meio de estoque extra, tempo extra para satisfazer o cliente, seja por capacidade extra para dar conta de quaisquer perturbações.

Como discutimos ao longo de todo este livro, não existe uma resposta única para tal problema. A configuração ideal de risco e *buffers* será muito diferente para diferentes situações empresariais. As operações envolvendo aspirina da Bayer Corporation e a fábrica de computadores da Dell Corporation apresentam configurações bastante diferenciadas. A Bayer tende a ter uma quantidade considerável de estoque com pouco excesso de capacidade (para manter os custos baixos). Já o modelo empresarial original da Dell *não* incluía estoque algum de bens acabados, mas apresentava uma quantidade considerável de capacidade extra instalada. De que outra forma a Dell conseguiria fabricar computadores customizados com agilidade, quando há picos de demanda no Natal e no início do ano escolar? Conforme os PCs foram se tornando cada vez mais uma *commodity* no começo deste século, com uma queda associada nos preços, a Dell alterou suas estratégias de *buffers*, passando a empregar capacidade externa (fabricantes terceirizadas) e estoque como *buffers*. Nenhuma dessas situações emprega um *buffer de tempo* significativo, mas a Moog Corporation, uma fornecedora de servo válvulas customizadas para clientes aeroespaciais, com tecnologia de ponta, exige um *buffer* de tempo para desenvolver um produto customizado. A escolha e a implantação do portfólio de *buffers* pedem uma confluência de estratégia, execução e gestão de risco.

Uma questão-chave, neste livro, é que a estratégia precisa ser integrada com táticas e controles. Isso pode ser difícil quando o sequenciamento e as ações cotidianas são orientadas por sistemas determinísticos de planejamento. Há no mínimo três problemas que impedem o bom funcionamento de uma abordagem de simulação e planejamento determinísticos na gestão de risco da cadeia de suprimentos:

1. **A cadeia de suprimentos e a planta têm aleatoriedade inerente.** Isso não permite uma especificação completa de um tempo para cada tarefa com um determinado componente de mão de obra em cada centro de processamento. Muitas vezes, tais programações detalhadas acabam logo ficando desatualizadas devido à variabilidade intrínseca no sistema. Além disso, programações detalhadas não administram o risco, que envolve eventos aleatórios que podem ou não acontecer. No passado, o descompasso entre as programações detalhadas e a aleatoriedade inerente em todos os processos era enfrentada utilizando-se modelos cada vez mais detalhados que exigiam cada vez mais poder computacional. O que, de certa forma, é remar contra a maré. Variabilidade e risco são fatos da vida e são o resultado não apenas da variação dos processos (algo que se tenta controlar), mas também de eventos imprevistos e variabilidade na demanda (coisas que não podem ser controladas). Por mais que se tente, o resultado é o mesmo seja qual for a fonte da variabilidade. O sequenciamento detalhado pode proporcionar meramente uma solução em curtíssimo prazo, e, na prática, a solução muitas vezes acaba se tornando inválida entre o instante em que ela é gerada e o momento em que o sequenciamento é distribuído e revisado como parte das reuniões de planejamento de produção.

2. **O sistema de sequenciamento detalhado precisa ser recarregado muitas vezes.** Isso acontece devido à natureza de curto prazo da solução. O que torna o sistema desajeitado e lento. Além disso, sem um método para determinar se uma mudança significativa aconteceu ou não, muitas vezes o sequenciamento acaba sendo gerado novamente em resposta a um ruído aleatório (tal como uma calmaria temporária na demanda) que é então realimentado no sistema. Infelizmente, a realimentação de ruído aleatório resulta em um aumento da variabilidade no sistema que está sendo controlado. Por causa desses problemas, muitas empresas acabaram desativando seus sistemas avançados de planejamento e sequenciamento depois de terem gasto grandes somas em dinheiro para instalá-los. Um dos nossos próprios clientes, uma empresa biofarmacêutica, desativou seu módulo avançado de planejamento e sequenciamento depois de tentar gerenciar os esforços hercúleos de coleta de dados para "mantê-lo alimentado".

3. **É impossível encontrar um sequenciamento ideal.** Os problemas de sequenciamento abordados são matematicamente caracterizados como "NP-

-difíceis", o que significa que não existe algoritmo algum que funcione em tempo *"polynomial"* para proporcionar uma solução ideal de sequenciamento. O resultado prático é que, para problemas realísticos enfrentados em fábricas modernas e na cadeia de suprimentos, nunca houve tempo, desde que o mundo é mundo, para se encontrar um sequenciamento ideal, qualquer que seja a velocidade do computador. Assim, heurísticas precisam ser aplicadas para se gerar, espera-se, um sequenciamento quase ideal. *A eficiência dessas heurísticas geralmente é desconhecida* para uma ampla gama de aplicações.

O fato é que uma alta dose de poder computacional é utilizada para desenvolver um sequenciamento detalhado para uma única instância que jamais vai acontecer (isto é, o "caminho amostral" aleatório nunca será aquilo que foi previsto *a priori*), e o sequenciamento fica obsoleto assim que algo imprevisto ocorre. Na verdade, sequenciamentos detalhados jamais refletem as condições atuais de modo efetivo.

Hoje, os sistemas mais avançados oferecem dois métodos de planejamento da cadeia de suprimento da fabricação: (1) análises do tipo "e se" empregando uma simulação determinística da cadeia de suprimentos e (2) otimização de um conjunto de penalidades (também empregando uma simulação determinística) associado com estoque, entrega dentro do prazo, preparações e capacidade desperdiçada.

Além dos problemas fundamentais recém-listados, há dois problemas práticos com essa abordagem: (1) análises do tipo "e se" são enfadonhas e (2) a otimização da função de penalidades não é intuitiva. O tédio das análises do tipo "e se" advém de todos os detalhes que precisam ser levados em consideração. O programador pode incluir tarefas no sequenciamento e analisar a fundo outros itens para ver projeções de estoque. Embora esse tipo de integração seja impressionante, ele não é muito útil, sobretudo quando há centenas de máquinas (isso sem falar na mão de obra) a ser consideradas, junto com milhares de itens individuais, cada um com a sua própria demanda. Da mesma forma, o uso de penalidades para determinar um sequenciamento ideal não é intuitivo. Qual deve ser a penalidade de se manter um estoque adicional? Qual é o custo de uma encomenda atrasada? Quanto é economizado pela redução do número de preparações de maquinário, especialmente se não houver redução de pessoal? Qual é o custo de se ter máquinas ociosas? Tais penalidades, na melhor das hipóteses, são uma estimativa e a fonte de intermináveis querelas entre o pessoal de produção e o pessoal de contabilidade.

Por isso, existe atualmente uma grande lacuna entre o que é preciso e o que é oferecido. A estrutura da Ciência da Fábrica encara essa lacuna com *uma diferença fundamental no modo como as cadeias de suprimentos de fabri-*

cação e de serviços são administradas. Então, como as táticas e os controles da abordagem da Ciência da Fábrica são aplicados para criar um sistema capaz de (1) acomodar risco e (2) oferecer um método para planejamento e controle efetivos? A chave para se criar tal sistema é substituir o modelo de um sequenciamento como pontos ao longo do tempo assinalando tarefas específicas concluídas em estações específicas, por um modelo de sequenciamento na forma de um *fluxo* de tarefas ao longo do sistema. Com um fluxo previsível, o tempo de conclusão do sequenciamento é conhecido a partir do deslocamento até a hora de início. É interessante observar que o paradigma MRP básico apoia essa abordagem com folgas, a fim de compensar o *lead time*, e então destrói principalmente a utilidade do conceito de fluxo, ao tentar gerenciar essas folgas de *lead time* a cada etapa de um roteiro para cada produto com mudanças ocorrendo todos os dias. Quando conseguimos alcançar um fluxo administrável, o planejamento e o controle da produção ficam relativamente mais fáceis. Por isso, em vez de tentar programar centenas de tarefas individuais em uma tabela de Gantt ou tentar especificar penalidades artificiais em um sistema de planejamento e otimização avançados (APO – *advanced planning and otimization*), um programador utiliza alguns poucos parâmetros e controles básicos para gerenciar o *fluxo*.

Podemos considerar essa estrutura simples e criar uma maneira nova e mais eficiente de gerenciar cadeias de suprimentos de fabricação e serviços. A condição para isso é reduzir o número de valores que precisam ser monitorados, bem como controlar as variáveis no problema. Isso significa que, *em vez de providenciar um sequenciamento detalhado, que indica onde cada tarefa está programada em um centro de processamento, durante um determinado intervalo de tempo, definiríamos um conjunto de variáveis de controle que vão determinar a dinâmica e automaticamente o sequenciamento conforme o sistema evolui.* Chamamos tal abordagem de *sequenciamento dinâmico baseado em risco* (DRS – *dynamic risk-based planning and scheduling*). Na DRS, apenas o estoque projetado e os níveis de serviço projetados são monitorados, e então alguns parâmetros-chave são controlados – pontos de reposição e/ou *lead times*, quantidades de produção (tamanho dos lotes), capacidade instalada, capacidade alternativa, nível de WIP e a fila virtual.

Uma breve reflexão sobre o design do sistema mostrará que, se os parâmetros de planejamento recém-listados forem otimizados, o sistema inteiro vai alcançar o serviço projetado e os níveis de estoque, contanto que as suposições ambientais fiquem dentro dos limites aceitáveis. Os tamanhos de lotes são estabelecidos de modo a minimizar o WIP e os bens acabados sujeitos à capacidade disponível. Os *lead times* (e/ou os pontos de reposição) são estabelecidos considerando as relações de custo/benefício entre os níveis de serviço e de estoque. Dessa forma, as tarefas podem avançar pelo fluxo em uma ordem do tipo *primeiro no sistema, primeiro a sair* (FISFO – *first-in-system, first-out*) sem a necessidade de um sequenciamento detalhado. Os estoques de segurança são estabelecidos levando-se em conta o tempo na fila virtual mais o tempo ao longo do fluxo, e tendo em vista o erro na previsão. Assim, depois que esses parâmetros são estabelecidos (revisados periodicamente, talvez uma vez ao mês), o programador só precisa monitorar os níveis projetados de estoque e de serviço. Portanto, só será preciso agir quando esses níveis excederem os pontos de gatilho estabelecidos. A Figura 7-29 mostra o sistema DRS integrado.

Esses pontos de gatilho assumem duas formas: (1) indicando falta de capacidade e (2) indicando mais capacidade do que a necessária. Se a fila virtual crescer além do que foi planejado, em termos de *lead time*, haverá falta de capacidade, sendo preciso recorrer a recursos alternativos (como horas extras, turnos alternativos, etc.). Se a fila virtual ficar pequena demais, pode-se ou reduzir a capacidade, ou antecipar algumas tarefas. O resultado é não apenas uma abordagem bem mais simples da cadeia de suprimentos, mas também uma abordagem capaz de responder automaticamente a mudanças aleatórias na demanda e no suprimento *sem a necessidade de reprogramação*. Tal capacidade de ajuste automático é um grande avanço e faz a DRS ser mais eficiente do que o sistema APO mais complexo. A Tabela 7-5 compara o planejamento e o sequenciamento dinâmicos baseados em risco com o APO neste quesito.

Uma vez que esses parâmetros [pontos de reposição e/ou *lead times*, quantidades de produção (tamanho dos lotes), capacidade instalada, capacidade alternativa, nível de WIP e a fila virtual] são conhecidos, o sistema está pronto para ser implementado. Por sorte, isso é relativamente fácil de se fazer utilizando o sistema MRP e o CONWIP existentes.

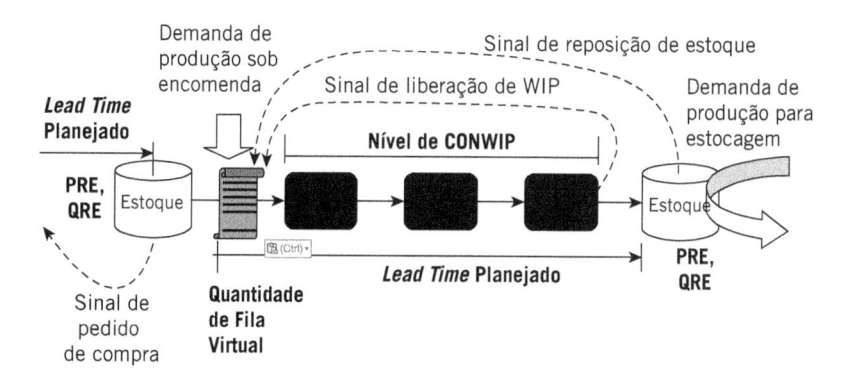

Figura 7-29 Um sistema de controle DRS.

Tabela 7-5 Planejamento avançado de ERP *versus* sequenciamento dinâmico baseado em risco

Situação	APO de ERP	DRS
Capacidade superior ao esperado	Não é possível trabalhar com antecedência em relação ao sequenciamento gerado	Pode-se trabalhar com antecedência até as primeiras datas de liberação definidas
Capacidade inferior ao esperado	O sequenciamento se torna cada vez mais inviável, os pedidos se atrasam a menos que haja um grande *lead time* de segurança	Um "gatilho de *deficit*" indica a necessidade de capacidade adicional; não é preciso haver um grande *lead time* de segurança
Demanda superior ao esperado	Itens em falta, a menos que haja um estoque de segurança muito grande	Um "gatilho de *deficit*" indica a necessidade de capacidade adicional; nenhum item em falta, estoque de segurança mínimo
Demanda inferior ao esperado	Liberações desnecessárias de pedidos; aumento do estoque	Nenhuma liberação desnecessária de pedido; o estoque permanece dentro da faixa planejada

Já vimos que nem os sistemas tradicionais, como o MRP, nem os sistemas modernos, como o APO, solucionam adequadamente as questões relativas aos riscos. Fica claro também que mais TI não é a solução para o problema, caso ele não seja repensado por completo. O que precisamos é de um sistema que seja *dinâmico* para evitar reprogramações, que seja *baseado em risco,* a fim de acomodar fatores de risco e aleatoriedade, e que vincule *planejamento* com *execução*. Também é importante observar que um *buffer flexível* custa mais barato do que um permanente. É por isso que a *postergação*, a capacidade de protelar o comprometimento de um componente comum no produto final até o último momento possível, é eficaz na redução tanto do estoque quanto dos *buffers* de tempo. Da mesma forma, poder contar com um *buffer* flexível de capacidade, como o turno alternativo utilizado pela Toyota, ou com trabalhadores temporários que possam ser convocados quando a demanda estiver acima do normal é mais barato do que empregar todos os trabalhadores o tempo todo. Além disso, a estipulação de prazos de entrega com *lead times* variáveis é mais eficiente do que divulgar um *lead time* constante.

Os passos para implementar a DRS são os seguintes:

1. Utilizar modelos apropriados baseados em risco para otimizar os parâmetros de planejamento em MRP: tamanho dos lotes, *lead times* programados e níveis de estoque de segurança.

2. Empregar o sistema MRP para extrapolações de necessidades líquidas e lista de materiais, bem como para gerar um *pool* de liberação de tarefas.
3. Estipular *lead times* usando a posição na fila virtual e o *cycle time* na linha de CONWIP.
4. Utilizar um sistema de CONWIP para lançar tarefas na linha de produção extraídas do *pool* de liberação de tarefas.
5. Aplicar FISFO para priorização na linha.
6. Monitorar a fila virtual para indicar eventuais necessidades de capacidade extra.

Sequenciamento dinâmico baseado em risco em ambientes de montagem sob encomenda

Apresentamos um exemplo a partir de diversos clientes de montagem sob encomenda para demonstrar algumas das atividades específicas da DRS. Os clientes conseguiram melhorar o serviço e, ao mesmo tempo, reduzir custos e estoque em ambientes de montagem sob encomenda, ao colocarem em prática três fundamentos da estrutura da Ciência da Fábrica:

1. Aumente os lucros administrando estrategicamente o portfólio de *buffers* operacionais (isto é, tempo de resposta, estoque, capacidade).
2. Use a lei de Little (*cycle time* = WIP/produtividade, ou CT = WIP/PR) para obter os melhores *cycle times* previsíveis possíveis (ou seja, os mais breves possíveis). Empresas que compreendem bem a lei de Little são capazes de alcançar *cycle times* menores ao reduzir o WIP e, ao mesmo tempo, possibilitar a máxima produtividade.
3. Otimize o componente de estoque, permitindo a montagem sob encomenda: a variância da demanda por tempo de reabastecimento determina as exigências de estoque:

$$\sigma^2 = \ell \sigma_d^2 + d^2 \sigma_\ell^2$$

Conforme discutido muitas vezes neste livro, considerando que há variabilidade quando se tenta sincronizar a oferta e a demanda, as empresas *terão* um portfólio de *buffers*, e só existem três *buffers*: estoque, capacidade e tempo de resposta. Uma cadeia de suprimentos pode atender aos seus clientes mantendo um *estoque* extra ou um excesso de *capacidade* para dar conta das variações na demanda. Ela pode também oferecer custos mais baixos fazendo o cliente esperar por um *tempo* mais longo. Os ambientes de montagem sob encomenda são um ótimo terreno para aplicação da abordagem de sequenciamento dinâmico baseado em risco da Ciência da Fábrica, com foco nos *buffers* pelos seguintes motivos:

1. Um componente estratégico do *buffer* de estoque permite a montagem sob encomenda, o que reduz o *cycle time* percebido pelo cliente. O cliente só percebe o *lead time* para a montagem, e não a produção inteira de todos os componentes, como aconteceria caso o processo fosse de fabricação sob encomenda, em vez de montagem sob encomenda.
2. Um componente estratégico do *buffer* de estoque também desvincula a produção de componentes da variabilidade na demanda final, permitindo que o componente do *buffer* de capacidade de produção possa ser minimizado para se reduzir custos.
3. Um componente estratégico do *buffer* de estoque muitas vezes reduz os custos com estoque, já que um estoque cheio de componentes para atender a muitos produtos é mais barato do que um estoque de bens acabados para cada produto final.

Em resumo, o uso estratégico de um componente do *buffer* de estoque reduz o *lead time* (reserva de tempo de resposta) para o cliente, e os *buffers* de custo (capacidade e estoque de bens acabados) para o fabricante. Neste contexto, vamos detalhar a implementação do sequenciamento dinâmico em risco em operações de montagem sob encomenda. A Figura 7-30 apresenta os elementos da estrutura da Ciência da Fábrica aplicados em ambientes de montagem sob encomenda.

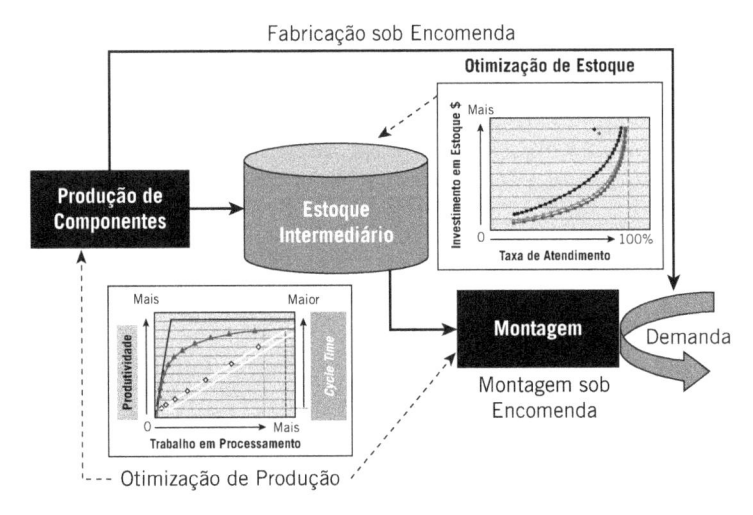

Figura 7-30 DRS em ambientes de montagem sob encomenda.

Uma tática-chave para essa configuração de *buffers* é a escolha de uma interface de estoque/encomenda antes da montagem. Conforme discutido anteriormente, isso reduz o *lead time* percebido pelo cliente e desvincula a produção de componentes da variabilidade da demanda do cliente final. Com a estrutura básica instaurada para sustentar o processo de montagem sob encomenda, podemos seguir os passos do sequenciamento dinâmico baseado em risco.

O primeiro passo do processo de DRS é utilizar modelos apropriados baseados em risco para otimizar os parâmetros de planejamento em MRP: tamanho dos lotes, *lead times* planejados, níveis de WIP, gatilhos de capacidade e políticas de estoque. Neste capítulo, já discutimos bastante a respeito de táticas e controles para tais parâmetros, com exceção do tamanho dos lotes que deve ser consultado no Capítulo 4, deste livro, para um exame mais detalhado. Muitos clientes usam pacotes de software como o CSUITE da Factory Physics Inc. para determinar esses parâmetros e minimizar a quantidade de recursos despendidos no desenvolvimento de um modelo. Como quer que isso seja feito, uma vez que esses parâmetros são especificados e alimentados no sistema de planejamento, os programadores, podem gerenciar o sistema monitorando os parâmetros-chave. Na verdade, isso se torna o *trabalho padrão do programador*.

Existem práticas padronizadas de controle a ser obedecidas para se obter o desempenho mais produtivo e preditivo possível. Essas práticas recaem em quatro categorias gerais:

1. **Gestão de capacidade.** Responsabilidade do programador: *sempre fornecer um sequenciamento viável para produção.*
2. **Gestão de estoque intermediário.** Responsabilidade do programador: *manter uma posição de estoque apropriada o tempo todo.*
3. **Controle de fluxo de encomendas de trabalho em área de produção (ETAP) e das encomendas de trabalho planejadas (ETP) para componentes de montagem e itens finais.** Responsabilidade do programador: *controlar o número de ETAPs (níveis de WIP) o tempo todo e assegurar que as tarefas sejam cumpridas na sequência de chegada no sistema.*
4. **Gestão de *lead time* para itens finais.** Responsabilidade do programador: *assegurar a precisão dos lead times planejados.*

A responsabilidade prioritária de um programador é a *gestão de capacidade*. O programador precisa conhecer bem a capacidade das operações e assegurar que *todo e qualquer* plano de produção seja viável e que possa ser cumprido. As opções potenciais para a criação de um plano de produção são detalhadas na Tabela 7-6.

Tabela 7-6 Opções de plano de produção

Plano de produção *versus* demanda	Plano de produção *versus* capacidade	Comentários
Plano de Produção < Demanda	Plano de Produção < Capacidade	Não chega a ser uma ótima situação, mas é prática. É preciso mais capacidade.
Plano de Produção ≥ Demanda	Plano de Produção < Capacidade	Ótima posição. É possível produzir antecipadamente, a fim de se preparar para a sazonalidade se o Plano de Produção > Demanda – use o mínimo de produção com antecedência.
Plano de Produção < Demanda	Plano de Produção ≥ Capacidade	Abandone toda a esperança de desempenho controlado e preditivo.
Plano de Produção ≥ Demanda	Plano de Produção ≥ Capacidade	Entrada na fase de pressa infernal.

Um programador *nunca* deve criar um plano de produção que especifique uma produção maior do que a capacidade. Observando nossos clientes, foi possível perceber que programadores que implementaram políticas para gatilhos de capacidade reconheciam quando os gatilhos eram disparados e trabalhavam com a gestão de produção para liberar acréscimos de capacidade flexível, como horas extras ou terceirização.

Eles também administravam a interação entre políticas de estoque intermediário e produção de componentes. Empregavam o sistema de planejamento para monitorar a posição de estoque e gerenciar a emissão de encomendas de componentes na fila virtual, quando os componentes chegavam aos pontos de reabastecimento. A Figura 7-31 mostra uma ilustração conceitual desse processo.

Os programadores muitas vezes não têm responsabilidade direta sobre o ritmo de produção das peças ou sobre a alocação de recursos dentro da produção. Por isso, é crítico que eles trabalhem junto com a gestão de produção da linha para:

1. Controlar a quantidade de WIP na área de produção a qualquer momento dado.
2. Garantir que as ETAPs (encomendas de trabalho em área de produção) sejam realizadas em uma sequência apropriada: por ordem de data de chegada no sistema.

Para os trabalhadores na área de produção (e às vezes para os supervisores), é uma reação natural querer dispor de bastante trabalho nas estações. O

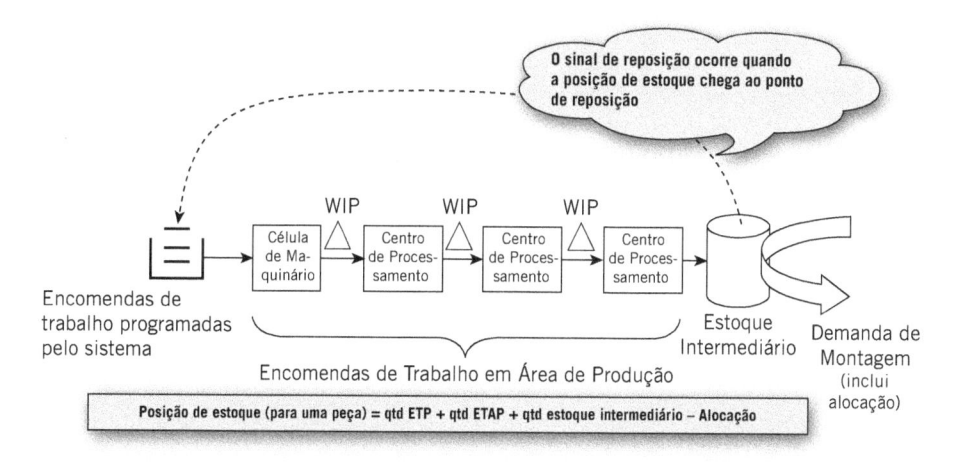

Capítulo 7 Implementando táticas, controles e parâmetros para otimizar os resultados   **271**

Figura 7-31 Gatilhos de reabastecimento de estoque em DRS.

problema é que, dado o comportamento natural dos sistemas de fabricação, o único local que *deve* ter trabalho o tempo todo é o centro de processamento que representa o gargalo. Qualquer centro de processamento que não seja o gargalo terá pouco ou nenhum trabalho de tempos em tempos –comportamento natural de qualquer sistema de fabricação na presença de variabilidade. Como já discutimos, um excesso de ETAPs na área de produção causa dois problemas:

1. Um aumento no *cycle time* em geral, com um aumento mínimo, ou nulo, na produtividade
2. Capacidade desperdiçada

Em muitas implementações que observamos em nossos clientes, a produção de componentes passava por preparação de maquinário. Trabalhadores e supervisores, naturalmente, queriam agrupar ETAPs para minimizar as preparações. A tendência é haver um grande exagero no agrupamento de ETAPs, e a capacidade poupada pela minimização de preparações acabar sendo desperdiçada na produção de peças que não são necessárias. Um bom indício de que tal desperdício de capacidade está ocorrendo em uma célula é quando começam a aparecer ETAPs que estão atrasadas em mais de uma semana em relação à sua data de início. Outro indicativo de desperdício de capacidade é o surgimento de muitas ETAPs concluídas com antecedência e preparadas para o envio.

Muitos dos nossos clientes utilizavam CONWIP para gerenciar a emissão de encomendas e evitar esses problemas. Conforme vimos anteriormente, o conceito de CONWIP é bem simples (uma grande vantagem). O CONWIP como parte da DRS é mostrado na Figura 7-32.

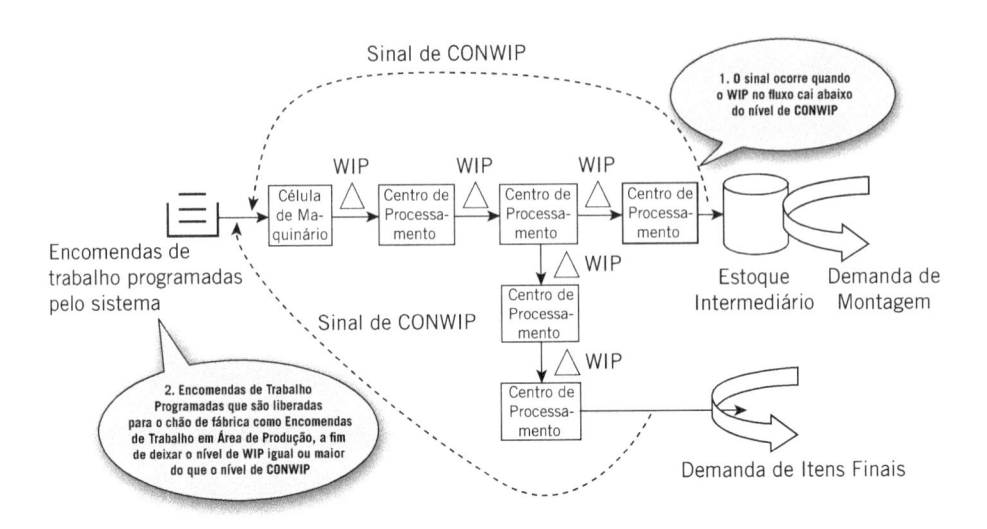

Figura 7-32 DRS e CONWIP.

Como o método de CONWIP controla o WIP no fluxo como um todo, e *não em cada centro de processamento*, o WIP acaba migrando para o gargalo. Essa é uma política de controle muito boa, porque o gargalo nunca deve ficar à míngua. Outra vantagem é que o programador não precisa especificar o gargalo em face das variações nos *mixes* de produtos e nas condições da planta – uma tarefa bastante difícil.

Por fim, os programadores gerenciam os *lead times* programados no sistema em relação a componentes e itens finais montados. A gestão do *lead time* programado para itens finais fica muito mais simples para o programador, quando um controle de fluxo apropriado é utilizado, conforme descrito anteriormente. Um bom controle de fluxo proporciona o mais breve *cycle time* prático e diminui a variabilidade dos *cycle times*. Com um controle de fluxo apropriado, a gestão do *lead time* exige apenas a análise periódica dos *cycle times* praticados para assegurar que os *lead times* programados estão sendo empregados.

O sequenciamento dinâmico baseado em risco é uma tática para tirar proveito do comportamento natural das operações, aplicando-se a estrutura da Ciência da Fábrica para estabelecer e controlar parâmetros de planejamento. Ela oferece uma técnica prática para gerenciar o risco e alcançar um controle preditivo.

Capítulo 7 Implementando táticas, controles e parâmetros para otimizar os resultados 273

> **Sequenciamento dinâmico baseado em risco**
> 1. Desenvolva a estratégia compreendendo o comportamento natural das operações.
> 2. Defina táticas com parâmetros de planejamento baseados na Ciência da Fábrica para "quando encomendar", "quanto encomendar", "quando liberar" e "quanto produzir".
> 3. Execute a programação permanecendo dentro dos limites de controle estabelecidos para os parâmetros do planejamento.

Alinhamento de mensurações e noção de desempenho

Este capítulo se concentrou nas táticas e controles no âmbito da Ciência da Fábrica. Reconhecemos que tudo aquilo que parece ótimo no papel só é ótimo, de fato, quando acontece na prática em operações cotidianas. Observamos, e já discutimos, que as mensurações motivam o comportamento. Por isso, qualquer mensuração de desempenho precisa alinhar e sustentar estratégias, táticas e controles. Também é importante compreender que as mensurações devem estar vinculadas às metas no contexto do ambiente que está sendo administrado. As mensurações não devem se dar em relação a metas arbitrárias. Na verdade, a variável de entregas dentro do prazo provoca bastante confusão na prática. Um foco exclusivo em entregas dentro do prazo, sem uma compreensão da utilização, geralmente é uma forma de não querer enxergar a realidade. Vemos muitas organizações estabelecerem uma meta de melhoria das taxas de entrega dentro do prazo porque o atendimento ao cliente se mostra deficiente. Uma organização que atribui uma melhoria na taxa de entregas dentro do prazo a esforços iniciados em resposta a um atendimento ruim ao cliente pode estar simplesmente afirmando a falácia do consequente. É comum um mau atendimento ao cliente levar a uma queda na demanda, o que, por sua vez, leva a uma queda na utilização. Uma utilização menor significa um tempo mais rápido de resposta, o que melhora a taxa de entregas dentro do prazo. Melhorar essa taxa é motivo de comemoração! Se ficar provado que a melhoria na taxa de entregas dentro do prazo se deveu a uma queda na demanda e a uma queda associada na utilização, a comemoração não é válida. O que acontece muitas vezes, porém, é que a comemoração permanece em um estado de completa ignorância, e quando a demanda se recupera, o atendimento ao cliente volta a piorar à medida que a utilização aumenta – e o ciclo de cobertor curto começa novamente! As táticas e controles da abordagem da Ciência da Fábrica estimulam uma verdadeira melhoria no contexto das metas empresariais, pois integram e relacionam os elementos-chave das operações: variabilidade, tempo, capacidade e estoque. Um gestor sabe que uma organização fez um verdadeiro avanço na luta por entregas dentro do prazo, quando as mensurações dessa variável continuam estáveis em face de uma demanda crescente com custo decrescente ou similar.

As mensurações não apenas proporcionam uma noção do desempenho, como também motivam o comportamento necessário para uma execução consistente e resultados previsíveis. Sem boas mensurações, esforços conflitantes entre indivíduos são inevitáveis. As mensurações devem estar alinhadas para assegurar que:

1. **Esforços individuais não tentem empurrar o sistema de operações para uma direção antinatural.** Um programador, por exemplo, pode programar a produção para um nível acima da capacidade, quando a demanda estiver acima da capacidade, mas isso não mudará o fato de que a produção não é capaz de igualar a demanda – e agir desse modo acaba gerando grande confusão para o pessoal de produção, que fica tentando determinar quais são as verdadeiras prioridades.
2. **Esforços individuais estejam alinhados dentro de uma organização para que os conflitos sejam minimizados.** A avaliação tanto de um programador pelo critério da redução de WIP quanto de um operador de máquina pelo critério da utilização de equipamento é uma receita certa para causar conflitos e a perda associada de produtividade.
3. **Mensurações individuais possam ser afetadas pelo individual.** É inútil responsabilizar um engenheiro de design pela taxa de entregas dentro do prazo; o critério é amplo demais, e o escopo de autoridade do engenheiro não lhe confere poder para afetar diretamente tal taxa. Por outro lado, avaliar um engenheiro pelo critério de precisão da lista de materiais proporciona mensurações que estão dentro do seu escopo de autoridade. Os engenheiros são diretamente responsáveis pela precisão da lista de materiais, e a precisão, neste quesito, é uma exigência crítica para gerenciar com sucesso as entregas dentro do prazo.

Na Tabela 7-7, temos uma lista das mensurações e controles necessários para assegurar que uma operação seja programada de maneira adequada e esteja sob controle durante a execução. Ela pode parecer uma lista longa e elaborada, embora, praticamente, qualquer empresa com operações de manufatura, serviços ou cadeia de suprimentos já deva estar mensurando a maior parte desses itens, ou mesmo todos – eles são bastante comuns na indústria.

Repare que não há controles referentes a finanças. Com certeza, existem controles financeiros, como auditorias e orçamentos, mas o controle necessário para se obter o desempenho almejado das operações é o controle otimizado dos estoques e da produção. Os papéis individuais designados a cada uma das mensurações individuais podem variar de uma empresa para a outra. Isso não chega a ser um problema. No entanto, é importante que todas as mensurações estejam vinculadas ao comportamento na organização, para garantir que um processamento esteja sob controle e proporcionando o desempenho esperado. As mensurações de processamento ficam a cargo do gestor responsável pela área de estocagem ou pelo fluxo que está sendo mensurado. O gestor, por sua vez, deve utilizar controles e mensurações para uma abordagem de gestão por exceção, a qual facilita sua tarefa. Em outras palavras, confira frequentemente as mensurações de controle para assegurar que um fluxo ou estoque esteja sob controle. Reaja apenas quando algo sair do controle.

Entre essas mensurações individuais, a conformidade de sequência provavelmente é a que soa menos familiar. *Conformidade de sequência* significa que os operadores do centro de processamento devem conduzir suas tarefas obedecendo o máximo possível à sequência programada. A sequência é a ordem na qual as tarefas são liberadas no fluxo. Quando duas tarefas surgem em um centro de processamento e ambas apresentam o mesmo prazo de entrega, a tarefa que foi liberada ao fluxo, em primeiro lugar, é executada antes da outra. Há sempre certa arte envolvida nisso. Por exemplo: especifique aos operadores do centro de processamento que é aceitável realizar duas tarefas de um número semelhante de peças ao mesmo tempo (ou seja, combinar preparações), se a diferença entre as suas datas sequenciais for de até três dias; já as tarefas com datas sequenciais com mais de sete dias de diferença não devem ser realizadas em conjunto. O limite exato de separação depende do *cycle time* do processo. Seja como for, a ideia é que a realização conjunta de tarefas que estão bem próximas na sequência não cause muita perturbação no cumprimento do prazo em geral. Contudo, a realização conjunta de tarefas que estão muito distante no sequenciamento acaba sacrificando o rigor da sequência em nome da eficiência de capacidade. A conformidade de sequência também está listada como uma mensuração para programadores de produção, e isso pode ser questionado por alguns, uma vez que os programadores de produção podem alegar que são os operadores que decidem o que realizar e quando. Isso pode ou não ser verdade, mas, em nossa opinião, uma cooperação mais produtiva é alcançada quando dois grupos têm as mesmas metas, sempre que isso for apropriado. Neste caso, acreditamos que faz sentido ter os programadores de produção programando e os operadores executando, de maneira conjunta, para alcançar a conformidade de sequência.

A conformidade de tamanho de lote se aplica tanto para os programadores de produção quanto para os operadores de centros de processamento. Os programadores precisam liberar lotes de tamanho correto para a produção, e a produção precisa utilizar lotes de tamanho correto quando a tarefa é recebida. Para

Tabela 7-7 Mensurações e controles necessários para operações

Segmento de operações	Mecanismo de execução	Item
Finanças	Mensurações	1. Fluxo de caixa
		2. Lucro
		3. Retorno sobre ativos
		4. Contribuição marginal na restrição
Estoque	Controles	1. Limites de posição de estoque
		• Ponto de reposição
		• Quantidade de reposição
		2. Sistema MRP/ERP
		• Lista de materiais
		3. Contagem de ciclos
	Mensurações de processos	1. Média e variância da demanda
		2. Média e variância do tempo de reabastecimento
		3. Horas extras (caso seja aplicável)
		4. Volume de remessas
		5. Taxa de atendimento
		6. Média de dias em atraso
		7. Valor pecuniário disponível
		8. Giro de estoque
	Mensurações individuais	*Programador de estoque:*
		1. Posição de estoque
		2. Encomendas/período de reabastecimento
		3. Precisão de estoque por zona
		Engenharia (fabricação, industrial ou de design, conforme apropriado para cada empresa. Às vezes, de responsabilidade dos programadores)
		1. Precisão da lista de materiais
Produção	Controle	1. Média e variância da demanda
		2. WIP
		3. Gatilho de capacidade
		4. Tamanho dos lotes
		5. Sistema MRP/ERP
		a. Lista de materiais
		b. Roteiros

Segmento de operações	Mecanismo de execução	Item
	Mensurações de processamento	1. Média e variância da demanda programada
		2. Produtividade
		3. Horas extras
		4. Disponibilidade de maquinário
		5. Quantidade de WIP em um fluxo de produção
		6. Quantidade de trabalho na fila virtual
		7. *Cycle time* no fluxo (média e desvio padrão)
		8. Utilização média da capacidade
	Mensurações individuais	*Operadores de centros de processamento:*
		1. Geração de sucata
		2. Retrabalho
		3. Taxa
		4. Tempo de preparação de maquinário
		5. Conformidade de tamanho de lote
		6. Conformidade de sequência
		Programadores de produção:
		1. Viabilidade de programação
		2. Nível de WIP
		3. Conformidade de tamanho de lote
		4. Conformidade de sequência
		Engenharia (ver observação na seção "Estoque", acima):
		1. Precisa de lista de materiais
		2. Precisão de roteiro
		Manutenção:
		1. Disponibilidade de maquinário
		• Tempo médio para reparo
		• Tempo médio entre falhas

programadores de estoque, encomendas por período é uma variável equivalente à conformidade de tamanho de lote, mas um gestor também poderia mensurar a conformidade de tamanho de reposição a fim de avaliar os programadores de estoque.

A lista recém-apresentada é abrangente. Pode haver variações na lista de mensurações, mas essas aqui são fundamentais porque:

1. Oferecem *feedback* quanto ao status do fluxo ou da área de estocagem que está sendo controlada.
2. Conectam ações diretamente a resultados financeiros.

No Capítulo 8, vamos apresentar um exemplo detalhado de como a estrutura de estratégias, táticas, controles e mensurações da Ciência da Fábrica é aplicada na prática.

Capítulo 8

Liderança, mensurações e mudança de cultura

A esta altura, já abordamos praticamente todos os conceitos da Ciência da Fábrica que um gestor precisa conhecer para liderar com sucesso uma organização aplicando tal abordagem. Obviamente, ter um livro com novas ideias e teorias é uma coisa; colocá-las em prática é outra bem diferente. Neste capítulo, vamos analisar um exemplo de como a abordagem da Ciência da Fábrica foi empregada pela liderança de uma empresa fornecedora de peças usinadas para a indústria de equipamentos médicos. A Arc Precision, uma empresa do estado norte-americano de Minnesota, foi criada para tirar proveito das dinâmicas de mercado no ramo da usinagem. Para que a Arc Precision possa aproveitar sua oportunidade de mercado, ela precisa estabelecer um controle operacional muito bom. A liderança dessa empresa conseguiu alcançar um controle excelente sobre as operações graças à aplicação da Ciência da Fábrica por seus funcionários, tanto no design de operações quanto no controle diário.

Qualquer esforço de liderança exige algum nível de gestão de mudanças, o que significa dizer que programas de liderança corporativa e ciência comportamental aplicada se resumem aos elementos-chave de:

1. Metas e objetivos declarados que sejam compreendidos pela organização (estratégias).
2. Indivíduos que compreendem seus papéis específicos e que exigem medidas a fim de alcançar as metas (táticas).
3. Ciclos de *feedback* que reforçam o comportamento almejado e que corrigem lacunas de desempenho de pessoal entre a condução necessária e a condução real do trabalho (controles e mensurações).
4. Confiança nos líderes e liderança consistente no contexto dos sistemas de gestão.

Quem não consegue colocar em prática esses elementos-chave não alcança muito sucesso na implementação. A aplicação desses princípios para assegurar a conformidade com a estratégia e as táticas da organização é o que garante o sucesso. Há muitas maneiras de liderar uma organização a partir desses elementos-chave. A função é mais importante do que a forma, o que é bom, pois isso significa que tais elementos podem ser aplicados com a abordagem da Ciência da Fábrica em qualquer empresa.

A abordagem da Arc Precision para esse modelo é esboçada aqui, desde o âmbito corporativo até o âmbito individual:

1. A liderança organizacional estabelece a visão e a estratégia para a empresa. Isso exige a contribuição de muitas fontes, mas a responsabilidade final recai sobre o líder. A visão e a estratégia da Arc Precision se concentram no estabelecimento de *seus buffers* e estoque, para que possa oferecer tempo de resposta como uma vantagem competitiva. Nessa empresa, o design do portfólio de *buffers* precisa então ser executado com um alto grau de previsibilidade na prática. Também é imperativo que os líderes instaurem e monitorem mensurações de desempenho que estejam alinhadas com os comportamentos necessários, para que a empresa cumpra com sua visão e com sua estratégia.

2. A visão e a estratégia precisam ser transformadas em táticas atualizadas mensal ou trimestralmente – o processo de programações de operações e vendas "mais" (POV+) está diretamente relacionado com essa tarefa. As reuniões mensais monitoram o progresso, priorizam iniciativas e asseguram que os recursos sejam alocados de maneira adequada.

3. Com o processo de planejamento mensal instaurado e com uma estratégia-alvo para o portfólio de *buffers* da Arc Precision, controles de *feedback* (como CONWIP e estipulação de prazos de entrega) são avaliados semanalmente:

    a. O controle de CONWIP e o acompanhamento da produtividade asseguram uma produção final previsível e proporcionam um mecanismo rápido de *feedback*, para que se reconheça e se reaja aos problemas.

    b. A estipulação de prazos de entrega depende dos resultados do controle de CONWIP e do acompanhamento da produtividade e é utilizada para aproveitar as oportunidades de mercado com clientes existentes ou potenciais.

4. Mecanismos diários são instituídos para lidar com o progresso e com as questões de interesse local e imediato, como emails de resumo e reuniões diárias.

5. Planos de desempenho individual são desenvolvidos para que as funções e as expectativas sejam bem conhecidas.

Uma abordagem para liderança sustentável

Não é fácil alcançar uma liderança sustentada e bem-sucedida. Há incontáveis fatores que costumam estar além do controle de um líder. A maioria dos líderes não tem o poder de dizer simplesmente "Pulem!" e ouvir dos funcionários um mero "A que altura?". A liderança geralmente não tem a ver com o que o líder é capaz de fazer; ela tem a ver com aquilo que o líder consegue tirar dos outros. Segundo nossa experiência, os conceitos apresentados neste livro compõem uma ótima plataforma sobre a qual é possível basear as práticas de liderança. Isso acontece porque os conceitos são objetivos, científicos e abrangentes. Treine seus funcionários em uma compreensão prática e precisa do comportamento natural do empreendimento em que você trabalha, vincule os esforços desses funcionários com os objetivos da empresa por meio de metas e expectativas claramente definidas, forneça o suporte necessário e veja-os avançarem por conta própria. Confira, porém, o desempenho deles com regularidade para assegurar que estejam rumando na direção certa e para repassar a eles tal *feedback*.

Embora uma visão clara de futuro seja algo essencial para a liderança, ela não é suficiente. O maior desafio da gestão não é saber como implementar a última tecnologia, tampouco como ouvir com atenção, muito menos como estabelecer metas. O maior desafio da gestão operacional, ou de praticamente qualquer gestão, é a modificação comportamental. As pessoas resistem a mudanças simplesmente por que isso altera o jeito de como elas costumam fazer as coisas. Liderança, no contexto da abordagem da Ciência da Fábrica, significa auxiliar os funcionários a compreender o comportamento natural do seu ambiente e a utilizar os controles à sua disposição para afetar de maneira positiva o desempenho operacional, bem como ajudar a promover estratégias empresariais efetivas. Já apresentamos vários exemplos, no entanto é incrível e até decepcionante como alguns líderes compreendem mal ou ignoram a ciência comportamental de sua própria operação. Para alcançar uma liderança de sucesso, não é preciso que os líderes ajudem seus funcionários a compreender a ciência das operações. Há muitos líderes que parecem ter sucesso apesar de si mesmos. Contudo, os líderes podem proporcionar vantagem competitiva para si próprios e para suas organizações, criando uma compreensão comum sobre uma ciência operacional que seja prática, objetiva (o que geralmente significa que também é científica), abrangente e preditiva. Quando os líderes estabelecem e apoiam com credibilidade tal compreensão comum em seus funcionários, eles aumentam bastante as chances de que a visão do líder para o futuro da empresa venha a se concretizar.

Algumas reflexões adicionais sobre a liderança sustentável incluem:

1. **Um líder precisa demonstrar empatia.** Em sua maioria, as pessoas desejam fazer um bom trabalho e se concentrar naquela tarefa que estão rea-

lizando. Quando a situação fica crítica, as pessoas se mostram mais motivadas a mudanças; caso contrário, é preciso muita persistência, paciência e treinamento para conseguir que elas se adaptem a novas práticas.
2. **É muito melhor concentrar esforços em poucas áreas.** Essa também é a maneira como as implementações da Produção Enxuta começam: foco no que faz a diferença e no estabelecimento do fluxo. Tal abordagem acaba dificultando a Produção Enxuta, após os exercícios iniciais de 5S e o mapeamento de fluxo de valor, porque não há uma ciência fundamental para estabelecer uma abordagem abrangente. Já a abordagem da Ciência da Fábrica é fundamentalmente diferente. Por se tratar de uma abordagem científica abrangente, *todo* tipo de ambiente pode ser considerado, qualquer que seja a sua complexidade, como ambientes com baixo volume, grande *mix* de produtos ou de fabricação sob encomenda. A vantagem de se começar com simplicidade é que os conceitos fundamentais e o vocabulário podem ser desenvolvidos sem os mal-entendidos adicionais causados pela alta complexidade. Depois que a estrutura empresarial básica é desenhada, ela pode ser então transferida para outras áreas com níveis muito mais altos de complexidade em processamentos ou *mix* de produtos. Além disso, como os recursos não são ilimitados, o melhor é concentrar e executar algumas iniciativas do que gerar uma lista infindável de ideias que nunca serão postas em prática. Na verdade, isso é totalmente consistente com a lei de Little. Ao reduzirmos o trabalho em processamento (WIP; quantidade de iniciativas-chave), reduzimos também o *cycle time* para que sejam concluídos.
3. **Limite a equipe de implementação responsável pelas iniciativas a poucos indivíduos de alto potencial dentro da organização.** No final, a abordagem em geral será difundida para todos os envolvidos na gestão do processamento. Os programadores, por exemplo, serão treinados nos procedimentos para a definição dos dias de suprimento e estoque de segurança, bem como para o monitoramento da posição de estoque. Dito isso, não é preciso que todo mundo participe ativamente do desenvolvimento desses procedimentos para conhecer seus detalhes. No entanto, é *de fato* importante que a equipe de implementação solicite *feedback* periódico da organização como um todo, durante o processo de desenvolvimento.
4. **Os *feedbacks* de controle devem estar vinculados diretamente aos indivíduos.** Em última instância, a execução depende das ações dos indivíduos. Por isso, um indivíduo precisa saber como está se saindo com relação aos seus limites de controle. Um exemplo de preparação de *feedback* sob medida para indivíduos pode ser visto no controle da política de estoque descrito no Capítulo 7. A Figura 8-1 apresenta um *monitor de conformidade*

Capítulo 8 Liderança, mensurações e mudança de cultura 283

Part ID	Planner	Buyer	Supplier No.	On Hand	On Order	$ on Order	Current BO	Reorder Point	Reorder Quantity	ROP + ROQ	Current Inventory Position	Delta	Order Status
Part9	Dax	Yeldon	Tiger Co.	15	0	$ -	12	32	12	44	3	-29	Order
Part2	Dax	Fowler	Messier Precision	11	0	$ -	0	25	10	35	11	-14	Order
Part110	Leia	Norwood	Bytheway Parts	0	0	$ -	0	12	7	19	0	-12	Order
Part96	Leia	Norwood	Bytheway Parts	0	0	$ -	0	11	6	17	0	-11	Order
Part97	Leia	Norwood	Bytheway Parts	0	0	$ -	0	4	3	7	0	-4	Order
Part112	Leia	Norwood	Aggie Inc.	0	0	$ -	0	4	4	8	0	-4	Order
Part20	Leia	Norwood	Bytheway Parts	0	0	$ -	1	2	2	4	-1	-3	Order
Part53	Leia	Lacy	Gamecock Inc	1	0	$ -	0	4	4	8	1	-3	Order
Part11	Dax	Yeldon	Bear Mfg	6	0	$ -	0	2	4	6	6	InRange	OK
Part13	Dax	Yeldon	Gamecock Inc	5	0	$ -	0	3	2	5	5	InRange	OK
Part10	Leia	Lacy	Bytheway Parts	12	0	$ -	2	7	5	12	10	InRange	OK
Part15	Leia	Lacy	Wildcat Applications	4	0	$ -	0	1	3	4	4	InRange	OK
Part26	Leia	Lacy	Gamecock Inc	0	0	$ -	-1	1	0	0	InRange	OK
Part39	Leia	Lacy	Wildcat Applications	2	0	$ -	0	1	2	3	2	InRange	OK
Part40	Leia	Lacy	Gamecock Inc	4	5	$9,258	2	4	3	7	7	InRange	OK
Part22	Dax	Fowler	Einstein Mfg	0	0	$ -	0	-1	1	0	0	InRange	OK
Part23	Dax	Fowler	Einstein Mfg	1	3	$7,069	0	2	2	4	4	InRange	OK
Part24	Dax	Fowler	Gamecock Inc.	0	0	$ -	0	-1	1	0	0	InRange	OK
Part25	Dax	Fowler	Gamecock Inc.	0	0	$ -	0	-1	1	0	0	InRange	OK
Part36	Dax	Yeldon	Bulldog Mfg	10	0	$ -	0	2	2	4	10	6	Over
Part38	Leia	Lacy	Wildcat Applications	5	0	$ -	0	-1	1	0	5	5	Over
Part31	Dax	Yeldon	Bytheway Parts	6	1	$2,573	0	1	2	3	7	4	Over
Part48	Dax	Fowler	Bear Mfg.	4	0	$ -	0	-1	1	0	4	4	Over
Part82	Dax	Yeldon	Bytheway Parts	1	0	$ -	0	-1	1	0	1	1	Over
Part16	Leia	Lacy	Bytheway Parts	5	0	$ -	0	1	3	4	5	1	Over
Part69	Dax	Fowler	Bear Mfg	4	0	$ -	0	1	2	3	4	1	Over

Figura 8-1 Monitor de conformidade para controle de estoque.

para controle de estoque, que mostra o quanto o número de peças adquiridas ultrapassou os limites de controle (*"Over"*) e o quanto o número de peças adquiridas ficou abaixo dos limites de controle (*"Order"*) *para programadores e compradores individuais* (essas duas funções podem ser gerenciadas por uma única pessoa, com a alocação de responsabilidades variando de uma empresa para a outra). Um gestor que analisa essa tabela, uma vez por semana, pode determinar muito facilmente quem precisa de atenção em primeiro lugar. O comprador e o programador, observando as tabelas, perceberiam rapidamente onde os seus esforços precisam se concentrar.

5. **É preciso realizar treinamento com regularidade.** Frequentemente, é preciso realizar treinamento várias vezes sobre o mesmo tópico. A progressão da resposta dos participantes ao treinamento costuma apresentar a seguinte linha:
   a. **Primeira sessão (introdução):** "Hum! Isso parece interessante. Tenho muitas perguntas e eis o meu *feedback*." Mais tarde, os conceitos são rapidamente esquecidos na rotina do dia a dia.
   b. **Segunda sessão (antes da implementação):** "Ah, é claro, eu me lembro disso, em parte. Agora parece que eu realmente vou precisar usar isso. Muitas dúvidas. Receio que isso vai atrapalhar o que estou fazendo."
   a. **Terceira sessão (após a implementação):** "Preciso de ajuda. Estou usando isso, mas ainda tenho dúvidas. Explique-me o básico de novo. Agora que já tenho uma certa experiência, vai fazer mais sentido para

mim. Oh, obrigado por me mostrar esses recursos adicionais! Isso também vai ajudar bastante. Aqui estão algumas sugestões de melhoria."

No fim, os líderes devem estabelecer um processo que conecte a estratégia à execução diária. As mensurações utilizadas para monitorar e controlar o processo devem se alinhar com as táticas criadas quando a liderança escolheu a estratégia empresarial e operacional. As mensurações devem motivar fortemente todos a trabalhar conforme determina a abordagem recém-desenvolvida. Estratégias e táticas organizacionais que são compreendidas e mensuradas em um âmbito individual ajudam a estimular a mudança cultural e a execução. Agora vamos voltar à abordagem da Ciência da Fábrica na Arc Precision.

Um plano de âmbito geral para que as estratégias possam ser compartilhadas e compreendidas

Um princípio básico deste livro e da abordagem da Ciência da Fábrica é que a estratégia operacional precisa ser sustentada por uma estratégia de negócios. Vale a pena as pessoas conhecerem bem a estratégia de negócios e as iniciativas operacionais para dar apoio a elas. A comunicação da estratégia de negócios pode ser feita de diferentes formas e, com frequência, envolve vários mecanismos de apresentação. Muitas empresas têm planos estratégicos e organizam reuniões com o comparecimento de todos os funcionários. Como quer que isso seja feito, a estratégia de negócios deve ser comunicada já de início e, seguidamente, para aqueles envolvidos na sua execução.

O processo que apresentamos como um exemplo que vem funcionando centra-se em um plano estratégico de uma página delineando a visão, a missão, as estratégias-chave, as iniciativas/táticas e as mensurações/controles. Tal esboço é de âmbito geral e engloba as estratégias empresariais, para que possa ser aplicado além das operações. Ele não é exclusivo, mas o consideramos eficiente. Um plano de uma única página pode ser entregue aos funcionários e revisado em reuniões. Caso surjam dúvidas sobre prioridades, todos podem consultar o plano de uma página como orientação. Para descrever o processo de planejamento e oferecer um exemplo, vamos explorar como o processo é utilizado na Arc Precision:

Visão e missão

- **Visão.** Uma declaração daquilo que a organização deseja se tornar no longo prazo.

- **Missão.** Uma declaração de como a organização vai cumprir com a sua visão.

Na Arc Precision, a liderança percebeu uma lacuna não atendida no mercado de usinagem de precisão para equipamentos médicos. Pequenos fornecedores da indústria tradicional de usinagem ofereciam expertise e prestação de serviço, mas tinham dificuldade para crescer em escala e sustentar o crescimento. Grandes fornecedores, novatos no ramo, após uma rodada de consolidação no mercado, tinham escala suficiente, mas enfrentavam dificuldades em fornecer os serviços necessários para empresas de equipamentos médicos em volumes pequenos e de protótipos. Esses grandes fornecedores estavam preparados para atender à economia de escala e, por isso, eram sedentos sobretudo por encomendas de grande monta. A indústria precisava de uma empresa que pudesse fornecer serviços de pequena empresa com o potencial de ampliar a escala para sustentar o crescimento. A Arc Precision era capaz de atender à necessidade da indústria por serviço e escalabilidade, com precisão de maquinário de nível International Standards Organization (ISO) 13485 sustentada por design excelente para habilidades de fabricação e o potencial de aumentar em escala com a estrutura da Ciência da Fábrica.

Com isso, sendo a estratégia de negócios da Arc Precision, a visão e a missão ficaram muito claras:

- **Visão.** Fornecedora primordial de componentes médicos advindos de protótipos mediante produção intermediária.
- **Missão.** Oferecer as melhores capacidades do ramo em engenharia, operações e cadeia de suprimentos, a fim de entregar peças de qualidade dentro do prazo solicitado pelo cliente.

A visão e a missão da Arc Precision têm sido as mesmas desde que ela foi fundada em janeiro de 2008. Foi a liderança da Arc Precision que as desenvolveu, e continua a capitaneá-las dentro da organização. Elas são a primeira parte do plano estratégico de uma página da empresa. Para dar um exemplo do planejamento estratégico na Arc Precision, vamos mostrar o desenvolvimento de um plano piloto. Ele começa pela visão, pela missão e por um modelo em branco de planejamento para estratégias críticas, iniciativas-chave e parâmetros. Um modelo em branco de planejamento é mostrado na Figura 8-2.

Estratégias críticas

As estratégias críticas são desenvolvidas pela liderança e devem seguir relativamente consistentes com o passar do tempo. É claro que elas são específicas de cada empresa, mas podem inclusive envolver as áreas-chave de vendas/marketing, operações, finanças e desenvolvimento organizacional (recursos

Estratégias Críticas					
Iniciativas-chave					
Parâmetros					

Figura 8-2 Modelo de planejamento.

humanos). Este foi o caso na Arc Precision, como pode ser visto nos cabeçalhos das colunas da Figura 8-3.

Como veremos na próxima seção, a implementação da estrutura da Ciência da Fábrica para desenvolver e executar estratégias operacionais, políticas e controles seria fundamental para sustentar essas estratégias empresariais. À medida que o processo de planejamento empresarial avança a partir das declarações de

Estratégias Críticas	Venda Estratégica	Desenvolvimento da Organização (organização em escalas)	Desenvolvimento Operacional (entrega em *pipeline*)	Planejamento da Capacidade	Financeiro
Iniciativas-chave					
Parâmetros					

Figura 8-3 Estratégias críticas da Arc Precision.

âmbito geral de visão, missão e estratégias críticas, passa a ser importante envolver um grupo mais amplo no desenvolvimento e priorização de iniciativas-chave.

Planos mensais ou trimestrais para estabelecer iniciativas prioritárias

As iniciativas-chave definem as prioridades para os meses ou trimestres futuros. Elas são alteradas de uma atualização de plano para a outra. O desenvolvimento de iniciativas-chave exige o envolvimento de representantes de áreas funcionais importantes na empresa. Conforme detalhado no Capítulo 6, o processo de planejamento de operações e vendas "mais" (POV+) é uma ótima maneira de desenvolver um plano mensal ou trimestral com táticas para executar a estratégia selecionada. Um processo POV+ formal é especialmente apropriado para empresas maiores e mais complexas, mas os elementos do POV+ precisam ser realizados por qualquer empresa, seja em um processo formal ou não. As táticas selecionadas para sustentar a estratégia empresarial fornecem os detalhes das iniciativas-chave para o plano de uma página. A Figura 8-4 mostra as iniciativas-chave no exemplo da Arc Precision.

A estrutura da Ciência da Fábrica proporcionou o mecanismo de implementação para muitas das iniciativas-chave na Arc Precision. Com tal estrutura, as iniciativas puderam ser declaradas em termos de táticas específicas para:

- Otimização de estoque
- Utilização

Estratégias Críticas	Venda Estratégica	Desenvolvimento da Organização (organização em escalas)	Desenvolvimento Operacional (entrega em *pipeline*)	Planejamento da Capacidade	Financeiro
Iniciativas-chave	1. Focar clientes âncora adicionais (3 novos) 4. Buscar receitas no curto prazo para preencher lacuna de capacidade/receita	5. Contratações-chave 8. ISO e sistemas de segurança	6. Refinar estipulação de prazos de entrega 7. Implementar programas de estoque 9. Tirar proveito de encomendas agendadas para utilizar melhor a capacidade	2. Implementar iniciativas de capacidade/ capacitação em todo o processo	3. Gerenciar custos e receitas de acordo com o orçamento

Figura 8-4 Iniciativas-chave da Arc Precision.

- Limites de WIP
- Estipulação de prazo de entrega

Otimização de estoque

Em apoio às estratégias empresariais declaradas, a Arc Precision implementou políticas de estoque que sustentam as seguintes iniciativas-chave:

- 1. Focar novos clientes âncora.
- 3. Gerenciar custos e receitas de acordo com o orçamento.
- 7. Implementar programas de estoque.
- 9. Tirar proveito de encomendas agendadas para utilizar melhor a capacidade.

Em termos de mecânica, a Arc Precision emprega táticas e controles de otimização de estoque conforme descrito anteriormente. Em vez de repetirmos a mecânica nesta seção, vamos apresentar uma visão geral e um estudo de caso de como essa empresa utiliza otimização de estoque ao longo da cadeia de suprimentos com seus clientes parceiros. Em seu papel como fornecedor de componentes, a Arc Precision colabora com seus clientes para assegurar que os componentes necessários estejam disponíveis, no cliente, para montagem com os menores estoques possíveis. Cabe aos clientes proporcionarem visibilidade com relação à sua demanda para a Arc Precision, a fim de que ela possa programar níveis de estoque de componentes e nivelar a utilização da capacidade. Os clientes puxam a demanda quando suas operações de montagem precisam de mais estoque.

A Arc Precision não apenas proporciona a seus clientes a vantagem de terem estoques reduzidos, como também é capaz de compartilhar reduções de custos proativas, já que a visibilidade com relação à demanda permite que a empresa utilize melhor sua capacidade. Em um exemplo específico, antes de formar parceria em planejamento da cadeia de suprimentos, o cliente solicitou um orçamento para quantidades específicas e recebeu uma proposta de preço e de *lead time*. Após formar parceria no planejamento da cadeia de suprimentos, o cliente proporcionou visibilidade à Arc Precision em termos de demanda. A Figura 8-5 mostra as opções para *lead time*, custo e estoque que a empresa conseguiu oferecer ao cliente com base na visibilidade da demanda.

Diante dessas opções, os clientes faziam sua escolha com base em suas prioridades. Alguns preferiam lotes maiores devido às suas exigências de inspeção. Outros preferiam entrega sob demanda de unidades individuais. Seja como for, a implementação da estrutura da Ciência da Fábrica ao longo da cadeia de suprimentos proporciona à Arc Precision um mecanismo de integração das estratégias, táticas e controles operacionais em suporte à sua estratégia empresarial.

	Quantidade do Pedido	Frequência do Pedido	*Lead time*	% de Redução de Custo	% de Redução de Estoque no Cliente	Concordância do Cliente quanto ao Número de Unidades em Estoque ARC a Ser Utilizado Antes da Mudança de Rec.
Termos Iniciais	45	Uma P.O.	Estipulado	N/D	N/D	N/D
Cenário 1 de Parceria	1	Conforme necessário	Retirada no mesmo dia	7%	100%	12
Cenário 2 de Parceria	15	Uma vez por mês	Quatro semanas	15%	63%	15
Cenário 3 de Parceria	1	Conforme necessário	Retirada no mesmo dia	26%	100%	39

Figura 8-5 Opções de parceria estratégica com o cliente.

Metas de utilização

Recorde-se da discussão do Capítulo 7 a respeito das metas de utilização em diferentes ramos de atuação, conforme ilustrado na Figura 8-6. A Arc Precision, na condição de fornecedora terceirizada, estabeleceu uma política de utilização-meta de maquinário de 75%, a fim de sustentar estratégias empresariais de grande agilidade e estabelecer uma estrutura lucrativa de custos para iniciativas-chave, tal qual listado no documento de planejamento estratégico:

- 1. Focar novos clientes âncora.
- 3. Gerenciar custos e receitas de acordo com o orçamento.
- 6. Refinar estipulação de prazos de entrega.
- 9. Tirar proveito de encomendas agendadas para utilizar melhor a capacidade.

A opção tática foi colocada em prática por meio de planejamento e acompanhamento da produtividade e da utilização. Uma análise piloto de uma determinada área da planta é mostrada nas Figuras 8-7 (maquinário) e 8-8 (pessoal). A Figura 8-7 exibe cenários de utilização de maquinário. A capacidade de maquinário dessa área foi estabelecida no nível meta de utilização de 75% (Cenário C) a uma demanda média projetada de 480 horas. Um nível de 100% de utilização de maquinário corresponde ao limite superior da demanda média esperada. Isso suporta um crescimento na demanda. Flutuações de demanda para cima são consideradas com horas extras para manter a taxa de resposta. Isso também proporciona tempo para que se acrescente capacidade adicional em longo prazo, caso as oportunidades de crescimento sustentem o investimento.

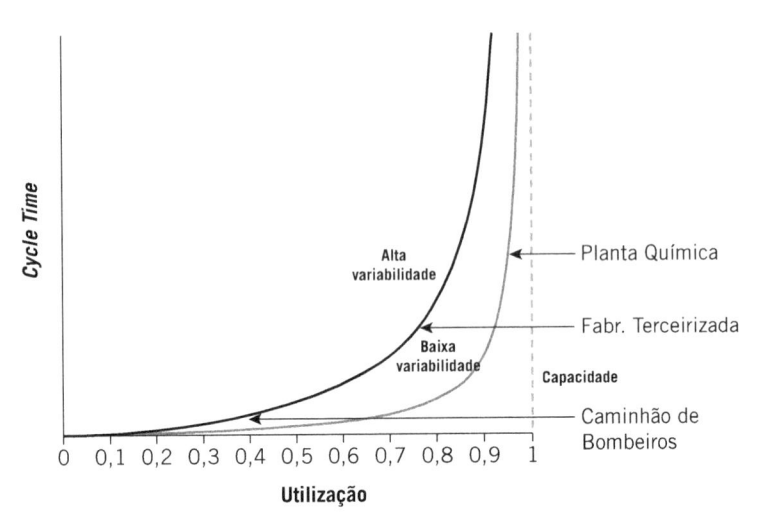

Figura 8-6 Metas de utilização para diferentes ramos.

As máquinas precisam de pessoal, e a Figura 8-8 mostra a alocação de pessoal necessária para cada nível de demanda. Para o nível metade utilização estabelecido de 75%, 11 operadores são necessários para operar as máquinas. Essa abordagem é bem objetiva, relativamente simples e trata de uma exigência vital de controle do comportamento natural das operações: planos viáveis de capacidade.

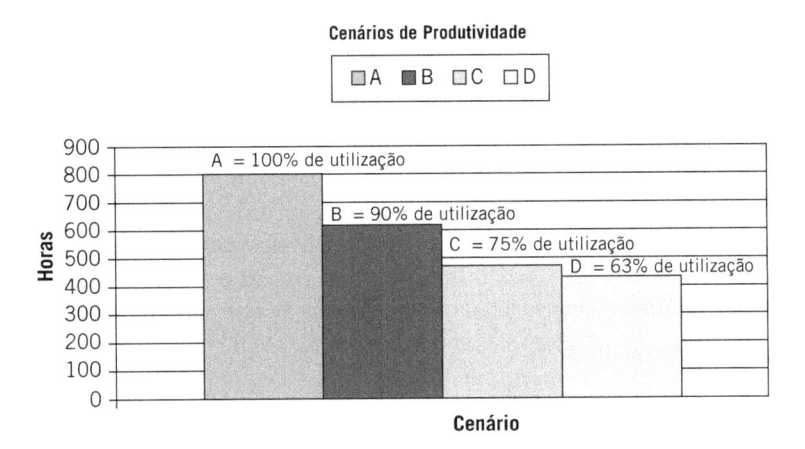

Figura 8-7 Cenários de produtividade de maquinário.

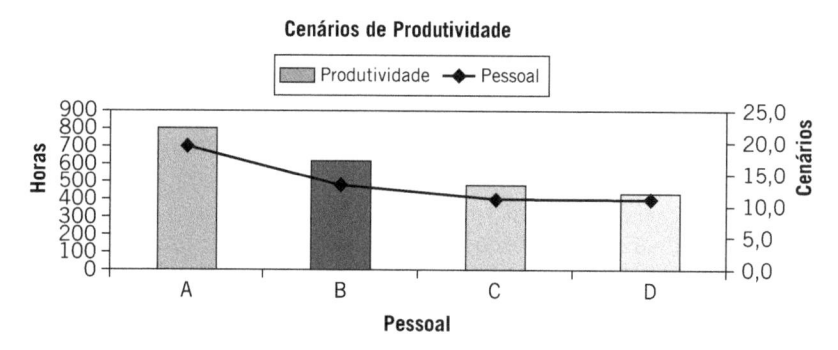

Figura 8-8 Cenários de alocação de pessoal.

Reuniões semanais de programação para planejar o trabalho

Reuniões semanais podem ser um mecanismo útil para planejar o trabalho e conferir o progresso. Elas podem ajudar a garantir que as táticas estejam sendo implantadas em apoio à estratégia. A meta de utilização de 75% da Arc Precision se traduz em limites de WIP empregados em uma programação semanal e em políticas de estipulação de prazos de entrega utilizando uma fila virtual. A Arc Precision, com sua produção ao estilo *job shop* (linhas pequenas e customizadas), utiliza um pacote de software de roteiro de tarefas no lugar de uma lista tradicional de materiais baseada em MRP/ERP. Ela tira proveito das transações automatizadas de dados para fornecer dados à sua programação semanal e às suas políticas de estipulação de prazos de entrega. Os exemplos apresentados aqui mostram como essa empresa criou sua própria abordagem de DRS da Ciência da Fábrica aplicando recursos de seu pacote de software combinados com planilhas comuns do Excel, a fim de gerenciar a programação da produção em um ambiente complexo. Mesmo quando a Arc Precision se vir obrigada a recorrer, cedo ou tarde, a um sistema MRP/ERP mais tradicional, por causa do seu crescimento, qualquer instalação de software será estruturada para manter as características de programação DRS da Ciência da Fábrica. Quando tal momento chegar, tomara que os fornecedores tradicionais de software já estejam oferecendo recursos de DRS.

Apresentamos um exemplo de como a Arc Precision utiliza uma reunião semanal de programação para estabelecer limites de WIP e estipular prazos de entrega.

Limites de WIP

A Arc Precision estabelece limites de WIP com seu processo de programação semanal. Na área que estamos descrevendo, uma programação semanal de 480 horas é o limite de WIP em produção em uma semana. As horas em cada central de maquinário são combinadas para formar a carga horária para a área, e recebem o limite de 480 horas por semana. Cargas horárias individuais em cada central de maquinário podiam mudar de uma semana para outra, dependendo das demandas específicas, mas, em geral, baseavam-se na carga média no longo prazo, nas respectivas centrais de maquinário. Um exemplo de um trecho representando 322 horas de programação semanal da Arc Precision é mostrado na Figura 8-9.

Observe que a quantidade programada de trabalho em algumas centrais de maquinário está em seu máximo. Em outras, o espaço é deixado vazio para potenciais estratégicas de agilização. Caso o espaço aberto não seja necessário para agilizações estratégicas, a tarefa seguinte é puxada junto à fila virtual, resultando em uma carga nivelada de capacidade e na conclusão de tal tarefa com antecedência. A Arc Precision organiza reuniões semanais de programação, a fim de alocar tarefas e pessoal para finalizar a implementação de sua política de limite de WIP. Os limites de WIP na Arc Precision, combinados com um registro existente e projetado de encomendas agendadas, permitem que a empresa implemente uma política de estipulação de prazos de entrega.

Programa Atual   Semana: **Novembro Semana 3**

Miyano				03 Mazak				04 Kitamura 2xl				09 Kitamura 3XG			
Tarefa	Operação	Qtd	Horas	Tarefa	Operação	Qtd	Horas	Tarefa	Operação	Qtd	Horas	Tarefa	Operação	Qtd	Horas
10981	70	915	48	10984	100	24	9,36	Quebrado				10992B	35/40	24	17
10981	80	1000	44									10992A	90	24	4,6
James	Brian														
Máximo			50	Máximo			35	Máximo			30	Máximo		60	40
Total			50	Total			9,36	Total			0	Total			21,6

Tsugami				Makino				Matsuura				07 Mazak			
Tarefa	Operação	Qtd	Horas	Tarefa	Operação	Qtd	Horas	Tarefa	Operação	Qtd	Horas	Tarefa	Operação	Qtd	Horas
10994	70	30	7	10971A	50	28	28	10992C	80	24	2,6	10992A	60	24	39
10994-1	70	600	27,4					10992C	90	24	2,13	10971A	60	28	44,33
								10992C	100	24	2,07	10970A	80	23	4,87
								10917A	63	18	5				
								10917A	65	18	3,5				
								10917A	70	18	3,5				
James												James	Steve		
Brandon b	Su														
Máximo			35	Máximo			40	Máximo			37	Máximo		60	55
Total			34,4	Total			28	Total			18,8	Total			55

Figura 8-9 Resumo de programação semanal.

Estipulação de prazos de entrega

Conforme os pedidos vão entrando, uma equipe revisa a fila virtual de tarefas nos centros de trabalho, a fim de determinar um *lead time*, baseado no roteiro da tarefa e na fila virtual, nos centros de trabalho do roteiro. Este processo dinâmico permite que a Arc Precision trabalhe junto com os clientes para atender aos tempos de entrega necessários e também estipular um *lead time* com alta probabilidade de entrega dentro do prazo. A Figura 8-10 mostra um exemplo de filas virtuais em uma determinada área das instalações.

Fluxo de Produção (Indexador de Fresagem)		Fluxo de Produção (Fresagem sem Indexador)	
Cliente A Tarefa 1	10	Cliente B Tarefa 1	80
Cliente A Tarefa 2	19	Cliente B Tarefa 2	73
Cliente G Tarefa 1	6	Cliente B Tarefa 3	14
Cliente G Tarefa 2	6	Cliente B Tarefa 4	3
Cliente G Tarefa 3	6	Cliente B Tarefa 5	3
Cliente G Tarefa 4	8	Cliente B Tarefa 6	42
Cliente A Tarefa 3	316	Cliente B Tarefa 7	36
Cliente D Tarefa 1	20	Cliente B Tarefa 8	8
Cliente E Tarefa 1	75	Cliente B Tarefa 9	3
Cliente F Tarefa 1	225	Cliente B Tarefa 10	3
		Cliente B Tarefa 11	153
		Cliente B Tarefa 12	38
		Cliente B Tarefa 13	83
		Cliente C Tarefa 1	162
		Cliente A Tarefa 4	48
		Cliente A Tarefa 5	110
		Cliente A Tarefa 6	280
Exige 5 eixos:			
Cliente G Tarefa 5	11		
Cliente G Tarefa 6	11		
Cliente G Tarefa 7	14		
Encomendas Agendadas	727		1139
Capacidade	100		120
LT (semanas)	7,3		9,5
Inclui todas as encomendas agendadas	785		330
	7,9		2,8
		Reservado/Estipulado	

Figura 8-10 Exemplo de fila virtual.

Observe que os *lead times* médios em um centro de trabalho são estipulados usando-se a lei de Little. Além disso, parte das encomendas agendadas inclui tarefas reservadas/estipuladas para encomendas antecipadas. Para quaisquer solicitações específicas, a Arc Precision revisa o roteiro e inicia um orçamento consistindo no *lead time* médio para o roteiro mais um *buffer* de tempo, levando em conta a variabilidade. Este *buffer* de tempo varia dependendo do *mix* no centro de trabalho. Centros de trabalho com um alto percentual de trabalho de produção só precisam de um pequeno *buffer* de tempo, porque as cargas horárias estipuladas acabam geralmente ficando próximas às cargas horárias na prática. Centros de trabalho com uma grande carga de protótipos exigem um *buffer* de tempo maior para dar conta da variabilidade inerente à produção de protótipos. Se um *lead time* menor for solicitado por um cliente, a Arc Precision pode avaliar o potencial de agilização do *lead time* para a tarefa solicitada utilizando uma das vagas reservadas/estipuladas de programação para passar esse cliente para a frente da fila. O uso de uma vaga de *buffer* é uma decisão empresarial baseada na carga atual de utilização das operações, no valor estratégico do cliente e no potencial de precificação para o atendimento do serviço acelerado. A estipulação de prazos de entrega apresenta um microcosmo da estrutura da Ciência da Fábrica, porque proporciona um método quantitativo para avaliar e tomar decisões empresariais. Na fabricação terceirizada, os elementos de preço, *lead time* e entrega dentro do prazo formam uma parte principal da proposição de valor. A estipulação de prazos de entrega oferece um mecanismo para levar em consideração o status atual da fábrica (utilização *versus cycle time*, variabilidade) e a importância estratégica de cada pedido e cliente. É ela que orienta o alinhamento entre estratégias, táticas e controles.

Reuniões operacionais semanais para monitorar o progresso

Com a estratégia já desenvolvida e as táticas já implementadas, a organização precisa de mensurações estabelecidas e ciclos de *feedback* para assegurar a execução e a melhoria contínua. O alinhamento das mensurações é uma responsabilidade prioritária da liderança. A Figura 8-11 mostra parâmetros de âmbito geral associados com o plano estratégico da Arc Precision.

Entendemos que uma reunião operacional semanal é um mecanismo útil para revisar resultados e tomar medidas, a fim de melhorá-los. O conceito de uma reunião operacional semanal, porém, não é exclusividade da Arc Precision; outras empresas vêm utilizando esse recurso há anos. O Capítulo 6 apresentou algumas diretrizes recomendadas para reuniões eficientes. Qualquer reunião

Estratégias Críticas	Venda Estratégica	Desenvolvimento da Organização (organização em escalas)	Desenvolvimento Operacional (entrega em *pipeline*)	Planejamento da Capacidade	Financeiro
Iniciativas-chave	1. Ter como alvo clientes âncora adicionais (3 novos) 4. Buscar receitas no curto prazo para preencher lacuna de capacidade/receita	5. Contratações-chave 8. ISO e sistemas de segurança	6. Refinar estipulação de prazos de entrega 7. Implementar programas de estoque 9. Tirar proveito de encomendas agendadas para utilizar melhor a capacidade	2. Implementar iniciativas de capacitação/capacitação em todo o processo	3. Gerenciar custos e receitas de acordo com o orçamento
Parâmetros	* Número almejado de novos clientes-meta identificados e contatados. * Histórico visível (agendamentos nas metas) * Orçamentos para as metas * Programações de entrega	* Solicitações de posição-chave identificadas? * Posição de programador preenchida? * Relatórios resumidos de auditoria	* Refinar mensurações para preparação-sucata-retrabalho * Metas de utilização-capacidade * Taxa de entregas dentro do prazo * Conformidade de posição de estoque por comprador * Cumprimento da programação de produção	* Histórico de orçamentos * Planejamento de novas peças	* Lucro administrado para obedecer ao orçamento * $10k de receita por funcionário por mês * Quitar empréstimo em $30k por mês

Figura 8-11 Iniciativas-chave da Arc Precision.

que acabe se tornando um "noticiário da noite", no qual as pessoas apresentam relatórios, mas não geram *insight* nem propõem ações, é um sinal de alerta. Em geral, as agendas de reuniões operacionais abrangem segurança, qualidade, custo e atendimento ao cliente (ou seja, *lead times*, entregas dentro do prazo, média de dias de atraso). Uma reunião operacional semanal pode assumir muitas formas, mas ela deve incluir:

1. As mensurações certas baseadas em implementação de táticas que se alinham com as estratégias declaradas.
2. Revisões incansáveis para acompanhar e reforçar o que está funcionando e resolver o que não está funcionando.

Considerando as estratégias declaradas pela Arc Precision, as táticas implementadas e as mensurações de âmbito geral no plano estratégico, a reunião operacional semanal se concentra em parâmetros preditivos detalhados capazes de orientar o cumprimento de parâmetros de âmbito geral, como a entrega dentro do prazo. Dois exemplos incluem relatórios de conformidade de estoque e o cumprimento da programação. Os encarregados por essas áreas não devem se ater à divulgação do parâmetro, pois precisam também gerar *insight* sobre as medidas que estão sendo tomadas, para seguir as táticas e executar a estratégia empresarial declarada.

Em termos de táticas de estoque, por exemplo, a ciência determina que se a posição de estoque estiver entre $r + 1$ e $r + Q$, então os resultados programados serão alcançados. Assim, os monitores de conformidade de posição de estoque podem mostrar de maneira proativa se as táticas programadas estão sendo seguidas para se alcançar os resultados almejados. Eis um exemplo, tirado de uma reunião operacional, de uma discussão fértil e focada em ações a respeito da conformidade de estoque: "Conformidade de componentes acima da meta até que o excesso de estoque seja queimado... dito isso, 73% do excesso de dólares são causados por 10 itens. Em 4 deles, temos simplesmente estoque demais e não vamos conseguir queimá-lo antes de 18 meses. O departamento de vendas precisa agir para investigar e relatar opções para se desfazer desses itens mais depressa. No caso dos outros 6 itens, temos encomendas programadas com um fornecedor que fica continuamente enviando estoque à medida que vai concluindo os produtos. Vamos nos reunir com esse fornecedor na semana que vem para explicar a necessidade de interromper o estoque até que 'o retiremos' de sua encomenda programada".

A Figura 8-12 fornece um exemplo da Arc Precision de cumprimento da programação como um indicador preditivo de conformidade, com táticas de produtividade, limite de WIP e estipulação de prazo de entrega que orientam a entrega dentro do prazo.

A Figura 8-12 mostra que a produtividade da máquina de descarga elétrica (EDM – *electrical discharge machine*) ficou abaixo do planejado e que a produtividade de fresagem (*mills*) ficou acima do planejado. A falta de produtividade da EDM deu-se por problemas de alocação de pessoal. O plano de recuperação foi recorrer a um dia de horas extras na semana seguinte. O formato das reuniões ope-

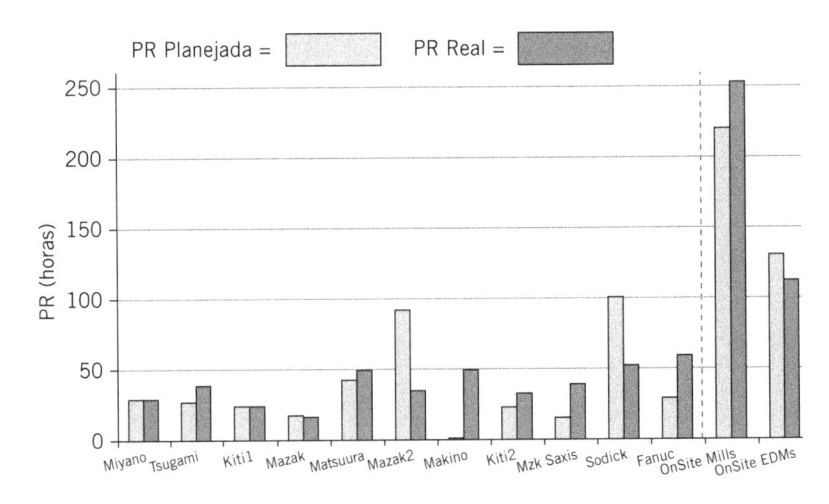

Figura 8-12 Exemplo de cumprimento de programação.

racionais semanais pode ser útil para conferir o progresso, reforçar táticas que estão funcionando e tomar medidas corretivas para sanar lacunas de produtividade.

Mecanismos diários para *feedback*

Obviamente, com táticas claras e ciclos de *feedback* em tempo real, não há motivo para esperar pela reunião operacional semanal, a fim de tomar medidas localizadas. Em um determinado cliente, o gestor revisava diariamente planilhas de conformidade de estoque e enviava emails para dar o seu *feedback*. O uso que ele fazia da estrutura da Ciência da Fábrica sustentado por *feedback* imediato e individual funcionava muito bem para estimular o comportamento desejado. Aqui está uma transcrição de uma troca real de emails entre o gestor e o planejador:

- **Email do gestor:** Como você sabe, estamos esperando pacientemente para que o nosso estoque disponível seja queimado até ficar dentro de 100% de conformidade com nossas políticas de estoque estabelecidas. Conforme percebemos algumas semanas atrás, alguns desses itens em estoque estavam sendo consumidos tão devagar que estamos projetando (ao ritmo atual de consumo) que eles levariam anos para chegar aos níveis de conformidade! Por outro lado, temos testemunhado uma queima de estoque em geral, em torno de $20 mil por semana, nas últimas 5 ou 6 semanas. Estou animado com o nosso progresso, mas fiquei muito decepcionado em ver o relatório de hoje (em anexo) mostrando que inesperadamente recebemos pedidos de 10 itens diferentes que ainda não alcançaram seus pontos de reposição. No caso do outro item que havia alcançado o seu ponto de reposição, optamos por ignorar a quantidade de reposição. Essa atividade de encomendas resultou em um crescimento de $68.280 em nossa posição de estoque em geral. Ao nosso ritmo atual de queima de estoque de $20 mil por semana, essa atividade conseguiu nos atrasar em pelo menos três semanas. Por favor, me ajude a compreender.
- **Resposta do comprador:** Todos são itens que eu incluí em encomendas programadas para fins de economia de custo.
- **Resposta do gestor:** Será que você poderia repassar mais informações... Não estou conseguindo entender o *timing* dessa nova encomenda programada. Por que você antecipou uma nova encomenda programada agora, em vez de esperar que chegássemos aos nossos pontos de reposição? Será que você também poderia me informar quais eram os nossos custos unitários para cada item antes e depois da encomenda programada?
- **Resposta do comprador:** Eu queria dar tempo para que os nossos fornecedores produzissem as quantidades aumentadas sem colocar outros itens/encomendas de compra sob risco de entrar em atraso. Também queria

garantir que nenhum deles ficasse de fora ou acabasse sendo encomendado em uma encomenda de compra não programada.
- **Resposta do gestor:** Agradeço por sua atenção. Sei que isso foi feito de boa-fé (com economia de custos em mente), mas ainda não estou convencido de que foi a hora certa para incluir tais itens em qualquer tipo de encomenda de compra. Poderíamos marcar uma reunião entre nós para você me mostrar o que eu não estou entendendo e onde posso estar me equivocando?

Essa troca de emails deixa claro muitas vantagens-chave que podem ser obtidas quando se verifica a conformidade com relação às táticas, incluindo:

- Visibilidade de mudanças individuais ou escolhas que acabam tendo consequências imprevistas e indesejáveis e que podem levar bastante tempo para ser corrigidas.
- Visibilidade de mudanças individuais ou escolhas que acabam tendo consequências altamente desejáveis e que podem ser padronizadas como uma prática recomendada.
- Discussão de custo/benefício (custo unitário *versus* aumento de estoque) para garantir que as ações estejam alinhadas com a estratégia.

Neste caso, o gestor conseguiu se dar conta da mudança a tempo e tomar medidas corretivas para cancelar as encomendas, a fim de que a organização obedecesse às suas táticas e executasse sua estratégia planejada.

Agora, vamos apresentar mais um exemplo da Arc Precision sobre a importância do monitoramento diário da produtividade. Em alguns casos, nessa empresa, planos específicos de WIP e produtividade são instaurados para grandes encomendas em centros de maquinário específicos, com a finalidade de assegurar que o *cycle time* permaneça dentro dos limites para cumprir com o *lead time* estipulado. O nível de WIP é controlado na reunião operacional semanal, e a produtividade diária é divulgada via email com a expectativa de que qualquer lacuna venha a ser abordada. A Figura 8-13 mostra um relatório que rastreia a produtividade diária *versus* a produtividade planejada.

Esta figura mostra que a equipe estava, na verdade, excedendo a produtividade planejada com certa regularidade, garantindo assim a entrega dentro dos prazos estipulados. O que era uma vantagem, uma vez que o cliente queria receber as peças ainda mais cedo do que o prazo de entrega estipulado. A equipe já estava se preparando para atender ao pedido do cliente de uma entrega acelerada e bem à frente do plano de cumprir com o prazo estipulado. Neste dia, porém, a produtividade caiu para 68, em comparação com o nível planejado de 75, fazendo o desvio positivo cumulativo cair um pouco. O funcionário conhecia o plano, observou o gráfico e de modo proativo enviou um e-mail declarando: "Para a informação de todos: perdemos um pouco de tempo ontem à noite

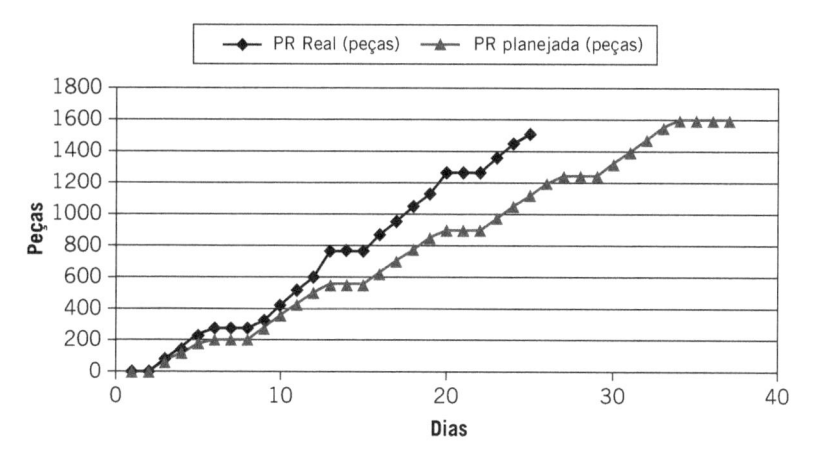

Figura 8-13 Rastreamento da produtividade diária.

devido ao estrago de um rolamento do cilindro no cabeçote inferior. Estamos desmontando a estrutura para a substituição por peças novas. Nolan e eu trabalharemos no sábado para compensar o tempo perdido. Obrigado." Neste caso, o uso de planejamento e acompanhamento no contexto da Ciência da Fábrica evitou que o gestor se perguntasse sobre a falta de conformidade. O operador reconheceu a queda de desempenho e se prontificou a corrigi-la.

Os ciclos de *feedback* são mais eficazes quando proporcionam rápida orientação para que o comportamento possa ser modificado. A natureza quantitativa da estrutura da Ciência da Fábrica possibilita ciclos de *feedback* ágeis e baseados em dados, a fim de assegurar a conformidade com as políticas que motivam a execução estratégica.

Planos pessoais para que os indivíduos compreendam seus papéis

Uma última recomendação para os líderes é resgatar o plano da organização e o papel dos indivíduos na execução de um *plano pessoal* de uma página para as pessoas. Um plano de uma página feito sob medida para o colaborador propicia expectativas claras para o mesmo e uma oportunidade para *feedback* estruturado pelo líder. Para isso, é preciso algum trabalho por parte do líder. O plano não precisa ser uma exposição de 20 páginas, mas o gestor deve elaborar bem o plano para cada colaborador a fim de garantir que os esforços e as expectativas estejam alinhados. Novamente, o formato é menos importante do que a função.

Entre os itens das políticas da Ciência da Fábrica que muitas vezes se deixam transparecer em planos individuais estão os seguintes:

- Conformidade com a política de estoque para compradores
- Determinação de política de estipulação de prazos de entrega, limite de WIP e produtividade para programadores

A Figura 8-14 apresenta um exemplo da Arc Precision de um plano pessoal com itens relacionados com as táticas da estrutura da Ciência da Fábrica destacadas em negrito.

Plano Pessoal do Clayton

1. Engenharia
   a. Criar orçamentos/estipulações
      i. Determinar o melhor método para produção
      ii. Trabalhar com engenheiros dos clientes, caso as peças não possam ser fabricadas por impressão (DFM)
      iii. Obter preços de materiais
      iv. Obter preços de serviços externos
      v. Calcular os tempos de preparação e os tempos de processamento
      vi. Determinar as necessidades de ferramental
      vii. Determinar as necessidades de fixação
      viii. Trabalhar com Mike para determinar o melhor *lead time*
      ix. Criar esboços de ferramental/fixações
      x. Criar pasta sobre EDMR e arquivar os impressos na pasta apropriada
      xi. Criar relatório de auditoria de orçamentos e trabalhar com Mike para determinar os melhores *lead times*
   b. Criar tarefas
      i. Revisar P.O. (Procedimentos Operacionais)
         1. Confirmar datas, revisão e preço correspondentes ao orçamento
      ii. Criar tarefa
         1. Criar tarefa em Jobboss
         2. Programar tarefa
         3. Imprimir etiqueta de transporte
         4. Imprimir etiquetas azuis e confirmar que são a revisão correta
         5. Encomendar material, ferramental especial, bitolas especiais
   c. Manter histórico de orçamentos
2. Programação
   a. Criar programação semanal
      i. Imprimir relatórios conforme necessário
      ii. Dar apoio ao Mike conforme necessário
   b. Fazer programação global em Jobboss semanalmente
   c. Manter histórico de produção antecipada
3. Substituição de pessoal de escritório
   a. Ajudar Dawn quando em férias
      i. Produtividade
      ii. Cartões de controle de tempo
   b. Programação do revezamento do pessoal de apoio
4. Suporte da área de produção
   a. Preparação e processamento dos centros necessários de trabalho à medida que for preciso

Figura 8-14 Exemplo de plano pessoal.

O plano de Clayton está diretamente vinculado a estratégias, táticas e controles da estrutura da Ciência da Fábrica nas áreas de:

- Estipulação de prazos de entrega
- Uso da lei de Little para planejamento e acompanhamento da produção
- Uso da lei de Little para planejar e acompanhar o serviço de estipulação de prazos

O conceito de plano pessoal combinado com o uso da estrutura da Ciência da Fábrica cumpre um papel-chave no processo de desenvolvimento profissional de Clayton. Ele ajuda a alinhar os planos e ações diários de Clayton com as estratégias, táticas e controles da empresa. Um plano pessoal é uma maneira simples de oferecer expectativas claras aos funcionários, além de proporcionar uma estrutura útil para discussões sobre desempenho e desenvolvimento.

Torcemos para que o conteúdo deste capítulo tenha proporcionado algumas ideias sobre como liderar aplicando a estrutura da Ciência da Fábrica para orientar a estratégia e a execução operacionais. Reconhecemos que a liderança é tanto situacional quanto uma questão de estilo individual. No entanto, a estrutura da Ciência da Fábrica, com suas estratégias, táticas e controles, oferece um método prático e científico para todo líder combinar seu estilo pessoal com a aplicação de uma abordagem preditiva em qualquer empresa.

Liderança com a estrutura da Ciência da Fábrica

1. Os líderes devem antes de mais nada desenvolver a visão e a estratégia para a organização.
2. Os líderes devem trabalhar com a organização para que todos os membros compartilhem um entendimento sobre a visão, a estratégia, as táticas, os controles e seu papel individual na execução.
3. Os líderes devem estabelecer mensurações e ciclos de *feedback* para assegurar a execução e a melhoria contínua.

Capítulo 9

Exemplos da indústria

Evite os preceitos daqueles pensadores cujo raciocínio não é confirmado pela experiência.

— Leonardo da Vinci, Pensamentos sobre Arte e Vida

A partir de agora, vamos demonstrar o uso da metodologia da Ciência da Fábrica na prática. Este capítulo contém cinco exemplos diferentes do seu uso no mundo real. Também incluímos um exemplo que parte de um tratamento clássico de um famoso livro sobre Produção Enxuta e estende os resultados empregando a Ciência da Fábrica.

Aprendendo a enxergar – mais longe

Este capítulo começa por um exemplo que não é extraído do mundo real, e sim de um livro influente: *Learning to See*.[1] Neste livro, Rother e Shook apresentam maneiras simples e eficientes de ilustrar o fluxo desenvolvendo um mapa de fluxo de valor (VSM – *value-stream map*). Os autores listam alguns motivos pelos quais tais mapas são úteis:

1. Conseguir enxergar o *fluxo* e não se ater a um único processo.
2. Proporcionar uma linguagem comum.
3. Enxergar as fontes de desperdício, e não apenas o desperdício em si.
4. Tornar aparente os detalhes do fluxo, para que possam ser discutidos.
5. Formar a base de um plano de implementação.
6. Explicitar vínculos entre fluxos de informação e de material.
7. Um VSM é uma ferramenta qualitativa para descrever em detalhes como as instalações devem operar para que possam criar fluxo.

O estudo de caso é junto à Michigan Steel Company, que produz dois tipos de suportes: um esquerdo e um direito. Entre outros dados, podemos citar:

- Cinco etapas processuais com tempos de processamento e tempos de preparação de maquinário
- Demanda de 18.400 suportes por mês
  - 12.000 esquerdos
  - 6.400 direitos
- Os suportes são transportados em bandejas de 20
- Dois turnos por dia (15,33 horas)
- Vinte dias por mês
- Tempo total de valor agregado de 3,13 minutos

O tempo disponível será de 306,667 h = 20 dias × 15,33 h/dia, ou 18.400 minutos. Como a demanda é de 18.400 suportes ao mês, o tempo *takt* é de 1 minuto, ou 60 segundos. A Figura 9-1 ilustra o "estado atual" do VSM. Os diversos retângulos representam os processos produtivos, como "Estamparia", "Solda Manual nº1", e assim por diante, ao passo que os triângulos indicam localizações de trabalho em processamento (WIP – *work-in-process*). As setas pretas retas indicam o fluxo de informação, enquanto as setas tracejadas exibem o fluxo eletrônico de informação. As setas em forma de raio entre os processos indicam o fluxo empurrado de material pela planta, e as setas cheias representam os transportes.

A Tabela 9-1 indica as taxas e os tempos de preparação de maquinário para cada etapa do fluxo. Observe que, para a expedição, a declaração provavelmente deveria ser de que a capacidade, e não o tempo de processamento, é ilimitada. Isso pode ou não ser verdade, mas no contexto deste caso, talvez seja uma opção razoável. Depois que o mapa é desenhado, é fácil determinar o *cycle time* do processo. É interessante observar que os autores do processo de mapeamento

Tabela 9-1 Taxas e Tempos de preparação de Maquinário para o Mapa de Fluxo de Valor

Etapa do processo	Tempo de processamento (s)	Tempo de preparação (h)
Estamparia	1,0	1,000
Solda Manual nº 1	39,0	0,167
Solda Manual nº 2	46,0	0,167
Montagem nº 1	62,0	0,000
Montagem nº 2	40,0	0,000
Expedição	Ilimitado	0,000

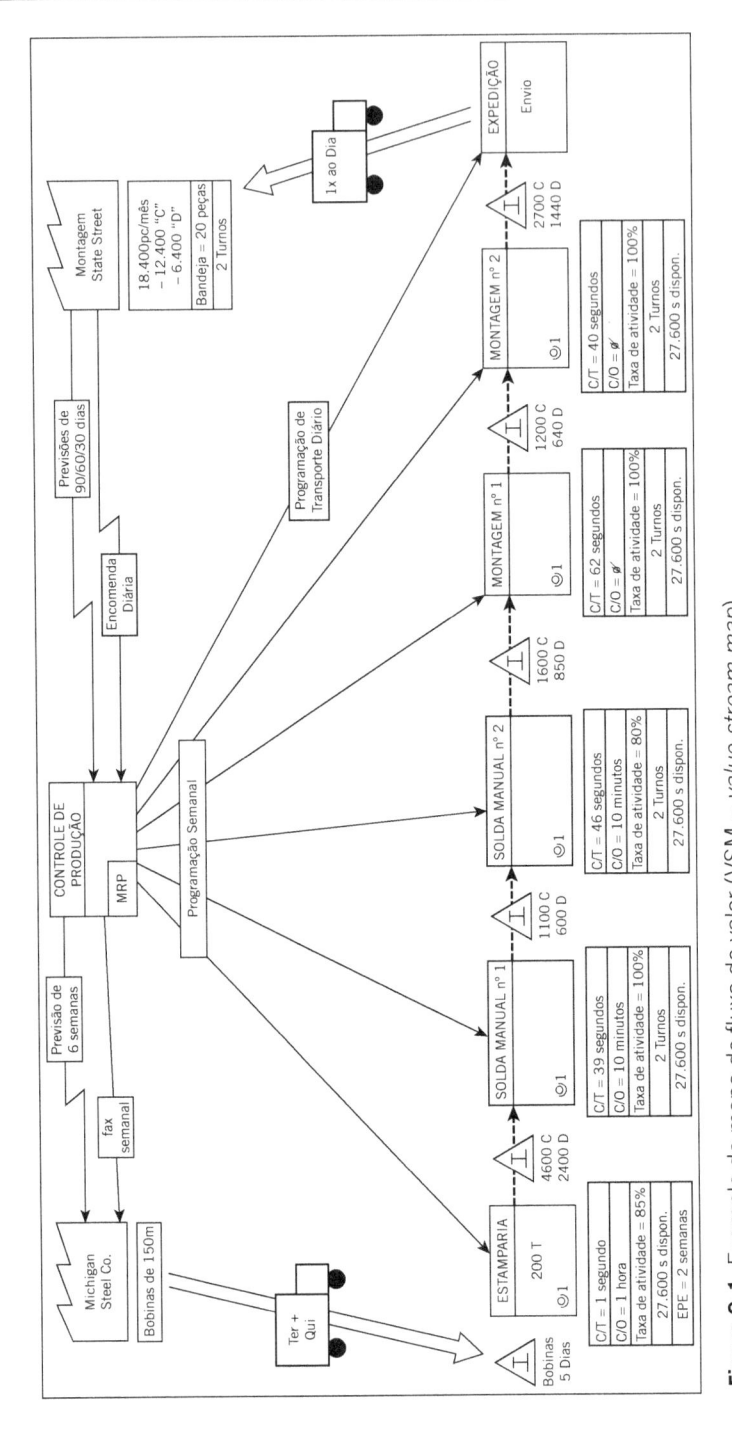

Figura 9-1 Exemplo de mapa de fluxo de valor (VSM – *value-stream map*). *(Usada com permissão, © Lean Enterprise Institute.)*

do fluxo de valor usam a lei de Little para determinar os *cycle times*. O procedimento é ir contando o WIP a cada estação e dividir o total pela produtividade (ou, de modo equivalente, multiplicar pelo tempo *takt*). Isso deve render uma estimativa bem melhor do que perguntar ao operador: "Quanto tempo o seu processamento leva do início ao fim?". Dada a pressão para manter os valores baixos, pode haver alguma motivação para que ele ofereça uma resposta otimista.

Outros dados de desempenho são apresentados na Figura 9-2. Observe que não há qualquer indicação das taxas de atendimento ou da utilização nos centros de processamento.

Depois que o mapa do estado atual é concluído, ele é utilizado para identificar longos *cycle times* e então sugerir maneiras de melhorar o processo. Acreditamos que o processo de VSM é extremamente útil para estabelecer um contexto básico e para compreender o fluxo em geral. No entanto, como um VSM não é um modelo de entrada e saída de dados, ele não chega a ser capaz de demonstrar o que realmente vai acontecer quando forem feitas mudanças no sistema.

Por isso, achamos que seria interessante tomar o mapa de estado atual do livro *Learning to See* e usá-lo para desenvolver um modelo da Ciência da Fábrica, utilizando o software analítico de operações CSUITE, para ver até que ponto podemos reduzir os *cycle times* sem ter de gastar muito dinheiro.

Para desenvolver tal modelo, os seguintes dados são necessários para cada processo:

- Número de ferramentas necessárias
- Número de trabalhadores necessários para preparação de maquinário e para processamento
- Taxa de processamento
- Tempo de preparação (*setup*)
- Disponibilidade [tempo médio para reparo (MTTR – *Mean Time To Repair*), tempo médio para falha (MTTF – *Mean Time To Fail*)]
- Níveis atuais de WIP

Matéria--prima Total (dias)	WIP Total (dias)	Produtos Acabados (dias)	WIP e Estoque Totais (dias)	*Cycle Time* de Fab.	Taxa de Atendimento	Utilização
5	14,1	4,5	23,6	14,1	?	?

Figura 9-2 Dados de desempenho obtidos junto ao mapa de fluxo de valor.

A maior parte dessas informações está disponível diretamente no VSM. O que está faltando pode ser modelado com algumas suposições simples. Podemos supor, por exemplo, que é preciso haver um operador em cada estação (tanto para preparação de maquinário quanto para processamento). Como não há informação alguma referente à variabilidade dos tempos de processamento e como o caso em si é fictício, estamos livres para usar qualquer coisa que seja razoável. Geralmente, os tempos de processamento costumam ter baixa variabilidade (isto é, CV < 0,75), mas essa planta parece ser mal gerenciada, com um tempo de valor agregado de apenas 3 minutos e um *cycle time* total de 23,6 dias. Por isso, vamos estabelecer a variabilidade em um nível moderado com um QCV de 1,0. Da mesma forma, só conhecemos a disponibilidade, mas precisamos também do MTTR e do MTTF. Novamente, como este caso é fictício, podemos assumir qualquer valor razoável, contanto que as disponibilidades cheguem a 85% para a estamparia, 80% para a solda manual n° 2 e 100% para todo o restante. O tamanho do lote em transferência é de 20 unidades e é determinado como o número de suportes por dia, ao passo que o tamanho do lote em processamento é obtido pelos dados de "cada peça a cada 2 semanas". Isso significa que temos metade da demanda mensal a cada duas semanas, então o lote em processamento para suportes esquerdos é de 6.000 e para suportes direitos é de 3.200.

Inserimos todos esses dados no sistema de modelamento CSUITE e rodamos o modelo, vindo a descobrir que há uma insuficiência de capacidade. A Figura 9-3 mostra o cálculo e que a utilização está acima dos 103%. Como é possível? Na verdade, é óbvio. A montagem 1 apresenta um tempo de processamento de 62 segundos, ao passo que o tempo *takt* é de apenas 60 segundos. Portanto, a linha não tem como atender à demanda.

Se essa fosse uma fábrica *real*, um gestor precisaria retornar à fábrica em si e descobrir qual é a diferença entre o modelo e aquilo que está acontecendo de fato na fábrica. Porém, conhecendo alguns princípios básicos da Ciência da Fábrica, podemos determinar algumas causas prováveis. Uma coisa que sabemos é que uma planta não pode *jamais* rodar continuamente a 100% de utilização e bem provável que 98%. Portanto, fica claro que deve haver mais tempo sendo utilizado do que aquele declarado pelo caso. Além disso, somos informados sobre a média de WIP e *cycle time* da linha. Munidos dos dois fatos, podemos ajustar o tempo disponível até que o *cycle time*

Análise OEE	Fluxo de Produção	Unidades de Medida	Produtividade (unidades/dia)	Taxa de gargalo (unidades/dia)	Tipo de Gargalo	Gargalo do Centro de Processamento	Utilização
	Suportes	Suporte	920.0000	890.0598	Centro de Processamento	04 Montagem n° 1	103,36%

Figura 9-3 Capacidade inicial e utilização da linha de VSM.

chegue aos 23,6 dias informados. Como isso inclui 5 dias em matéria-prima (armazenamento de bobinas) e 4,5 dias em bens acabados esperando para serem transportados, então o *cycle time* da planta é de "apenas" 14,1 dias. Para alcançarmos tal resultado, percebemos que a planta está rodando, em média, um extra de 1,2 hora por dia, ou 24 horas por mês. Quando rodamos novamente o modelo, obtemos o mesmo *cycle time* em geral de 14,8 dias para suportes esquerdos e 12,8 para suportes direitos. A diferença no *cycle time* se deve à diferença no tamanho dos lotes. A Figura 9-4 apresenta os dados de desempenho obtidos pelo CSUITE. Observe que agora temos níveis de *cycle time* e de WIP por parte, além de taxas de atendimento e níveis de utilização. O gargalo é a montagem 1 com uma altíssima utilização de 96%. Além disso, as taxas de atendimento estão bastante baixas (em cerca de 75%), e o nível de bens acabados é quase duas vezes maior do que o informado no VSM, e se deve à variabilidade nos *cycle times* que fazem a taxa de atendimento cair e os estoques aumentarem.

Como temos um modelo viável que corresponde muito bem ao desempenho da linha real, vamos ver como ele poderia ser melhorado.

Em primeiro lugar, vamos realizar uma análise de *benchmarking* absoluto. A partir do VSM, obtemos uma demanda de 920 unidades por dia e um nível de WIP de 12.990. A partir do CSUITE, obtemos um tempo bruto de processamento de 0,93 dia e uma taxa de gargalo de 958,57 unidades por dia. Os quatro conjuntos de dados é tudo o que precisamos para criar as plotagens mostradas na Figura 9-5, que são bastante reveladoras. O WIP, por exemplo, é mais de 15 vezes o WIP crítico (856). Observe que a produtividade está entre o nível marginal e a melhor das hipóteses. Isso nos diz que a variabilidade inerente não é o problema, mas sim o WIP excessivo.

Peça	Matéria--prima (dias)	WIP (dias)	Produtos Acabados (dias)	WIP e Produtos Acabados Totais (dias)	Cycle Times (dias)	Giros Totais	Taxa de Atendimento
Suporte Esquerdo	5,0	14,8	11,5	31,3	14,8	7,66	74,59%
Suporte Direito	5,0	12,8	11,5	29,3	12,8	8,20	75,52%

Centro de Processamento	Gargalo	Util.	Horas para Um Lote	Horas na Fila
01 Estamparia		3,03%	2,5	0,02
02 Solda Manual n° 1		60,58%	50,01	14,16
03 Solda Manual n° 2		89,21%	73,64	35,97
04 Montagem S. n° 1	GR	95,98%	79,23	116,09
05 Montagem S. n° 2		61,92%	51,11	15,23

Figura 9-4 Previsões de desempenho pelo CSUITE.

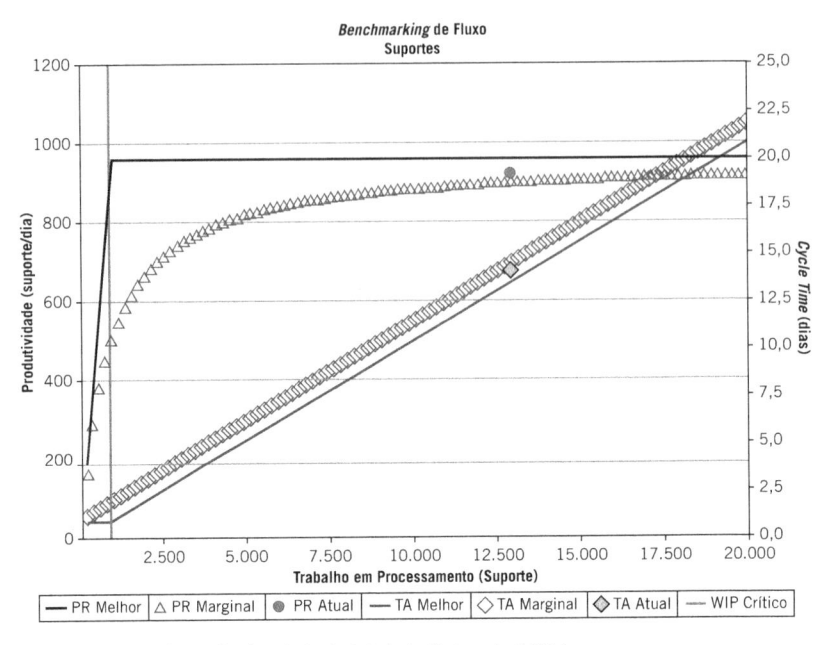

Figura 9-5 *Benchmark* absoluto inicial da linha de VSM.

Os elevados níveis de WIP podem ser causados por lotes de grande volume – cada um representando metade da demanda mensal. Seria de se pensar que os grandes lotes servem para evitar as preparações de uma hora na operação de estamparia. Mas a análise pelo CSUITE mostra que essa operação só é utilizada em 3% do tempo, apesar das preparações relativamente demoradas. Como isso parece impossível, vamos conferir rapidamente os dados para ver se é verdade.

O processo passa por quatro preparações por mês, para um tempo total de preparação de 4 horas por mês. Como o tempo de processamento é de apenas 1 segundo, utilizamos 18.400 segundos, ou 5,11 horas por mês. Uma vez que a operação de estamparia apresenta uma disponibilidade de 85%, esse tempo passa para aproximadamente 6 horas por mês. Assim, o tempo total gasto em preparação de maquinário, ociosidade e processamento é de cerca de 10 horas por mês. Já que há 16,53 horas por dia, durante 20 dias ao mês, temos 330,6 horas. Consequentemente, a utilização será:

$$u = \frac{10}{330,6} = 0,03$$

Com uma utilização de apenas 3%, não faria muita diferença, no *cycle time* global perseguir um projeto de redução de preparação nessa máquina. No entanto, caso haja outros produtos utilizando a mesma máquina de estamparia e gerando uma utilização muito mais alta, então, talvez, precisemos resolver o longo tempo de preparação. Na verdade, não podemos ter certeza a partir das informações de que dispomos.

Antes de analisar as questões da área de fabricação, devemos ver quanta melhoria conseguimos obter modificando os parâmetros nos sistemas de controle produtivo. Eles incluem tamanhos de lotes, estoques de segurança e *lead times* planejados. Dessa forma, usamos o otimizador de fluxo de caixa (CFO – *cash-flow optimizer*) do CSUITE, que seleciona os tamanhos de lote e os estoques de segurança que minimizam o estoque e que garantem uma determinada taxa de atendimento. Neste caso, a taxa de atendimento-meta é de 95%.

Depois de rodar o CFO (Figura 9-6), os *cycle times* caem de cerca de 14 dias para aproximadamente 1 dia! Além do mais, embora as taxas de atendimento tenham passado de 75 para cerca de 95%, o estoque de bens acabados caiu de cerca de 11 dias para menos de meio dia. De fato, o giro total passou de aproximadamente de 8 para 19. Tudo isso foi conquistado reconciliando os tamanhos dos lotes, que caíram de 6.000 e 3.200 para 320 e 232. (Veja Figura 9-6.) Nenhuma alteração foi feita no chão de fábrica. O operador da máquina de estamparia talvez não fique muito satisfeito com as grandes vantagens da redução do tamanho dos lotes, já que muitas preparações de maquinário serão necessárias. Contudo, essa é uma das questões que um gestor precisa administrar.

Mas podemos fazer ainda melhor, se abordarmos questões no chão de fábrica. Antes de mais nada, a montagem 1 continua sendo o gargalo, e o seu tempo de processamento exige que providenciemos 24 horas de hora extra a

Peça	Matéria--prima (dias)	WIP (dias)	Produtos Acabados (dias)	WIP e Produtos Acabados Totais (dias)	Mba. *Cycle Time* (dias)	Giros Totais	Taxa de Atendimento
Suporte Esquerdo	5,0	1,1	0,3	6,4	1,1	19,43	93,17%
Suporte Direito	5,0	1,0	0,4	6,4	1,0	19,33	94,89%

Centro de Processamento	Gargalo	Util.	Horas para Um Lote	Horas na Fila
01 Estampagem		21,53%	1,09	0,21
02 Solda Manual nº 1		63,72%	3,23	1,04
03 Solda Manual nº 2		92,36%	4,69	4,56
04 Montagem S. nº 1	GR	95,98%	4,87	6,95
05 Montagem S. nº 2		61,92%	3,14	0,83

Figura 9-6 Previsões de desempenho pelo CSUITE depois da aplicação do CFO.

cada mês. O livro *Learning to See* sugere a redução do tempo máximo de processamento mediante um reequilíbrio das operações de solda e montagem. Os autores também realizaram um *kaizen* que converteu quatro etapas do processo, que levavam um total de 187 segundos, em três etapas que levavam, cada uma, menos de 60 segundos. Para conseguir isso, eles criaram uma célula capaz de realizar tanto a etapa de solda como a de montagem. Todas essas mudanças são completamente possíveis, principalmente em um local que não passou por melhorias de processo.

Queremos ver, porém, o que conseguimos fazer *sem* reduzir o tempo total. Suponhamos, inclusive, que uma mudança no balanceamento da linha, na verdade, aumenta o tempo total, devido à ineficiência resultante da combinação das duas operações de montagem em uma só que leva 105 segundos (3 segundos a mais do que a configuração atual). Assim, cada operador vai realizar a montagem inteira, o que exigirá um pouco mais de tempo para ser concluída. Isso significa que temos duas operações *paralelas* que levam 105 segundos, em vez de dois operadores em *série* que levam 46 e 62 segundos, respectivamente.

Quando rodamos o modelo, os *cycle times* passam de cerca de 1,1 e 1,0 dia para 0,88 e 0,76 dia Pode até parecer pouco, mas representa uma queda de 20 e 24% no *cycle time*. Tal alteração também desfaz o gargalo na montagem 1, e agora a solda manual nº 2 se torna a nova restrição, com 92,36% de utilização. Seria de imaginar que as horas extras poderiam ser eliminadas, mas se isso for feito, a utilização passará para 99,5%, com os *cycle times* aumentando para cerca de 6 dias. Nesse nível extremo de utilização, os cálculos de *cycle time* deixam de ser precisos. Os cálculos de utilização, porém, são precisos, e 99,5% é alto demais.

Percebemos, no entanto, que o novo gargalo apresenta um MTTR de 7,2 horas. Se pudéssemos dispor de uma "parte de substituição em campo" e treinar o operador para instalá-la (evitando uma chamada de manutenção), conseguiríamos reduzir esse tempo em no máximo 4 horas. Essa mudança diminui os *cycle times* quase de volta aos seus níveis antes de eliminarmos as horas extras (0,89 e 0,76 dia). Quando rodamos o CFO, depois dessas mudanças, obtemos resultados um pouco melhores. A utilização agora está baixa o suficiente para que possamos eliminar com segurança as 24 horas de hora extra, uma economia direta e significativa de custos.

O VSM representou uma ferramenta inestimável para enxergar o fluxo e destacar as oportunidades. A combinação do VSM com um modelo de simulação rápida nos permite brincar de "e se" e, com otimização, "o que é melhor" antes de fazer as mudanças na planta real. A Figura 9-7 resume as melhorias em geral, as quais são consideráveis. Os *cycle times* foram reduzidos em 94%, enquanto o giro de estoque aumentou em 150%, e as taxas de atendimento su-

	Mba. *Cycle Time* (dias)			Giro Total		
Peça	Atual	Final	% Dif.	Atual	Final	% Dif.
Suporte Esquerdo	14,8	0,8	−94%	7,66	20,07	162%
Suporte Direito	12,8	0,7	−94%	8,20	20,05	145%
	Taxa de Atendimento			Horas Extras por Mês		
Peça	Atual	Final	% Dif.	Peça	Final	% Dif.
Suporte Esquerdo	74,59%	96,25%	29%	24,00	—	−100%
Suporte Direito	75,52%	97,60%	29%			

Figura 9-7 Resumo das melhorias de desempenho.

biram em 29%. Por fim, passamos de uma programação com 24 horas de hora extra por mês para zero hora extra em um mês. Todas essas melhorias foram conquistadas com mudanças baratas no chão de fábrica e pela otimização das regras de produção.

A Figura 9-8 ilustra essas mudanças graficamente. Nela, podemos ver um aumento na capacidade, enquanto o *cycle time* cai drasticamente. Além disso, a variabilidade foi reduzida a tal ponto que agora é possível operar bem próximo ao WIP crítico (fluxo contínuo).

Além do ABC – políticas de otimização de estoque

Esta empresa é uma líder global em monitoramento de válvulas e detecção de posicionamento para as indústrias de processamento. Seus produtos permitem que plantas, plataformas e tubulações administrem e controlem suas operações de modo mais inteligente e eficiente, sob as condições mais exigentes e extremas. O processo é essencialmente uma operação de montagem sob encomenda, então a gestão apropriada do estoque de componentes é crítica para o sucesso da operação.

Além disso, os componentes são obtidos junto a uma cadeia de suprimentos que, para alguns produtos, trabalha com *lead times* longos e variáveis. Quando os *lead times* para os produtos excedem o *lead time* estipulado aos clientes para o item final, a empresa precisa prever a demanda para os componentes. Na maioria das vezes, tais previsões apresentam erros bem consideráveis. Por isso, a empresa tem um sistema de estoque que exige uma taxa de atendimento extremamente alta (todos os componentes precisam estar disponíveis antes que a montagem possa ocorrer) com grande variabilidade tanto nos tempos de reabastecimento quanto na demanda prevista.

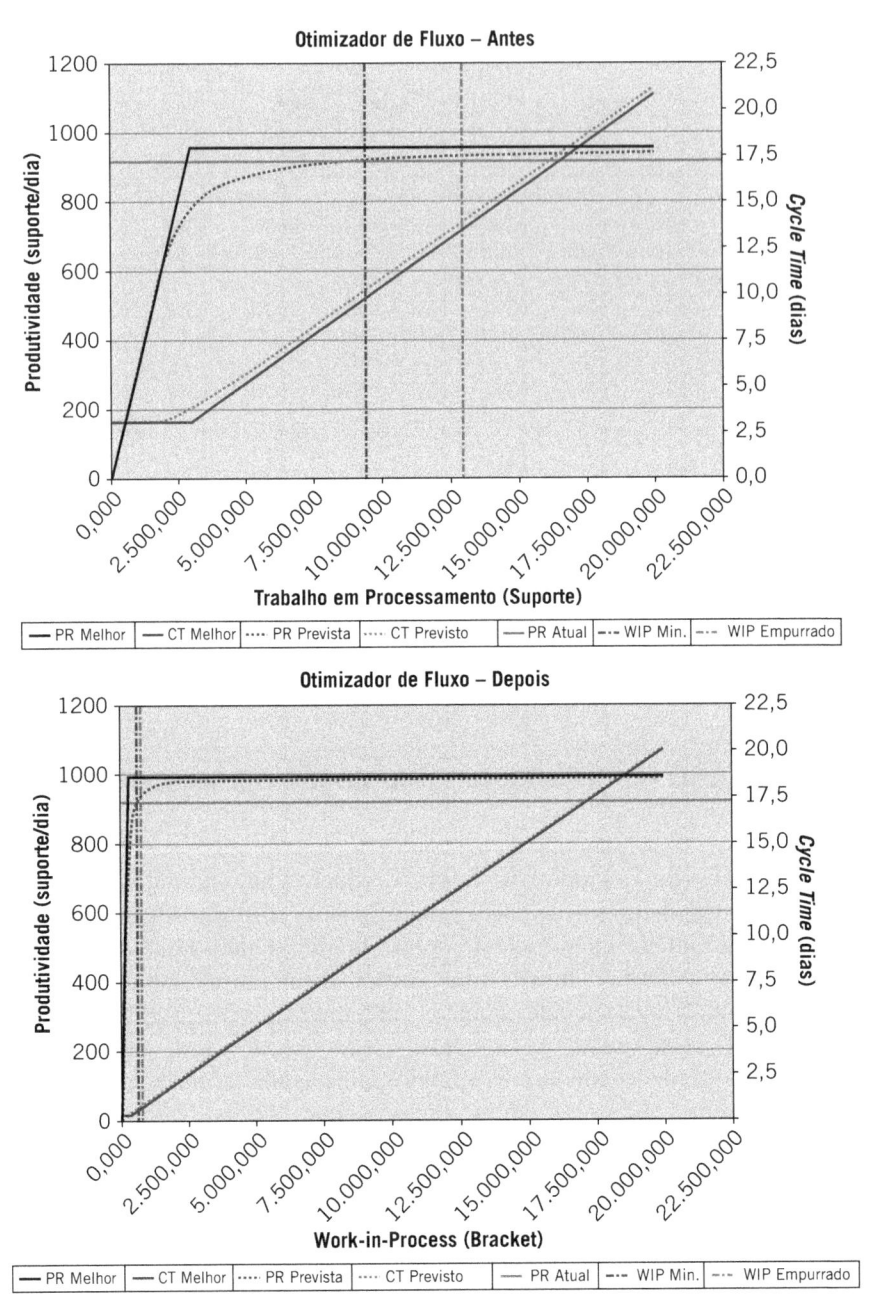

Figura 9-8 Curvas de desempenho "antes e depois".

Em capítulos anteriores, já analisamos os métodos para lidar com essas questões. Agora gostaríamos de avançar em relação às ideias já mencionadas referentes a métodos de configuração de áreas de estocagem que são mais práticas do que o método ABC tradicional.

Enquanto o método ABC costuma lidar com o valor de demanda (custo da peça × demanda), o comportamento natural do estoque é determinado pela demanda e pelos tempos de reabastecimento. Quando o *lead time* do fornecedor é menor do que aquele oferecido para o item final aos clientes, não há necessidade de acumular estoque *algum*. Na verdade, o único estoque disponível será aquele remanescente de quantidades de reposição (QREs) maiores do que a demanda imediata. No entanto, quando o *lead time* do fornecedor (incluindo consideração sobre a variabilidade no desempenho do fornecedor) é maior do que aquele oferecido aos clientes, a demanda por itens finais deve ser prevista e então extrapolada por meio de listas de materiais, para que se encontre a demanda por componentes. Conforme discutido no Capítulo 4, o erro quadrático médio (EQM) da previsão servirá como a variância na demanda pelo item final (contanto que a previsão não seja tendenciosa). Esse erro é então propagado pela lista de materiais para se obter a variância da demanda por componentes. Contudo, se o *lead time* do fornecedor for apenas um pouco maior do que aquele oferecido aos clientes, a variabilidade na demanda é de fato reduzida, pois precisamos prever apenas aquela porção de demanda para a qual o *lead time* do fornecedor é mais longo do que o oferecido aos clientes. Assim, faz sentido dividir os estoques em categorias de *lead times* longo e curto e otimizá-las separadamente.

Podemos dividir ainda mais os estoques em duas outras categorias – de alta e baixa demanda – e criar duas categorias de itens finais – padronizados e customizados. Os *itens padronizados* são aqueles com uma demanda elevada o bastante para garantir estoques de componentes relativamente grandes, proporcionando, assim, *lead times* curtos aos clientes. Os *itens customizados*, por sua vez, são itens caros e/ou que apresentam baixa demanda. Segundo nossa própria experiência, os clientes não costumam esperar que um fornecedor estoque itens especiais com baixa demanda (com exceção dos grandes fornecedores e dos fabricantes de equipamentos automotivos originais). No entanto, se pudermos dividir nossas ofertas nessas duas categorias, conseguiremos reduzir bastante os estoques.

Considerando todas essas dimensões, acabamos com quatro categorias: demanda alta, *lead time* longo; demanda alta, *lead time* curto; demanda baixa, *lead time* longo; e demanda baixa, *lead time* curto. Essa classificação *alinha a prática de gestão de estoque de um gestor com o comportamento natural dos sistemas de estocagem*, conforme descrito em explicações, nos Capítulos 3 e 4, sobre a variância da demanda por tempo de reabastecimento. No caso dos itens com *lead time* curto e dos itens com baixa demanda, podemos aceitar taxas de atendimento baixas, contanto que os tempos de atraso quando em atraso sejam curtos. Portanto, a única categoria que exige uma alta taxa de atendimento é a categoria de *lead time* longo e demanda alta. Tal estratégia pode reduzir bastante o estoque total e, ao mesmo tempo, manter o atendimento aos clientes extremamente alto.

Como as categorias anteriores são bastante diferentes da classificação ABC tradicional e amplamente adotadas, devemos explicar por que é prudente abandonar um esquema que já vem sendo empregado há muitos anos. Joseph Orlicky, normalmente considerado o "pai do planejamento das necessidades de materiais (MRP – *material requirements planning*)", estipulou os conceitos do MRP em seu livro, *Material Requirements Planning*.[2] Nesse livro, Orlicky cita Dickie[3] como tendo sido o precursor do esquema ABC e comenta que a "lógica da classificação ABC é a impraticabilidade de dar um grau igualmente alto de atenção ao registro de cada item de estoque *devido à capacidade limitada de processamento de informações*" (ênfase do original). Desse modo, uma categoria "A" poderia englobar os 5% superiores entre os itens que apresentam o maior custo por volume, e receberia o grosso da atenção do "planejamento e controle de recursos". Os itens "B" (digamos, os 15% seguintes) receberiam menos atenção, porém mais do que os itens "C", que acabam sendo encomendados apenas uma vez ao ano. Assim, Orlicky dispensa a necessidade de tal sistema, dizendo: "Com um computador à disposição, essa limitação desaparece e o conceito ABC tende a acabar irrelevante". No entanto, quase 40 anos mais tarde, o conceito parece estar no auge de sua popularidade, e muitos dos fornecedores de sistemas integrados de gestão empresarial (EPR – *enterprise resources planning*), como a SAP e a Oracle, oferecem software de auxílio na análise ABC. Ainda assim, na nossa opinião, mesmo depois desses anos todos, a avaliação de Orlicky é mais válida hoje do que em 1975, dado o poder dos computadores modernos, pois um dos motivos de o conceito ABC ainda existir, é que os desenvolvedores de software tendem a oferecer programas que *facilitam aquilo que já está sendo feito*, em vez de oferecer programas que *resolvam os problemas que de fato enfrentamos*. Com base em nossa experiência junto a inúmeros clientes, as quatro categorias introduzidas anteriormente proporcionam uma classificação muito melhor do que a ABC.

Comparamos a classificação recém-mencionada com a ABC utilizando dados de um cliente nosso, que é uma divisão de uma empresa Fortune 500 com centenas de plantas espalhadas pelo mundo. A política corporativa de estoque recomendada é dividida em categorias de custo por volume (como a ABC), com multiplicadores de demanda para tamanho de lote e estoque de segurança, ambos em termos de dias de demanda. Uma ilustração hipotética da estratégia desse cliente definiria os itens "A" como os 50% superiores no que diz respeito a custo por volume, com um tamanho de lote de 5 dias e um estoque de segurança de 7 dias de demanda; os itens "B" englobariam os 30% seguintes e usariam 10 dias de demanda tanto para o tamanho do lote quanto para o lote de segurança; e assim por diante.

A Figura 9-9 compara essa política corporativa conforme implementada com as políticas otimizadas para 1.672 itens. Em todas as instâncias, o estoque necessário foi significativamente menor, enquanto as taxas de atendimento ficaram iguais ou um pouco mais baixas, no caso de *lead times* mais curtos. De qualquer forma, o tempo de atraso esperado quando em atraso não aumentou para nenhum dos itens nos casos otimizados. O investimento total em estoque foi reduzido em aproximadamente 50%.

Com isso, concluímos que a classificação ABC é uma herança da era pré-computador que deve ser descartada em favor de esquemas de classificação mais práticos e efetivos baseados no comportamento natural dos sistemas de estoque.

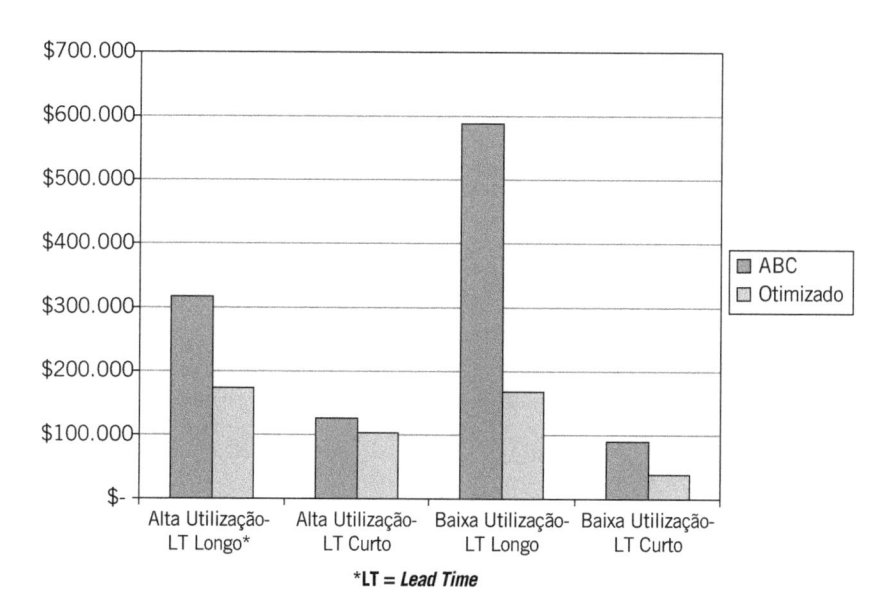

Figura 9-9 Comparação entre a classificação ABC e as políticas de estoque por utilização-*lead time*.

Reduzindo os *cycle times* em uma planta farmacêutica tradicional

Trata-se de uma planta atraente, localizada em um subúrbio de uma grande cidade nos Estados Unidos. Durante os anos 1990, a planta ganhou um prêmio de arquitetura por seu design discreto e por sua estética. Era uma planta de tamanho médio com cerca de 13 mil metros quadrados e aproximadamente 400 funcionários. Ela produzia cerca de 40 produtos, abrangendo 150 unidades de contagem de estoque (UCEs; dosagens, número de comprimidos, linguagem do rótulo, etc.). Dois dos produtos, que chamaremos de H e C, apresentavam ao mesmo tempo os maiores volumes e eram os maiores contribuintes de lucro. Para deixar as coisas ainda mais complexas, a planta precisava acomodar pequenos lotes do ramo de pesquisa e desenvolvimento (P&D) da corporação. A logística tradicional das plantas farmacêuticas (em oposição às biofarmacêuticas) está resumida na Figura 9-10. As etapas são pesar os ingredientes em uma sala higiênica, misturar os ingredientes para fazer a formulação, embalá-los em comprimidos, revesti-los com uma camada protetora (opcional) e embalar a formulação em frascos, cartelas, e assim por diante.

Antes de aplicar a Ciência da Fábrica, a planta era bastante típica da indústria em termos de estrutura organizacional por função, e havia bem pouco fluxo. Cada departamento mantinha uma "lista de prioridades" em uma tentativa de cumprir com os prazos de entrega aos clientes. A maioria dos processos era de lotes e filas, com mais de 90% do *cycle time* sendo consumido, ou por tempo em fila ou por horas extras causadas por grandes lotes. Obviamente, os longos *cycle times* resultavam em bastante WIP. Mas o excesso de WIP não ficava apa-

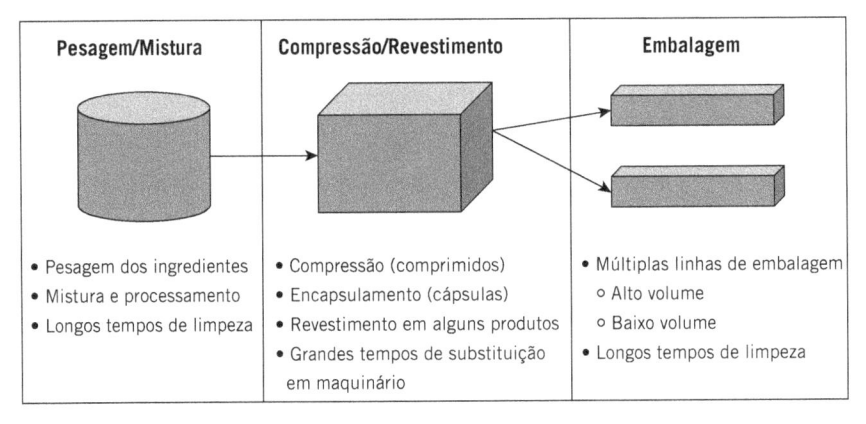

Pesagem/Mistura	Compressão/Revestimento	Embalagem

• Pesagem dos ingredientes
• Mistura e processamento
• Longos tempos de limpeza
	• Compressão (comprimidos)
	• Encapsulamento (cápsulas)
	• Revestimento em alguns produtos
	• Grandes tempos de substituição em maquinário
		• Múltiplas linhas de embalagem
		  ◦ Alto volume
		  ◦ Baixo volume
		• Longos tempos de limpeza

Figura 9-10 Visão geral da logística farmacêutica tradicional.

rente, porque os lotes eram relativamente pequenos, ainda que um pequeno volume pudesse valer mais de $150 mil (os ingredientes farmacêuticos podem ser preciosos). Contudo, depois da realização de um estudo de *benchmarking* absoluto, ficou claro que era possível obter melhorias consideráveis. A Figura 9-11 mostra a plotagem de *benchmarking*. À primeira vista, parece que a operação tem alguns problemas, mas não tão graves – até percebermos que os pontos atuais de WIP e produtividade estão invertidos em sua ordem. O triângulo está associado ao *cycle time*, mas está mais próximo da curva de produtividade do que da curva de *cycle time*, e o losango associado à produtividade tem problemas similares. Isso indica que a produtividade está extremamente baixa e o *cycle time*, extremamente alto. Mas também indica que há aí um grande potencial para melhorias.

O sistema ERP era uma versão antiga utilizada apenas para registrar transações financeiras e gerenciar estoque (com transações atrasadas em até três semanas). Não chega a surpreender, portanto, que houvesse planilhas espalhadas por toda parte. Elas eram usadas para programação, listas de prioridades, gestão de qualidade e para proporcionar uma visão mais atualizada do estoque. Havia aproximadamente $17 milhões em WIP, e os *cycle times* estavam

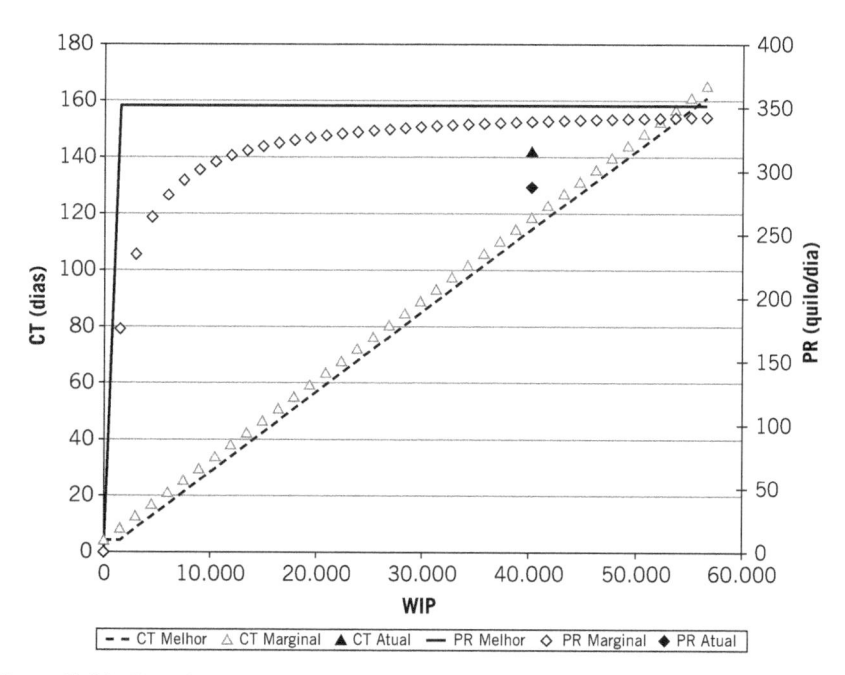

Figura 9-11 *Benchmark* absoluto dos principais produtos.

próximos de 140 dias de calendário. O primeiro passo foi atualizar o sistema ERP com bons roteiros e informações mais agilizadas. Leitores de códigos de barras foram instalados para se obter transações de movimentação em tempo real. O resultado foi uma melhoria na precisão de estocagem, que pulou de 75% para mais de 95% dentro de seis meses. A Ciência da Fábrica mostra que os aumentos de WIP ocorrem um pouco antes dos aumentos correspondentes no *cycle time* – o WIP é um indicador determinante do *cycle time*. Para prever o *cycle time*, a abordagem mais eficiente é fazer um acompanhamento e um controle do WIP, e tal abordagem foi incorporada às práticas do cliente. Em seguida, a organização fabril foi organizada em torno de *fluxos de produtos*. A Figura 9-12 oferece uma ilustração dos fluxos de produtos em uma planta farmacêutica. O que a planta adotou foi mais de uma organização matricial com a gestão da linha organizada ao longo dos fluxos de produtos, com o suporte (engenharia, manutenção, etc.) continuando a ser organizado por processo. Ainda que a força de trabalho já apresentasse um treinamento um tanto mesclado, isso acabou sendo formalizado, para que os trabalhadores no fluxo de produtos pudessem operar quaisquer dos processos naquele fluxo. Os gestores de fluxo ficaram encarregados, então, por entregas dentro do prazo, WIP, *cycle time*, estoque e alocação de mão de obra. A tarefa deles era equilibrar os *buffers* de tempo, estoque e capacidade.

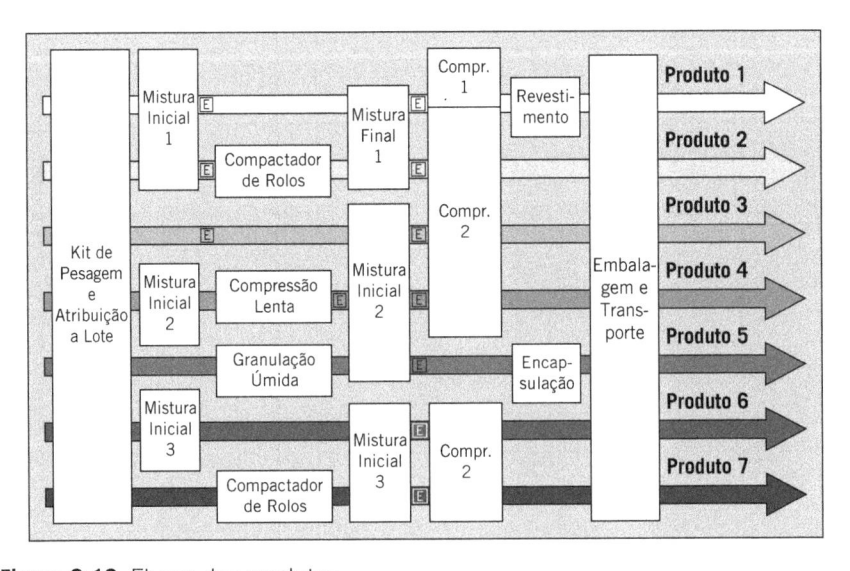

Figura 9-12 Fluxos dos produtos.

A análise mostrou que os grandes tamanhos de lotes eram a causa de boa parte do WIP. No entanto, antes que o tamanho dos lotes pudesse ser reduzido, os tempos de substituição em maquinário na área de embalagem precisavam ser reduzidos. Os operadores foram treinados no método de *troca de matriz em menos de um dígito* (SMED - *single-minute exchange of dye*)* e contaram com a criatividade para descobrir maneiras de reduzir os tempos de preparação nas embalagens. Três meses depois, os tempos de preparação foram reduzidos de 470 minutos para cerca de 190 minutos, uma melhoria de 60%. Com isso, foi possível diminuir consideravelmente o tamanho dos lotes (chamados de *campanhas* na indústria farmacêutica). Dois grandes fluxos dos produtos H e C foram organizados ainda mais, com o protocolo de CONWIP puxado (Figura 9-13). Lembre-se de que o CONWIP permite a liberação de produtos somente se (1) o sistema MRP tiver gerado uma encomenda de trabalho planejada com uma data de liberação que seja hoje ou antes de hoje, e se (2) o WIP total no fluxo de produtos estiver abaixo de um limite estabelecido. Se o WIP estiver acima do limite e se, ainda assim, houver encomendas de trabalho programadas para

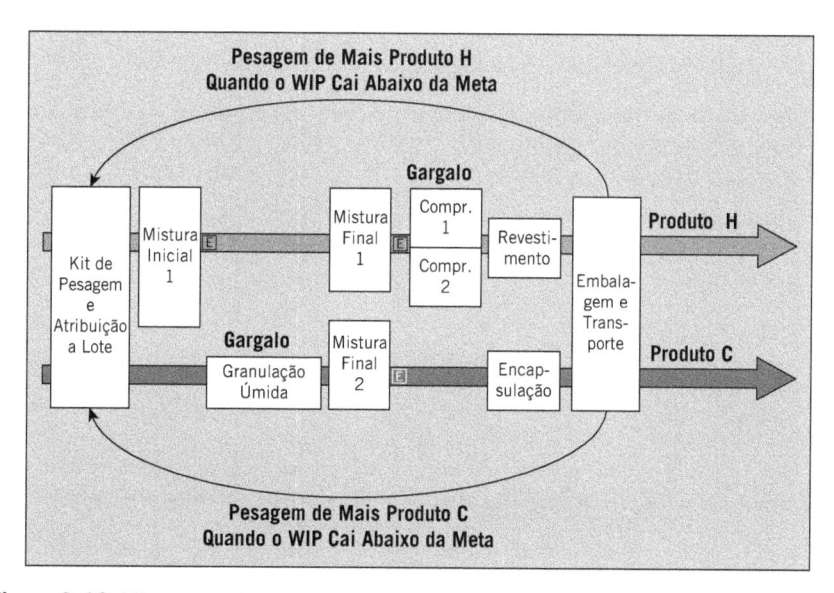

Figura 9-13 Liberação de trabalho utilizando CONWIP.

---

* N. de R.T.: A sigla SMED foi traduzida para o português como Troca Rápida de Ferramentas - TRF. De acordo com os construtores do Sistema Toyota de Produção, a denominação desse método indica que a preparação (*setup*) de equipamentos deve ter como meta ser realizada em menos de 10 minutos (9, 8, 7.... equivalente a 1 dígito).

liberação, as encomendas de trabalho vão ser contidas, e não liberadas. Obviamente, esse tipo de situação não é sustentável. Na verdade, uma fila virtual crescente de encomendas a ser liberadas é sinal de um plano de produção inviável e um alerta para a necessidade de capacidade adicional. Contudo, no curto prazo, o melhor que um gestor pode fazer é conter a liberação para não ocasionar um aumento dos *cycle times*.

Dessa forma, o palco foi montado para um conflito entre o novo sistema, o CONWIP, e o antigo, o MRP. Quando isso finalmente aconteceu durante a fase piloto do projeto, o gestor da planta seguiu com aquilo que conhecia – o MRO – e permitiu a liberação de uma boa porção de WIP. Na nossa visita seguinte, percebemos o aumento de WIP e perguntamos ao gestor da planta se ele havia percebido que o aumento de quase 50% em WIP resultaria em um aumento de 50% no *cycle time* (Figura 9-14). Depois de algum tempo, ele compreendeu o significado da decisão e anunciou ao seu pessoal: "Vocês perceberam que depois da liberação da semana passada, os *cycle times* irão subir em cerca de 50%". Foi o que estávamos esperando ouvir. Daquele momento em diante, passou a utilizar o sistema de CONWIP junto com o MRP, e os *cycle times* caíram constantemente, como pode ser visto na Figura 9-15.

Os resultados finais foram os seguintes:

- Os *cycle times* reduzidos pela metade no caso dos produtos de alto valor
- Uma redução de $10 milhões em WIP
- Melhoria nas entregas dentro do prazo de cerca de 75% para quase 100%
- Um aumento na produção final da planta de aproximadamente 23%

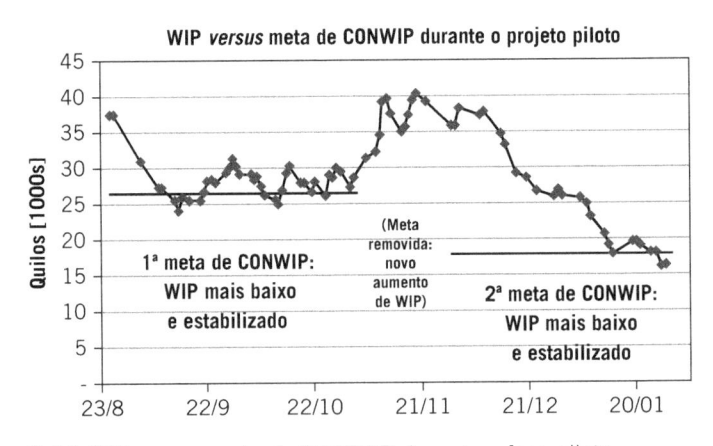

Figura 9-14 WIP *versus* meta de CONWIP durante a fase piloto.

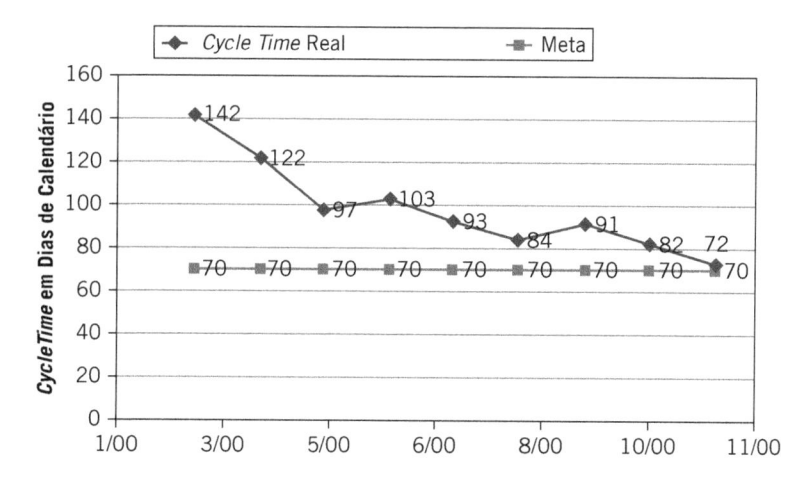

Figura 9-15 Desempenho do *cycle time* depois da implementação de CONWIP.

Depois do projeto, Glenn Gerecke, o gestor da planta, declarou: "Não resta dúvida de que níveis otimizados de WIP levam a uma operação mais eficiente com menos exposição de capital de giro. Nosso desempenho em termos de atendimento aos clientes e nossa flexibilidade operacional melhoraram radicalmente, quando passamos a gerenciar os níveis de WIP ao longo da operação. Vamos continuar aplicando os princípios da Ciência da Fábrica e esperamos ainda mais melhorias".

Restaurando o serviço ao cliente em uma planta de fabricação e montagem

A Moog, Inc., iniciou há mais de 50 anos como uma empresa de projeto e fornecimento de componentes para aeronaves e mísseis. Atualmente, a tecnologia de controle de movimentos da Moog ajuda a melhorar os desempenhos em uma variedade de mercados e aplicações, desde *cockpits* de aeronaves comerciais até turbinas de geração de potência, corrida de Fórmula 1 e sistemas médicos de infusão.

Em 2002, a Divisão de Controles Industriais da Moog, Inc., estava enfrentando uma crise. Essa divisão projetava e fabricava uma variedade de produtos para aplicações industriais, incluindo válvulas de controle de precisão, sistemas hidráulicos múltiplos e motores elétricos. A divisão enfrentava grandes problemas para cumprir com os prazos de entrega aos clientes e estava sob o risco de perder fatias de mercado para seus concorrentes. Os clientes exigiam reduções de preço mesmo com a contínua elevação dos custos com materiais e de produção. Os *cycle times* de fabricação ficavam na média de 16 semanas, ao passo que o mercado estava pedindo *lead time* de 2 a 4 semanas. O processo fabril envolvia fabricação, submontagem e testes em um ambiente de configuração sob encomenda.

A Moog já havia começado a implementar conceitos de Produção Enxuta com o auxílio de uma de suas maiores clientes, a Boeing. A empresa tinha dado início a um programa doméstico 5S, organizado o chão de fábrica em células de fabricação e começado a trabalhar na redução dos tempos de preparação de maquinário. Mas o problema do atendimento deficiente a seus clientes não se resolvia, e o número de projetos (*kaizens*) necessários para que ela ficasse realmente enxuta era muito grande. Acima de tudo, a gestão da Moog não acreditava que dispusesse de tempo para esperar pelos benefícios de sua iniciativa de Produção Enxuta. A empresa precisava melhorar seu atendimento aos clientes *agora*.

George Cameron, gerente de materiais, era um entre os diversos gestores da Moog que haviam participado de um seminário sobre Ciência da Fábrica, e, para ele, essa parecia ser uma boa ferramenta para compreender os princípios da fabricação e auxiliar nas melhorias. Então decidiu convocar a Factory Physics Inc., para fazer um diagnóstico junto a uma das plantas da Moog. O diagnóstico proporcionou um mapa do caminho que se concentraria, a princípio, na melhoria do atendimento aos clientes mediante uma reestruturação dos *buffers* de variabilidade existentes, passando posteriormente a uma redução do desperdício na área de manufatura.

A ideia básica era isolar a fabricação da montagem e fazer um teste colocando um *buffer* de estoque entre as duas. Para alguns, isso soava como heresia! Estoque é desperdício. Por que adicionar desperdício no processo?

Mas a lógica era simples: não se opera uma vesícula biliar quando o paciente está morrendo de hemorragia! Antes de mais nada, pare a hemorragia. Se o atendimento ruim aos clientes continuasse, isso poderia exercer um impacto muito negativo sobre as receitas.

Assim, o primeiro passo foi fazer um Gráfico de Pareto para identificar as peças de alto volume. Em seguida, um estoque do tipo supermercado foi utilizado para ser mantido pela fabricação usando um sistema puxado com PRE e QRE. A montagem e a área de testes montariam o produto final a partir dos componentes em estoque com base nas encomendas dos clientes. O efeito disso seria uma redução no *lead time* para os clientes (que seria agora apenas o *cycle time* na montagem e nos testes) e um grande avanço no atendimento. O piloto do modelo foi introduzido inicialmente na célula de submontagem do motor de torque. Uma proteção contra a variabilidade no suprimento e na demanda se deu por meio de um *buffer* de estoque de cerca de 180 números de peças na célula que era usada para fazer mais de 1.000 motores de torque diferentes. Conforme o processo foi se estabilizando, a Moog começou a reduzir os níveis de estoque e a migrar para um processo do tipo "primeiro a entrar, primeiro a sair" (FIFO – *first-in, first-out*). O passo seguinte foi retornar ao suprimento de peças para diminuir ainda mais o estoque, à medida que a variabilidade era reduzida. Por fim, depois que o atendimento aos clientes foi melhorado, o foco passou para os problemas na fabricação. Para não aumentar muito estoque, a Moog queria evitar o método tradicional do tipo supermercado controlado por *kanban*. No seu lugar, a equipe da Factory Physics Inc. empregou uma versão anterior do otimizador de estoque CSUITE da Factory Physics para estabelecer políticas de estoque utilizando um modelo de PRE e QRE, conforme mostrado na Figura 9-16. Repare como é mais eficiente usar uma estratégia de otimização do que um sistema de *kanban*, sobretudo para altas taxas de atendimento. A uma taxa de 98,2% de atendimento, o sistema de *kanban* requer mais de $281.000 em estoque, enquanto a política otimizada requer pouco mais de $200.000 para uma taxa de atendimento de 98,4%.

Uma versão um pouco diferente da ferramenta (e aquela que se tornou o otimizador de estoque CSUITE) facilitou bastante a ação de quantificar as relações de custo/benefício entre taxa de atendimento, investimento em estoque

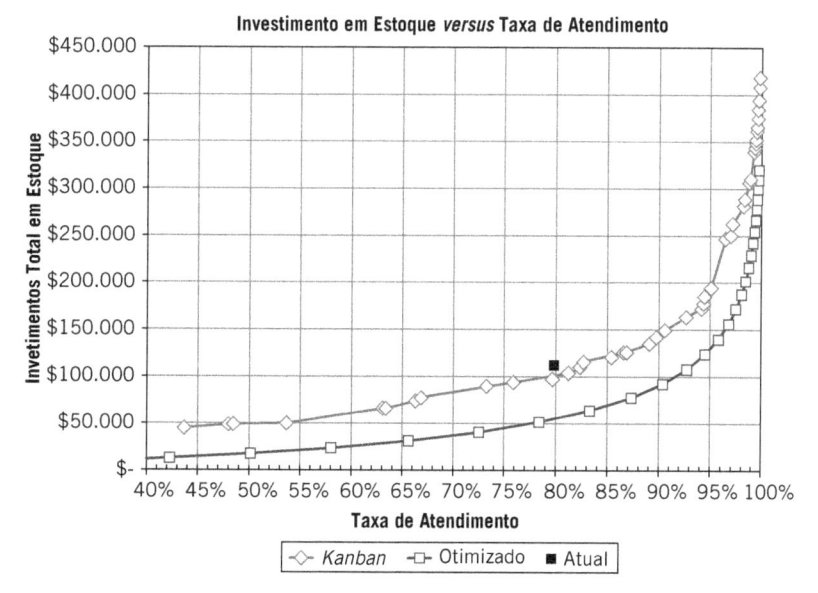

Figura 9-16 Plotagens de custo/benefício do otimizador de estoque.

e número de preparações de maquinário na célula. A Figura 9-17 ilustra essa plotagem de custo/benefício. Nela, as três curvas diferentes representam quantidades diferentes de preparações (encomendas/mês). Conforme a quantidade de preparações aumenta, o investimento em estoque necessário para alcançar a mesma taxa de atendimento acaba diminuindo. Isso ajudou a Moog a decidir até que ponto valia a pena reduzir o número de preparações. A partir de então, a seleção de um ponto na plotagem gerou uma política otimizada, que foi aplicada para determinar quantidades de encomenda de estoque e pontos de reposição para cada número de peças necessárias para a célula.

Em seguida, os funcionários foram treinados nos princípios básicos da Ciência da Fábrica e nas técnicas de Produção Enxuta durante um workshop acelerado de melhoria, com duração de uma semana. Um dos componentes do workshop foi o exercício da casa de papel da Ciência da Fábrica, o qual ajudou os supervisores e os operadores a compreender como e por que um sistema puxado funciona. Após o treinamento, operadores e gestores fizeram modificações no chão de fábrica para preparar a célula para um sistema puxado.

Assim que aprenderam sobre a importância dos gargalos, os operadores passaram a conduzir a célula de maneira diferente. Antes disso, um operador

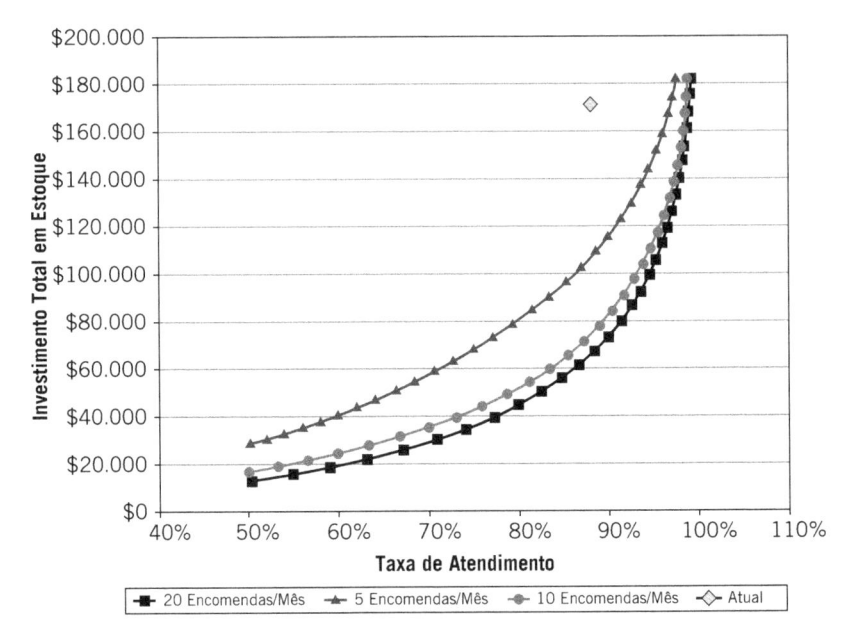

Figura 9-17 Plotagem de custo/benefício do otimizador de estoque.

costumava realizar uma tarefa em 60 peças para então passá-las para a estação seguinte. Os operadores sugeriram que esse lote em transferência fosse bastante reduzido. Eles também perceberam que manter o gargalo ocupado não era assim tão difícil e implementaram uma regra simples: manter a máquina de descarga elétrica (EDM – *electrical discharge machine*) ocupada. Logo se deram conta que o WIP tinha de avançar rapidamente pela célula e que precisava haver uma fila antes da EDM. Como a EDM representava um gargalo bem destacado, isso era até fácil. Essas regras simples, porém, aumentaram a produtividade em 7% em um momento em que os tamanhos de lotes estavam sendo reduzidos.

Os resultados dessa abordagem refletiram-se no atendimento aos clientes. Os *cycle times* na célula passaram de 12 para 3 dias, enquanto a taxa de entrega dentro do prazo passou de menos de 50% para mais de 95%. Ainda melhor foi o salto inesperado de 7% na produtividade. Embora um *buffer* de estoque tenha sido acrescentado na célula, os níveis de estoque em geral caíram mais de 15%. Após o sucesso inicial integrando a Ciência da Fábrica com a Produção Enxuta, a empresa passou para outra célula de submontagem e repetiu o processo. Com ambas as células de submontagem utilizando o controle de WIP da Ciência da Fábrica e estabelecendo níveis de estoque a partir do otimizador de estoque da Ciência da Fábrica, os *cycle times* ao cliente passaram de 23 para 6 dias.

George Cameron resumiu os desafios e lições aprendidas em uma apresentação à gestão no ano seguinte:

Os desafios eram e são:

1. As pessoas têm memória e querem retornar "ao modo como as coisas eram antes", mesmo em face de uma mudança bem-sucedida.
2. A área de manufatura teve de ser convencida de que trabalhar para encher uma caixa é tão importante quanto cumprir uma encomenda de trabalho.
3. Um sistema capaz de revisar regularmente os níveis de estoque precisa estar instaurado.

As lições aprendidas:

1. O desenvolvimento de modelos pela Ciência da Fábrica funciona de verdade!
2. É relativamente fácil quantificar a relação de custo/benefício entre investimento em estoque/taxa de atendimento/frequência de preparações em maquinário.
3. Os funcionários entendem os conceitos. Racionalizar o processo —> lotes menores —> cycle times mais curtos —> FIFO —> consumo sincronizado —> menos estoque.

Aumentando a produtividade em uma instalação biofarmacêutica

A planta Eli Lilly and Company foi fundada em 1876, pelo Coronel Eli Lilly, químico e veterano da Guerra Civil norte-americana. A Lilly foi a primeira empresa com produção em massa de penicilina, vacina Salk contra a poliomielite e insulina, bem como uma das primeiras empresas farmacêuticas a produzir insulina humana usando DNA recombinante. Foi na linha de insulina humana que aplicamos a Ciência da Fábrica para aumentar a produção final sem grandes gastos de capital. Os detalhes deste exemplo foram dissimulados e não contêm qualquer informação proprietária, quanto a tempos de processamento, demanda, tempos de preparação de maquinário, e assim por diante. O propósito deste caso é descrever como uma compreensão básica da Ciência da Fábrica é tudo que se precisa para determinar maneiras eficientes de aumentar a produtividade. O processo envolve a fermentação de lotes de um organismo em um meio de cultura até que uma concentração suficiente seja obtida. Então esse meio é substituído por um de perfusão que faz o organismo excretar a proteína necessária na solução. A proteína é depois extraída da solução utilizando-se um processo cromatográfico que liga a proteína a uma coluna de um meio de captura. Em seguida, o meio capturado passa por diversas etapas de purificação conhecidas como *processamento a jusante*.

A capacidade do processo de fermentação é estabilizada pelo número de vasos de fermentação disponíveis. O restante do processo está intimamente vinculado e limita a capacidade geral da planta. O tempo de processamento para a captura era de 42 horas, com os quatro processos restantes apresentando 20, 29, 35 e 34 horas, respectivamente. Desse modo, a captura representa o gargalo. A planta trabalha 315 dias ao ano, 24 horas por dia, o que dá 7.560 horas disponíveis por ano. Se um lote é produzido a cada 42 horas, o rendimento final, em teoria, deve ser de 180 lotes ao ano. Atualmente, a planta está produzindo 179 lotes ao ano – bem próximo do valor teórico.

A captura, hoje, utiliza um vaso de 200 litros em um processo de cinco ciclos. A proposta é migrar para um processo de quatro ciclos utilizando um vaso de 250 litros. O tempo de captura passa de 42 para 35 horas e deve resultar em um aumento de 20% na produtividade, totalizando 216 lotes ao ano. No entanto, quando isso foi tentado, resultou em apenas 195 lotes ao ano. Por quê? A essa altura você já sabe a resposta: *variabilidade*. Quando o tempo de captura era de 42 horas e o segundo mais longo era de 35 horas, a linha tinha um *buffer* de capacidade significativo (20%) para acomodar a variabilidade. Entretanto, quando o tempo de captura passou a corresponder ao tempo do processo a jusante, o *buffer* de capacidade caiu para zero – ambos os processos eram gargalos. Logo, não havia *buffer* algum para se proteger da variabilidade.

Contudo, se uma pequena quantidade de armazenamento intermediário (grande o suficiente para um lote) for adicionada entre os dois processos, a produtividade acaba aumentando de maneira significativa de 195 para 215,6 ao ano, o que representa um aumento de 20,4% sobre o processo atual e de 10,6% sobre aquilo que se alcançou sem o armazenamento extra.

Isso custaria em torno de $1,5 milhão para modificar o processo de captura, com cada vaso de armazenamento no valor aproximado de $100 mil. Além disso, cada lote vale cerca de $1,1 milhão, e há um mercado para $200 milhões ao ano. Portanto, a primeira melhoria acabará gerando uma receita adicional de $17,76 milhões, após um investimento de $1,5 milhão, ou seja, um retorno sobre o investimento (ROI) de 1.184%. A segunda melhoria é menos atraente, devido ao limite de mercado de $200 milhões ao ano. No entanto, o aumento de receita a partir do primeiro investimento ainda é de $5,55 milhões a um custo de apenas $500 mil, ou seja, um ROI de 1.110%. Claramente, ambas as mudanças devem ser realizadas na linha.

Na conclusão do projeto, Mike Eagle, antigo vice-presidente da Eli Lilly, declarou: "[A abordagem da Ciência da Fábrica] foi um ingrediente-chave na estratégia da Lilly nos anos 1990... Ela ajudou a Lilly a dobrar o volume de produção e as vendas em cinco anos, com uma redução ano a ano de novos gastos de capital a cada um desses anos".

Sequenciamento dinâmico baseado em risco na indústria têxtil

O Dixie Group (TDG) foi fundado em 1920 como a Dixie Mercerizing Company, sediada em Chattanooga, no estado norte-americano do Tenessee. O algodão mercerizado, popular havia muito tempo na Inglaterra devido ao seu brilho semelhante à seda, ainda não era amplamente utilizado nos Estados Unidos. Ao final dos anos 1980, a indústria têxtil norte-americana estava passando por sua pior crise, dada à ferrenha concorrência estrangeira, às mudanças no mercado e às exigências de investimento pesado em modernização das instalações. A Dixie deu início a um plano de reestruturação que incluía a venda, o fechamento ou a consolidação de instalações que não se encaixavam em seu plano estratégico para o futuro. Em 2003, a TDG vendeu suas operações de carpete de tecelagem longa, feltros agulhados e reciclagem de carpetes que atendia aos mercados de residências pré-fabricadas, *indoor/outdoor* e carpetes de encaixe. A empresa passou a se concentrar nos segmentos de alto padrão dos mercados de revestimentos acarpetados para pisos, nos quais tem obtido mais sucesso e apresenta maior potencial de crescimento. Obviamente, alto padrão significa mais variedade e menores volumes por UCE, o que tornou cada vez mais difícil a gestão de estoques e o planejamento da produção. Em 2010, a TDG buscou ajuda para conseguir controlar a complexidade dos seus negócios. Naquela época, era comum reconhecer que o MRP tradicional não funcionaria no ramo de carpetes, por uma simples razão: integridade dos lotes de tingimento. Com o MRP tradicional, se uma empresa recebesse uma encomenda de 100 unidades de um determinado produto, tendo dois lotes em estoque deste produto, um tendo 60 unidades e o outro 50, a encomenda seria considerada resolvida. Mas isso não vale para a indústria têxtil. Se dois rolos de carpete fossem produzidos em diferentes *lotes de tingimento*, dificilmente eles se corresponderiam, mesmo que os dois rolos apresentassem exatamente a mesma Unidade de Manutenção de Estoque (SKU – *Stock Keeping Unit*). A tecnologia de tingimento simplesmente não foi capaz de obter as duas cores idênticas para permitir uma aplicação lado a lado. Por isso, quando a TDG chamou a Factory Physics Inc. (FPI), aquela seria uma experiência de aprendizado para ambas as empresas. Ao final, a FPI conseguiu criar uma aplicação de MRP que mantinha a integridade dos lotes de tingimento. E ela ainda fez mais. O design de MRP da indústria têxtil permitiu que a TDG otimizasse os parâmetros de tamanhos de lotes e estoque de segurança utilizados no sistema MRP e disponibilizou um gestor do fluxo de produção para a operação do dia a dia. O sistema de planejamento de produção de acolchoamento (TPPS – *tufting production planning system*) é uma instância especial da sequenciamento dinâmico baseado em risco (DRS – *dynamic risk-based scheduling*) discutida no Capítulo 7. A DRS também é conhecida como *planejamento e sequenciamento da Ciência da Fábrica*. Na TDG, o TPPS foi usado como um "adereço" do sistema ERP existente. A DRS não é apenas um aplicativo de software; é uma combinação de software, hardware e um conjunto de regras de produção que permite que uma linha de produção rode *sem* um sequenciamento detalhado.

Os passos da DRS são os seguintes:

1. Planejar a capacidade de utilização por fluxo, por período. Tomar decisões de terceirização e de horas extras.
2. Otimizar os parâmetros de sequenciamento dinâmica:
   a. A partir da demanda dos clientes e da previsão, determinar os níveis otimizados de tamanhos de lotes, estoques de segurança e *lead times* planejados.
   b. Carregar parâmetros otimizados no sistema MRP.
3. Criar encomendas de trabalho planejadas (ETPs). Utilizar o MRP tradicional operando com parâmetros otimizados, criar encomendas de trabalho planejadas, mas sem liberá-las.
4. Executar:
   a. Liberar ETPs de acordo com o CONWIP.

b. Monitorar os tempos de conclusão e a fila virtual.
c. Decidir se é necessário ou não mais capacidade alternativa.

O esquema na Figura 9-18 mostra como os componentes da DRS funcionam com qualquer sistema ERP com ou sem um sistema de execução fabril (MES – *manufacturing execution system*).

O TPPS desenvolvido para a TDG realizava estas etapas na seguinte sequência:

1. **Semanal:** Planejar a capacidade:
   a. Calcular a utilização.
   b. Transferir a demanda de máquinas altamente utilizadas para outras máquinas que processem o produto com menor utilização.
2. **Semanal:** Otimizar parâmetros de MRP:
   a. Usar o otimizador de fluxo de caixa CSUITE, determinar os parâmetros otimizados para tamanhos de lotes, *lead times* e estoques de segurança.
   b. Revisar e aceitar, ou rejeitar.
   c. Carregar no sistema ERP.
3. **Diário:** Utilizar o sistema TPPS para criar encomendas de trabalho planejadas: revisar, aceitar e carregar no sistema ERP.
4. **Diário:** Utilizar o gestor de fluxo de produção para execução:
   a. Carregar encomendas de trabalho ativas advindas do sistema ERP.
   b. Carregar encomendas de trabalho planejadas advindas do TPPS.
   c. Preparar um relatório de cada fluxo de produto:
      i. Pontualidade de cada encomenda de trabalho
      ii. Exigências operacionais
   d. Imprimir sequência de trabalho para cada fluxo de produção e distribuir no chão de fábrica.

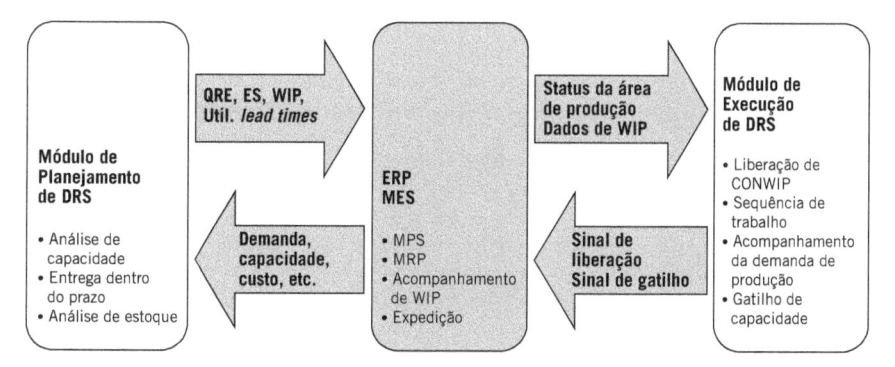

Figura 9-18 Esquema do sequenciamento dinâmico baseado em risco.

Igual ou Acima da Utilização Máxima		Dentro de 10% da Utilização Máxima					
Linhas por página: 20	Página 1 de 3	Find:	Opções				

Detalhes do Item	Máquina	Descrição	Produtividade (Unidades/Dia)	Taxa (Unidades/Dia)	Utilização Total	Utilização sem Preparações	Tempo Disponível	Tempo Utilizado
☐	T48	T48	213.141	177.011	120.41 %	9.88 %	1911.000	2301.051
☐	T07	T07	170.133	158.049	107.65 %	6.82 %	1911.000	2057.116
☐	T20	T20	549.150	541.371	101.44 %	36.12 %	1911.000	1938.457
☐	T22	T22	519.248	513.762	101.07 %	35.46 %	1911.000	1931.406
☐	T62	T62	225.217	252.680	89.13 %	10.20 %	1911.000	1703.298
☐	T53	T53	517.640	632.713	81.81 %	26.59 %	1911.000	1563.444
☐	T13	T13	1196.229	1465.561	81.62 %	50.49 %	1911.000	1559.808
☐	T46	T46	2139.387	2691.224	79.49 %	77.46 %	1911.000	1519.149
☐	T05	T05	631.579	805.115	78.45 %	60.38 %	1911.000	1499.100
☐	T24	T24	889.913	1148.041	77.52 %	77.11 %	1911.000	1481.327
☐	T19	T19	628.641	905.903	69.39 %	35.75 %	1911.000	1326.115
☐	T23	T23	1055.928	1523.465	69.31 %	68.40 %	1911.000	1324.533
☐	T12	T12	1147.935	1953.310	58.77 %	42.50 %	1911.000	1123.070
☐	T01	T01	1065.205	2040.288	52.21 %	49.58 %	1911.000	997.706
☐	T21	T21	399.260	793.254	50.33 %	23.62 %	1911.000	961.843
☐	T06	T06	321.897	705.821	45.61 %	16.66 %	1911.000	871.532
☐	T40	T40	64.858	142.639	45.47 %	5.31 %	1911.000	868.937
☐	T36	T36	316.368	703.996	44.94 %	24.86 %	1911.000	858.782
☐	T43	T43	548.757	1296.146	42.34 %	28.72 %	1911.000	809.071
☐	T29	T29	468.433	1162.358	40.30 %	36.26 %	1911.000	770.137

Figura 9-19 Relatório de utilização.

Análise de OEE	Fluxo de Produtos	Unidades de Medida	Produtividade (unidades/dia)	Taxa de Gargalo (unidades/dia)	Tipo de Gargalo	Gargalo do Centro de Processamento	Utilização
	T48	LF	238.0000	242.4157	Centro de Processamento	T48	98.18 %
	T11	LF	1992.1429	2084.5820	Centro de Processamento	T11	95.57 %
	T12	LF	1564.2180	1743.6760	Centro de Processamento	T12	89.71 %
	T43	LF	835.7669	933.5615	Centro de Processamento	T43	89.52 %
	E23	LF	1042.9850	1209.1414	Centro de Processamento	E23	86.26 %
	T58	LF	930.0376	1150.9302	Centro de Processamento	T58	80.81 %
	T20	LF	496.6767	653.2228	Centro de Processamento	T20	76.03 %
	T62	LF	258.1053	344.6340	Centro de Processamento	T62	74.89 %
	T22	LF	553.6466	746.7463	Centro de Processamento	T22	74.14 %
	E29	LF	479.7669	655.0834	Centro de Processamento	OPERADOR	73.24 %
	T03	LF	287.5639	392.6455	Centro de Processamento	OPERADOR	73.24 %
	T01	LF	435.4361	594.5532	Centro de Processamento	OPERADOR	73.24 %
	T21	LF	385.3759	526.2000	Centro de Processamento	OPERADOR	73.24 %
	T08	LF	34.9248	47.6870	Centro de Processamento	OPERADOR	73.24 %
	T07	LF	169.1504	230.9613	Centro de Processamento	OPERADOR	73.24 %
	E26	LF	303.4962	414.3999	Centro de Processamento	OPERADOR	73.24 %
	T14	LF	237.7820	324.6723	Centro de Processamento	OPERADOR	73.24 %
	T15	LF	36.0902	49.2783	Centro de Processamento	OPERADOR	73.24 %
	T13	LF	597.2331	815.4740	Centro de Processamento	OPERADOR	73.24 %
	T16	LF	23.4586	32.0309	Centro de Processamento	OPERADOR	73.24 %

Figura 9-20 Relatório de utilização depois do balanceamento da linha.

A Figura 9-19 apresenta um relatório mostrando a utilização de todos os fluxos de processos na planta. Observe que a utilização mais elevada aparece na parte superior da lista, com mais de 120%. Ao clicar no ícone "Item Details" [Detalhes do Item], o programador pode ver quais itens estão contribuindo para a utilização e se existem roteiros alternativos para tais itens. Caso existam, o programador vai transferir esses itens das máquinas mais utilizadas e levá-los para as máquinas menos utilizadas. Depois que todas as utilizações estiverem abaixo de, digamos, 100%, o plano vai ficar viável em termos de capacidade e estará pronto para informar dados referentes ao parâmetro de utilização.

Quando chegar a um plano viável de capacidade, o gestor pode otimizar os parâmetros utilizados. A Figura 9-20 mostra o balanceamento de utilizações da linha. A Figura 9-21 destaca o desempenho antes da otimização. O *cycle time* médio é de 28 dias, enquanto o volume total de WIP e estoque acabado é de quase $23 milhões. O custo desembolsado (devido a perdas por geração de sucata durante substituições em maquinário) é de quase $634 mil.

A Figura 9-22 mostra o desempenho depois da otimização. Os *cycle times* estão agora próximos a 10,5 dias, e o total de WIP e investimento em estoque está pouco acima dos $10 milhões, enquanto o custo com geração de sucata caiu para $286 mil. A Figura 9-23 mostra as curvas de desempenho tanto antes quanto depois da otimização.

Mostrando Valores Atuais

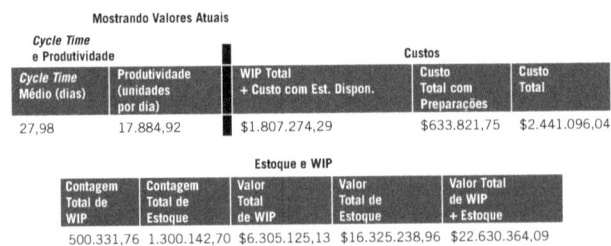

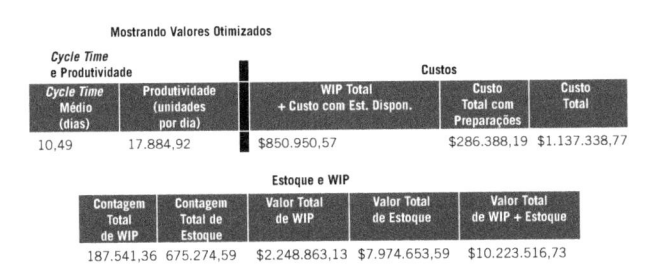

Cycle Time e Produtividade		Custos		
Cycle Time Médio (dias)	Produtividade (unidades por dia)	WIP Total + Custo com Est. Dispon.	Custo Total com Preparações	Custo Total
27,98	17.884,92	$1.807.274,29	$633.821,75	$2.441.096,04

Estoque e WIP

Contagem Total de WIP	Contagem Total de Estoque	Valor Total de WIP	Valor Total de Estoque	Valor Total de WIP + Estoque
500.331,76	1.300.142,70	$6.305.125,13	$16.325.238,96	$22.630.364,09

ID Área de Estocagem	Descrição	Itens na Área de Estocagem	Demanda	Valor Previsto de Estoque	N° Médio de Reposição (unidades)	Média de Dias em Atraso (quando em atraso)
Cru MTO	Cru para Encomenda	9	27.879,65	$81.931,11	12,84	7,60
Cru MTS	Cru para Estocagem	134	1.263.021,20	$13.053.933,42	304,59	7,32
BA MTS	Bens Acabados para Estocagem	28	34.160,10	$134.317,22	84,08	8,23
BA MTO	Bens Acabados para Encomenda	594	934.699,30	$3.055.057,21	2390,96	9,72

Figura 9-21 Desempenho antes da otimização.

Estes parâmetros agora serão revisados, aceitos ou rejeitados, e então alimentados no sistema ERP. O exemplo descrito aqui utilizou dados reais e políticas implantadas na prática. Obviamente, vai demorar um pouco para que os efeitos das novas políticas possam ser percebidos. Além disso, tais melhorias só costumam ser possíveis em sistemas que jamais passaram por otimização. A próxima semana deve ser bem diferente desta. Porém, com mais de 100 mil UCEs, levou bastante tempo para que todas estivessem ativas durante a otimização. Em sistemas com menos UCEs, isso deve levar menos tempo.

Mostrando Valores Otimizados

Cycle Time e Produtividade		Custos		
Cycle Time Médio (dias)	Produtividade (unidades por dia)	WIP Total + Custo com Est. Dispon.	Custo Total com Preparações	Custo Total
10,49	17.884,92	$850.950,57	$286.388,19	$1.137.338,77

Estoque e WIP

Contagem Total de WIP	Contagem Total de Estoque	Valor Total de WIP	Valor Total de Estoque	Valor Total de WIP + Estoque
187.541,36	675.274,59	$2.248.863,13	$7.974.653,59	$10.223.516,73

ID Área de Estocagem	Descrição	Itens na Área de Estocagem	Demanda	Valor Previsto de Estoque	N° Médio de Reposição (unidades)	Média de Dias em Atraso (quando em atraso)
Cru MTO	Cru para Encomenda	9	27.879,65	$81.033,48	12,84	7,60
Cru MTS	Cru para Estocagem	134	1.263.021,20	$4.289.799,77	304,59	7,32
BA MTS	Bens Acabados para Estocagem	28	34.160,10	$149.247,25	84,08	8,23
BA MTO	Bens Acabados para Encomenda	594	934.699,30	$3.454.573,09	2390,96	9,72

Figura 9-22 Desempenho depois da otimização.

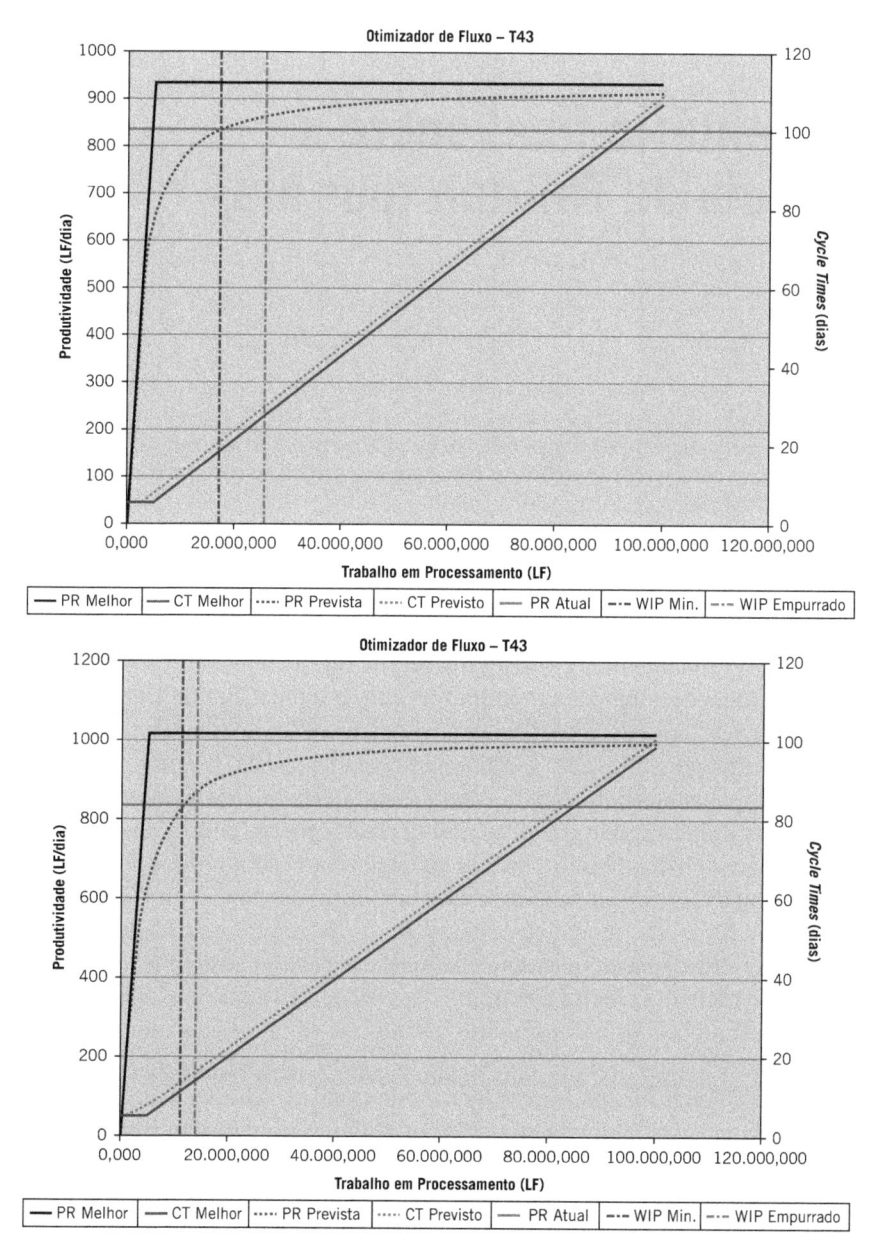

Figura 9-23 Curvas de desempenho antes e depois da otimização.

Capítulo 10

Comentário final sobre a Ciência da Fábrica (por ora)

Um livro verdadeiramente bom me ensina mais do que apenas lê-lo. Logo devo deixá-lo de lado e começar a viver segundo seus preceitos. Aquilo que começo pela leitura devo terminar pela ação.

— Henry David Thoreau

Escrevemos este livro para expor uma ciência abrangente e prática para gerenciar as operações de manufatura, serviços e cadeia de suprimentos. No Capítulo 3, discutimos a ideia de conjectura e refutação como uma maneira de fazer as ideias avançarem, testando-as na prática, para ver quais se sustentam como indicadoras de desempenho. Enquanto Karl Popper defendia a ideia de que a boa ciência estava sempre tentando refutar suas próprias conclusões, um autor mais famoso, Thomas Kuhn, sugeriu que a "ciência normal" operava dentro dos limites de um paradigma predominante com poucos questionamentos, até que dados novos e revolucionários fizessem a comunidade científica derrubar o modelo, daquilo que Kuhn chamou de "mudança de paradigma".[1] Acreditamos que a descrição de Kuhn é mais fidedigna em relação à história da ciência, ao passo que a de Popper é um relato melhor da lógica científica. Na verdade, um equívoco lógico comum conhecido como a *falácia de afirmar o consequente* se dá mais ou menos assim: a teoria A prevê a observação X. A observação X é confirmada. Portanto, a teoria A é verdadeira. Isso realmente parece ser o modo como a "ciência normal" funciona. E é totalmente inválido. A visão geocêntrica de Ptolomeu para o universo é muito boa em prever os movimentos dos planetas do nosso sistema solar e, é claro, está completamente errada. O fato de essa teoria A incorreta prever com precisão uma determinada observação não impede que a teoria correta B também preveja com precisão a mesma observação. O único problema é que não há como saber que a teoria B é de fato a teoria correta, apenas que não conseguimos refutá-la – ainda. Tal fato também se reflete na história da ciência, que parece ser uma contínua repetição de: "Antes acreditávamos em A, mas agora conhecemos B". Passado um tempo, C é descoberta, e a progressão se torna: "Antes acreditávamos em B, mas agora conhecemos C". Uma vez que jamais podemos provar as teorias, devemos estar sempre tentando refutá-las. É assim que progredimos.

Na verdade, Popper e Kuhn não eram tão diferentes assim. Quando os dados levam a uma refutação que resulta em um ajuste do paradigma atual, Kuhn chama isso de "ciência normal", enquanto Popper chama de refutação. Quando os dados causam uma mudança de paradigma, Kuhn chama isso de mudança de paradigma, enquanto Popper chama de refutação.

Segundo nossa observação, a ciência operacional está há décadas paralisada em dois principais paradigmas. Um deles é o *paradigma da melhoria contínua*. Trata-se da ideia de que o desempenho avança quando vários funcionários da empresa são treinados nas ferramentas e técnicas que vêm sendo utilizadas com sucesso em outras empresas. O outro é o *paradigma do planejamento das necessidades de materiais (MRP)/sistema avançado de planejamento e programação (APS)/tecnologia da informação (TI)* que promove a ideia de que programas de computador conseguem resolver todos os problemas se os gestores os utilizarem de forma apropriada. Este livro apresentou refutações desses paradigmas e suposições para um novo paradigma.

A quebra de tais paradigmas depende de você, caro leitor. A questão não é quebrar os paradigmas e encerrar o uso das iniciativas de melhoria contínua ou dos sistemas MRP/APS/TI. A questão é abrir espaço para um novo paradigma de ciência abrangente que descreve de forma prática e precisa o comportamento natural das operações de manufatura, serviços e cadeia de suprimentos. Neste novo paradigma, a ciência orienta os gestores no uso mais apropriado dos esforços de melhoria contínua e MRP/APS, bem como de outros sistemas de TI, e não o contrário. Já demonstramos a validade dessas novas ideias durante décadas de aplicação na prática. Você agora dispõe das teorias (lembre-se da definição de teoria apresentada no Capítulo 1) necessárias para formar e executar o melhor paradigma possível de gestão de negócios para o seu empreendimento específico.

Contudo, caso haja refutações, queremos ouvi-las, pois acreditamos que elas só farão reforçar o novo paradigma. O fato é que tanto a *iniciativa por imitação* quanto a *solução por software* se revelaram, em muitos casos, não muito eficientes. Esperamos por um esforço conjunto, a fim de fazer avançar uma ciência operacional mais prática e abrangente capaz de atender melhor aos gestores.

Em suma, para revisar essa ciência, sua progressão é a seguinte:

1. As metas de qualquer empresa são o lucro e o fluxo de caixa sustentados e alcançados por meios morais e fins nobres.
2. A essência de todos os fluxos de valor, cadeias de suprimento, processos, e assim por diante, é alguma forma de transformação atendendo a algum tipo de demanda.

3. Os elementos estruturais de todos os fluxos de valor, cadeias de suprimento, processos, e assim por diante, são os estoques e os fluxos. A produção é um fluxo rumo a um estoque, e a demanda é um fluxo saído de um estoque.
4. Se não houvesse variabilidade alguma, a demanda e a transformação poderiam ser perfeitamente sincronizadas, gerando lucro e fluxo de caixa máximos – mas *sempre* há variabilidade.
5. Na presença de variabilidade, *buffers* são necessários para sincronizar a demanda e a transformação.
6. Há três tipos de *buffers*: estoque, capacidade e tempo.
7. A variabilidade crescente exige aumento nos *buffers* para sincronizar a demanda e a transformação. No entanto, se as receitas geradas por um aumento na variabilidade excederem os custos do aumento proporcional dos *buffers*, o aumento da variabilidade é algo desejável.
8. Os limites de desempenho podem ser calculados para estoques e fluxos de produção para uma determinação preditiva do desempenho ideal de estoque, capacidade e tempo (serviço).
9. A capacidade dos gestores de selecionar estrategicamente uma posição, dentro ou sobre entre ou nos limites de desempenho, possibilita o uso da *concepção de demanda-estoque-produção* de modo a projetar um portfólio de *buffers* para a gestão mais lucrativa da variabilidade.
10. Além disso, a capacidade de selecionar posições dentro dos limites de desempenho se traduz em políticas e táticas que os gestores podem empregar para liderar uma organização na busca pelo desempenho almejado. E mais, a posição relativa do desempenho atual de uma organização comparada ao desempenho almejado proporciona uma análise de lacunas (*gap analysis*) que concentra muito especificamente os recursos de melhoria contínua naqueles projetos com maior valor e impacto.
11. As táticas e controles da Ciência da Fábrica garantem que o desempenho da organização, até o seu âmbito individual, esteja avançando dentro das faixas especificadas pelas escolhas estratégicas do gestor.
12. Essas táticas e controles podem ser padronizados dentro do sistema de TI já existente na organização (qualquer que seja o fornecedor de TI) para transformar o sistema de TI de um sistema de rastreamento de transações em um sistema de controle de desempenho.

A Ciência da Fábrica, em especial, permite que uma organização determine quantitativamente onde ela se encontra *versus* onde ela poderia estar em termos de desempenho dos seus estoques e fluxos de produção – algo que chamamos de *benchmarking* absoluto. Depois que os limites de desempenho são estabelecidos e as metas de desempenho (como taxa de atendimento, *cycle time*, produtividade, custo, investimento em estoque, etc.) determinadas, a abordagem da Ciência da Fábrica fornece os mecanismos para utilizar o sistema de TI existente como um sistema de controle de desempenho, em vez de meramente um sistema de rastreamento de transações, como costuma ser usado hoje.

A estrutura da Ciência da Fábrica proporciona a executivos e gestores uma abordagem para conquistar de modo previsível alto fluxo de caixa, baixo custo e excelente atendimento ao cliente. Com as devidas desculpas àqueles que atuam nas indústrias de serviços, percebemos que o tratamento que demos aos empreendimentos de serviços foi parco. Vamos abordar esse tema em mais detalhes em livros futuros. No entanto, a ciência descrita nos Capítulos 3 e 4, deste livro, pode ser colocada em prática em todos os tipos de empreendimento.

Vitórias rápidas

Um princípio básico deste livro é que a *iniciativa por imitação*, mediante a qual uma empresa copia as táticas de outra, não é a melhor abordagem para conquistar resultados rápidos no ambiente próprio de um gestor. Apresentamos a ciência por trás do comportamento das operações para que os gestores possam escolher as táticas e controles certos para suas empresas. Embasados em nossa própria experiência, queremos destacar parte da abordagem da Ciência da Fábrica que pode ser implementada com razoável velocidade, de modo que os gestores possam começar a aplicar os conceitos imediatamente em suas operações. Sugerimos as seguintes áreas como locais a ser analisados em nível básico, com oportunidades imediatas para ação:

- Alinhamento da estratégia operacional com a estratégia empresarial
- *Benchmarking* absoluto
- Avaliação de âmbito geral da utilização
- Análise do gargalo
- Potencial de implantação de um limite de trabalho em processamento (WIP – *work-in-process*)
- Avaliação de âmbito geral dos *lead times*
- Mecânica do sistema de planejamento dos recursos da empresa (ERP – *enterprise resources planning*)

Em seguida, temos uma breve descrição das maneiras de iniciar os trabalhos em cada uma dessas áreas.

Alinhamento da estratégia operacional com a estratégia empresarial

Relembre o CEO da seção "Utilização" do Capítulo 7, cuja empresa tinha uma estratégia declarada de adaptabilidade de classe mundial aos seus clientes. Porém, quando confrontado com a curva de utilização *versus cycle time* e com a oportunidade de reduzir os *lead times* pela metade, ao rebaixar as metas de utilização para 92%, com um pequeno aumento no custo de capacidade, o CEO declarou: "Só vou fazer isso depois que o departamento de marketing conseguir me mostrar as vantagens da adaptabilidade em termos de aumento de vendas e/ou aumento de preços. Talvez a adaptabilidade não seja verdadeiramente a nossa estratégia". Os executivos devem ficar sempre monitorando o alinhamento entre as estratégias empresariais e operacionais. Uma maneira de verificar o alinhamento é revisar os parâmetros que orientam o comportamento e comparar com o modo como eles se alinham com a estratégia declarada. Se, por exemplo, a estratégia declarada tiver como foco o atendimento aos clientes, será que a empresa deve mensurar as entregas dentro do prazo ou a média de dias em atraso? Será que ela deve usar estipulação de prazos de entrega para os *lead times* aos clientes, ou deve contar com gatilhos de capacidade para que ajustes possam ser feitos com base em mudanças de status operacional? Muitas vezes, resultados fracos não implicam uma execução deficiente, e sim uma estratégia operacional em descompasso com a estratégia empresarial declarada.

Benchmarking absoluto

Nos Capítulos 3 e 9, descrevemos o uso do *benchmarking* absoluto para se obter um indicativo do desempenho real do fluxo de produção em relação aos níveis máximo e marginal de desempenho. Uma rápida análise de *benchmarking* absoluto exige apenas quatro conjuntos de dados sobre o fluxo:

- Taxa de gargalo
- Média do tempo bruto de processamento
- Produtividade atual (que deve ser a demanda)
- Nível atual de WIP.

Isso está em contraste com o *benchmarking* absoluto completo de fluxo de produção concluído ao modelar todos os dados de desempenho de um fluxo (tempos de processamento individuais, tempos de preparação para cada produto em cada centro de processamento, etc.). Os dois primeiros conjuntos de dados para um *benchmarking* absoluto rápido nos dão a possibilidade de criar uma curva da melhor das hipóteses e uma curva marginal da produtividade *versus* o WIP, e, usando a lei de Little, do *cycle time versus* o WIP. Os dois últimos conjuntos de dados fornecem um ponto sobre essa curva para comparação do desempenho atual com os limites de desempenho. Para um conjunto tão limitado de dados, pode-se descobrir muita coisa:

- Se o WIP estiver próximo ou abaixo do WIP crítico, então a produtividade pode ser aumentada consideravelmente, aumentando-se o WIP. No entanto, isso também resulta em um aumento do *cycle time*. Mas, se os *cycle times*

forem curtos, essa pode ser uma alternativa melhor do que adicionar capacidade extra.
- Se o WIP estiver bem na parte plana da curva de produtividade de desempenho marginal, então o *cycle time* pode ser abreviado apenas reduzindo e estipulando um limite de WIP (ver mais adiante) sem muita perda de produtividade.
- Um ponto recaindo abaixo da curva de produtividade marginal indica alta variabilidade ou lotes muito grandes. Uma investigação rapidamente revelará qual é a causa, ou se são ambas. Depois de identificada, a ação apropriada para solucionar o problema costuma ficar aparente.

Alto nível de avaliação da utilização

A capacidade é um efeito de primeira ordem. Se uma empresa tiver capacidade disponível demais, o empreendimento não será lucrativo. Se ela tiver pouca capacidade, o empreendimento não será suscetível o suficiente ou será forçado a manter bastante estoque para ser suscetível. Sem capacidade suficiente na cadeia de suprimentos, uma empresa nem sequer conseguirá gerar estoque suficiente para ser suscetível mediante estoque. Uma dica rápida para os executivos é pensar sobre o nível de utilização em suas próprias instalações e ao longo de suas cadeias de suprimento, de modo a garantir que ele esteja "no ponto" sobre a curva mostrada na Figura 10-1, para sustentar a estratégia empresarial escolhida.

Análise do gargalo

Como a ciência operacional mostra que a produção final de uma instalação está limitada pela capacidade efetiva de um gargalo integralmente utilizado, os executivos devem monitorar os gargalos para assegurar que eles não passem por ociosidade. Isso não é difícil de se fazer. Certa vez, por exemplo, caminhamos por uma instalação em que, imediatamente antes do gargalo, os lotes eram acumulados em nome da eficiência laboral. O gargalo era uma operação de teste. As peças esperavam até formarem um lote antes do gargalo, então, uma vez ao dia, um operador transportava o lote para a operação de teste. Por isso, às vezes, a esta operação sofria de ociosidade, e a produção final diminuía. Os gestores devem monitorar a todo o momento o fluxo de processamento e a utilização dos gargalos, a fim de assegurar que a produção final não fique involuntariamente limitada. Novamente, trata-se de algo difícil. Determine qual operação representa o gargalo. Isso, às vezes, é mais fácil de dizer do que fazer, quando o *mix* de produtos é variável, mas o gestor deve determinar o gargalo no longo prazo (baseando-se, por exemplo, na demanda mensal), e *não* reagir ao centro de trabalho problemático atual (temporário). Caminhe pelo chão de fábrica duas ou três vezes por semana para ver se a

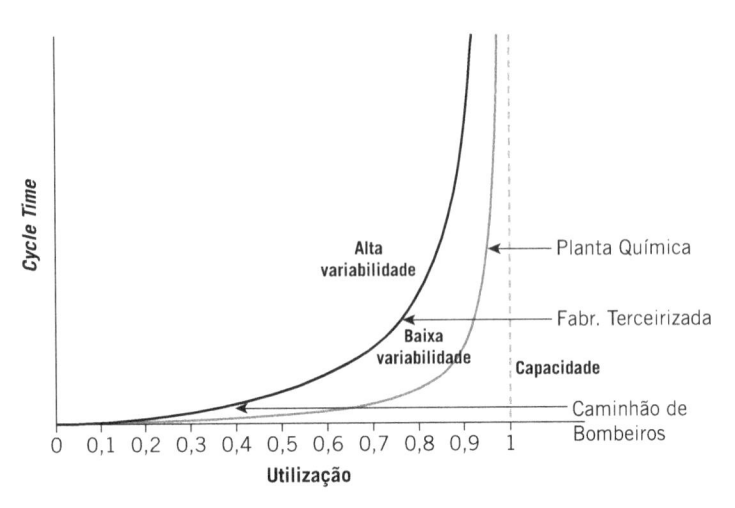

Figura 10-1 Metas de utilização para diferentes empreendimentos.

operação especificada como restrição está de fato rodando. Caso não esteja, ou o gestor não especificou a restrição certa ou está havendo uma gestão deficiente na restrição. Melhorias simples, como dispor de um trabalhador flutuante para substituir os trabalhadores do gargalo nos intervalos ou horários de almoço, podem aumentar muito a produtividade sem grandes despesas.

Porém, há um "senão" nessa situação. Caso o gestor esteja trabalhando em um ramo no qual a baixa utilização é comum, então o gargalo não estará rodando o tempo todo. No ramo de serviços de fabricação eletrônica, por exemplo, é praticamente normal as empresas apresentarem 50% de utilização da capacidade. Neste caso, um executivo esperaria ver a operação que representa a restrição rodando em apenas metade de suas visitas ao chão de fábrica. Contudo, se a restrição estiver rodando em apenas 30% das visitas, restam problemas, ou na identificação das restrições ou na gestão delas.

Potencial de implantação de um limite de trabalho em processamento (WIP)

A lei de Little revela que o *cycle time* está diretamente relacionado com o WIP. Os sistemas "puxados" de Produção Enxuta funcionam porque eles restringem o WIP. Há muitas maneiras de limitar o WIP. Não raro, a solução mais eficiente não é a solução mais complexa. O CONWIP, por exemplo, é uma forma simples e robusta de implementar um limite de WIP. Executivos que ainda não implementaram a Produção Enxuta devem cogitar se *cycle times* preditivos e reduzidos ajudariam ou não na sua estratégia empresarial. Se a resposta for sim, devem buscar maneiras de limitar o WIP com uma das formas de limites de WIP discutidas neste livro.

Executivos que já praticam a Produção Enxuta devem considerar a complexidade de sua implementação existente e os resultados atuais. Será que eles estão involuntariamente deixando à míngua seu gargalo com um sistema *kanban* que é restritivo demais em termos de WIP? Será que estão acumulando estoque demais nos supermercados de *kanban*? Será que o seu ambiente é de baixo volume e grande *mix* de produtos, no qual é difícil manter um supermercado de *kanban*? Se a resposta a quaisquer dessas perguntas for sim, então o uso de uma estratégia simples de CONWIP deve melhorar bastante as operações.

Alto nível de análise de *lead times*

É comum descobrirmos empresas que praticam *lead times* um tanto arbitrários. Isso vale muitas vezes para *lead times* "padronizados", e pode levar a um serviço deficiente ou a um excesso de custos, dependendo do ambiente operacional de tal empresa. Os executivos devem estudar opções para ajustar os *lead times* em face das características do mercado em que suas empresas estão inseridas e da sua capacidade operacional interna. Quando possível, o uso de um *buffer* tempo acaba reduzindo o custo do estoque e o *buffer* de capacidade. Nesse sentido, consideramos útil examinar o perfil da demanda para vários produtos que são oferecidos. Alguns produtos são padronizados no mercado e exigem *lead times* bem curtos. Outros são considerados customizados, e os clientes muitas vezes estão dispostos a esperar. Os executivos devem segmentar os *lead times* dos produtos com base nas exigências do mercado. Quando esses tempos são tratados como um "balaio de gatos", perde-se a oportunidade de aumentar os lucros.

Por fim, certifique-se de que as mensurações e as metas estejam alinhadas com os segmentos escolhidos de mercado. Encontramos muitas empresas que segmentam os *lead times*, e depois usam uma mensuração e uma meta arbitrárias para avaliar o desempenho. Por exemplo: programas de envio rápido, no mesmo dia, de peças sobressalentes podem exigir mais de 99% de entregas dentro do prazo. No entanto, um nível de serviço tão elevado possivelmente não é apropriado para a entrega de produtos customizados, tampouco seria apropriado para projetos ou protótipos.

Além do mais, metas baseadas exclusivamente em percentual de entregas dentro do prazo, em geral, não são apropriadas. Para clientes do tipo *business-to-business*, por exemplo, talvez seja melhor estabelecer uma meta de 90% de taxa de atendimento com uma média de um dia de atraso do que uma taxa de atendimento superior a 99% com uma média de duas semanas de atraso. No varejo, é claro, se o produto não estiver lá quando o cliente o quiser, geralmente temos uma venda perdida. Por isso, é muito importante contar com o parâmetro certo de desempenho para cada situação.

Mecânica de ERP/MRP

O Capítulo 7 examinou as mecânicas por trás do planejamento por ERP/MRP. Os executivos devem verificar como os dados alimentados no sistema ERP/MRP foram determinados e com que frequência eles são atualizados. Isso pode ser feito escolhendo alguns itens e acompanhando seu histórico de planejamento e transações no sistema ERP/MRP. Se as políticas existentes não estiverem alinhadas com a estratégia ou parecerem ultrapassadas, talvez valha a pena cogitar uma iniciativa de fazer uma atualização regular desses dados de entrada.

Em suma, os executivos devem revisar logo suas estratégias e iniciativas atuais nas áreas discutidas aqui. Isso lhes proporcionará uma breve avaliação das oportunidades potenciais de aplicar a Ciência da Fábrica nas operações, a fim de melhorar seus negócios.

Implementações mais complexas

Algumas áreas exigem uma análise mais detalhada para desenvolver estratégias, táticas e controles eficientes. Essas áreas pedem o uso da matemática por trás da ciência para desenvolver táticas e controles quantificados. O que inclui:

- Metas de utilização e *cycle times*
- Otimização de estoque
- Dimensionamento otimizado dos lotes
- Parâmetros de sequenciamento dinâmico baseado em risco

Uma característica comum dessas decisões é que o ambiente, bem como as políticas empregadas para implementar as táticas, podem ser caracterizadas pelas curvas mostradas nas Figuras 10-2 até 10-4.

Descobrimos que, para muitas pessoas, o conhecimento transmitido por essas curvas não é intuitivo, sobretudo no caso das curvas que governam *cycle time* e estoque, quando a utilização e as taxas de atendimento se aproximam de 100%. Para melhor embasar as tomadas de decisões, uma análise matemática derivada da Ciência da Fábrica deve ser realizada nessas áreas. Como já foi mencionado, um conhecimento intuitivo das dinâmicas das curvas de desempenho da Ciência da Fábrica podem proporcionar decisões mais satisfatórias, mas em situações complexas, pode ser necessário contar com um bom modelo. Os executivos contam com opções para esse tipo de análise. Para mais detalhes matemáticos sobre os conteúdos deste livro, eles podem consultar o livro texto *A Ciência da Fábrica*, mas, para realizar a análise, terão de contratar consultores ou funcionários treinados em pesquisa operacional e engenharia industrial. Como alternativa, há os pacotes de software, como o CSUITE, para realizar a modelagem. Obviamente, tais

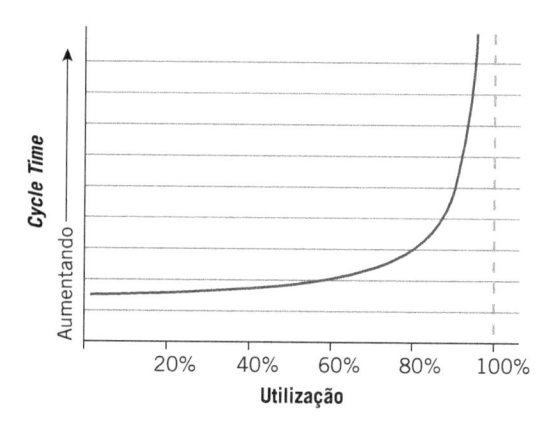

Figura 10-2 Utilização *versus cycle time*.

alternativas exigem algum investimento, mas há grandes dividendos a ser obtidos para quem conseguir alcançar o melhor desempenho possível a partir dos recursos empregados em capacidade, estoque e sistemas ERP/MRP. Para ser franco, se um executivo gastou milhões de dólares em um sistema ERP/MRP, ele deve investir algum dinheiro para garantir o seu funcionamento conforme o planejado.

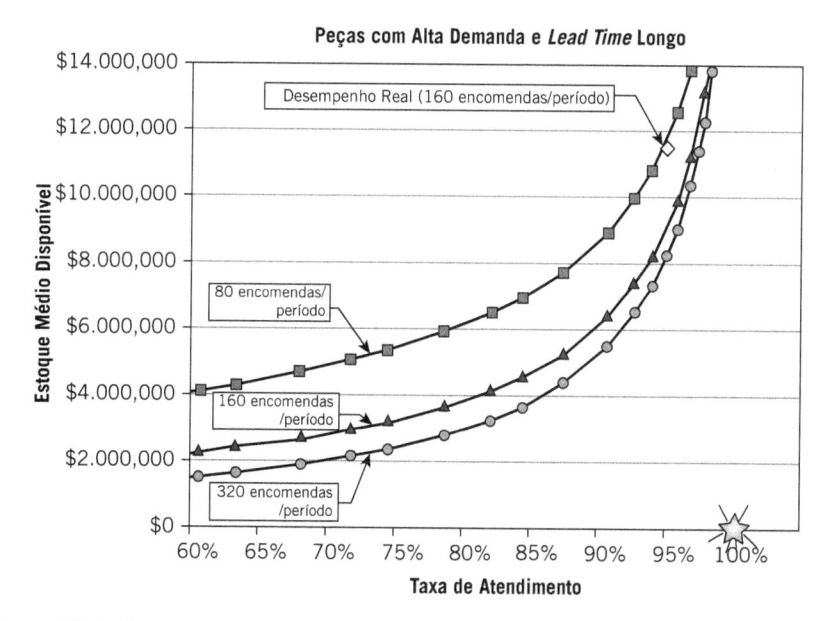

Figura 10-3 Estoque *versus* taxa de atendimento.

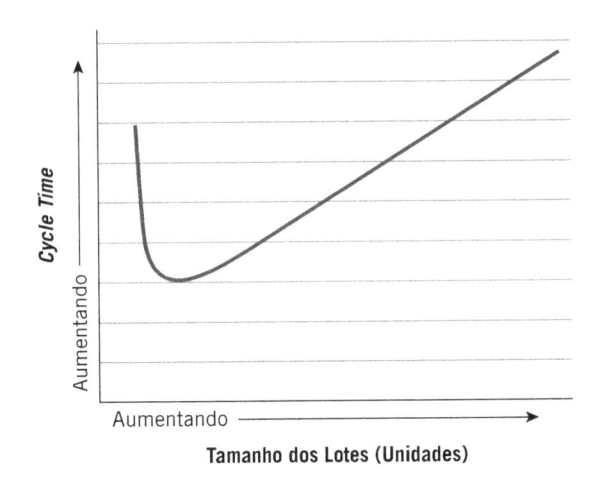

Figura 10-4 Tamanho dos lotes *versus cycle time*.

Implementação em uma grande empresa

A discussão no Capítulo 8 apresentou detalhes sobre a implementação em uma empresa relativamente pequena, a Arc Precision. Antes de concluirmos, vamos apresentar uma breve descrição de uma implementação em uma grande empresa, como ilustração para os leitores envolvidos em tais organizações.

O vice-presidente de manufatura de uma divisão pertencente a uma empresa multibilionária e líder de mercado no ramo de equipamentos médicos estava procurando uma maneira de elevar sua organização a um patamar acima em termos de desempenho. Este estudo de caso descreve o caminho que a empresa tomou para colocar em prática os métodos e o software da Ciência da Fábrica, resultando em mais de 70 milhões de dólares de economia em três anos e em um avanço na sua posição competitiva.

A divisão do vice-presidente era reconhecida dentro da empresa por estar na vanguarda do avanço em desempenho, e a empresa é amplamente conhecida por ter uma vantagem competitiva em termos operacionais. Essa divisão tinha implementado muitas iniciativas para aumento de produtividade ao longo dos anos, como a Teoria das Restrições, a Produção Enxuta e o Seis Sigma. O problema que a empresa agora enfrentava eram as lacunas demais que havia entre o modo como todas as iniciativas se encaixavam entre si e a carência de uma estrutura coerente para compreender qual método era apropriado para cada situação. Uma vantagem crucial da abordagem da Ciência da Fábrica é a excelente clareza que ela proporciona na priorização das áreas a ser melhoradas. Além disso, a abordagem da Ciência da Fábrica tem uma capacidade preditiva, permitindo que a empresa determine quantitativamente quais benefícios seriam obtidos mediante a implementação de melhorias.

A Factory Physics Inc. (FPI) começou a trabalhar com essa divisão em 2004, para uma avaliação inicial de uma planta na Espanha. O vice-presidente e um dos seus diretores compareceram à avaliação inicial e, por meio de intenso questionamento e observação, determinaram que os princípios e os métodos de implementação da Ciência da Fábrica deveriam de fato conferir uma vantagem competitiva às suas operações. Os resultados da avaliação inicial foram então apresentados na revisão de gestão operacional, em janeiro de 2005, envolvendo todas as divisões. Quem também compareceu à revisão gerencial foi o vice-presidente geral de estratégia fabril da empresa. A conclusão foi que a abordagem detalhada por meio da avaliação inicial resultou em um esforço global para treinar pessoal e implementar a abordagem da Ciência da Fábrica.

Cinco projetos-meta foram escolhidos na Europa e dois nos Estados Unidos, a fim de servir como projetos de alto potencial para treinamento de pessoal. Além disso, outros locais com missão menos decisiva foram selecionados, e mais de 20 candidatos foram escolhidos para se tornarem cientistas de fábrica. O título *cientista de fábrica* é uma certificação da FPI para profissionais operacionais que exibem um domínio dos princípios da Ciência da Fábrica e que demonstram resultados significativos mediante a aplicação das ferramentas e técnicas dessa Ciência em operações da sua empresa.

Com visitas à planta nos locais de alto potencial pelo pessoal da FPI e com sessões trimestrais de revisão reunindo os demais candidatos a cientistas da fábrica, a empresa incorporou a abordagem da Ciência da Fábrica em sua cultura. A iniciativa rendeu retornos massivos sobre o investimento, com muitas melhorias sendo realizadas dentro dos primeiros seis meses. Exemplos dos resultados conquistados incluem:

- Aumento da produtividade em 30%
- Grande prevenção de gastos de capital pelo aumento da produtividade em instalações de alta demanda
- Redução do investimento em estoque
- Classificação das melhores aplicações para projetos de Produção Enxuta e Seis Sigma

Em síntese, a implementação da Ciência da Fábrica proporcionou perspectivas e ferramentas necessárias para que os profissionais operacionais da empresa se apoiassem em seus anos de experiência e aprimorassem o controle, a otimização e a lucratividade de seus processos aos mais altos níveis possíveis.

Histórias alternativas

Em nossa tentativa de comparar e contrastar a abordagem da Ciência da Fábrica com a Produção Enxuta e outros métodos, pode parecer que exageramos em nossa crítica àquelas empresas que se empenharam em tais esforços. Talvez não tenha sido possível evitar tamanhas críticas, mas certamente não estávamos sugerindo que as metodologias anteriores eram, de alguma forma, imprudentes ou absurdas. Os criadores desses sistemas, sobretudo do Sistema Toyota de Produção, e, portanto, da Produção Enxuta, tinham uma compreensão e uma intuição imensamente profundas sobre o modo como os sistemas de produção se comportam e sobre os efeitos da variabilidade em tais sistemas. O foco da nossa crítica é que eles não comunicaram essa compreensão de maneira eficiente. Ohno e Shingo escreveram pequenos livros e não ofereceram qualquer descrição científica, nem mesmo detalhes suficientes.

A profusão de livros que se seguiram se concentrava principalmente nos detalhes, mas, de novo, com pouca descrição científica. Com essas falhas, era difícil aplicar os métodos em diferentes ambientes empresariais, a não ser que se inserisse uma cópia literal do sistema dentro da nova situação, o que podia ou não ser apropriado.

Vejamos o que poderia ter acontecido se, primeiro, a Toyota tivesse aplicado a Ciência da Fábrica e, depois, a Boeing tivesse feito o mesmo. Acreditamos que se Ohno tivesse contado com a compreensão básica oferecida pela Ciência da Fábrica, ele teria desenvolvido essencialmente o mesmo Sistema Toyota de Produção, mas o teria feito em alguns anos, e não em 25. Acreditamos que Ohno teria feito duas mudanças fundamentais. Ele já sabia que a Toyota não era capaz de competir com lotes de grandes tamanhos utilizados pelas suas concorrentes norte-americanas. Então, em vez de desenvolver um "supermercado" de *kanban*, Ohno teria implementado o CONWIP, porque ele é mais simples e cumpre com o mesmo objetivo de controlar o WIP. Em vez de reservar rigorosamente 2 horas para cada 12 horas, ele teria recorrido à capacidade alternativa somente quando ela fosse necessária. A aplicação das duas mudanças teria reduzido custos, evitando o desperdício de uma capacidade reservada para problemas que poderiam vir ou não a ocorrer. Ele também teria reduzido os estoques, já que o CONWIP não mantém um estoque para cada peça, e sim apenas o que é necessário em WIP.

Caso a Boeing tivesse seguido essa versão do Sistema Toyota de Produção, ela teria percebido que o segredo da produção lucrativa não estava em uma linha de montagem móvel. Ela teria alcançado maior lucratividade se tivesse empregado os três *buffers*: de estoque, de tempo e de capacidade, e se tivesse se concentrado em aumentar a capacidade para arrecadar o máximo de receita com o maior retorno possível sobre o investimento. Isso teria resultado em um foco em melhorias de processamento, como sistemas mais precisos para realizar furos, e uma terceirização de outros processos, como o pré-agrupamento de chicotes de cabos, para que pudessem ser conduzidos em paralelo. A empresa teria se concentrado na coordenação da sequência de produção de submontagem com otimização de investimentos em estoque e capacidade, em vez de tentar estabelecer um *takt* para a fábrica inteira. Se tivessem feito essas coisas, eles teriam aumentado a produção final da planta por meio da redução do tempo *takt*, sem jamais falar sobre o tempo *takt*. Quando a produção final aumenta, enquanto o WIP permanece constante, o *cycle time* em geral acaba diminuindo. Consequentemente, a Boeing teria conseguido tanto aumentar a produção final durante o pico de demanda *quanto* melhorar o cumprimento dos prazos. Com isso, ela teria evitado um investimento de $250 milhões em uma linha de montagem móvel e ainda teria feito o melhor possível para alcançar os objetivos de maximização do fluxo de caixa e dos lucros.

O futuro

Apresentamos a abordagem da Ciência da Fábrica baseada na ciência operacional e caracterizada por cinco passos fundamentais:

1. Compreender o ambiente.
2. Visualizar e escolher a estratégia.
3. Desenvolver e quantificar táticas.
4. Executar o plano utilizando controles de *feedback* e limites de controle do tipo CEP.
5. Monitorar o andamento empregando mensurações alinhadas com a estratégia.

Esta abordagem, ilustrada graficamente na Figura 10-5, oferece aos executivos um mecanismo para compreender seus ambientes empresariais, de modo que possam escolher a estratégia, desenvolver táticas e executar o plano com controles que vinculam o desempenho à estratégia. Conforme já foi examinado, uma estratégia é um plano de ação desenvolvido para alcançar um fim específico. A estratégia executiva, em geral, envolve decisões no longo prazo e de grandes investimentos, como: "Quais são os nossos mercados?", "Qual é a nossa tecnologia?" e "De quanta capacidade instalada precisamos?". Táticas são políticas ou ações implementadas para cumprir com uma tarefa ou objetivo. As táticas de gestão costumam envolver decisões no médio prazo, como: "O que precisamos fabricar ou comprar?", "Quando precisamos fabricar ou comprar isso?" e "Precisamos dispor de capacidade alternativa?". Muitas vezes, as táticas são colocadas em prática com regras de planejamento seguidas pela organização e frequentemente inseridas em seus sistemas ERP. No mundo operacional, controles são métodos ou sistemas utilizados para implementar táticas, a fim de alcançar o desempenho almejado. Os controles administram questões, como:

"A demanda está dentro dos limites planejados?", "O estoque está dentro dos limites?" e "O WIP está abaixo do seu limite máximo?".

Antes do desenvolvimento da Ciência da Fábrica, não havia de fato uma maneira de vincular diretamente a estratégia às táticas e aos controles. No passado, os executivos estabeleciam a estratégia, e os gestores de escalão inferior tentavam implementá-la – às vezes, com sucesso; às vezes, não. Nessa época, não havia sequer como determinar se uma certa estratégia era ou não viável, quanto mais se era lucrativa ou não. Mas agora que a Ciência da Fábrica não é apenas uma teoria comprovada, como também uma prática comprovada, é hora de deixar para trás as abordagens de *inovação por imitação* e de *software resolve tudo* que dominaram o cenário nos últimos 25 anos, ou mais, e passar a adotar estratégias, táticas e controles que sejam adequados a uma determinada empresa e a cada divisão dentro da empresa.

Como disse certa vez Winston Churchill: "O sucesso não é o final, e o fracasso não é fatal: o que conta é a coragem de continuar". Torcemos pelo seu trabalho contínuo em elevar o desempenho das operações de manufatura, serviços e cadeia de suprimentos. A melhoria do desempenho operacional tem representado uma grande parte do avanço da civilização nos últimos duzentos anos. Trata-se de um nobre esforço.

Para mais informações sobre a Ciência da Fábrica e recursos para ajudar na sua aplicação dos conceitos, visite o site da Factory Physics em www.factoryphysics.com.

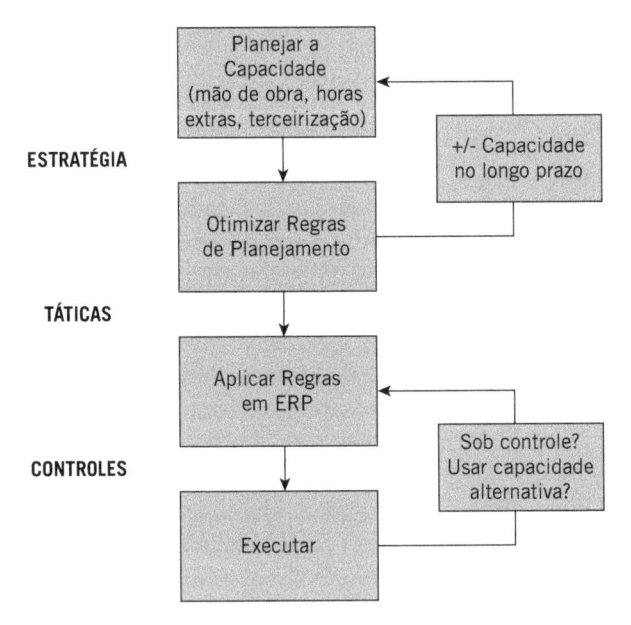

Figura 10-5 A abordagem da Ciência da Fábrica.

Notas

Capítulo 1

1. http://www.nas.edu/evolution/TheoryOrFact.html.
2. Henry Ford e Samuel Crowther, *My Life and Work*, New York: Doubleday, Page, 1922.
3. W. J. Hopp e M. L. Spearman, *Factory Physics*, 3rd ed., Long Grove IL: Waveland Press, 2008.
4. http://www.epa.gov/lean/environment/studies/gm.htm.
5. "Bulletproof Quality Came Only After a Long Struggle." *Automotive News*, October 2007; disponível em http://www.autonews.com/apps/pbcs.dll/article?AID=/20071029/ANA03/710290347#axzz2dYX6Cw9F.
6. Alan Robinson, *Modern Approaches to Manufacturing Improvement: The Shingo System*, New York: Productivity Press, 1990, p. 54.
7. De Roberta Russell e Bernard Taylor, *Operations Management*, 3rd ed. Para o *site*, veja http://www.prenhall.com/divisions/bp/app/ russellcd/PROTECT/CHAPTERS/CHAP15/HEAD01.HTM.
8. S. S. Chakravorty, "Where Process-Improvement Projects Go Wrong," *Wall Street Journal*, June 14, 2012.
9. "Why Lean Programs Fail – Where Toyota Succeeds: A New Culture of Learning," *Forbes*, February 5, 2011.
10. *APICS Dictionary*, 13th ed., Chicago: Association for Operations Management; disponível em: http://www.apics.org/dictionary/ dictionary-information?ID=3286.
11. Boeing Annual Reports for 2003–2009; disponível em: www.boeing.com.
12. http://www.boeing.com/boeing/commercial/777family/777movingline.page.
13. http://www.youtube.com/watch?v=huDo9138ncg.
14. Bill Vogt, "What You Can Do When You Have To." *Target* 15(1st Quarter): 6–8, 1999; Bill Vogt, "The Production Runs of the Century: A Comparison of Plant II and Willow Run," *Target* 15(1st Quarter): 9–21, 1999.

Capítulo 2

1. PW 2013 Presentation, "Process Excellence at Jabil: Intelligent BPM and Real-Time Lean Six Sigma," disponível em http://www.pega.com/ resources/pw-2013-presentation-process-excellence-at-jabil-intelligent- bpm-and-real-time-lean-six.
2. Ibid.

Capítulo 3

1. A. E. Jinha, "Article 50 Million: An Estimate of the Number of Scholarly Articles in Existence," Learned Publishing, 23(3):258–263, 2010. doi:10.1087/20100308.
2. Os leitores talvez estejam familiarizados com o debate entre Thomas Kuhn e Karl Popper no que se refere à natureza da ciência. Examinamos isso com mais detalhes no Capítulo 10.

3. M. George, *Lean Six Sigma: Combining Six Sigma Quality with Lean Production Speed*, New York: McGraw-Hill, 2002, p. 43.
4. Ibid.
5. Sir Isaac Newton e John Machin, *The Mathematical Principles of Natural Philosophy*, Vol. 1, p. 19, traduzido por Andrew Motte, (1729), disponível como Google eBook, http://books.google.com/books?id=Tm0FAAAAQAAJ&source=gbs_navlinks_s.
6. http://www.merriam-webster.com/dictionary/intuition.
7. Larry Bossidy e Ram Charan, *Execution: The Discipline of Getting Things Done*, Houston, TX: Crown Business, 2002.
8. J. D. C. Little, "A Proof for the Queuing Formula: $L = \lambda W$," *Operations Research* 9(3):383–320, 1961.
9. M. L. Spearman, D. L. Woodruff, e W. J. Hopp, "CONWIP: A Pull Alternative to Kanban," *International Journal of Production Research* 28(5):879–894, 1990.

Capítulo 4

1. *Próximo* é relativo e apresenta uma margem maior quando tratamos de variâncias do que quando tratamos de médias. Em outras palavras, a variância é menos precisa do que a média. Isso não deve surpreender, já que a variância está medindo o quanto os dados são *variáveis* – uma medida que é inerentemente variável em si mesma.
2. Embora estejamos fazendo uma distinção entre *lead time* e *tempo de reabastecimento*, muitos autores chamam ambos de *lead time*.

Capítulo 6

1. Wikipedia, http://en.wikipedia.org/wiki/Policy.

Capítulo 9

1. M. Rother e J. Shook, *Learning to See: Value-Stream Mapping to Create Value and Eliminate Muda*, Version 1.3, Cambridge, MA: Lean Enterprise Institute, June 2003.
2. J. Orlicky, *Material Requirements Planning: The New Way of Life in Production and Inventory Management*, New York: McGraw-Hill, 1975.
3. H. F. Dickie, "ABC Inventory Analysis Shoots for Dollars," *Factory Management and Maintenance*, July 1951.

Capítulo 10

1. Massimo Pigliucci, "Popper vs. Kuhn: The Battle for Understanding How Science Works," *Skeptical Inquirer* 35(4):23–24, 2011.

Índice

A Ciência da Fábrica (Hopp e Spearman), viii–ix, 65–66, 78–79, 83–84, 108
Abordagem da Ciência da Fábrica, viii–x, 105–106. *Ver também questões específicas*
   implementação imediata da, 336–338
   para conflitos, 28–31
   praticabilidade da, 18–19
   simplicidade da, 64–66, 347–348
Abordagem de controle em circuito fechado, x
Abordagem puxada, 240–242, 253–257
Academia Nacional de Ciências, EUA, 1
Ações, 203–205
   princípio do menor esforço, 65–66
Adaptabilidade, 68–70
Agência de Proteção Ambiental, EUA, 4–5
Alinhamento de mensurações, 23–24, 283–284, 341–342
   com indivíduos, 273–278
   insight e, 272–278
Ambiente, 48–49, 55–59, 98–101
   alteração do, 224–227
   desempenho da área de estocagem e, 101–104
   em processo de POV+, 208–210
   variabilidade relacionada a, 85–87
APO. *Ver* Planejamento e otimização avançados
APS. *Ver* Sistema avançado de planejamento e sequenciamento
Arc Precision
   buffer de tempo na, 294
   controle de CONWIP na, 280
   controles de *feedback* na, 280
   estipulação de prazo de entrega na, 280, 293–294
   estratégia de negócios para, 280, 284–285
   estratégias críticas para, 285–286
   exemplo de fila virtual na, 293–294
   feedback diário para, 297–299
   iniciativas-chave na, 286–288
   ISO para, 284–285
   liderança na, 279–280
   liderança organizacional na, 280
   limites de WIP para, 292
   mecanismos diários na, 280
   metas de utilização para, 288–291
   missão da, 284–285
   modelos de planejamento da, 284–286
   otimização de estoque para, 287–289
   parâmetros na, 294–296
   plano piloto para, 284–301
   planos de desempenho individual na, 280
   planos mensais ou trimestrais para, 286–288
   planos pessoais para, 299–301
   POV+ na, 280
   reuniões operacionais semanais para, 294–296
   reuniões semanais de programação para, 290–294
   software para, 290–291
   vagas de reserva na, 293–294
   visão da, 280, 284–285
Áreas de estocagem, 41–44, 87–90
   plotagem de custo/benefício para, 93–96
Arquimedes, 108
Arreola-Risa, Antonio, 48–49
Atendimento ao cliente, 20–22, 41, 237–238, 255–256, 321–322, 325
Avaliação das políticas de estoque, 127–130
Avatar de custo-produto, 165

Balanceamento de linha, 14–15
Bayer Corporation, 261–262
Benchmarking, 58–59. *Ver também Benchmarking absoluto*
Benchmarking absoluto, 58–59, 76–77, 336–339
   para a Michigan Steel Company, 307–309
   para planta farmacêutica, 316–318
Boeing, 14–19, 37–38, 346–347
Brainstorming, 35–36
Buffers, 48–50, 74–75, 119–120
   em sistema de montagem, 129–132
   gestão das, 185–189

para demanda flutuante, 218-219
para fabricantes terceirizadas, 236-238
para variabilidade, 45-48, 335-336
tempo como, 45-48, 223-225, 249-252, 261-262, 267-269, 294

Cameron, George, 321-322, 325
Capacidade, 26-27, 45-51, 63-64, 306-307
  adaptabilidade relacionada a, 68-70
  análise de, 132-139
  atividade para, 71-73
  datas de entrega e, 51-54
  demanda comparada a, 273-274
  em chamadas de serviço, 53-55
  em táticas de estoque, 220-222
  para DRS em montagem sob encomenda, 269-273
  para ETAPs, 269-272
  pessoal como, 202-205
  produtividade relacionada a, 85-87
  sucata e retrabalho relacionados a, 134-136
Capacidade flexível, 26-27
Central única de processamento, 67-70
Chakravorty, Satya S., 22-24
Chamadas de serviço, 53-55
Ciência
  conhecimento e, 32-40
  da gestão operacional, viii-x, 58-60, 65-67
  da liderança, 211-213
  definição de, 35
  matemática e, 36-38
  paradigma da melhoria contínua na, 335
  paradigma MRP/APS/TI e, 335
  Produção Enxuta comparada a, 281-282
  programas de melhoria contínua da, 24-26
  refutação na, 334-335
  STP e, 5-12
Ciência operacional
  demonstrativos financeiros e, 170-174
  desempenho financeiro e, 173-189
Classificações de estoque ABC, 89-94
  comparação com, 314-316
  Michigan Steel Company e, 311-315
  taxas de atendimento e, 232-234
Coeficiente de variação, 63-64, 109-110, 144-146
Colaboradores, 26-27, 36-38, 281-282
  para produtividade, 288-291
  planos pessoais para, 299-301
  treinamento para, 282-284, 323-324
Combinação de estoques e fluxos, 157-159
  otimização de fluxo de caixa em, 159-163
Comunicação, 283-284, 297-299
Conflitos, 19-22, 28-31
Conformidade de sequenciamento, 244-246, 275

Conformidade de tamanho de lote, 275-278
Conhecimento, 59-60
  brainstorming para, 35-36
  ciência e, 32-40
  Conjecturas e refutações: o desenvolvimento do conhecimento científico (Popper), 35
Consumo de recursos, 52-55. *Ver também* Planejamento de recursos de produção
Controle constante de WIP (CONWIP), 80-81, 157-158, 271-272, 280, 346-347
  em DRS, 266-267, 271-272
  em filas virtuais, 242-244
  em táticas de capacidade, 234-235, 240-246
  planta farmacêutica e, 318-321
  sistema puxado e empurrado e, 240-242
  WIP comparado a, 241-243, 319-321
Controle de estoque, 234-235
  contagem de ciclo para, 231-232
  monitor de conformidade para, 229-231, 282-283, 296
  MRP para, 256-261
  paradigma de classificações em, 232-234
  precisão de estocagem para, 231-232
  valor pecuniário do estoque em, 231-233
Controle de WIP, 53-54, 83-85. *Ver também* WIP constante (CONWIP)
  kanban e, 240-241, 340-341
  na equação VUT, 67-68
  Produção Enxuta e, 239-241
  sistemas puxados e, 154-158
Controle estatístico de processos (CEP), 196-197
Controles, 19, 29-30, 47-48, 86-87, 130-131, 274-277. *Ver também tipos específicos de controle*
  em estratégias operacionais, 193-194, 335-337
  em táticas de estoque, 229-235, 282-283, 296
  no processo POV+, 206-212
  para estratégias, 347-348
  práticas padronizadas para, 268-270
  táticas de demanda e, 216-219
Controles de *feedback*, 209-210, 280, 282-283
CONWIP. *Ver* Controle constante de WIP (CONWIP)
CSUITE, 83-84, 101-103, 108-109, 342-344
  na Moog, Inc., 322-324
  para a Michigan Steel Company, 306-310
Custo, 15-16, 165, 170-172, 233-234
  DS e, 216
  estoque relacionado a, 92-93, 161-163
  índice de custo de manutenção de estoque, 161-163
  modelos de custo padrão, 72-73
  otimização de fluxo de caixa, 159-163
  Produção Enxuta e, 180-184
  reduções compartilhadas em, 287-289

tamanho do lote e, 104-105
táticas relacionadas a, 56-58
Cycle time total
   sistemas puxados em, 154-158
   tempo de lote em, 151-156
   TPB em, 149-150
Cycle times, 16-17, 61-63, 250-251, 325. Ver
   também cycle time total
   comportamento, 81-83
   conflitos em, 20-22
   custo/benefício em, 26-28
   de medidores de fluxo 251-253
   em planta farmacêutica, 316-317, 319-321
   em produção, 26-28
   equação *VUT* para, 67-70
   estoque e, 70-72
   gráfico de utilização comparado a, 69-76, 105-106
   lei de Little e, 77-80, 340-341
   na TDG, 331-332
   para a Michigan Steel Company, 303-312
   para sucata e retrabalho, 247-248
   produtividade comparada a, 181-184
   tamanho do lote e, 103-106, 342-344
   tamanho do lote e, 158-160
   utilização *versus*, 67-72, 154-157, 341-343
   variabilidade e, 51-54, 70-71
   WIP relacionado a, 8-12, 38-40, 75-88, 317-318, 338-341

da Vinci, Leonardo, 302
Data de gatilho, 258-260
Definir, medir, analisar, melhorar e controlar (DMAIC), 47-48
Dell Corporation, 261-262
Demanda, 41, 43-45, 144-145, 215-216, 257-258
   capacidade comparada a, 273-274
   classificação de *lead time* e, 89-91, 93-94
   distribuição de Poisson para, 112-115
   DTR, 76-77, 87-94, 122
   entrega dentro do prazo ou, 272-274
   entrega e, 188-189
   flutuante, 217-219
   prazos de entrega e, 51-53
   utilização ou, 272-274
   variabilidade e, 51-53, 59-60, 86-87
   visibilidade para, 287-289
Demanda flutuante, 217-218
   Buffers para, 218-219
Demanda média diária, 109
Demanda por *lead time*. Ver Demanda por tempo de reabastecimento

Demanda por tempo de reabastecimento (demanda por *lead time*) (DTR), 87-90, 93-94, 122
   $V(DTR)$, 76-77, 90-93
Demanda-estoque-produção (DEP), 39-40, 43-44, 185-187
   concepção da, 335-336
   flexibilidade de, 215
   para gestão operacional, 65-67
Demonstrativos financeiros, 170-174
Departamento de Defesa, EUA, 3-4
Desempenho, 13-14, 50-52, 303-306. Ver *também* Desempenho financeiro
   ambiente no, 55-59, 101-104
   atual *versus* previsto, 221-222
   custo em, 57-58
   melhor das hipóteses, 69-71, 78-79
   mensurações em, 56-57
   na TDG, 331-333
   parâmetros de desempenho de estoque, 117-128
   real *versus* desejado, 335-336
   táticas em, 55-58, 335-337
Desempenho de área de estocagem, 101-104
Desempenho financeiro, 198-200. Ver *também* Lucro
   custo adicional da Produção Enxuta e, 180-184
   gestão do portfólio de *buffers* e, 185-189
   margem de contribuição do gargalo em, 173-180
   otimização de estoque e, 183-186
Desempenho na melhor das hipóteses, 69-71, 85-86
Dias de suprimento (DS), 110, 216, 257-260
Dickie, H. F., 314-315
Distribuição de Poisson, 112-115, 144-145
Distribuição normal padrão, 123-125
Dixie Group, O (TDG)
   cycle time no, 331-332
   desempenho no, 331-333
   desenvolvimentos do, 327-329
   DRS e, 328-329
   melhorias no, 331-333
   MRP e, 328-329
   origens do, 327
   TPPS no, 328-331
   UCE no, 331-332
   utilização no, 329-332
   WIP no, 331-333
DRS em montagem sob encomenda
   capacidade para, 269-273
   gestão do portfólio de *buffers* em, 266-269
   lei de Little para, 266-269

práticas padronizadas de controle para, 268–270
produção de componentes para, 269–272
Duração das tarefas, 8–11

ECs. *Ver* Encomendas de compra
Efeito chicote, 114–115
Eficiência global dos equipamentos (OEE), 138–140
Eli Lilly and Company, 326–327
Empresa da indústria alimentícia, 179–180
Empresa de equipamentos médicos, 344–346
Empresas analíticas, 34
Empresas de software, 92–94
    teoria das, 33
Empresas farmacêuticas, 175–178, 252–253. *Ver também* Eli Lilly and Company
Encarregado pelopor processo, 198–200
Encomenda de trabalho planejada (ETP), 328–329
Encomendas de compra (ECs), 221–222
    em sistemas MRP/ERP, 258–260
Encomendas de trabalho em área de produção (ETAPs)
    capacidade para, 269–272
    controle de CONWIP para, 271–272
Encomendas em atraso, 52–54, 110
    em fabricação para estocagem, 54–55
    tempo de atraso, 125–128, 223–225
Engenharia, 3–4, 34, 68–69, 274–277, 300
Engenharia industrial (EI), 34, 68–69
Entrega, 188–189, 251–253
    a tempo para, 272–274, 341–342
Equação de Kingman. *Ver* Equação VUT
Equação VUT (equação de Kingman), 73–75, 147–149
    controle de WIP em, 67–68
    para a utilização, 67–70, 75–76
    para o tempo, 67–70
Erro de previsão, 114–118, 201–202
Erro quadrático médio (EQM), 115–117, 200–202, 313–314
Estipulação de prazos de entrega, 243–245, 251–252, 300
    na Arc Precision, 280, 293–294
Estoque, 49–50, 88–89, 91–92, 110, 258–259. *Ver também* Estoques
    agilização para, 128–130
    classificações ABC para, 89–94, 232–234, 311–316
    como *buffer*, 45–48, 223–225, 267–269
    conflitos com, 20–22
    custo relacionado a, 92–93, 161–163
    cycle time e, 70–72
    diversas políticas para, 97–99
    em sistema de montagem, 129–132
    em sucata e retrabalho, 247–250
    feedback diário sobre, 297–298
    itens customizados em, 313–314
    itens padronizados em, 313–314
    limites eficientes de, 128–130, 222–225
    médio disponível, 119–122
    mensuração do, 231–233
    obsolescência do, 229–230, 249–250
    otimização do, 183–186
    políticas otimizadas para, 311–316
    quantidade encomendada e, 100–103
    queima de, 297
    relações de custo/benefício em, 298, 322–324
    sistema ideal de, 95–96
    tamanho do lote e, 103–104
    táticas para, 295–296
    taxas de atendimento *versus*, 94–96, 99–103, 122–126, 183–186, 341–344
    tempo comparado com, como *buffer*, 223–225, 267–269
    variabilidade em, 96–99
Estoque de segurança (ES), 119–120, 257–260
Estoque líquido, 121
Estoque médio disponível em um pontonuma área de estocagem, 110
Estoques, 41–42
    classificação de fornecedor para, 89–90
    demandademanda e classificação de *lead time* para, 89–91, 93–94
    DEP, 39–40, 43–44, 65–67, 185–187, 215, 335–336
    fabricação para estocagem, 12–14, 54–55
    modelos de estoque, 110–111
    produção e, 75–77
    V(DTR) para, 90–93
    valor monetário em estoque, 231–233
Estratagemas de tempo de resposta, 249–253
Estratégias, ix–x, 56–57, 249–253, 285–286. *Ver também tipos específicos de estratégias*
    conflitos e, 19
    controles para, 347–348
    definição de, 19, 29–30
    em táticas de estoque, 220–221
    para gestão do portfólio de *buffers*, 226–227
    para limite eficiente, 226–227
    para lucro, 189–191
    táticas para, 347–348
Estratégias de marketing, 189–191
Estratégias empresariais, 280, 283–285, 337–338
Estratégias operacionais, 189–191
    alinhamento da estratégia operacional com, 337–338
    controles em, 193–194, 335–337
    descrição das, 192–194
    elementos das, 192–193

execução nas, 195-196
táticas nas, 193-194
visão geral das, 192
Eventos *kaizen* (projetos de melhoria), 3-4, 22-23, 309-310
Execução, 195-196, 214, 227-229, 329-331. *Ver também* Implementações complexas; Implementação rápida

Fabricação celular, 238-240
Fabricação para estocagem, 12-14, 54-55
Fabricação sob encomenda, 12-14, 52-55, 77-78
  demanda em, 216
  estoque do sistema de montagem para, 129-132
Fabricante terceirizada, 236-238
Falácia de afirmar o consequente, 334-335
Fantasia do valor agregado, 167-171
Feedback, diariamente, 297-299
Filas virtuais
  conformidade sequencial e, 246
  controle de CONWIP em, 242-244
  descrição das, 242-243
  exemplo de, 293-294
  quantidade em, 234-235
  vaga acelerada nas, 243-244
Finanças, 166, 205-207
Fluxo contínuo, 78-79, 86-87
  no STP, 6-11
  para fabricação celular, 238-239
Fluxos, 41-42, 132, 207-209, 317-319
  estoques e, combinação de, 157-159
  fluxo contínuo, 6-11, 78-79, 86-87, 238-239
  gráficos de fluxo de produção, 79-88, 105-106
  para DRS, 263-265
Fluxos de valor, 41-44, 335-336
Ford, Henry, 2-5
Formação de fila, 140-141, 143-144
  filas virtuais, 234-235, 242-244, 246, 293-294
  quantidade em fila virtual, 234-235
  rede fechada de formação de fila para, 73-74
  TG e, 145-147
  utilização relacionada a, 145-148
  variabilidade e, 141-143, 145-149
Frequência de reabastecimento, 118-120

Gargalos, 13-15, 132-137
  em EMS, 339-341
  margem de contribuição em, 173-180
  OEE de, 138-140
  utilização relacionada a, 177-178
Gatilhos de capacidade, 236-238, 244-245
Gemba, 195-196
General Motors (GM), 4-5
Gerecke, Glenn, 320-321

Gestão, x, 2-3, 21-22, 37-38, 255-256, 279-280.
  Ver também Gestão operacional
  APS para, 73-74
  do portfólio de *buffers*, 185-189, 226-227, 266-269
  realidade para, 74-75
  TQM, 2-4, 166
Gestão científica, 2-3
Gestão da qualidade total (TQM), 2-4, 166
Gestão de cobertor curto, 21-22, 255-256
Gestão de mudanças, x, 279-280
Gestão do portfólio de *buffers*, 185-189, 226-227, 266-269
Gestão operacional, viii, 32, 175-178
  abordagens forçadas sobre, 20-21
  agendas de reuniões em, 294-296
  ciência da, viii-x, 58-60, 65-67
  controle de TI em, 195-198
  DEP para, 65-67
  integração em, 214-215
  perfeição e, 70-72
  POV em, 197-209
  reuniões semanais de progresso para, 294-296
  sem treinamento, 50-52
  táticas de estoque para, 295-296
Giros de estoque, 122, 171-172
Gráfico de utilização, 69-76, 105-106
Gráfico do tamanho do lote, 103-106
Gráficos de cumprimento de programação, 244-246
Gráficos de desempenho, 75-77
Gráficos de fluxo de produção, 79-82, 86-88, 105-106
  zona ideal de WIP em, 84-86
  realidade em, 82-85

Heurísticas de otimização, 73-74
Hopp, Wallace, viii-ix, 65-66, 78-81, 83-84

Implementação rápida
  análise de *lead times* em âmbito geral em, 340-342
  análise do gargalo em, 338-341
  avaliação de âmbito geral da utilização em, 338-341
  benchmarking absoluto em, 337-339
  operação da estratégia operacional com a estratégia empresarial em, 337-338
  potencial de aplicação de limite de WIP em, 340-341
  sistemas MRP/ERP em, 341-342
Implementações complexas
  estoque *versus* taxa de atendimento em, 341-344
  tamanho do lote *versus cycle time* em, 342-344
  utilização *versus cycle time* em, 341-343

Índice de custo de manutenção de estoque, 161–163
Indústria de fabricação de semicondutores, 209–210
Iniciativa por imitação, 239–241, 335–337, 347–348
Iniciativas-chave, 287–289
International Standards Organization (ISO), 284–285
Intuição, 1, 14–15, 18–19, 37–38, 79–81, 91–92, 103–104
Itens customizados, 313–314, 340–341
Itens padronizados, 313–314, 341–342

Jabil, 22–25
Jamiesson, Max, 5–7
Jinha, A. E., 35
Jones, Dan, 12–16
Just-in-time (JIT), 2–4

Kanban (supermercados), 6–7, 13–14, 157–158, 346–347
    controle de WIP e, 240–241, 340–341
    Moog, Inc., e, 322–324
Kuhn, Thomas, 334–335

Lead time de segurança (LTS), 244–245
Lead time planejado (LTP), 257–260, 271–272
Lead times, 247–248, 311–314
    avaliação de âmbito geral de, 341–343
    convenção sobre, 72–74
    definição de, 52–53, 61–64
    DTR, 76–77, 87–94, 122
    em estratagemas de tempo de resposta, 249–253
    em sistema de montagem, 130–132
    em sistemas MRP/ERP, 253–256
    em táticas de estoque, 219, 223–225
    erro de previsão e, 114–118, 201–202
    estipulação de prazo de entrega e, 251–252
    gatilhos de capacidade e, 244–245
    LTP, 257–260, 271–272
    LTS, 244–245
    padronizados, 341–342
    taxas de atendimento e, 233–235
    transporte rápido e, 250–251
    utilização comparada a, 237–238
Lead times padronizados, 341–342
Lean Enterprise Institute (LEI), 12–14
Lean Thinking (Womack and Jones), 12–14
Learning to See (Rother and Shook), 302, 305–306, 309–310
LEI. *Ver* Lean Enterprise Institute
Lei de Little, 76–77, 82–83, 126–127, 300
    em modelagem de fluxo, 132–133
    estipulação de prazo de entrega, 243–245

para DRS em montagem sob encomenda, 266–269
WIP e, 77–80, 340–341
Lewin, Kurt, 1
Liderança, 279–280. *Ver também* Liderança sustentável
    buffers e, 46–49
    ciência da, 211–213
    em reuniões de POV, 204–205
    relações de custo/benefício e, 27–29
Liderança sustentável
    compreensão prática, 281
    controle de *feedback* e, 282–283
    delegação de, 281
    desafios da, 281
    e modificação comportamental, 281
    empatia na, 281–282
    equipe de implementação sob, 281–282
    simplicidade em, 281–282
    treinamento regular sob, 282–284
Lilly, Eli, 326
Limites de desempenho, 65–67, 69–71, 78–79, 335–337
Limites eficientes, 226–227
    ambiente e, 98–101
    análise das, 220–224
    descrições das, 93–95, 97–99
    em tática de estocagem, 222–225
    para estoque, 128–130, 222–225
Lipman, Victor, 23–25
Lista de materiais, 273–274, 313–314
Little, John D. C., 77–78
Lote em processamento, 151
Lotes de transferência, 151, 238–340
Lotes em transferência, 238–240
LTP. *Ver Lead time* planejado
Lucro, 164–165, 189–191
    e fluxo de caixa, 164–166
    fantasia do valor agregado em, 167–171
    motivadores de lucro em, 171–174
    redução de custo em, 170–172

Main, Tim, 23–24
Mapeamento do fluxo de valor (VSM), 2–3, 43–44
    exemplo de, 304
    limitações do, 303–306
    para a Michigan Steel Company, 304, 310–311
    praticabilidade do, 302
Máquina de Descarga Elétrica (EDM), 296, 325
Margem de contribuição, 173–180
Matemática, 60–61, 108
    ciência e, 36–38
    CSUITE para, 83–84, 101–103, 108–109, 306–310, 322–324, 342–344

Material Requirements Planning (Orlicky), 313-315
Matérias-primas, 88-90
Matthes, Mike, 22-23
Mean Time Between Failure (MTBF), 136-137
Mean Time To Failure (MTTF), 306-307
Mean Time To Repair (MTTR), 136-137, 306-307, 310-311
Média, 109
 RVM, 144-145, 147-148, 216-218
Média amostral, 109
Média do tempo efetivo de processamento, 110
Média em encomenda, 110. *Ver também* Trabalho em processamento
Medidores de vazão, 251-253
Melhoria de processamento, 30-31, 309-310
Mensurações, 19, 56-57, 193-194
 de variabilidade, 143-146
 mensurações de desempenho de estoque, 117-128
 mensurações de processo, 274-275
Mensurações de processamento, 274-275
Mensurações e controles de estoque, 274-276
Metas, 341-342
 de utilização, 288-291, 338-340
Métodos científicos, viii-x
Michigan Steel Company
 benchmarking absoluto para, 307-309
 CFO em, 309-311
 classificações de estoque do tipo ABC e, 311-315
 CSUITE em, 306-310
 cycle times para, 303-312
 dados sobre, 303-306
 dados sobre desempenho na, 303-306
 gargalo em, 306-311
 giros de estoque na, 310-313
 horas extras na, 309-313
 itens padronizados e, 313-314
 lead time de fornecedor na, 311-314
 melhoria de processo na, 309-310
 melhorias em geral na, 310-313
 operações paralelas na, 310-311
 otimização de fluxo de caixa em, 309-310
 políticas de otimização de estoque para, 311-316
 previsões para, 306-308
 produtividade na, 306-307, 312
 produtos da, 311-313
 QREs na, 311-314
 sistemas de controle de produção na, 308-310
 tamanho do lote na, 307-310
 taxa de atendimento na, 309-314
 tempo de processamento para, 303-306
 tempo na, 308-311

 utilização na, 306-309
 variabilidade na, 306-307, 311-312
 VSM para, 304, 310-311
 WIP na, 307-309, 312
Modelagem de fluxo, 132-133
Modelo de custo padrão, 72-73
Modelo de movimento browniano, 65-66
Modelo de movimento hamiltoniano-browniano, 65-66
Modelo de Planejamento, 284-286
Modelos de estoque, 110-111
Monitor de conformidade, 229-231, 282-283, 296
Monitor de conformidade para controle de estoque, 282-283, 296
Montagem sob encomenda, 187-188
 classificação de, 232-233
 DRS em, 266-273
 taxas de atendimento para, 232-234
Moog, Inc., 261-262
 análise na, 322-323
 atendimento ao cliente na, 321-322, 325
 buffers na, 322-323
 CSUITE na 322-324
 cycle times na, 325
 desafios na, 325
 Divisão de Controles Industriais da, 321-322
 EDM na, 325
 FIFO na, 322-323
 kanbans e, 322-324
 lições aprendidas na, 325
 plotagem de custo/benefício do otimizados de estoque na, 322-324
 Produção Enxuta na, 321-322
 sistema puxado com QRE e PRE na, 322-323
 taxa de atendimento na, 322-324
 tecnologia da, 320-322
 treinamento de colaboradores na, 323-324
MRP. *Ver* Planejamento de necessidades de materiais; Planejamento de recursos de produção
MRP II. *Ver* Planejamento de recursos de produção II
MRP para controle de estoque, 256-257
 políticas em, 258-261
 quando encomendar em, 257-258
 quantidade de encomenda em, 257-259
MRP/APS/ paradigma de TI, 335
Mudança de paradigma, 334-335

Nível médio de atraso nas entregas, 110

Ohno, Taiichi, 6-8, 15-16, 345-347
Operações de serviço, 47-48
Operações de usinagem, 249-250. *Ver também* Arc Precision

Operadores de centro de processamento, 276-275
Orlicky, Joseph, 215, 313-315
Otimização de estoque, 183-186, 287-289
Otimização de fluxo de caixa, 159-163, 309-310

Palavrório, 2-3
Paradigma da melhoria contínua, 335
Paradigma de classificações, 232-234
Parâmetros, 294-296
Parâmetros de desempenho de estoque, 117-118
   encomendas em atraso e tempo das encomendas em atraso em, 125-128
   estimativa de taxa de atendimento em, 122-126
   média de estoque disponível em, 119-122
   políticas de ponto de reposição em, 118-119
Passivos, 172-173
Penny Fab, 79-81
Pesquisa acadêmica, 34-35
Pesquisa operacional (PO), 34
Planejamento da cadeia de suprimentos, 287-289
Planejamento da demanda, 198-202, 207-209
Planejamento das necessidades de materiais (MRP), 2-4, 70-72, 318-320
Planejamento de necessidades de materiais (MRP), 257-261, 328-329
   descrição de, 110-111
   DRS com, 265-267
   práticas comuns em, 252-257
Planejamento de operações e vendas (POV)
   em gestão operacional, 197-209
   planejamento da demanda em, 198-202
   planejamento do suprimento em, 198-199, 201-202
   práticas de reunião para, 202-206
   responsável pelo processo em, 198-200
   reunião de POV executivo em, 198-199, 202-203
   reunião pré-POV em, 198-199, 202
   sequência de eventos e participantes de, 198-203
Planejamento de recursos para negócios (BRP), 2-4
Planejamento de suprimento, 198-199, 201-202, 207-209
Planejamento dos recursos de produção / sistema de planejamento e sequenciamento avançado / paradigma da tecnologia da informação (MRP/APS/ paradigma de TI), 335
Planejamento dos recursos de produção II (MRP II), 2-4
Planejamento e otimização avançados (APO), 264-265
   ERP comparado a DRS, 265-266
Planos de desempenho, individuais, 280
Planos mensais, 286-288
Planos pessoais, 299-301
Planos trimestrais, 286-288
Planta farmacêutica
   benchmarking absoluto para, 316-318
   controle de CONWIP e, 318-321
   cycle times na, 316-317, 319-321
   ERP na, 316-318
   fluxos na, 317-319
   gargalo em, 319-320
   logística na, 315-317
   melhorias na, 317-318, 320-321
   MRP na, 318-320
   produtividade na, 316-318
   SMED na, 318-319
   tamanhos de lotes, 318-319
   WIP na, 316-320
Plotagem de custo/benefício, 99-103, 105-107
   para áreas de estocagem, 93-96
Política de MRP (política de ponto de reposição por fases de tempo), 117-119
Política de ponto de reabastecimento por etapas de tempo (política MRP), 117-119
Política de primeiro a entrar, primeiro a sair (FIFO), 244-245, 322-323
Políticas, 193-194
   avaliação das políticas de estoque, 127-130
   em MRP para controle de estoque, 258-261
   em processo de POV+, 208-210
   FIFO, 244-245, 322-323
   para estoque, 97-99, 118-119, 224-226
   política de MRP, 117-119
   políticas de otimização de estoque, 311-316
   políticas de ponto de reposição, 118-119
   por fases de tempo, 258-260
Políticas por fases de tempo, 258-260
Ponto de reposição (PRE), 110, 117-126, 322-323
   execução de, 227-229
   políticas para, 118-119
   posição de estoque e, 258-259
Pontos de gatilho, 264-266
Popper, Karl, 35, 334-335
Portfólio de produtos, 164-165
Posição de estoque, 10-11, 258-259
Pós-processamento, 110-111
POV. *Ver* Planejamento de operações e vendas
POV+, 197-199, 205-206
Práticas padronizadas de controle, 268-270
Prazos de entrega, 50-54, 244-246, 275
Previsões, viii-ix, 79-81. *Ver também* Sistemas MRP/ERP
   atual *versus*, 221-222
   para a Michigan Steel Company, 306-308
   software de previsão para, 200-202
   teorias relacionadas a, 1, 14-15
Primeira lei do movimento de Newton, 36-37

Primeiro a entrar no sistema, primeiro a sair (FISFO), 264-265
Princípio do menor esforço, 65-66
Probabilidade de não ficar sem estoque, 110. Ver também Taxa de atendimento
Processamento, 110-111
Processamento a jusante, 326-327
Processo de POV+, 212-213
  ambiente em, 208-210
  áreas de estocagem em, 207-209
  controles de *feedback* em, 209-210
  controles em, 206-212
  demanda e reabastecimento em, 208-209
  estoques em, 209-211
  finanças em, 205-207
  fluxos em, 207-209
  GAAP em, 206-207
  melhoria contínua em, 208-209
  planejamento da demanda em, 207-209
  planejamento de suprimentos em, 207-209
  políticas em, 208-210
  sistemas de TI em, 206-211
Produção, 2-3, 41, 43-44, 269-272. Ver também Fluxo
  benchmarking absoluto em, 76-77
  cycle time em, 26-28
  DEP, 39-40, 43-44, 65-67, 185-187, 215, 335-336
  desempenho almejado em, 51-52
  estoques e, 75-77
  produção com fila, 10-12
  TPPS, 328-331
  utilização em, 132-137
Produção com fila, 10-12
Produção de produtos, 41-42
Produção de serviços, 41-42
Produção em lotes e filas, 10-12
Produção Enxuta, viii-ix, 11-12, 22-25, 36-37, 165-166, 281-282
  confusões em, 12-13, 74-75
  controle de WIP e, 239--241
  custo adicionado na, 180-184
  desenvolvimento de, 2-4
  kanban para, 340-341
  na Moog, Inc., 321-322
  para GM, 4-5
  WIP e, 180-184, 239-241
Produtividade, 63-64
  acompanhamento diário da, 298-299
  acompanhamento para, 288-290
  capacidade relacionada a, 85-87
  colaboradores para, 288-291
  cumprimento de sequenciamento para, 296
  cycle times comparados a, 181-184
  da Boeing, 16-18
  EDM, 296

Gráficos de cumprimento de sequenciamento, 244-246
lei de Little e, 77-80
longo prazo, 134-136
na Michigan Steel Company, 306-307, 312
na planta farmacêutica, 316-318
sistemas puxados e, 156-158
sucata e retrabalho para, 247-248
WIP e, 80-87
Programações detalhadas, 261-266
Programadores de estoque, 274-276
  conformidade de tamanho do lote e, 275-278
  monitor de conformidade para controle de estoque para, 282-283, 296
Programadores de produção, 276-277
  conformidade de sequência e, 275
  conformidade de tamanho de lote e, 275
Programas de melhoria contínua, 5, 21-26, 33, 47-48, 165, 208-209
Projeto de desempenho, 24-2527
Projetos de melhoria. Ver Eventos *kaizen*
Puxar, 240-242, 253-257

Quadrado do coeficiente de variação (QCV), 110, 144-146
Qualidade, 2-3
  TQM, 2-4, 166
  da Toyota, 5-7
  em STP, 6-9
  taxa de retrabalho e, 10-12
Quantidade de reposição (QRE), 110, 117-121, 123, 125-126, 322-323
  em sistemas MRP/ERP, 258-261
  execução de, 227-229
  na Michigan Steel Company, 311-314

Ramo aeroespacial, 70-72
Ramo de serviços, 52-55
Razão entre variância e média (RVM), 144-145, 147-148, 216-218
Rede fechada de formação de fila, 73-74
Redução de desperdício, 15-16
Redução de *lead times*, 101-103
Redução do *cycle time*, 16-17
Reengenharia de processos de negócios (BPR), 3-4
Refutação
  conjectura e, 36-38
  em ciência, 334-335
Relações de custo/benefício, 21-22
  de conflitos, 29-31
  em *cycle time*, 26-28
  em estoque, 298, 322-324
  ilustrações das, 26-28
  liderança e, 27-29
  quantificação das, 27-28

Responsabilização, 281-282
Retorno sobre o investimento (ROI), 4-5, 327, 344-345
Reuniões de POV
　código de conduta para, 205-206
　eficiência em, 202-205
　liderança em, 204-205
　papéis em, 203-205
Roteiro de produção, 61-63
Roteiro de serviço, 61-63
Rother, M., 302, 305-306, 309-310
Rutherford, Ernest, 32
RVM. *Ver* Razão entre variância e média

Schonberger, R. J., 8-9
Segmentos de mercado, 341-342
Seis Sigma, viii-ix, 83-84, 165-166
　OFAT em, 102-104
　desenvolvimento do, 3-4
　limitações do, 4-5, 11-12
Sequenciamento dinâmico baseado em risco (DRS), 234-236, 290-291, 328-329. *Ver também* DRS em montagem sob encomenda
　CONWIP em, 266-267, 271-272
　em montagem sob encomenda, 266-273
　ERP comparado a, 265-266
　fluxo para, 263-265
　MRP com, 265-267
　pontos de gatilhos comparados a, 264-266
　programações detalhadas comparadas a, 264-266
　sistemas tradicionais comparados, 265-267
Serviços de fabricação eletrônica, 339-341
Shewhart, Walter, 2-3
Shingo, Shigeo, 6-8, 345-346
Shook, J., 302, 305-306, 309-310
Siegel, Alex, 185-186
Sistema avançado de planejamento e sequenciamento (APS), 12-13, 20, 73-74, 335
Sistema de execução fabril (MES), 329-331
Sistema de montagem, 129-132
Sistema de planejamento de produção de acolchoamento (TPPS), 328-331
Sistema de planejamento dos recursos da empresa (ERP), 2-4, 110-112, 265-266, 314-315. *Ver também* Sistemas MRP/ERP
　em planta farmacêutica, 316-318
　no controle de TI, 196-198
　PRE e QRE em, 227-229
　software para, 92-94
Sistema flexível de manufatura (FMS), 2-4
Sistema Toyota de Produção (STP), viii-x, 4-5, 169-171
　ciência e, 5-12

EUA comparado a, 7-8
　fluxo contínuo no, 6-11
　imitação do, 11-12, 14-19, 36
　qualidade no, 6-9
　utilização na, 235-237
Sistemas MRP/ERP
　atendimento ao cliente em, 255-256
　controle de estoque em, 256-261
　dois formatos equivalentes em, 257-258
　DS em, 257-259
　ECs em, 258-260
　estoque em, 255-256
　gestão de cobertor curto, 255-256
　lead times em, 253-256
　para controle de produção, 260-261
　para implementação rápida, 341-342
　políticas com fases de tempo em, 258-260
　práticas comuns em, 252-257
　puxado-empurrado em, 253-257
　QRE em, 258-261
　quando encomendar em, 257-258
　tempestade de mensagens em, 253-255
　tempo de reabastecimento em, 253-256
　variabilidade em, 253-256
Sistemas puxados, 322-323
　controle de CONWIP para, 157-158
　kanbans para, 157-158
　produtividade e, 156-158
　em *cycle time* total, 154-158
　WIP em, 83-85, 154-158
　de APICS, 12-14
Sloan, Alfred, 4-5
Sobrecarga do sistema de planejamento, 70-72
Software, viii-ix, 36-38
　classificações ABC de estoque e, 314-315
　CSUITE, 83-84, 101-103, 108-109, 306-310, 322-324
　para ERP, 92-94
　para roteiro de tarefas, 290-291
　paradigma MRP/APS/TI e, 335
　previsão, 200-202
　solução por, 335, 347-348
Software de roteiro de tarefas, 290-291
Spearman, Mark, viii-ix, 65-66, 77-81, 83-84
Sucata e retrabalho, 10-12
　capacidade relacionada a, 134-136
　cycle time para, 247-248
　efeitos de WIP e, 247-248
　estoque em, 247-250
　lead time em, 247-248
　produtividade e, 247-248
　variabilidade em, 246-250
Supermercados. *Ver Kanban*

Tamanho dos lotes, 103-106, 158-160, 339-340, 342-344
 cálculo para, 147-148
 demandas de Poisson para, 114-115, 144-145
 efeito chicote para, 114-115
 na planta farmacêutica, 318-319
Táticas, 29-30, 216-219, 295-296. *Ver também* Táticas de capacidade; Táticas de estoque
 alinhamento de mensurações com, 283-284
 custo relacionado a, 56-58
 em desempenho, 55-58, 335-337
 em estratégias operacionais, 193-194
 em ilustrações conceituais, 48-49, 56-58
 iniciativa por imitação como, 239-241, 335-337, 347-348
 integração de, 214-215
 para estratégias, 347-348
Táticas de capacidade
 controle de CONWIP em, 234-235, 240-246
 fabricação celular e, 238-240
 para caminhão de bombeiros, 235-239
 para DEP, 234-235
 para fabricante terceirizada, 235-238
 para planta química, 235-237
 utilização em, 235-240
Táticas de estoque
 alteração da política como, 224-226
 alteração de ambiente como, 224-227
 capacidade em, 220-222
 controle em, 229-235, 282-283, 296
 estratégias em, 220-221
 implementação de, 226-230
 lead time em, 219, 223-225
 limite eficiente em, 222-225
 opções estratégicas como, 222-227
 taxa de atendimento em, 221-222
Táticas e controles da demanda, 216-219
Taxa de gargalo (TG), 80-83, 86-87, 140-142
 formação de fila e, 145-147
Taxa de produção efetiva, 137-138
Taxa de retrabalho, 10-12. *Ver também* Sucata e retrabalho
Taxas de atendimento, 54-55, 64-65, 309-314, 322-324
 em táticas de estoque, 221-222
 estoque *versus*, 94-96, 99-103, 122-126, 183-186, 341-344
 lead time e, 233-235
 para montagem sob encomenda, 232-234
Taylor, Frederick, 2-3, 215
Tecnologia da informação (TI), 20, 335
 controle de TI, 195-198
 sistema de TI, 206-211

Tempo, 81-82, 110, 151, 203-205. *Ver também Cycle times*; Implementação rápida
 capacidade comparada a, 145-147
 como *buffer*, 45-48, 223-225, 249-252, 261-262, 267-269, 294
 entrega dentro do prazo, 272-274, 341-342
 equação *VUT* para, 67-70
 estoque comparado a, 223-225
 estratagemas de tempo de resposta, 249-253
 nos gargalos, 179-180
 tempo de atraso, 125-128, 223-225
 tempo de lote, 149-156
 tempo *takt*, 6-11, 303-305
 $V(DTR)$, 76-77, 90-93
Tempo bruto de processamento (TBP), 81-82, 140-141
 em *cycle time* total, 149-150
 tempo de lote em, 151-156
Tempo de lote, 149-156
 no *cycle time*, 151-156
Tempo de movimentação, 150
Tempo de permanência. *Ver cycle time*
Tempo de processamento, 8-9, 63-64, 110-112, 144-145
 para a Michigan Steel Company, 303-306
 TPB, 81-82, 140-141, 149-156
Tempo de produção. *Ver também Cycle time*
 gargalos e, 13-15
Tempo de produção efetivo, 137-138
Tempo de produtividade. *Ver Cycle times*
Tempo de reabastecimento, 63-64, 87-89, 112-113
 em sistemas MRP/ERP, 253-256
 média de tempo de reabastecimento, 110-112
 $V(DTR)$, 76-77, 90-93
 variância de, 110
Tempo de turnos diferente, 151
Tempo efetivo de processamento, 63-64, 144-145
Tempo entre chegadas, 63-64
Tempo médio de reabastecimento, 110-112
Tempo nominal de processamento, 63-64
Tempo *takt* (produção final), 6-7, 303-305
 do Camry, 8-10
 variações em, 8-10
 duração de tarefas em, 9-11
Teoria da restrição (TOC), viii-ix, 34
Teoria prática, 39-40
 buffers em, 45-49, 59-60
 fluxo de valor em, 41-44
 ilustrações conceituais em, 48-56
 tipos de *buffers* em, 46-49, 59-60
Teorias. *Ver também* Teoria prática
 de empresas de software, 33
 definição de, 1
 previsões relacionadas a, 1, 14-15

simplicidade de, 64-66
tautologias comparadas a, 1-3
Terceira lei de Newton dos especialistas, 12-13
Teto de WIP
  para a Arc Precision, 292
  potencial de implantação de, 340-341
TG. *Ver* Taxa de gargalo
Toyota
  Ciência da Fábrica na, 346-347
  qualidade da, 5-7
  Camry da, 6-10
Trabalho em processamento (WIP), 6-7, 247-248
  abordagem empurrada para, 240-241
  bolhas em, 209-210
  controle de CONWIP comparado a, 241-243, 319-321
  controle de desempenho para, 13-14
  cycle time relacionado a, 8-12, 38-40, 75-88, 317-318, 338-341
  em sistemas puxados, 83-85, 154-158
  kanbans e, 240-241
  lei de Little e, 77-80, 340-341
  na Michigan Steel Company, 307-309, 312
  na planta farmacêutica, 316-320
  na TDG, 331-333
  planejamento de limites para, 292, 340-341
  Produção Enxuta e, 180-184, 239-241
  produtividade e, 80-87
  rede fechada de formação de fila para, 73-74
  redução de, 188-190
  taxa de retrabalho em, 10-12
  TBP e, 81-82
  WIP crítico (WC), 80-83, 140-141, 338-339
  zona ideal para, 84-85
Transformação, 41, 43-44, 45, 59-60
Treinamento, 22-25, 282-284, 323-324
  gestão operacional sem, 50-52
  paradigma da melhoria contínua em, 335
Troca de matriz em menos de um dígito (SMED), 318-319

Um fator por vez (OFAT), 102-104
Unidade de contagem de estoque (UCE), 259-260
  na TDG, 331-332
Utilização, 49-50
  atendimento ao cliente e, 237-238
  atividade para, 71-73
  avaliação de âmbito geral da, 338-341
  cycle times versus, 67-72, 154-157, 341-343
  demanda ou, 272-274
  descrição da, 63-64
  em análise de capacidade, 132-139
  em táticas de capacidade, 235-240
  equação VUT para, 67-70, 75-76

formação de fila relacionado a, 145-148
gargalos relacionados a, 177-178
ignorância sobre, 237-239
lead time comparado a, 237-238
metas para, 288-291, 338-340
modelo de custo padrão e, 72-73
na Michigan Steel Company, 306-309
na produção, 132-137
na TDG, 329-332
no STP, 235-237
variabilidade e, 70-71

$V(DTR)$. *Ver* Variância da demanda por tempos de reabastecimento
Variabilidade, 166-167
  ambiente relacionado a, 85-87
  buffers, 45-48, 335-336
  capacidade comparada ao tempo e, 145-147
  coeficiente de variação, 63-64, 109, 144-145
  conflitos em, 20-22
  conjectura e refutação sobre, 36-37
  cycle time e, 51-54, 70-71
  demanda e, 51-53, 59-60, 86-87
  efeito da, 141-149
  em estoque, 96-99
  em programações detalhadas, 261-263
  em sistemas MRP/ERP, 253-256
  em sucata e retrabalho, 246-250
  equação VUT para, 67-70
  espera relacionada a, 48-51, 55-56
  formação de fila e, 141-143, 145-149
  inevitabilidade da, 335-336
  médias relacionadas, 14-15
  mensurações de, 143-146
  na Michigan Steel Company, 306-307, 311-312
  perfeição comparada a, 45
  utilização e, 70-71
Variação de processamento, 262-263
Variância, 109
Variância amostral, 109
Variância da demanda diária, 109
Variância da demanda por tempos de reabastecimento ($V(DTR)$), 76-77, 90-93
Variância dos tempos de reabastecimento, 110
Variável aleatória, 109
VSM. *Ver* Mapa de fluxo de valor

Wall Street Journal, 11-12, 22-24
WIP críticocrítico (WC), 80-83, 140-141, 338-339
Womack, James, 12-16
Woodruff, D. L., 80-81
World Class Manufacturing (Schonberger), 8-9